인하대학교 정석물류통상연구원(JRI) 연구총서 1

# 신보호무역주의

정인교 편저

# NEW TRADE PROTECTIONISM

서울경제경영

# 신보호무역주의

NEW TRADE PROTECTIONISM

정인교 편저

서울경제경영

# 머리말

미국발 금융위기 이후 전개된 급속한 실물경제 후퇴로 2009년 상반기 세계경제는 대공황이후 최악의 위기국면에 놓이게 되었다. 개별 국가 차원에서는 글로벌 위기 극복이 어렵다는 판단 하에 주요 선진국(G20)이 주도하는 국제적 공조가 대대적으로 추진되었고, 그 결과 2009년 중반 이후 세계경제는 위기에서 벗어나는 양상을 보이고 있다.

경기부양을 위한 국제적 공조와 함께 보호무역주의도 눈에 띄게 늘어났다. 경제침체에 대한 불만을 해소하고, 자국민 고용유지를 위해 많은 국가들이 보호무역주의를 발동하였기 때문이다. 전통적인 형태의 보호무역주의는 선진국에 비해 경쟁력이 떨어지는 저개발국 혹은 개발도상국이 일정기간 자국 산업의 보호를 통해 경쟁력을 육성하기 위한 산업통상정책이었으나, 오늘날 신보호무역주의는 금융위기로 국내 고용사정이 악화된 선진국이 주도하고 있다는 점에서 전통적인 의미의 보호주의와는 차이가 있다.

보호무역주의 확산은 경기부양 효과를 상쇄시키게 될 것이란 우려가 국제적으로 커졌고, 이에 따라 런던 G20 정상회의는 보호주의를 배격하기로 합의했다. 공멸위기에 직면했기에 세계 주요국들은 합의도출이 쉽지 않은 글로벌 경기부양과 보호무역주의 배격에 합의했다. 서로 협력해야만 살 수 있다는 점을 각국이 인식할 정도의 극한 상황이 아니었다면 그와 같은 합의를 결코 도출할 수 없었을 것이다.

금융부문이 안정을 되찾아 가고 있고, 국제적 공조로 인해 향후 당분간 2008년말부터 2009년 상반기까지 진행된 최악의 세계경제 침체가 발생하지는 않겠지만, 일부 국가의 경제가 침체하거나 저성장으로 고용사정이 악화될 수 있다. 향후 경제침체에 대한 체감도가 국가별로 차이가 나게 될 것이고, 다수 국가의 재정여건이 악화되어 있어 대규모 경기부양을 위한 국제공조가 쉽지 않을 것이다. 금년 중반이후 세계경제가 안정조짐을 보이고, 보호무역주의 발동이 잠잠해지고 있으나, 보호무역주의 발동 유인은 오히려 공멸위기 의식이 약화되고 국가별로 경제성장의 명암이 엇갈리는 시점부터 커질 수 있다.

더구나 오늘날 선진국에 의해 도입되는 보호무역주의는 WTO가 규범하지 않고 있는 '애매한 보호무역주의(murky protectionism)' 가 대부분이어서, 이를 시정하기 위한 다자무역체제의 역할도 제한되어 있다. 정치적인 여건에 따라 보호무역주의의 유혹을 뿌리치기 어렵게 될 것이고, 한 국가의 보호주의 도입은 다른 국가의 보복조치를 초래하게 되어 사실상 무역전쟁으로 비화될 수 있고, 대외통상환경은 악화될 것이다.

이 책은 2008년말 이후 심각하게 제기된 보호무역주의의 문제점과 관련 이슈를 분석하고, 보다 자유로운 대외통상환경 조성에 기여하기 위해 집필되었다. 글로벌 금융위기와 보호무역주의가 단기간에 확산되므로써 연구자료가 부족했고, 집필기간이 짧아 필진들의 애로가 컸다. 이 책은 인하대학교 정석물류통상연구원(JRI)이 주관하여 기획되었고, 기획에서부터 편집까지 전 과정에 걸쳐 JRI 조정란 연구교수의 수고가 컸다. 또한 귀중한 옥고를 써 주신 필진과 어려운 여건 속에서도 이 책의 발간을 맡아 준 서울경제경영출판사 김은중 사장님과 편집팀에게 편저자로서 감사드린다. 이 책이 오늘날 전개되는 신보호무역주의를 이해하고, 보호무역주의 배격을 위한 국내외 논의를 진전시키는 데 참고자료가 되었으면 한다.

2009. 11. 20

**정인교**

**정석물류통상연구원 원장**

# 차례

PART

1

# 글로벌 금융위기와 신보호무역주의

01

세계경제, 신보호무역주의 그리고 한국경제

# 신 보호무역주의

# 세계경제, 신보호무역주의 그리고 한국경제

01

정인교 인하대 경제학부 교수, 정석물류통상연구원 원장

## 서론 01

2008년 9월 미국 투자은행 리먼 브라더스 파산 신청이후 세계 금융계는 파산 공포에 빠져들었고, 이어 실물경제가 악화됨에 따라 세계경제는 1930년대 대공황 이후 최악의 위기국면을 맞게 되었다. 그동안 세계경제 안정 및 성장의 후원자 역할을 해 왔던 미국이 위기 당사국이 됨에 따라 위기극복의 실마리를 찾는 것이 쉽지 않았다. 결국 세계 20여개 주요 경제권으로 구성된 G20 정상회의가 개최되어 글로벌 경기부양 및 위기극복을 위한 국제공조체제를 구축하기에 이르렀다.

당초 예상과는 달리 세계경제는 최악의 글로벌 금융위기 1년을 용케 버텨냈지만, 세계경제의 향배를 낙관하기에는 아직 이르다. 많은 국가에서 부실 금융기관을 국유화하고, 엄청난 규모의 구제금융 투입으로 금융부분은 어느 정도 안정되어 가고 있다. 하지만, 금융위기의 원인이었던 부동산가격 안정에 시간이 걸릴 것이고, 기업부도 및 실업 증가, 부동산가격 하락 등으로 주요 선진국의 내수경기가 살아나지 않고 있고, 경기침체가 지속되고 있다. 최근 우리나라를 포함한 미국, 유럽, 일본 등 다수 국가에서 경기 청신호가 들어오는 것은 경제체질의 개선보다는 각국의 경기부양정책의 효과에 기인하는 바가 큰 것으로 볼 수 있다.

지난해 말부터 주요국들은 경기부양을 위해 추가 예산을 긴급 편성했고, 미국, 프랑스 등 일부 G20 국가들은 GDP의 2% 이상 금액에 해당하는 경기부양책을 도입하도록 주요국(G20)에게 암묵적으로 압력을 넣기까지 했다.[1] 2009년 4월 영국 런던에서 열린 주요국 정상회의 참가국들이 당시까지 계획했거나 집행중인 경기부양책의 총규모가 1조6,000억달러에 달했다. 미국이 8,410억달러로 전체 부양책의 절반 이상을 차지했고, 중국이 2,040억달러로 2위를 기록했고 독일(1,300억달러), 일본(1,040억달러), 스페인(750억달러)이 뒤를 이었다. 우리나라는 260억달러(약 40조원)로 나타났으나, 이후 추가예산을 통해 증액하여 51조원으로 늘어나 GDP의 5.4%를 점하게 되었다.

각국이 서둘러 글로벌 경기부양책을 추진하면서도 자국 경제의 어려움을 타국에 전가시키기 위한 목적의 보호무역주의도 전세계적으로 확산되었다. 보호무역주의 이면에는 많은 요인이 작용하고 있으나, 대체로 경기침체 및 실업확대로 인한 국민의 불만을 해소하기 위한 정치적 목적에 기인하는 바가 크다. 사상 최대 규모의 경기부양책을 도입하고, 전세계의 동시적 경기부양을 위한 노력을 호소했던 미국도 '자국산 제품 사용 의무화(Buy American)' 입법화를 추진하기도 했다. 이를 계기로 다른 국가들도 자국산 제품 사용을 권장함으로써 새로운 무역장벽이 경쟁적으로 증가한 바 있다.

종전의 보호무역주의는 상대적으로 후진국 및 개발도상국이 선진국의 경쟁우위에 대항하여 자국산업을 보호하려는 산업통상정책이었으나, 금융위기 이후 나타난 신보호무역주의는 선진국들이 수입상대국 상품이 자국시장을 잠식하여 자국산업에 피해를 줄 것이란 점을 우려하여 나타난 보호무역정책의 경향을 말

1. G20 회원국(기구)는 미국, 영국, 프랑스, 독일, 이탈리아, 일본, 캐나다 등 선진 7개국(G7)에 한국, 러시아, 중국, 아르헨티나, 호주, 브라질, 인도, 인도네시아, 멕시코, 사우디아라비아, 남아프리카공화국, 터키, 유럽연합(EU) 의장국으로 포함됨. 이밖에 유럽중앙은행(ECB) 총재, 세계은행 총재, IMF 총재가 참여함.

한다. 그동안 자유주의적 기조하에서 추진되었던 시장개방을 통한 기업 경쟁력 강화 논리가 최악의 경제위기하에서 정치논리로 대체된 것이다. 즉, 효율성 여부를 떠나 자국민 우선 고용주의, 수출세 환급, 공적자금 투입, 자국기업에 대출 유도 등 WTO가 규정하지 않은 새로운 보호주의로 나타나고 있다

G20, 세계무역기구(WTO) 등이 주축이 되어 보호무역주의를 배격해야 한다는 국제적 분위기가 강화되므로써 2009년 중반에는 보호주의가 어느 정도 진정세를 보이고 있다. 하지만, 향후 세계경제의 향배에 따라 보호주의가 다시 기승을 부릴 가능성도 있다. 향후 경제가 단기간내 강한 반등보다는 L자 형으로 횡보하는 모습을 보이거나, W자 '더블딥' 의 형태로 진전될 경우 세계 주요국의 정치권은 보호무역주의를 요구하게 될 것이다. 이 시기에는 2008~2009년과 같은 공멸의 위기에 부닥친 '최악의 위기국면' 보다는 국가별로 명암이 엇갈리면서 장기간 저성장이 이어질 가능성이 높고, 이로 인해 국가간 이해관계가 서로 달라지게 되어 국제적 공조를 이끌어내기가 어려울 것이다. 장기간의 경기침체로 인한 어두운 경제전망은 자국의 산업을 보호하기 위한 보호무역주의를 도입하도록 정치적 압력과 유혹을 확산시킬 것이고, 각국이 처한 정치적 사정이 이를 용인할 가능성이 높게 될 것이다.

2008년 9월 리먼 브러더스 파산 이후, 2009년 5월까지 우리나라가 직면한 외국의 수입규제조치는 13건이나 되었다. 중국이 한국산 석유화학제품에 대해 반덤핑조사를 착수했고, 미국이 디젤엔진부품에 대한 상계관계를 조사한 것 등을 예로 들 수 있다. 무역의존도가 높고, 소수 품목에 대한 수출점유율이 높은 우리나라는 상대국의 보호무역주의 조치에 취약한 편이다. 정치논리에 입각한 부당한 보호무역주의 경향으로부터 가장 큰 손실을 볼 수 있는 국가가 바로 우리나라이다. 이로 인해 워싱턴(2009년 11월), 런던(2009년 4월) G20 정상회의에서 우리 정부는 보호무역주의 배격 및 원상복귀 논의를 주도해 나름대로 성과를 이끌어 냈다.

국제사회에서 우리나라는 보호무역주의 배격 논의의 주도국으로 인식되어 가고 있으나, 정작 국내에서의 보호무역주의적 조치 도입 방지에 대해서는 관심이 낮은 편이다. 보호무역주의에 대한 WTO 모니터링보고서에서도 우리나라의 조치가 몇건 포함되어 있으나, 이들 대부분 반드시 보호무역주의로 보기 어려운 것도 포함되어 있다. 하지만, WTO 보고서에도 나타나 있지 않은 '쇠고기 검역기

준' 강화 등은 초강력 보호무역주의로 볼 수 있을 것이다. 실제로 캐나다가 이를 WTO 규정 위반으로 제소했고, 우리 정부는 방어적 자세에서 캐나다와의 분쟁을 해결해야 하는 처지에 놓여 있다.

글로벌 경기회복을 앞당기기 위해서는 경기부양책의 지속추진과 더불어, WTO(세계무역기구) DDA(도하개발의제) 협상을 타결하고 보호무역주의를 차단해야 할 것이다 우리 정부도 친시장적 통상정책을 지속적으로 확대해 나가야 하며, 거대선진경제권은 물론이고, 거대부상국가(BRICs) 국가와 Post-BRICs 국가들과의 긴밀한 통상관계를 유지해야 할 것이다.

## 글로벌 금융위기 이후 세계경제 02

글로벌 금융위기가 세계경제에 미친 충격을 위기 직후와 2009년 중반이후로 나누어 분석하고자 한다. 신보호무역주의가 금융위기의 충격파가 커지면서 확산되었다는 점에서 세계경제의 현황을 점검하고, 향후 세계 경제의 향배를 추정하는 것은 보호무역주의를 이해하는데 필수적이란 점에서 제1장에서 세계경제 현황과 전망에 대해 분석하고자 한다.

### 1) 위기 직후 세계경제

2008년 발생한 미국발 글로벌 금융불안과 이에 따른 실물경제 파급효과로 세계경제는 한치 앞을 내다보기 어려운 상황으로 악화되었다. 미국, 유럽, 일본 등 선진경제권이 동시에 마이너스 성장할 것이란 전망과 더불어 경기회복 시점도 예상하기 어렵게 되었다. 세계경제가 통합된 오늘날 주요 선진경제권의 동시적 경기침체는 전세계 경제를 강타하였고, 국제통화기금(IMF) 등 국제기구들은 2008년 하반기 이후 수시로 세계경제 성장률을 하향조정하였다. 2009년 3월 전망에서 IMF는 미국, EU, 일본 등 주요 국가의 경제성장 전망을 하향조정했으나, 4월 전망에서는 선진국 및 신흥개도국에 대한 전망도 함께 하향조정하였다. 이러한 국제통화기금(IMF)의 전망은 세계경제 상황이 악화되고 있음을 인정하고, 각국의 경기부양 노력 및 국제적 협력을 요청하게 되는 계기가 되었다.

2009년 4월 국제통화기금(IMF)은 2009년 세계경제 성장률이 마이너스 1.3%로 악화되고, 세계 주요국 모임인 G20가 적극적인 경기부양책을 도입할 경우 2010년 1.9%로 완만하게 회복할 수 있을 것으로 전망하였다. 2009년 마이너스 1.3% 성장전망은 위기 발생전 2007년의 세계경제 성장률 5.2% 성장에 비해 무려 6.5%나 성장률이 낮아진 것으로, 세계 각국은 대량의 실업에 직면하게 되었다.[2]

선진국의 2009년 성장전망은 마이너스 3.8%로 심각한 경기침체가 지속되고, 2010년에도 0.0%로 경기회복이 지연될 것으로 전망되었다. 선진국 중 가장 큰 타격이 예상되는 국가는 일본으로, 제조업 수출 급감 및 이에 따른 국내투자 위축으로 2009년 경제성장률이 마이너스 6.2%에 달할 것으로 전망되었다. 또한 2009년 미국과 영국의 경제성장률 전망은 각각 마이너스 2.8%와 마이너스 4.1%로 악화되었는데, 금융기관 부실, 큰 폭의 주택시장 조정 및 높은 가계부채 비율로 극심한 영향을 받지 않을 수 없었다.

**표 1-1 : IMF의 주요국가 GDP 성장률 전망**

(단위: %)

| | 2009 | | | 2010 | | |
|---|---|---|---|---|---|---|
| | 09.1월 | 3월 | 4월 | 09.1월 | 3월 | 4월 |
| **세계** | 0.5 | -1.0~-0.5 | -1.3 | 3.0 | 1.5~2.5 | 1.9 |
| **G-3** | | | | | | |
| - 미국 | -1.6 | -2.6 | -2.8 | 1.6 | 0.2 | 0.0 |
| - 유로 | -2.0 | -3.2 | -4.2 | 0.2 | 0.1 | -0.4 |
| - 일본 | -2.6 | -5.8 | -6.2 | 0.6 | -0.2 | 0.5 |
| **아시아 신흥공업국** | | | | | | |
| - 한국 | -4.0 | - | -4.0 | 4.2 | - | 1.5 |

(계속)

2. 기획재정부(2009), "IMF의 세계경제전망(World Economic Outlook) 발표" 경제정책국

**표 1-1 : IMF의 주요국가 GDP 성장률 전망(계속)**

(단위: %)

| | 2009 | | | 2010 | | |
|---|---|---|---|---|---|---|
| | 09.1월 | 3월 | 4월 | 09.1월 | 3월 | 4월 |
| - 대만 | -4.0 | - | -7.5 | 1.8 | - | 0.0 |
| - 홍콩 | -2.0 | - | -4.5 | 2.5 | - | 0.5 |
| - 싱가포르 | -4.9 | - | -10.0 | 1.9 | - | -0.1 |

2009년 신흥개도국의 성장률은 1.6%로 낮아지고, 2010년에는 4.0% 수준의 성장이 가능할 것으로 전망되었다. 세계 경제침체에 따른 제조업 수출 급감으로 동아시아 수출국이 큰 타격을 받게 되었다. 중국과 인도는 성장률이 급감하겠지만, 꾸준한 내수증가세에 힘입어 상대적으로 견조한 성장세를 지속할 것으로 전망되었다.

한국경제에 대해서는 2009년 마이너스 4.0%, 2010년 1.5%로 전망했는데, 이는 1월 전망치 4.2%에 비해서는 크게 하향조정한 성장률이다. 2010년 경기전망수치의 경우, 선진경제권 경제의 회복지연에 따라 한국을 포함한 아시아 신흥공업국의 회복세가 당초 예상보다 완만할 것으로 전망했기 때문이다.

이에 IMF는 전세계 회원국을 대상으로 분야별 정책권고를 제시하였다. 먼저 금융정책의 경우, 금융부분 안정 및 시장신뢰 회복을 위해 부실자산 처리 및 은행자본 확충에 중점을 둘 것을 주문하였다. 금융시장의 추가적인 악화에 따른 잠재적인 대규모 구조조정에 대비하여 위기관리방안을 마련할 필요가 있음을 제시했다. 통화정책에 있어 선진국은 신용시장에 대한 직접개입, 신흥국은 통화정책 완화가 자본유출을 초래하지 않도록 적절한 균형점을 모색해야 함을 강조했다. 선진국은 디플레이션 위험에 대응하기 위해서 신용시장 직접 개입과 같은 비전통적인 수단 등도 활용할 필요가 있으며, 신흥시장국은 경기침체에 대응하기 위한 통화정책 완화가 필요하나, 금리인하가 자본유출을 초래 않도록 적절한 정책배합을 모색할 것을 권고했다.

또한 재정정책을 주문했는데, 금융시장 불안 및 신용위축으로 통화정책의 효과를 기대하기 어려우므로 재정정책이 내수진작을 위한 핵심적 역할을 할 수 밖에 없다는 점을 공식화시켰다. 심지어 2010년에도 경기부양을 위해 확장적 재정정책 기조를 유지할 필요가 있으나, 세계경제의 회복이 시작될 경우 중기재정계획 등을 토대로 재정건전화 노력을 강화해야 함을 시사했다. 마지막으로 재정·통화 정책을 통한 내수진작 및 금융시장 건전성 회복을 위한 국제적인 정책 공조가 경기회복에 필수적임을 밝혔다.

## 2) 2009년 중반 이후 세계경제

2009년 중반을 접어들면서 세계경제는 극심한 위기국면으로부터 벗어나기 조짐을 보이기 시작했다. 2009년 8월 발표된 OECD 경제전망보고서에 따르면, OECD 회원국 전체 경제의 1분기 성장률이 마이너스 2.1%이었으나 2분기에는 사실상 0.0%로 개선되었다.[3] 주요국 경제동향을 살펴보면, 먼저 미국경제의 경기 하강세가 둔화되기 시작했다. 6월중 소매판매가 증가세를 이어가면서 산업생산의 감소세가 둔화되고, 주택관련지표도 대체로 개선되기 시작했다. 고용사정이 계속 악화되고 소비자신뢰지수가 하락으로 반전되는 등 부정적인 징후가 지속되었지만, 2/4분기 중 실질 GDP 성장률(전기대비 연율)은 마이너스 1.0%로 전분기의 마이너스 6.4%보다 마이너스폭이 크게 축소되었다.[4]

**표 1-2 : 미국의 주요 경제지표**

(단위: 전기대비, %)

| | 2007 | 2008 | | | | 2009 | | | | |
|---|---|---|---|---|---|---|---|---|---|---|
| | | 연간 | 2/4 | 3/4 | 4/4 | 1/4 | 2/4 | 4월 | 5월 | 6월 |
| 실질GDP[1)] | 2.1 | 0.4 | 1.5 | −2.7 | −5.4 | −6.4 | −1.0 | − | − | − |
| 산업생산[2)] | 1.5 | −2.2 | −4.6 | −9.0 | −13.0 | −19.1 | −11.6 | −0.7 | −1.2 | −0.4 |
| 개인소비지출(실질)[2)] | 2.8 | 0.2 | 1.2 | −3.8 | −4.3 | 1.4 | − | −0.1 | 0.2 | − |
| 소매판매 | 3.3 | −0.7 | 0.3 | −1.4 | −6.6 | −1.4 | −0.4 | −0.3 | 0.5 | 0.6 |
| 실업률(%) | 4.6 | 5.8 | 5.4 | 6.1 | 6.9 | 8.1 | 9.3 | 8.9 | 9.4 | 9.5 |
| 소비자신뢰지수[8)] | 103.4 | 58.0 | 57.3 | 57.3 | 40.7 | 29.9 | 48.3 | 40.8 | 54.8 | 49.3 |

주: 실질 GDP 및 개인소비지출은 전기대비 연율로 환산한 것임.
자료: 한국은행(2009) 재인용

3. OECD(2009), OECD *Quarterly National Accounts-Second Quarter 2009*, August 19.

4. 한국은행(2009), "해외경제 포커스" 제2009-32호. 8월 2일. 해외조사국

미국경제의 하반기 성장률 전망치도 상향조정되었다. 골드만삭스 등 최근 주요 전망기관들은 미국의 3/4분기 및 4/4분기 중 성장률 전망치를 2~3%로 상당폭 상향조정하였는데, 이는 무엇보다 금융시장 안정으로 인한 투자위축이 줄어들면서 미 행정부의 재정지출 확대를 통한 경기부양 효과가 실현되고 있기 때문이다. 다만, 개인소비 침체 지속으로 미국경제의 본격적인 회복에는 상당한 시간이 소요될 것으로 전망된다.

유럽경제 역시 하강세가 둔화되는 양상을 보이고 있다. 수출과 소매판매가 부진하지만, 6월 들어 산업생산이 9개월 만에 증가세로 전환되었고, 7월중 경기체감지수 및 구매관리자지수(PMI)가 모두 5개월 연속 상승하였다. 8월 발표된 OECD 자료에 따르면, 2009년 2분기 영국의 GDP 성장률은 전기 대비 마이너스 0.8%, 이탈리아는 마이너스 0.5%를 기록하였지만, 독일과 프랑스는 0.3%로 플러스 성장함에 따라 국가에 따라 경기부양책의 효과가 가시화되고 있다.

**표 1-3 : 유로지역이 주요 경제지표**

(단위: 전기대비, %)

| | 2007 | 2008 | | | | 2009 | | | | |
|---|---|---|---|---|---|---|---|---|---|---|
| | 연간 | 연간 | 2/4 | 3/4 | 4/4 | 1/4 | 2/4 | 4월 | 5월 | 6월 |
| 실질GDP | 2.7 | 0.7 | −0.3 | −0.4 | −1.8 | −2.5 | .. | − | − | − |
| 산업생산 | 3.7 | −1.8 | −2.2 | −2.8 | −6.2 | −7.4 | .. | −1.4 | 0.6 | .. |
| 경기체감지수 | 108.9 | 91.2 | 97.7 | 89.9 | 75.6 | 65.7 | 70.2 | 67.3 | 70.2 | 73.2 |
| 제조업 PMI | 54.3 | 46.5 | 50.2 | 46.6 | 36.8 | 34.0 | 40.0 | 36.8 | 40.7 | 42.6 |

일본경제의 침체도 완화되고 있다. 6월중 소매판매가 재차 감소하였으나 수출이 개선 조짐을 보이고 생산도 증가세를 유지하고 있다. 다른 지역경제가 일부 회복조짐을 보임에 따라 일본의 수출악화가 부분적으로 개선되기 시작했다. 미국에 대한 수출은 5월 마이너스 45.4%(전년 동월 대비)로 낮아졌으나, 6월에는 마이너스 37.6%로 감소폭이 줄어들었고, EU지역에 대한 수출도 마이너스 45.4%에서 마이너스 41.4%로, 아시아에 대한 수출 역시 마이너스 35.5%에서 마이너스 30.1%로 감소세가 둔화되었다. 8월 일본 내각부가 발표한 자료에 따르면, 2분기

경제성장률이 전분기 대비 0.9% 성장을 기록하며, 2008년 2분기부터 계속된 마이너스 성장의 터널을 벗어난 것으로 조사되었다. 2분기 GDP 추계(속보)에 따르면 1분기에 마이너스 22.5%를 기록한 수출이 6.4% 증가로 반전하며 7년 만에 최대 증가폭을 기록, 경제성장률 회복에 큰 힘을 보탰다. 중국 경기 회복과 함께 대아시아 반도체 부품 수출 등이 늘어난 것이 중요한 요인으로 분석됐다.

한국의 제1위 교역대상국인 중국경제의 성장세 회복은 뚜렷해지고 있다. 선진경제권의 침체로 수출부진이 계속되고 있으나, 소비 및 투자는 활기를 띄고 있다. 2/4분기 중 실질GDP 성장률(전년동기대비)이 전분기(6.1%)보다 높은 7.9%를 기록하여 2009년 8% 성장을 무난히 달성할 수 있을 것으로 예상된다. 참고로, 2009년 상반기 중 실질GDP 성장률은 7.1%이며 소비의 성장기여도가 3.8%p, 투자가 6.2%p인 반면 수출은 마이너스 2.9%p로 나타났다.

정부의 재정확대 및 수출호조로 한국경제의 회복세도 나타나고 있다. 8월 발표된 OECD 자료는 한국의 2분기 경제성장률은 2.3%로 OECD 회원국 가운데 가장 높은 성장세를 기록한 것으로 밝히고 있다. 2분기 실적은 환율효과가 컸고, 경기부양을 위한 재정지출이 끝나면 경기가 악화될 수 있다는 우려도 있지만, 회복세가 이어질 것이란 낙관론도 나오고 있다.

### 3) 향후 세계경제 전망

비록 최악의 침체에서 벗어났지만 세계경제의 앞날에는 많은 장애물이 도사리고 있다. 2009년 중반 OECD 국가 중 한국, 일본, 독일, 프랑스 등은 마이너스 성장을 마감하고 소폭 플러스 성장으로 돌아선 반면, 미국, 영국, 이탈리아 등은 여전히 경제규모가 줄어들고 있다.

미약하나마 회복세로 돌아선 국가들은 신속하게 경기부양책을 집행하여 내수를 진작시켰고, 오래된 차량을 새차로 바꿀 경우 보조금 혹은 세금인하를 제공하여 미래소비를 앞당기도록 유도했다는 공통점을 지니고 있다. 우리나라는 지난 4월 사상 최대 규모인 28조원 규모의 수퍼추경예산을 편성했고, 각 부처에 상반기 집행 목표율을 하달하여 경제에 쇼크요법을 처방한 결과 다른 국가보다 빠른 속도의 경제회복세를 접하게 되었다. G2O 국가 대부분은 2008년 국민총생산

(GDP)의 2~16%의 경기부양 자금을 투입함으로써 그 자체로도 상당한 성장효과를 기대할 수 있고, 더 나아가 케인지안 승수효과까지 고려하면 반짝 경기상승효과가 나타나는 것은 당연하다.[5)]

2009년 8월 21일 미국 와이오밍주 잭슨홀에서 열린 FRB(연방준비제도이사회) 주관 연례 중앙은행 컨퍼런스 개막 연설에서 버냉키(Bernanke) FRB 의장은 "미국과 세계 경제가 안정화돼 가는 것으로 보인다"면서 "가까운 장래에 성장세로 돌아설 전망"이라고 밝힌 바 있고, 장 클로드 트리셰(Trichet) 유럽중앙은행 총재도 "실물경제가 자유 낙하에서 벗어나기 시작했다는 일부 조짐이 나타나고 있다"고 언급하였다. 하지만, 참석자들은 글로벌 경제가 침체에서 빠져나오고 있는 것은 분명하지만, 위기가 완전히 해소되지 않았다는 데 동의했다.

그러나 자유낙하하던 세계경제가 부분적으로 호전되는 것은 착시현상일 수 있다는 지적도 일부 나오고 있다. 경기비관론의 주된 근거는 아직 내수가 살아나지 않고 있다는 점이다. 최근의 세계경제호조는 재정지출 효과이며, 내년도 이후에는 재정보다는 내수가 진작되어 경제를 이끌어가야 하는데, 대부분의 국가에서 내수가 뒷받침될 여건이 형성되어 있지 않다. 더구나 미국의 경우, 소비보다는 저축성향이 높아져, 과거와 같은 내수활성화를 기대하기 어렵다.[6)]

동아시아 금융위기를 예상함으로써 '닥터 둠'으로 불리게 된 누리엘 루비니(Roubini) 뉴욕대 교수도 향후 세계경제가 2분기 정도 성장한 후, 2년여간 재하강하는 더블 딥 W자형 경제성장 위험을 지적하고 있다. 정부의 경기부양책으로 기업들의 조업율과 수익률이 개선되었지만, 내수가 뒷받침되지 않으면 기업 수익 악화, 실업률 상승, 소비위축 등 악순환이 전개될 수 있다는 것이다. 파이낸셜타임스(FT)는 8월 25일자 인터넷판에서 '세계 경기 회복, 여전히 불확실하다'는 제목의 기사에서 2분기 세계경제 실적은 전세계적인 강력한 경기부양책 덕택이며, 3분기에도 더 큰 GDP 성장이 가능할 것으로 전망하고 있다. 하지만, 경기부양책이 지속되지 않으면 소비부진으로 세계경제는 또다시 악화될 것으로 전망하

5. GDP대비 경기부양책의 규모는 일본 2.2%, 독일 2.9%, 한국 5.4%, 미국 7.7%, 중국 16.0에 달함.

6. 2008년 상반기 미국의 저축률은 0.8%이었으나, 2009년에는 5~6%로 높아졌음.

고 있다. "모든 것이 불확실하며, ....경기 회복이 속도를 낼 것이라는 기대가 있지만 경기 회복을 추정하는 것은 바보스런 것"이라고 결론짓고 있다.

국가에 따라 2010년에도 상당규모의 경기부양책을 집행하겠지만, 많은 국가에서 재정건전성이 악화되어 집행상의 애로가 클 것으로 예상되어 경기부양책이 전년 수준을 상회하기 어려울 것이다. 예를 들어, 우리나라가 대규모 경기부양과 감세정책을 추진함에 따라 2009년 대비 2010년에 늘어나는 재정적자 확대폭이 주요 20개국(G20) 가운데 가장 클 것으로 전망되고 있다. 2009년 재정 건전성은 G20 국가 중 5위로, 상대적으로 양호한 수준이지만 재정적자의 증가속도가 가속화되는 것이 문제로 지적되고 있다. 2009년 국가채무는 5월 국회를 통과한 28조 4000억원의 추경예산을 포함, 366조원으로 올해 국가채무비율은 GDP 대비 35.6%가 될 전망이다. 채무비율이 다른 G20 국가보다 크게 높지는 않지만, 문제는 채무 증가 속도가 가장 빠르다는 점이 우려되고 있다.

## 03 2009년 신보호무역주의[7]

### 1) 보호무역의 파급영향

무역자유화가 10% 진전되어 교역이 확대되면 세계 GDP가 4% 개선되는 것으로 알려져 있다. 세계화가 진전된 오늘날 국민경제에서 무역이 차지하는 비중이 커졌고, 한 국가의 보호무역주의 도입은 다른 국가들이 보복조치를 강구함으로써 연쇄적 폐해가 발생하게 된다. 최근의 보호무역주의도 무역보복적 성격이 내포되어 있어 연쇄적으로 교역 소규모를 축소시키게 되고, 그 결과 소득수준이 낮아지게 될 것이다.

OECD는 2009년 5월 발간된 보고서를 통해 2009년 세계교역 규모가 전년대

7. 이후의 내용은 정인교 · 조정란(2009a)의 내용을 수정보완하여 작성함.

**그림 1-1 : 세계 수출규모의 변화 추이**

(단위: 1998년 = 100)

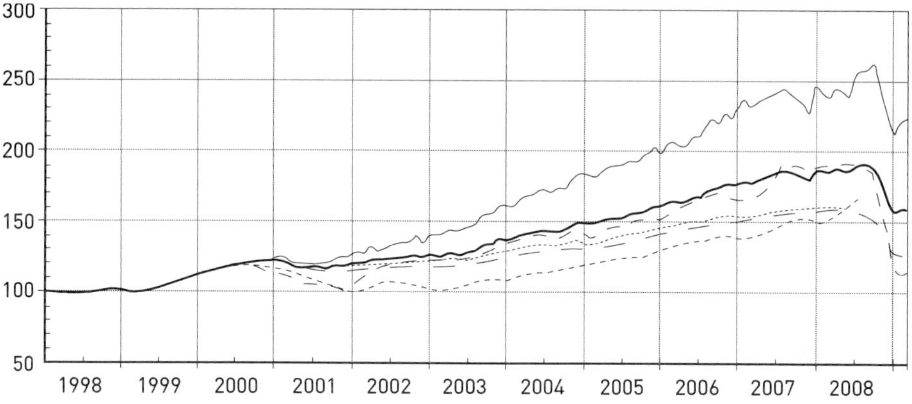


비 13% 감소할 것이며, 회원국 정부가 보호무역주의를 배격하고 개방적 통상정책기조를 유지해야만 세계경제의 침체기간을 줄이고 경기부양책의 효과가 제대로 실현될 것임을 밝혔다.[8] <그림 1-1>에서 보듯이, 세계 교역규모가 줄어들고 있는 상황에서 보호무역주의 확산은 경제적 피해를 심화시킬 수 있다.

세계적 경제위기 상황을 돌파하기 위해 G20 등 주요국이 경기부양책을 추진하고 있는 상황에서 보호무역주의의 확산은 경기부양을 위한 국제공조의 기대효과를 축소시키고, 더 나아가 일부 국가의 자국산 제품 사용 등 무역제한적인 규제 도입은 경기부양자금 지출의 효과를 상쇄시키게 될 것이며, 결과적으로 자국 경제에도 불리하게 작용하게 될 것이다. 대표적인 사례로 미국의 바이 아메리칸(Buy American) 조항 역시 미국 국익에 도움이 되기는커녕 손실이 클 것으로 분석되고 있다. 미국 Peterson' s Institute for International Economics의 자료에 따르면, 바이 아메리칸 조항으로 국내 철강생산자들은 혜택을 보게 되겠지만, 주요 수출국들이 무역보복조치를 강구할 경우 상당한 손실로 귀결될 수 있음을 제시하고 있다. 철강 수입제한에 따라 최대 9,000명의 고용이 창출되는 반면, 주요 철강생산국이 보복조치를 발동해 미국제품 수입을 제한하게 되면 최대 6만5000명이

8. Love, Patrick and Ralph Lattimore (2009) International Trade: Free, Fair And Open?, Paris: OECD.

일자리를 상실할 수 있다는 것이다. 또한 수입규제로 인해 철강산업 근로자의 고용은 늘어나지만, 무역보복으로 교역이 축소되므로써 경기를 위축시켜 고용 악화가 불가피할 것임임을 밝히고 있다.

1930년 스무트-홀리 관세법(Hawley-Smoot Tariff Act; officially the Tariff Act of 1930)이 발의되어 3,200여개의 수입품에 대한 관세를 대폭 인상하게 되자, 당대 최고 경제학자였던 Irving Fisher 등 미국의 1,028명의 경제학자들이 이 법의 제정을 반대하는 청원서에 후버 대통령에게 제출했음에도 이 법은 제정되었고, 이후 미국산 제품에 대한 무역보복으로 미국의 수출과 수입은 법 제정 이전 수준의 절반으로 낮아지게 되었다. 법 제정 직후 미국 경제는 잠시 호전되는 듯 했으나, 다른 국가의 무역보복으로 근본적인 문제가 발생하였는데, 미국의 수입은 1929년 44억달러에서 1933년 15억달러로 66% 줄어들었고, 같은 기간 수출도 54억달러에서 21억달러로 61% 줄어들었다. 특히 유럽과의 교역에서 뚜렷한 감소세를 보였는데, 1929년 미국의 유럽으로부터의 수입은 13억3천4백만달러를 기록했으나 1932년에는 7억8천4백만달러로 줄었고, 같은 기간 미국의 유럽 수출은 23억4천백만달러에서 7억8천4백만달러로 줄어 대유럽 교역이 66% 축소되었다. 또한 스무트-홀리법이 통과되던 1930년 미국의 실업률은 7.8%이었으나, 1931년 16.3%, 1932년 24.9%, 1933년 25.1%로 높아져 관세 인상-교역 축소-실업 증대가 연쇄적으로 나타났다.

국제경제학은 보호무역이 자원배분의 왜곡을 초래하게 되어 경제적 손실이 발생하게 됨을 이론적으로 제시하고 있다. 특히 소규모경제일 경우 보호무역보다는 자유무역이 바람직하며, 교역조건에 영향을 줄 수 있는 대규모 경제의 경우에도 교역조건의 개선으로 인한 이익과 자원배분 왜곡으로 인한 손실이 발생하게 되므로 보호무역으로 반드시 이익을 보는 것은 아니다. 또한 보호무역 조치 도입으로 다른 교역국들이 상응하는 대응조치(무역보복)을 취할 경우 보호무역으로 인한 교역조건 개선은 상쇄되고, 대공황 당시 미국의 관세인상의 결과에서 보듯이 결과적으로 국제교역에 대한 장벽이 높아져 교역규모가 축소되는 결과를 초래하게 된다.

### 2) WTO의 보호무역주의 모니터링

그동안 GATT-WTO 다자무역체제하의 무역자유화 노력으로 인해 기존 보호무역주의적 조치들이 상당부분 제거-완화되어 왔으나, 2008년 하반기 미국발 금융위기 발생이후 실물부문이 급속도록 악화됨에 따라 다수 국가들이 보호무역주의 조치들을 도입하였다. 보호무역주의 확산을 우려하면서도 보호무역주의 무역조치를 도입하는 사례가 늘기 시작하자, 세계 주요국들은 보호무역주의 바이러스 차단을 세계통상현안으로 인식하게 되었다.

이에 WTO는 보호무역조치 확산을 점검하기 위한 'WTO 보호무역조치 모니터링' 회의가 2009년 2월 9일(1차)과 4월 14일(2차), 7월 3일(3차) 개최되었다. 제2차 회의는 WTO 보고서를 기초로 논의를 진행했으며, 동 보고서는 세계경제 현황, 보호무역주의 동향, 정책 권고와 함께 각국의 무역 관련 조치, 경기부양책, 금융지원 조치 등이 포함되어 있다.[9]

워싱턴 제1차 G20 정상회의에서는 새로운 무역 · 투자 장벽 설치를 동결(Standstill)하기로 했고, 런던에서 개최된 제2차 G20 정상회의도 보호무역조치 금지 및 도입된 보호무역조치의 원상복귀(roll-back)에 합의했다. 또한 WTO로 하여금 보호무역조치 확산을 모니터링하기로 했고, WTO 규범을 위반하는 조치 도입 국가 리스트를 주기적으로 발표하기로 합의했다. WTO의 제2차 모니터링 보고서에 따르면, 2008년 9월 이후 27개국 99건의 무역 및 무역관련 조치가 확인되었는데, 이는 제1차 보고서에서 보고된 11개국 13건에 비해 크게 증가한 것이다. <그림 1-2>에서 보듯이, 2008년과 2009년 반덤핑 발동 건수가 급격하게 증가하였다.

국가별로는 인도(14건), EC(11건), 중국(8건), 러시아(5건), 아르헨티나(5건), 미국(4건) 등의 순서로 보호무역주의 조치가 도입되었다. 보호무역주의 조치 현황을 종류별로 분류해 보면, 무역 제한/왜곡 조치로 ▲ 관세인상, ▲ 수입허가 요건 강화 등 비관세 장벽(SPS 조치 및 TBT 조치 강화 포함), ▲ 반덤핑, 긴급수입제한 조치 발동, ▲ 보조금(특히 자동차, 철강 등 제조업과 금융 부문) 등을 들 수 있다.

경기부양 및 금융 지원을 통한 보호주의 정책은 28개국 53건의 조치가 확인되었는데, 우리나라에 해당되는 것도 2가지(자동차 개별소비세 인하, GDP의 2.4% 경기부양책) 포함되어 있다. Gamberoni and Newfarmer(2009)에 따르면, 반덤핑

9. 보고서 제목은 "Report on the Financial and Economic Crisis and Trade-related Developments"임. 이 자료는 WTO 홈페이지(www.wto.org)에서 찾을 수 있음.

**그림 1-2 : 반덤핑 제소 건수(발동 및 예상)**

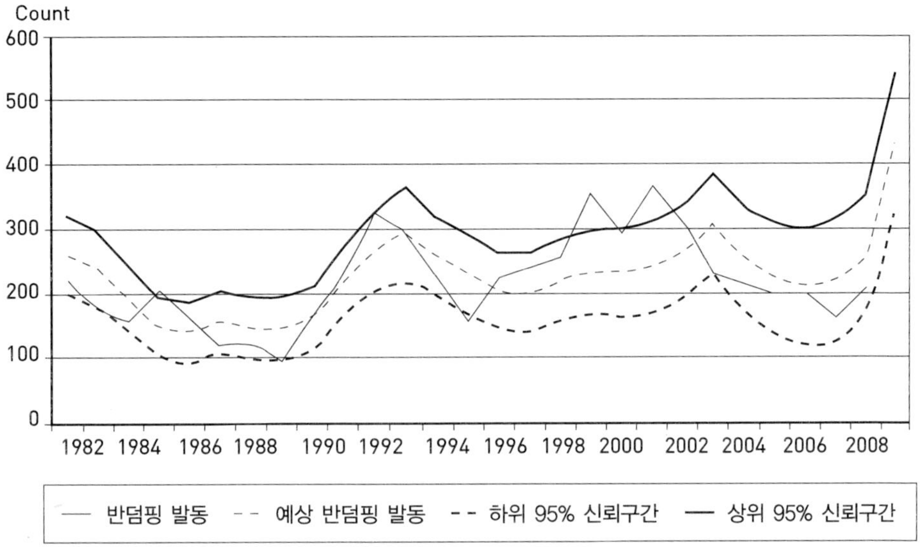


자료: WTO 사무국

조치도 증가(2008년 중 전년대비 조사개시 15%, 관세부과 건수 22% 증가)하였으며(<그림 1-2> 참조), 그 밖에 농산물 가격 하락에 따른 농업 보조금 지급확대, 자국은행에 대한 지원, 외국인 노동자에 대한 규제 등 다양한 형태의 무역관련 조치 확산이 우려되었다.

### 3) KOTRA 보고서

대한무역투자진흥공사(KOTRA)의 보고서에 따르면, 최근 글로벌 보호무역주의 동향을 아래와 같이 6개 분야로 구분하였다.

- 국내산업 지원을 통한 무역장벽 강화
- 비관세장벽 강화 움직임
- 무역구제(세이프가드, 반덤핑) 강화
- 반덤핑 발동 신속화로의 제도 정비
- 관세조정(인상)
- 보복조치로서의 수입규제

먼저, 다수 국가들이 경기부양정책의 일환으로 추진한 자국 산업지원정책이 결과적으로 보호장벽으로 작용하는 국가가 많은데, 미국, 프랑스, 중국, EU 등이 이러한 무역장벽을 도입한 것으로 분류된다. 대표적인 사례는 미국의 '바이 아메리칸(Buy American)' 규정으로 이는 오바마 행정부가 자국 경기부양을 위해 7,870억달러 규모의 '미국 경기부양법안(ARRA)'을 입안하면서 미국산 철강제품을 사용하도록 규제하면서 보호무역주의 확산이 세계의 주목을 받기 시작했다.

'바이 아메리칸' 조항은 2009년 2월 ARRA 입법 당시 미국 철강업계의 로비로 인해 삽입되었고, ARRA자금으로 시행되는 공공 인프라 사업의 경우 철강 및 공산품의 외국산 조달을 전면금지하게 될 것으로 알려졌다. 입법단계의 '바이 아메리칸' 조항은 EU 등 주요국의 반발로 WTO 정부조달협정(GPA)을 준수하는 것으로 완화되었으나, 이후 바이 아메리칸 조항은 세계적인 보호무역주의 확산 우려를 발생시키는 계기가 되었다.

**표 1-4 : 최근의 보호무역주의 사례**

| 보호무역주의 수단 | 보호무역주의 사례 |
|---|---|
| 국내산업 지원을 통한<br>무역장벽 강화 | 미국: – 부실 산업에 대한 정부 자금 지원<br>– 경기부양 사업시행시 미국산 우선구매(Buy American)<br>– 바이오 디젤에 대한 보조금 지급<br>프랑스: – 자동차 구제금융 지원 대가로 자국 부품 사용 유도<br>중국: – 자국산 기계설비 구매 유도(장비제조업 진흥계획 요강)<br>EU: – 유제품에 대한 수출보조금 부활 |
| 비관세장벽 강화 움직임 | 인도네시아: – 사전수입허가제 /수입항 제한<br>– 선적전 검사 의무화<br>브라질: – 사전수입허가제 확대 적용 시도<br>– 최저수입가격제도 시행<br>인도: – 수입허가조치<br>– 철강제품에 대한 BIS 강제인증제도 실시<br>아르헨티나: – 최저수입가격제도<br>–수입허가제도<br>콜롬비아: – 전년도 수입차 판매금지 |

(계속)

**표 1-4 :** 최근의 보호무역주의 사례(계속)

| 보호무역주의 수단 | 보호무역주의 사례 |
|---|---|
| 무역구제(세이프가드, 반덤핑) 강화 | 인도: – 2008년11월 이후 인도의 세이프가드 조사개시 건수:6건<br>러시아: – 러시아 세이프가드 조치 검토 |
| 반덤핑 발동 신속화로의 제도 정비 | 일본: – 반덤핑 관세 발동 신속화<br>아르헨티나: – 반덤핑 조사기간 단축 |
| 관세조정(인상) | EU: – 다목적 휴대폰에 13.9%수입관세 부과 방안 논의<br>인도: – 철강제품 수입관세 재 부과<br>터키: – 면직사(cotton yarn)수입관세 인상<br>중국: – 수입관세 인상 추진<br>– 석유화학제품 수입소비세율 인상<br>우크라이나: – 수입품목 관세 6 개월간 13%추가 움직임<br>파키스탄: – 수입규제관세 (15%~35%)부과 대상 품목 확대<br>러시아: – 자동차, 철강제품 등 8 개 품목 수입관세 인상 |
| 보복조치로서의 수입규제 | 브라질: – 아르헨티나에 대한 보복으로 사전수입허가 강화 시도<br>EU: – 미국의 바이오디젤에 대한 보조금 지급에 대해 상계관세 및 반덤핑 조사 |

자료: 대한무역투자진흥공사(2009) 자료를 활용하여 작성

프랑스는 자동차 산업 구제금융 지원을 대가로 한 자국산 부품의 일정 비율 사용 의무화를 시도한 바 있으며, 중국은 장비제조업 진흥계획안을 통해 자국산 기계설비를 구매하도록 유도하고 있다. 비관세 장벽 도입 및 시도가 크게 증가하고 있는데, 수입허가제(도입국: 인도네시아, 브라질, 인도, 아르헨티나), 최저수입가격제도(브라질, 아르헨티나), 기술장벽 강화(인도), 수입차량 판매 가능시기 제한(콜롬비아) 등이 도입되었다.

가장 많은 수의 비관세장벽을 도입한 인도는 2008년 11월 열연강판, 트럭/버스용 래디얼 타이어 등 품목에 대해 수입면허(Import License)를 보유한 실수요자만 수입할 수 있도록 조치했고, 저가 중국산 제품 범람을 막기 위해 철강 품질에 대한 인증을 설정하였다. 인도네시아는 2009년부터 전자제품, 의류, 식음료 등 5대 품목의 수입은 사전수입허가자에 한해 특정 항구를 통해 수입을 허용하고 있으며, 2월부터는 사전수입허가제 대상 5개 품목에 대해 선적전검사를 의무화하고 있다. 브라질은 수입품목의 60~70% 사전수입허가 의무화조치를 1월 26

일 발표하였으나, 수입업계 및 남미공동체(메르코수르) 회원국의 반발로 취소한 바 있다.

경제악화시 가장 빈번하게 발동되는 보호무역수단인 관세인상을 이번 금융위기에서도 많은 국가들이 도입한 바 있다. EU는 다목적 휴대폰에 13.9% 수입관세를 부과하는 방안을 논의 중인데, GPS 수신기 및 TV 기능이 내장된 휴대폰을 정보통신기가 아닌 가전제품으로 분류하여 높은 관세 부과방안을 검토한 바 있다. EU는 과거에도 유럽산업 보호를 위해 대형 LCD 모니터, 셋톱박스, 다목적용 프린터를 가전제품으로 분류하고 13.9%의 수입관세를 부과하여 미국과 일본으로부터 WTO 제소를 받았다.

인도는 철강제품 수입관세 재부과를 결정했는데, 2008년 4월부터 수입관세를 면세하였다가, 11월에 다시 5% 관세율로 환원하였다. 인도 철강 메이저 업계(SAIL, JSW, ESSAR 등)가 중국, 우크라이나로부터의 철강 수입을 막기 위해 관세율을 15%까지 인상해 줄 것을 요구 중이어서 추가 인상될 가능성도 있다. 중국도 석유화학제품에 대한 수입관세 인상을 추진 중인데, 중국 공업정보부는 석유화학제품 수입관세를 1%에서 5%로 올리는 것을 검토 중이며, 자동차, 항공용 석유화학제품(成品油)에 대해 수입업체가 납부하는 소비세율을 인상하였다. 이 밖에 터키가 면직사(cotton yarn) 수입관세를 인상했고, 우크라이나는 일시적 수입관세 인상을 검토 중이며, 파키스탄은 수입규제관세(15%~35%) 부과 대상 품목을 확대하였다.

## 보호무역주의와 한국경제 04

### 1) 우리 수출품에 대한 수입규제 현황

우리나라는 2009년 3월 말 기준 19개국으로부터 총 123건(조사 중 20건 포함) 규제를 받고 있으며, 국가별로는 인도가 총 27건(22%)으로 수입규제 건수가 가장 많았다. 특히 한국 수출제품에 대한 중국, 미국, 인도 3국에 의한 규제가 64건으로 전체의 52.0%를 차지하고 있다.

**표 1-5 : 우리 제품에 대한 수입규제 현황**

| 국가 | 인도 | 중국 | 미국 | EU | 우크라이나 | 터키 | 러시아 | 기타 | 총계 |
|---|---|---|---|---|---|---|---|---|---|
| 건수 | 27 | 22 | 15 | 5 | 7 | 7 | 8 | 32 | 123 |

123건의 규제상황을 대륙별 및 규제수단별로 구분해 보면, 전세계 대부분 지역으로부터 수입규제를 받고 있으며, 특히 아시아지역에서 규제가 64건(52.0%)으로 가장 많았다. 규제수단별로는 반덤핑과 세이프가드 적용이 각각 96건과 21건, 총 117건으로 규제건수의 대부분을 차지하고 있다.

**표 1-6 : 대륙별 대한국 수입규제 현황**

(2009. 3월말 현재)

| 구분 | 반덤핑 | 세이프가드 | 기타 | 총계 |
|---|---|---|---|---|
| 북미(2) | 13 | 0 | 5 (1) | 15 (1) |
| 중남미(3) | 4 | 0 | 0 | 4 |
| 유럽(4) | 14 (4) | 13 (4) | 0 | 27 (8) |
| 아프리카(2) | 6 | 1 | 0 | 7 |
| 아시아 | 56 | 7 (4) | 1 | 64 (4) |
| 대양주 | 3 | 0 | 0 | 3 |
| 총 계 | 96 (11) | 21 (8) | 6 (1) | 123 (20) |

주: ( )는 조사중
자료: 무역협회(2009)

자동차를 제외한 우리나라 대부분 주력산업이 수입규제를 받고 있으며, 품목별로는 화학 · 철강이 전체의 84건(68.3%)에 달한다. 화학의 경우 중국 · 인도 양국에 의한 규제가 35건으로 전체의 71.4%에 달하고 있으며, 철강은 미국 11건(31.4%), 섬유는 인도 · 터키가 주요 규제국이다.

연도별 신규 제소건수는 1999년 정점으로 2005년 이후 대체로 유사한 수준을 유

**표 1-7 : 품목별 수입규제 현황**

| 품목 | 화학 | 철강 | 섬유 | 전기전자 | 기타(기계/제지 등) |
|---|---|---|---|---|---|
| 건수 | 49 | 35 | 18 | 8 | 13 |

자료: 무역협회(2009)

지하고 있으며, 선진국에 의한 제소는 뚜렷한 감소세인 반면, 개도국에 의한 규제는 여전히 높은 규제빈도를 보이고 있다. 2008년 하반기 이후 금년 3월말까지 우리나라 수출품에 대한 수입규제 건수는 인도 6건, 중국 2건 등 모두 7개국 13건이다. 2008년 상반기와 하반기에 각각 8건과 9건을 기록했으며, 금년 3월까지는 4건이 신규 제소되었다. 품목별로는 화학제품(6건)과 철강제품(5건)에 주로 집중되어 있으며, 규제 형태별로는 반덤핑 7건, 세이프가드 5건, 상계관계(CVD) 1건이다.

**표 1-8 : 한국에 대한 수입규제 현황(2008.7~2009.3)**

| 국가 | 대상품목 | 비고 |
|---|---|---|
| 미 국 | 디젤엔진부품(CVD) | 1건 |
| 인 도 | 열연코일, 스테인리스 냉연강판, 인산(이상 AD),<br>옥소알콜, 선형 알킬벤젠, 무스프탈산(이상 SG) | 6건 |
| 중 국 | 아디프산, 테레프탈산(TPA)(이상 AD) | 2건 |
| 러시아 | 스테인레스 강판(AD) | 1건 |
| 인도네시아 | 못과 선재(SG) | 1건 |
| 필리핀 | 철강제 각봉(SG) | 1건 |
| 파키스탄 | 안전벨트 부품(AD) | 1건 |
| | 7개국 13건 | |

주: CVD-상계관계, AD-반덤핑, SG-세이프가드
자료: 무역협회(2009)

최근 세계적인 금융위기와 세계경제의 위축으로 각국에서 수입규제에 대한 정치적인 압력이 증가하고 있음에도 지금까지 보호주의적 조치가 현저히(significantly) 증가하지 않은 것은 G-20를 통한 우리 정부의 적극적인 노력의 결과로 무역협회(2009)는 평가하고 있다. "우리 정부는 G-20 1차 정상회의(워싱턴)에서 보호무역조치 동결(standstill) 선언을 이끌어 낸데 이어 2차 회의(런던)에서 보다 구체적인 조치 중의 하나인 'name and shame' 정책을 WTO 주관 하에 시행하고, 1차 회의 이후 도입된 모든 무역장벽 조치를 폐기하는 원상복귀(roll back) 정책을 '즉각 시정' 한다는 합의문 조항에 반영하는데 역할"을 했다는 것이다. 앞으로도 G-20 정상회의를 중심으로 국제적인 노력이 뒤따를 것으로 보여 우리나라에 대한 수입규제가 크게 늘어날 가능성은 높지 않은 것으로 보고 있지만, 제2절 다항에서 고찰했듯이, 향후 세계경제의 위기감이 줄어드는 대신 경기침체가 지속되는 경우, 보호무역주의가 다시 확산될 가능성이 높기 때문에 통상당국의 대응책 마련이 필요하다.

### 2) 우리나라의 보호무역주의 조치

WTO 보호무역주의 모니터링 제2차 보고서에 따르면, 우리나라가 도입한 보호무역주의는 3건으로 원유에 대한 관세 3%로의 환원, 자동차 개별소비세 인하, GDP의 2.4% 경기부양책이 해당된다. 원유에 대한 관세환원을 제외한 나머지 2가지 조치들이 수출국에 심각한 영향을 줄 것으로 판단되지는 않지만, WTO는 광의의 보호무역주의적 조치로 분류하였다. 하지만, WTO 보고서에 포함되지는 않았지만, 2008년 우리나라 '가축전염병예방법' (이하 가축법) 개정에 대한 캐나다의 WTO 제소는 국내 보호무역주의의 문제점을 부각시키는 계기가 되었다.

또한 현재 국회에서 논의 중인 통상절차법도 경우에 따라 심각한 보호무역주의 성향을 보일 수 있을 것으로 판단된다. 현재 국회에 발의되어 있는 통상절차법안은 통상정책 추진과정에서 국회의 참여를 확대시키는 것으로, 경제악화시 정치적 압력 증가로 보호무역주의적 조치 도입 가능성을 높아 질 수 있다. 특히 발의된 법안은 정부의 통상정책권한을 사실상 무력화시킬 수 있는 내용도 포함되어 있어 인기영합주의적 보호무역주의조치 도입이 빈발해질 수 있다는 우려가 제기된다.

우리 정부는 G20 정상회의, 아세안+3 정상회의 등 국제무대에서 보호무역주의 동결(Standstill) 및 원상회복을 제안하고 있으나, 국내의 보호무역주의 분위기를 분식시키지 않고는 국제사회에서 보호무역주의 배격을 주도해 나가는 것이 어려울 것이다. 또한 가축법 개정 사례와 통상절차법이 제정되는 경우, 국내 보호무역주의적 압력 증가로 자유무역협정(FTA), 도하개발의제(DDA) 등 개방적 통상정책 추진에도 심각한 장애로 작용하게 될 것이다.

**① 2009년 가축법 개정과 캐나다의 제소**

가축법은 미국산 쇠고기 검역기준 합의로 촉발된 광우병 촛불시위 과정에서 발의되어 제276회 임시국회 회기 동안 가축법 개정 특별위원회(가축법특위)를 통해 3건의 개정안을 검토하였고, 2008년 8월 25일 국회 본회의에서 개정안이 통과되었다. 주요 내용은 광우병 발생 국가산 모든 월령의 소에서 유래한 편도와 내장(회장원위부) 및 30개월령 이상된 소에서 유래한 뇌 · 눈 · 척수 · 머리뼈 · 척주 등을 특정위험물질로 규정하고(개정안 제2조제6호), 광우병이 발생한 날로부터 5년이 경과하지 아니한 국가산 30개월령 이상 쇠고기 및 쇠고기 제품과 광우병 발생국가산 특정위험물질을 수입금지품목에 추가하였다(제32조제1항제3호 및 제4호).

개정된 내용 중 제2조제6호는 미국과 합의한 쇠고기 수입조건의 내용이고, 국제적으로 인정되고 있는 것이므로 가축법 개정안에 포함되어도 논란이 되지 않을 것으로 보인다. 또한 수입이 금지된 30개월령 이상 쇠고기 및 쇠고기 제품의 수입금지를 해제하려는 경우 수입위험분석을 실시하도록 하며(제32조제4항), 이미 위생조건이 고시된 수출국에서 광우병이 추가로 발생한 경우 쇠고기 또는 쇠고기 제품에 대한 일시적 수입중단 조치 등을 취할 수 있도록 했다(제32조의2).

하지만, 제32조제1항제3호 및 제4호에서 규정한 광우병 발생 후 5년이 경과하지 아니한 국가의 30개월 이상 쇠고기를 수입금지품목으로 설정한 것은 국제통상규범과 배치되는 것으로 평가되었다. 캐나다가 우리나라를 제소한 것도 이 조항이 WTO 위생및검역협정(SPS)에서 규정하는 이상의 무역보호수단으로 작용하는 것으로 판단했기 때문이다. 2009년 4월 9일 캐나다 정부는 우리나라 가축법 개정내용이 자국 쇠고기를 차별한다는 취지를 들어 우리나라를 WTO에 제소하였다. 이에 우리 정부는 5월 7일 캐나다 정부와 양자간 협의를 갖고 캐나다측의 제소에 대응해 나가고 있으며, 당초 우려와 같이 가축법 개정이 통상마찰의 원인이 되고 있는 것이다.

또한 국회가 행정부에 위임한 수입 위생조건 고시를 다시 국회가 심의하도록 함으로써 헌법 위반(삼권분립 관련) 논란이 제기될 수 있다는 점도 제기된 바 있다. 가축법은 가축의 전염성질병이 발생하거나 확산되는 것을 막음으로써 축산업의 발전과 공중위생의 향상을 목적으로 하고 있으며, 가축법 개정은 국민들의 광우병 우려를 차단할 수 있도록 수입금지 부위를 확대하고, 광우병이 추가로 발생하는 경우 수입을 금지시킨다는 취지를 반영하고 있다.

하지만, WTO 위생및검역협정(SPS)의 규정에 따라, WTO 회원국은 인간, 동물 또는 식물의 생명 또는 건강보호를 위하여 필요한 위생조치를 취할 권한을 보유하나 동 조치는 이 협정의 규정에 합치시켜야 한다. 인간, 동물 또는 식물의 생명 또는 건강을 보호하는 데 필요한 범위내에서만 적용하고, 과학적 원리에 근거하며 충분한 과학적 근거없이 유지되지 않도록 보장해야 한다는 의무를 회원국에 부과하고 있다. 2008년 가축법 개정은 이러한 국제규범과 다수 배치되는 규정을 포함하고 있다.

이러한 문제점에도 불구하고 가축법 개정안이 국회를 통과한 것은 미국산 쇠고기 협상 국정조사와 가축법 개정이 제18대 국회 개원의 전제조건으로 여야가 합의했기 때문이다. 촛불집회로 여야가 극한적인 대치가 지속되면서 18대 국회는 3개월 지각해서 원구성했고, 이 과정에서 여야는 가축법을 정치적 타협의 소재로 활용한 결과 국제통상규범과 국내 관련 규정에 배치될 수 있는 법안 개정에 합의하게 된 것이다. 통상정책을 정치적으로 결정할 경우 교역상대국과의 마찰을 불러올 수 있음을 과거 경험으로 알 수 있으며, 향후 이행시 적지 않은 통상분쟁에 휘말릴 수 있음을 우려하지 않을 수 없다.

### ② 통상절차법 제정 추진

현재 국회에 발의되어 있는 4건의 통상절차법은 DDA, FTA 등 주요 통상협상에서 국내 이해관계자의 입장을 보다 체계적으로 반영시킬 수 있다는 장점이 있으나, 반개방정서에 바탕을 둔 인기영합적 정책결정의 우려도 적지 않은 것으로 평가되고 있다.

송원근(2009)은 포퓰리즘적인 대내협상의 문제점을 우려하면서 과거 다자무역협상과 FTA 협상에서 국민 설득이 부족했던 것에 대한 비용이 컸던 원인은 대체적으로 이익집단의 목소리가 제대로 협상에 반영되지 않은 측면보다는 포퓰리즘적인 반개방정서에 의존한 반대운동이 강했기 때문인 것으로 평가하고 있다. 이러한 평가를 바탕으로 통상절차법 제정에 대해 부정적인 평가를 내리고 있다.

발의된 통상절차법안의 주요 문제점으로는 먼저, 헌법상 조약 체결 · 비준 규정에 대한 위헌 소지를 들 수 있다. 국회가 통상절차법 제정을 통해 통상조약성립 과정의 각 단계마다 세부적으로 관여하거나, 가서명된 조약에 대한 동의권 및 재협상 요구권을 행사하는 것 등은 대통령의 조약체결권을 과도하게 제약하는 것이며, 삼권분립원칙에도 위배되어 위헌의 소지가 매우 클 수 있다. 또한 통상정책의 효율적인 수행을 저해할 우려가 크다. 협상전략을 포함한 광범위한 정부 자료의 국회 제출 및 일반 공개는 우리 통상전략의 유출은 물론, 협상 상대국과의 관계에서 신뢰를 저하시킬 가능성이 있다.

일반적으로 협상 진행과정에서 협상전략상 최대치를 제시하게 되므로 협상 최종 결과와는 상이할 수밖에 없으며, 수시 중간보고 의무가 주어지게 되면 기 보고된 최초 입장이 협상의 목표로 인식되어 협상과정에서의 상황 변화에 대응하기 어렵게 만든다. 또한 협상안에 대한 보안유지도 어렵게 될 가능성이 높은데, 과거 한미 FTA 협상에서도 보안을 필요로 하는 우리측 협상자료가 국회에 제출된 후 일반에게 공개되어 우리나라 협상력을 약화시킨 사례가 있다.

마지막으로 통상절차법의 일부 내용은 국제관례와도 배치되는데, 주요 선진국가들의 경우, 통상조약절차에 대하여 별도의 법률을 제정, 시행하고 있는 국가는 미국이 유일한 것으로 파악된다. 미국의 경우에는 헌법상 대외통상을 규율할 수 있는 권한이 의회에 있다. 하지만 오늘날 미국의 경우에도 통상협상은 대개 무역촉진권한(TPA)에 따라 이루어지는 바, 이 경우 통상협상권한을 일단 행정부에 위임한 이후에는 의회는 협상결과에 대한 승인 여부만 결정할 뿐, 수정 권한은 갖고 있지 않다.

미국의 독립전쟁이 당시 영국 정부의 식민지 고관세정책(보스톤 차사건)으로 발발하였고, 독립후 제정된 헌법에서 관세를 포함한 통상정책은 의회가 결정해야 한다는 점을 헌법 제1조에 명시함으로 미 의회는 통상정책권한을 행사하게 되었다. 하지만 19세기 이후 국제교역이 기술적으로 복잡해지고 전문성을 요하는 분야로 발전함에 따라 미 의회는 행정부에 무역대표부(USTR)을 신설하여 사

**표 1-9 : OECD 국가들의 통상절차체계**

| 국명 | 정부형태 | 조약체결권주체 | 통상절차법 유무 |
|---|---|---|---|
| 네덜란드 | 입헌군주국/의원내각제 | 국왕 | X |
| 노르웨이 | 입헌군주국/의원내각제 | 국왕 | X |
| 뉴질랜드 | 입헌군주국/의원내각제 | 내각 | X |
| 덴마크 | 입헌군주국/의원내각제 | 국왕 | X |
| 독일 | 의원내각제 | 대통령 | X |
| 미국 | 대통령제 | 일반조약: 대통령<br>통상조약: 의회 | TPA<br>(2007.7.1 만료) |
| 벨기에 | 입헌군주국/의원내각제 | 국왕 | X |
| 스웨덴 | 입헌군주국/의원내각제 | 내각 | X |
| 스위스 | 회의체(집단지도체제) | 연방각의 | X |
| 스페인 | 입헌군주국/의원내각제 | 내각 | X |
| 아이슬란드 | 의원내각제 | 내각 | X |
| 아일랜드 | 의원내각제 | 대통령 | X |
| 영국 | 입헌군주국/의원내각제 | 국왕 | X |
| 오스트리아 | 의원내각제 | 대통령 | X |
| 이태리 | 의원내각제 | 대통령 | X |
| 일본 | 입헌군주국/의원내각제 | 내각 | X |
| 캐나다 | 입헌군주국/의원내각제 | 내각 | X |
| 포르투갈 | 반(半)대통령제 | 총리 서명, 의회와<br>대통령이 비준 | X |

자료: 외교통상부(2009) "통상조약체결 관련 주요국 법령 및 제도 현황" 2월.

실상 통상정책권한을 위임하고 있다. 이런 상황에서 국회가 협상에 직접 관려하도록 허용하는 통상절차법 제정은 신중하게 검토되어야 한다

또한 입법부와 행정부 모두에게 과도한 부담을 초래할 우려도 큰데, 발의된 바와 같이 통상협상 절차를 매 단계별로 상세하게 법률로 규정하여 의무화할 경우, 행정부뿐만 아니라 국회에도 과도한 부담이 될 수 있다. 법 제정을 통해 통상협상 절차의 매 단계마다 엄격한 절차규정을 도입하게 되면, 급변하는 대외통상 환경 변화에 우리 정부가 기민하게 대처하는데 한계가 있을 것으로 우려된다. 방

> **통상협상절차에 대한 외국의 사례 조사**
>
> ■ 외교통상부가 2008.7월~10월간 주요 OECD 회원국과 우리나라의 주요 교역 대상국 등 총 30개국을 대상으로 통상협상절차에 대한 조사를 실시한 결과에 따르면, 상기 30개 조사국 중 통상조약절차법을 갖고 있는 나라는 미국밖에 없는 것으로 확인되었음.
>
> - 의원내각제인 영국, 일본 등과 대통령제인 프랑스, 러시아, 브라질, 인도네시아 등은 모두 통상조약절차법을 갖고 있지 않음.
>
> ■ 대부분 국가는 내부지침 또는 관행에 의해 통상절차에 대해 규율하거나 조약체결 전반에 관한 절차법만 보유함(네덜란드, 스페인, 러시아, 중국 등이 조약체결절차법 보유).
>
> ■ 통상조약 체결에 대한 국회의 권한에 대해 살펴보면, 대부분의 국가들이 행정부가 체결한 통상협정에 대해 국회가 동의권을 행사하고 있음.
>
> - 폴란드, 인도네시아, 중국의 경우 통상조약을 국회 비준대상에 포함시키지 않고 있으며.
> - 호주의 경우, 교섭 과정에서 의견수렴과 연방 집행회의 등의 기구를 통해 여론 등을 충분히 반영하고 있고, 의회 동의권 절차는 조약 체결 처리를 지연시키는 결과를 초래하므로 의회동의권이 불필요하다는 입장임.

대한 자료를 검토하는데 막대한 시간과 인적자원이 소요될 것임을 고려할 때, 현실적으로 국회 행정력에 과도한 부담 초래할 가능성이 높다. 통상절차의 투명성과 절차적 정당성을 강화한다는 장점이 있으나, 발의된 통상절차법안은 헌법 위반 및 통상정책의 효율성을 저해하는 것으로 평가된다.

발의된 통상절차법 제정보다는 「FTA추진절차규정」, 「국회법」, 「국회에서의 증언 및 감정에 관한 법률」, 「공공기관의 정보공개에 관한 법률」, 「행정절차법」등 현행 법률을 통해 정보공유, 국회의 역할을 강화시키는 것이 현실적인 접근방법이 될 것이다.

정부 정책이 효율성, 투명성, 절차적 정당성을 확보해야 것은 당연하지만, 통상정책은 상대국이 있고 협상안에 대한 보안유지가 필요한 특수성이 있다는 점을 무시할 수 없다. 발의된 4건의 통상절차법안 내용을 살펴보면, 정보공개와 투명성, 정책결정의 절차적 정당성 확보에는 기여하겠지만, 통상정책의 효율성을 약화시킬 것으로 판단된다.

통상협상은 다수 집단에게 이해관계 영향을 주게 되고, 투명성 확보를 위해 협상정보를 공개 및 공유해야 한다는 주장이 설득력 있게 들릴 수 있으나, 개방정책 반대론자들은 각 협상단계별로 작성한 협상안을 종합적으로 이해하고 평가하기 보다는 특정 시점의 협상전략과 목표를 협상결과와 대비시켜 통상정책을 비판하는 경우가 많다. 또한 협상은 상대국의 입장과 협상시점의 상황변화에 따라 협상전략이 변경될 수 밖에 없는데, 종종 협상전략 변경을 협상실패로 단정하는 경향도 있다. 통상협상은 전략과 논리의 싸움이며, 많은 부분에서 보안유지가 성공적인 협상 타결에 관건이 될 수 밖에 없는데, 성공적인 협상을 도출하는데 기본요건인 협상정보 완전공개를 주장하는 것은 협상력을 약화시키게 될 것이다. 더구나 어떤 국가도 통상협상관련 자료와 정보를 실시간으로 일반공개하는 국가가 없음에도 모든 정보 공개를 주장하는 것은 사실상 통상정책을 무력화시키는 결과가 될 것이다.

## 05 결론 및 보호무역주의 대응방안

다수 국가들이 보호무역주의 조치들을 도입하고 있어 수출의존도가 높은 우리나라는 최근의 보호무역주의 추세로 가장 큰 무역피해를 볼 수 있는 국가이므로 다각도의 적극적인 대처가 필요하다. 따라서 G20 등 다자무역체제를 활용하여 보호무역주의를 방지해 나가야 하고, FTA, DDA 등을 통해 무역자유화를 적극적으로 추진하면서 국내의 보호무역주의 움직임을 차단해 나가야 할 것이다.

### 1) 보호무역주의 배격 국제공론화

지난해 말부터 다수 국가들이 단기간내 보호무역주의 조치들을 도입함에 따라 우리 정부 단독으로 보호무역주의를 배격하는 것이 용이하지 않을 뿐만 아니라, 보호무역주의 수단들이 WTO 규정을 정면으로 위배하지 않은 경우도 많아 WTO 제소를 통해 문제를 해결하기 어려운 상황이다. 따라서 G20와 다자간무역체제를 이용하여 보호무역주의 도입 국가에게 일종의 압력(peer pressure)을 부가하고, 보호무역주의에 대한 국제사회의 우려를 전달함으로써 보호무역주의 유인을 줄여나가야 한다.

특히 G20 정상회의에서 보호무역주의 배격에 대한 원칙적 합의를 도출했고, 향후 회의에서도 참가국들을 설득하여 보호무역주의 원상회복 원칙을 이끌어내야 할 것이다. 또한 WTO 보호무역주의 모니터링 제도가 어느 정도 성과를 보이고 있으므로 다자간 감시체제를 강화하는 기구 도입을 WTO내에서 협의해야 할 것이다.

국내적으로는 민 · 관 · 유관기관간 협력을 통한 공동대응도 강화해 나갈 필요가 있는데, 특히 업계, 정부간의 정보 공유 및 공동 대응체제 구축이 필요하다. 현지기업 및 규제관련 정부기관의 동향을 입체적으로 파악하고, 무역장벽 강화 가능 품목에 대한 지속적 모니터링이 필요하며, 각국의 무역장벽 강화 조치로 피해를 겪는 사례와 바이어의 수입선 전환 움직임 포착 및 대응책을 마련해야 할 것이다.

한편, 우리 정부도 2건의 관세조정 사례가 WTO 모니터링 자료에 포함되어 있는데, 다른 국가의 보호무역주의 도입 방지 주장을 강화해 나가기 위해서는 관세율 인상에 신중해질 필요가 있다.

### 2) 미국, EU와의 FTA 조기 이행

우리나라는 현재 칠레, 싱가포르, EFTA, ASEAN 등 총 4건의 FTA를 발효 중이며, 미국과는 협정에 공식서명한 상태이다. 미국과는 2006년 2월부터 협상을 시작하

**표 1-10 : 우리나라의 FTA 추진 현황**

| | 기 체결 | 협상 중 | 검토 중 |
|---|---|---|---|
| 국가 | 칠레('04.4 발효)<br>싱가포르 ('06.3 발효)<br>EFTA('06.9 발효)[1)]<br>ASEAN('07.6 발효)<br>미국('07.4 타결)<br>인도('09.8 비준안 제출)<br>EU('09. 10 가서명 추진) | 일본('03.12, 개시)<br>캐나다('05. 7, 개시)<br>멕시코('06. 2 개시)<br>GCC[3)]('08년 개시)<br>페루('09년 개시),<br>호주('09년 개시) | Mercosur[2)](공동연구 종료)<br>중국(공동연구 중)<br>러시아 |

주 1) EFTA(유럽자유무역연합): 스위스, 노르웨이, 아이슬란드, 리히텐슈타인
2) Mercosur(남미공동시장): 브라질, 아르헨티나, 우루과이, 파라과이, 베네주엘라
3) GCC(걸프협력이사회): 아랍에미리트, 사우디아라비아, 쿠웨이트, 바레인, 오만, 카타르

여 2007년 4월 2일 타결시켰으며 2007년 6월 30일 공식서명을 마친 상태이고, EU와의 FTA는 사실상 타결되었고, 인도와의 협정(CEPA)는 2009년 8월 서명되어 국회비준안이 제출되었다. 캐나다, 멕시코, 중동(GCC), 호주 등과는 협상을 진행 중이며, 일본과는 2003년 12월부터 협상을 개시했으나 현재 교착 상태에 놓여 있다.

MERCOSUR와는 2006년 12월 산 · 관 · 학 공동연구를 종료하고 협상 개시 협의가 진행될 수 있을 것이며, 한 · 중 · 일 FTA, 동아시아 FTA에 대한 연구가 수년째 진행되고 있으나, 정부간 협의는 아직 시작되지 않은 상태이다. 현재 우리나라가 추진 중인 모든 FTA가 체결될 경우 모두 62개국과 FTA를 체결할 것으로 추정되며 FTA 체결국과의 교역 비중은 85%를 넘을 것으로 전망된다.

FTA는 상대국 시장진출에 도움을 주는 무역자유화와 더불어 추가적인 보호주의를 완전차단할 수 있게 해 주므로 주요 교역국가와의 FTA 추진이 필요하다. 특히 미국, EU 등 거대경제권과의 FTA 체결 및 이행은 상당한 수출확대 효과가 예상되므로 경제활성화에도 크게 기여할 것으로 분석된다.

따라서 조기에 미국과의 FTA 국회비준을 완료하고, 미 행정부와의 협의를 통해 한미 FTA를 이행시켜야 할 것이다. 또한 EU와의 FTA 협정을 서명하고, 조기 비준을 서둘러야 할 것이다. 또한 그동안 논의가 진행되어 온 중국, 일본 등과의 FTA 협상 개시도 검토할 필요가 있으며, GCC, 페루 등 중소형 국가와의 FTA는 조기에 타결할 필요가 있다.

### 3) DDA 협상 조기타결

2008년 7월말 우리나라를 포함한 30여개 WTO 주요 회원국 각료들이 참여한 가운데 농업/비농산물시장접근(NAMA) 자유화 세부원칙(modalities) 합의도출을 목표로 소규모 각료회의가 소집되었으나 농산물 보조금, 관세감축에 대한 미국, EU, 인도 등 주요국 입장 차이로 DDA 협상이 진전되고 못하고 있다.

참고로 2001년 시작된 DDA 협상은 수차례 협상중단 사태를 경험하였으며, 2009년 5월 26~27일 개최된 WTO 일반이사회가 제7차 WTO 정례 각료회의를 금년 11월 30~12월 2일간 스위스 제네바에서 개최하기로 결정함에 따라 금년 하반기에 DDA 협상이 재개될 가능성이 높아졌다.

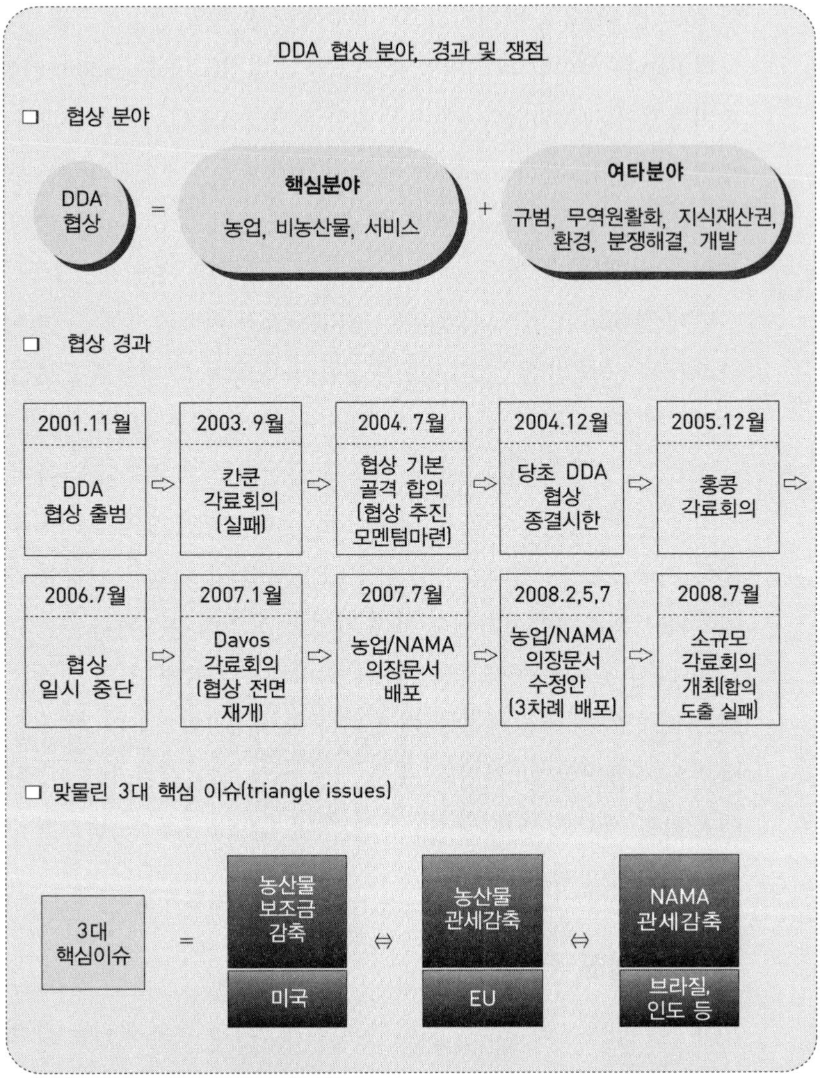


자료: 외교통상부(2008) "DDA협상 현황"12월.

DDA 협상 타결시 우리나라는 세계 주요국 중 가장 높은 경제이익을 기대할 수 있다는 연구가 제시되어 있고, 교역구조 및 산업경쟁력으로 보더라도 상당한 경제이익 실현이 예상되므로 조기에 협상이 타결되도록 통상외교적 노력을 배가할 필요가 있다. DDA 협상은 서비스와 통상제도도 포함되지만, 최대 쟁점은 농업에 대한 관세와 보조금 감축 문제이며, 협상 재개를 대비하여 우리 정부도 농업이슈에 대한 적극적인 협상전략을 수립해야 할 것이다.

우리 농정당국과 농업계는 다양한 시나리오하에 DDA 협상 타결을 대비하여 농업구조조정 및 피해보전 방안을 마련해야 한다. 이미 119조원의 농업지원예산이 투입되고 있고, 최종 개방안에 따른 추가 지원의 필요성에 대한 검토도 있어야 하지만, 과거 농업지원 사례와 같이, 낮은 효율성과 도덕적 해이 문제가 재발하지 않도록 해야 한다.

정부는 협상 마무리 과정에서 국익을 최대한 반영하고, 개방에 따른 파급영향을 다양한 각도에서 분석하여 국민들에게 제시해야 한다. 또한 이번 협상을 우리 농업과 제조업의 경쟁력 강화, 서비스업과 통상제도의 선진화 계기로 활용하는 전략을 수립해야 할 것이다. 우리나라는 그동안 이루어진 다자간 무역자유화의 혜택을 가장 많이 본 국가이며, 전세계 차원의 무역자유화에 대한 우리 국민들의 인식이 대체로 긍정적이므로, 정부는 대국민 및 정치권과의 소통에 적극적으로 나설 필요가 있다.

### 4) 개방경제체제의 강화

어떤 정책이든 찬반논쟁이 있게 마련이지만, 대외개방을 수반하는 통상정책은 다른 분야의 경제정책에 비해 논쟁 가능성이 훨씬 더 높을 수 밖에 없다. 그 이유는 통상정책이슈에는 상대국이 있고 국제협상을 통해 쟁점을 타결해야 하는 협상의 속성상 상대국의 입장도 일정 수준 수용해 주지 않을 수 없기 때문에 우리나라에게 불리한 내용도 통상정책에 포함될 수 있다.

통상당국도 손실보전 및 피해최소화를 위한 방안을 마련하면서 통상정책을 수행해야 하겠으나, 반개방적 시각을 가진 정치권은 통상정책의 결과로 예상되는 손실문제를 지나치게 정치화시켜 엄청난 사회적 손실을 초래하게 된다는 점이다. 또한 타결된 통상협상에 대한 평가가 극단적으로 이루어지는 경우가 많은데, 협상 전반을 평가하는 정부(추진기관)측 평가와 양보분야 및 손실분야 위주로 평가하는 반대론자의 평가가 극명한 대조를 보이게 된다.

국민경제적 관점에서의 이익보다는 손실계층의 이익을 대변하는 것이 정치적으로 유리한 경우가 많으므로 전반적인 경제적 평가와는 무관하게 손실분야만

이 집중적으로 부각되는 경향이 있다. 한편, 이익계층은 정책에 대한 지지에 인색한 경향이 있어 전반적으로 통상정책에 대한 반대논리가 주로 사회에 유통되는 문제가 있다.

이러한 문제는 사회 전반적으로 보호무역주의적 사회분위기가 높을 때 더 심각하게 나타나게 되며, 통상절차법이 제정되는 경우 정치권의 보호무역주의적 경향은 더 강화될 것이다. 과거에 비해 우리 국민의 통상정책의 중요성에 대한 인식이 많이 개선되었으나, 아직도 통상정책을 경제논리보다는 정치논리에서 평가하는 경향이 많다.

인적자원 외 자원이 귀했던 우리나라가 공업화를 추진하면서 '수입품 배격, 국산품 애용' 슬로건으로 장기간 국민교육을 실시했고, 개도국으로 부상한 1980년대 이후 외국의 통상압력에 의해 부분적으로 개방정책을 추진하면서도 여전히 강력한 보호무역주의를 시행한 결과 우리 국민들의 대외개방에 대한 인식은 아직도 부정적인 경향을 보이고 있다.

또한 장기간 군부정치 이후 급속한 민주화로 의회민주주의 발전이 더딘 상황에서 정치권이 여야 대결 국면을 지속하면서 국익보다는 정치적 이익을 우선시하는 정치풍토가 형성되었고, 정치권은 통상을 정쟁의 대상으로 활용하고 있어 대부분의 통상정책은 정치적 논란의 대상이 되고 있다.

우리나라의 경우, 표면적으로는 개혁 · 개방의 필요성을 제기하면서도 폐쇄적인 사고나 관행이 여전히 사회 각계에 만연하고 있는 것으로 나타나고 있다. IMD(2008) 국제경쟁력 보고서에 따르면, 우리나라는 개방적인 경제관행이나 외국문화를 적극적으로 수용하는 자세는 싱가포르, 아일랜드 등 개방을 통해 성공한 국가들에 비해 턱 없이 부족한 것으로 평가된다.

선후진국을 막론하고 선거철만 되면 보수주의적 보호무역정책이 단골메뉴로 등장하게 되고, 야당일수록 반개방 정서를 선거 전략으로 활용하는 경우를 많이 보게 된다. 경제성장과 발전보다는 취약계층 보호 및 형평성논리가 정치권력 투쟁에 유용한 점을 적극 활용하는 집단이 있게 되며, 이런 상황에서 국회에 통상정책권한을 부여하는 것은 사실상 통상정책의 폐기 및 인기영합적 정치환경 조성으로 귀결될 가능성이 높다.

**그림 1-3 ⋮** 지표로 본 우리나라의 개방화 정도 (2007년 기준)

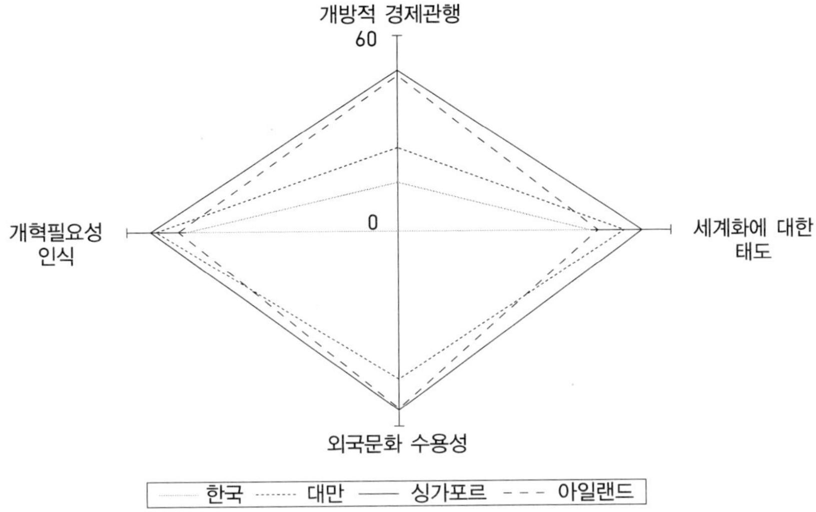


자료: IMD, World Competitiveness Report (2008)

교역의존도가 높고, 금융위기로 수출증진의 필요성이 강조되는 현재의 세계적 경제침체 상황에서 국제적으로 보호무역주의적 조치 도입을 방지하고, 수출환경 개선을 추진해 나가기 위해서는 우리 국내에서도 개방적 통상정책에 대한 국민적 인식과 지지가 뒷받침되어야 할 것이다.

또한 손실계층의 이해와 입장을 협상에 보다 체계적으로 반영시키고 통상정책으로 인한 손실을 보상하는 정책적 수단 마련과 더불어 통상정책에 대한 국민의 이해를 개선시키는 국가적 노력이 추진되어야 한다. 합리적인 논거도 없이 통상정책을 볼모로 정치적 이익을 추구하는 정치세력들이 국민들로부터 외면받을 때, 정책담당자들이 정치권의 부당한 개입에서 벗어나 객관적인 판단을 근거로 통상정책을 수립할 수 있을 것이며, 더 나아가 우리나라는 '진정한 통상대국'으로 발전해 나갈 수 있을 것이다.

## 참고문헌

대한무역투자진흥공사(2009), "최근 글로벌 보호무역주의 동향" Kotra Executive Brief 09-002. 2월11일.

무역협회(2009), "2009년 1/4분기 對韓 수입규제 동향과 시사점" 보도참고자료(4월)

송원근(2009), "통상절차법 발의안에 대한 평가", 바른FTA본부 주최 "통상절차법안 평가" 세미나(삼성동 COEX 403호 컨퍼런스룸, 10월 28일)

연합뉴스(2008), "학계 다수, 가축법 개정안 위헌소지 적어". 8월 21일자.

외교통상부(2008), "DDA협상 현황". 12월.

외교통상부(2009), "통상조약체결 관련 주요국 법령 및 제도 현황" 2월.

정인교(2009), "통상절차법 제정에 대한 의견", 국회 외통위 통상절차법 공청회 발제자료. 2월 26일.

정인교(2009), "통상절차법 제정에 대한 의견", 국회 외통위 통상절차법 공청회 발제자료. 2월 26일.

정인교, 조정란(2009a), "최근 보호무역주의 추세와 대응방안". 자유기업원 CFE Report. 6월.

정인교, 조정란(2009b), "가축법 개정의 무역통상규범적 평가" 무역학회지 34권 3호. 한국무역학회.

최원목(2009), "가축법 다시 고쳐야 WTO 제소 피한다". 동아일보 3월 24일. 기고문.

한국경제신문(2008), "한경 밀레니엄 포럼". 8월 28일자.

Baldwin, Richard and Simon Evenett(2009), The Collapse of Global Trade, Murky Protectionism, and the Crisis, e-book: A VoxEU.org

Gamberoni, Elisa and Richard Newfarmer(2009), "Trade Protection: Incipient but Worrisome Trends". WTO: TRADE notes, No. 37. March 2.

Hufbauer, Gary Clyde and Jeffrey J. Schott (2009), "Buy American: Bad for Jobs,

Worse for Reputation", Peterson's Institute for International Economics, Policy Brief Number PB09-2fe.

IMD(2008), World Competitiveness Report

Mullins, Eustace (1954), The Federal Reserve Conspiracy, Union: New Jersey.

Swaim, Paul (2007) "OECD workers in the global economy-increasingly vulnerable?" OECD Parliamentary Seminar on Innovation, Growth, Equity. Directorate for Employment, Labour and Social Affairs, OECD. October.

WTO(2009), "Report on the Financial and Economic Crisis and Trade-related Developments". Geneva: WTO. April.

PART

2

# 글로벌통상질서의 변화와 도전

**02**

글로벌통상질서의 변화와 도전

**03**

보호무역주의의 정치경제학

**04**

최근 보호무역주의의 특징 및 영향

# 신 보호무역주의

# 글로벌통상질서의 변화와 도전

02

곽수종 **삼성경제연구소 수석연구원**

## 서론 01

미국 대형 부동산 담보(모기지) 대출회사들이 파산하기 시작한 것은 2007년 2월 이후부터다. 서브프라임 모기지 부실로 시작된 세계 경제위기는 2008년 9월 리먼 브라더스 파산을 계기로 하여 더욱 심화된다. 이어서 금융위기로 촉발된 세계 경제위기가 실물경제로 파급되기까지 그다지 오랜 시간이 걸리지 않았다. 금융위기로 인해 금융기관의 신용경색이 급격히 악화되기 시작했고, 시장 유동성이 악화되면서 실물경제도 급격히 냉각되기 시작한 것이다. 세계경제의 3대 축인 교역, 금융, 그리고 물가가 금융위기로 인해 모두 흔들리는 지각변동을 경험하게 된 것이다. 21세기 후기 산업사회를 향한 세기적 질서와 구조변화가 시작되었다.

2차 세계대전 이후 최악의 경기불황을 맞아 전세계 GDP의 80%를 차지하는 G20 정상들은 2008년 11월과 2009년 4월 미국 워싱턴 DC와 영국 런던에서 향후 경기부양과 양적완화, 보호무역주의에 대한 경계, 금융구조개혁 등에 대한 협력의 필요성을 강조하였다. G20 정상회담에서는 글로벌 경제위기를 극복하기 위해 각국 경제가 경쟁보다 상호협력체계를 갖출 필요가 있다는 점에 주목하였다. 아울러 G20 정상회담은 위기 후 세계경제가 어떤 모습으로 변해 갈 것인지 상당 부문 그 내용들을 포함하고 있었다. 중국은 미국 달러화의 기축통화 지위에 대한 의문을 지속적으로 제시하고 있지만, 다른 한편으로 미국 채권과 자산을 계속 매입하는 것만 보아도 현재로서 세계 기축통화에 대한 뚜렷한 대책은 없어 보인다. 유로화, 엔화 등 그 어느 통화도 미국 달러화를 대체할 수 없기 때문이다. 그렇다고 중국이 2조 달러의 외환보유고를 일시에 유로화나 금으로 바꿀 수도 없는 상황이다. 달러화 가치 폭락과 함께 자신들이 보유한 달러 자산가치도 폭락할 것이기 때문이다. 이처럼 달러화의 기축통화 지위에 큰 변화가 없다면, 세계질서에서 미국의 리더십에는 큰 변화가 없을 수도 있다는 의미가 된다. 즉 달러화의 기축통화로서 지위변화 가능성은 글로벌 경제 질서뿐만 아니라 정치, 외교 및 군사질서의 변화를 의미하는 매우 민감한 사안이다.

이처럼 위기 후 글로벌 경제 질서는 새로운 패러다임을 필요로 하게 될 것이 분명하다. 이에 따라 경제학 이론의 틀도 상당한 변화가 있을 수 있다. 네 가지 중요한 질문을 통해 그 가정들을 생각해 보자. 먼저, 이번 위기로 대량의 실업사태와 글로벌 리더십에 큰 타격을 입은 미국경제가 향후에도 글로벌화, 즉 자유무역주의 정책을 지지할 것인지 생각해야 한다. 둘째, 첫 번째 질문과 겹치는 듯하지만, 위기 후 보호무역주의 색채가 얼마나 또한 어떻게 강화될 것인지도 살펴보아야 한다. 이미 2009년 2분기에만 무역 분쟁이 전년동기대비 12%나 증가한 상태다. 보호무역정책은 당분간 각국경제의 주요 정책 매뉴얼에 중심이 될 전망이다. 셋째, 위기 후 신글로벌 질서체계의 가치와 인식체계는 무엇인가? 즉 신글로벌 질서의 정의(norm)에 대한 질문이 있다. 그 답은 이미 환경과 노동기준으로 논의되고 있다. 21세기 글로벌 경제가 요구하는 환경과 노동의 가치와 인식체계는 과연 어떤 것인가? 넷째, 2차 세계대전 이후 GATT체제에서 1995년 WTO체제의 출범, 도하 라운드의 정체 등을 감안할 때 새로운 국제무역질서에 필요한 거버넌스 기능의 확대 또는 재편이 어떻게 진행될 것인가 다자주의 무역정책이 향후 중국과 인도 등 신흥경제국들이 급부상함에 따라 점차 지역 패권을 위한 지역주의와 교역 파트너간 이해관계를 중시하는 양자주의 교역 형태로 전환될 가능성도 높다. 일단의 과도기를 거치면서 글로벌 교역질서에 새로운 틀이 갖추어지겠지만, 국제통화기금(IMF), 세계은행(World Bank) 등 국제 금융기구의 거버넌스 변화가 전제될 경우, 실물경제에 대한 글로벌 거버넌스 기능 역시 새로운 변화를 맞을 가능성이 높다. 아울러, 환경과 노동이라는 새로운 가치체계가 접목될 가능성이 높은 상황에서, 지금까지 WTO체제내의 분쟁해결 기구 기능만으로는 이 모든 것을 감당하기란 결코 쉬운 일이 아닐 것이다.

당분간 금융서비스 산업이 시장에서 신뢰도를 회복하기까지 제조업 중심의 국가경쟁력 다툼이 불가피할 것으로 보인다.[1] 한국경제는 미국과 중국이라는 미래의 G2 경제를 좌우로 두고 있다. '샌드위치 경제' 라고도 한다. 지리적으로는 중국이 가깝지만, 아직까지 심리적으로는 미국경제가 더 가깝다고 볼 수 있다. 중국은 미래의 내수시장으로 볼 수 있지만, 미국은 여전히 글로벌 표준 제정자로서 한국경제의 기술력과 브랜드 가치를 냉정하게 평가할 것으로 보인다. 자원이 없는 한국경제는 이번 글로벌 경제위기 속에서도 자유무역주의 원칙을 계속 강조해오고 있다. 2009년 8월 7일엔 신흥경제국인 인도와 포괄적 자유무역협정(CEPA)를 체결하기도 했다.[2] 향후 한국경제는 전방위적 자유무역 추진전략을 지속적으로 견지할 전망이다. 현재 대부분 국가들이 당분간 보호주의 무역정책을 통해 국내경제 살리기에 초점을 맞추고 있지만, 위기 후 미래 질서는 자유무역 기조로 다시 전환될 것임에는 의심의 여지가 없다. 따라서 신환경 및 노동 기준 등이 포함된 신글로벌 경제질서의 향방에 빠르게 적응할 경우, 글로벌 시장

1. 위기 후 세계질서는 냉전 체제 기간 동안 유지해 오던 모습과는 사뭇 다를 것임. 미국의 글로벌 리더십 복원도 새로운 각도로 접근이 이루어질 전망임. 이미 클린턴 미 국무장관은 '스마트 파워' 를 통한 미국의 리더십 복원을 강조하고 있음. '스마트 파워 '는 군사력을 의미하는 ' 하드파워 '와 지적재산권 등과 같은 ' 소프트 파워 '를 조화롭게 운용한다는 의미로 해석됨. 비록 중국이 경제적 급부상을 배경으로 정치, 외교적 영향력을 확대하려는 의도가 표출되고 있으나, 미국과 선진경제가 더 이상의 ' 무임승차(free ride) '를 허용하지 않을 경우, 중국으로서도 글로벌 리더로서 신뢰도 구축을 위해 이에 상당하는 책임과 의무를 보여야하는 부담을 안게 될 것임. 당장 기후변화 협약, 노동기준 강화 등의 요구가 그렇다. 결국 중국으로서는 향후 30년 동안 정치, 사회적 내부 개혁을 얼마나 이룩할 지가 관건이 됨.

2. 이번 한–인도 CEPA 체결을 통해 2002년 10월 25일 한-칠레 FTA를 필두로 한국의 FTA 체결 건 수는 모두 7개로 늘어났으며, 한-캐나다 FTA를 비롯한 9개의 FTA 협상이 현재 추진 중에 있음.

점유율에 이어 기회의 점유율 제고를 통해 한국경제의 글로벌 위상이 더 한층 업그레이드되는 것은 물론, 국가 부의 증가를 통해 국민경제는 더욱 성장하게 될 것으로 보인다. 이 글은 앞서 제시한 네 가지 질문에 대한 설명과 이해로 구성되어 있다. 2장은 글로벌화는 항상 좋은 것인가, 3장은 세계무역체제의 변화, 4장은 최근 증가하고 있는 보호무역주의 현상을 요약하고, 5장은 미래 교역질서, 환경과 노동기준의 강화를 살펴보기로 한다. 6장은 시사점, 한국경제의 미래 통상전략을 요약하기로 한다.

## 02 글로벌화는 항상 좋은 것인가?

한 국가경제가 폐쇄경제보다 개방경제체제를 지향하는 경우 국가의 부가 증가한다. 글로벌 경제체제에서 자유무역은 재화 및 서비스는 물론, 아이디어와 인적 교류, 유형 및 무형 자원의 자유로운 이동을 통해 새로운 부가가치를 창출한다. 이런 글로벌화 또는 세계화가 글로벌 경제위기를 맞아 새로운 변화의 조짐을 보이고 있다. 사실 자유무역에 대한 지지는 레이거노믹스와 대처리즘으로 대변되는 공급중심의 경제학에서 강조하고 있다. 시장개방을 통한 자유무역이 새로운 부가가치 창출은 물론, 새로운 직업과 시장을 형성함으로써 궁극적으로 전 세계경제의 부를 증대시킨다는 것이다. 여기엔 하이데커를 시작으로 한 신고전주의적 해석이 포함된다. 하지만, 90년대 중반 이후 미국의 쌍둥이 적자가 지속적으로 누적되고, IT 분야를 중심으로 일자리 창출이 줄어들면서 미국 내에서 아웃소싱과 실질임금 정체에 대한 우려의 목소리가 나타나기 시작했다. 글로벌화에 대한 가장 우려의 목소리는 부의 축소, 부의 유출, 노동의 착취와 같은 비대칭적인 내용은 물론, 무엇보다 현실적으로 노동시장의 유연성이 악화될 경우 가장 민감한 반응을 유발하게 된다. 특히 서브프라임 모기지 부실로 시작된 글로벌 경제침체로 인해 실업률이 10%를 넘어설 가능성이 잠재한 가운데, 미국 노동시장은 점차 유연성이 악화되고 있는 상황에서 글로벌화 추세는 대부분 시민들의 지지를 받을 수 없을 것으로 판단된다. 즉 아웃소싱의 증가에 따른 취업 기회감소, 실질임금 상승 등의 정체로 인해 글로벌화에 대한 긍정적 측면에 많은 의문이 제기된 상태다.

위기 후 글로벌화는 지속될 것인가? 글로벌화의 지속 가능성 문제를 두고 다음 세 가지 쟁점을 지적할 수 있다. 첫째, 글로벌화는 이미 상당 수준 이루어졌다. 둘째, 따라서 글로벌화는 불가피하고 멈출 수 없는 대세이다. 셋째, 글로벌화는 모든 경제주체들로 하여금 항상 긍정적인 효과를 기대할 수 있도록 한다. 먼저 첫 번째 가정에 대한 반론은 다음과 같이 제기할 수 있다. 오히려 19세기 말엽에 글로벌화와 제국주의적 지배력 집중이 지금보다 더 높았을 수 있다. 하지만 Pryor(2000)의 지적처럼 당시 세계교역의 가격, 기업 이익, 그리고 이자율 등의 결정체계는 지금보다는 정교하지는 못했을 것이다. Rugman(2000)는 19세기 글로벌화는 교역확대의 개념보다 단순히 지역주의 경제의 확대로 그 범위를 제한하고 있다. 따라서 무역과 직접투자(FDI)가 반드시 실물경제의 성장에 직접 연결되는 식의 현대주류경제학 이론과는 다소 동떨어진 해석을 내리고 있다.[3] 둘째, 글로벌화가 대세인가에 대한 반론이다. 교통수단과 통신의 발달 등 글로벌화의 충분조건들이 충족됨으로서 발생한 현상들로, 글로벌화는 다양한 문명사적 의미를 함축하고 있다. Dunkley(2004)가 설명하는 글로벌화를 한 국가의 주체성이 상실되거나 소멸될 수 있다는 '국가권위의 자살(sovereignity suicide)'로 정의하는 것은 글로벌화에 내포된 다양한 변화를 왜곡할 가능성이 높다. 글로벌화란 무정부주의나 규제의 파괴를 의미하는 것이 아니기 때문이다. 마지막 가정은 글로벌화는 모든 경제에 긍정적인 파급효과를 가져온다는 것이다. 이러한 가정은 글로벌화라는 가정을 너무 단순화하는 데서부터 비롯된다. 글로벌화 과정에서 양자 혹은 다자간의 수많은 이해관계를 어떻게 균형적이면서, 정의롭게 풀어낼 것인지 하는 문제는 그렇게 단순하지 않다. 우선 시장개방을 통한 글로벌화

3. Dunkley(2004)는 코카콜라, 맥도널드의 세계 진출과 이를 통해 대변되는 세계의 미국화가 반드시 글로벌화 또는 무역과 투자의 증가로 이해하기는 곤란하다는 견해를 피력하고 있다.

의 긍정적 측면과 부정적 측면을 살펴보기로 하자. 글로벌화에 따른 긍정적인 평가는 첫째, 자국에게 비경쟁력 제품을 수입함으로써 오히려 내수 진작을 통한 성장을 기대할 수 있고, 둘째, 새로운 기술혁신과 국내 산업간 시장경쟁을 제고할 수도 있다. 셋째, 아울러 경쟁력 있는 지역의 경우, 수입증가에 따른 경쟁력 악화의 우려 없이, 시장개방을 통해 오히려 노동생산성 제고를 기대할 수 있다. 만일 관세 또는 비관세 무역장벽을 통해 수입제품에 대한 가격을 간접적으로 인상시킨다면, 국내 일부 경쟁 산업을 보호할 수는 있지만, 보다 싼 가격으로 구매할 수 있다는 소비자들의 구매력 강화 입장을 고려하지 못할 수도 있다는 점을 이해해야 한다. 그러나 부정적인 예를 들자면 한 국가에서 생산된 폐기물을 다른 국가의 영토나 해상으로 옮겨가는 것과 같다. 즉 소득, 의료 및 교육과 같은 사회가치의 향상과 저하가 동시에 여러 곳에서 서로 다르게 발생할 수밖에 없는 구조를 포함한다는 점이다.

어떤 나라보다 지난 1980~1990년대 글로벌화의 중요성을 강조해 온 미국경제가 최근 들어 한발씩 물러나는 느낌을 주는 이유는 다름 아닌 바로 미국 노동시장의 유연성 악화에 있다. 미국 노동시장의 우려는 다음 다섯 가지로 요약할 수 있다. 첫째, 개방경제가 반드시 좋은 것인가? 시장개방에 따른 성장이 정체되는 시점부터 실질임금도 증가하지 않는다. 둘째, 임금과 노동생산성 증가도 반드시 비례하지 않는다. 셋째, 특히 사무직과 서비스 종사자들의 피해가 커질 가능성이 높다. 넷째, 대학졸업자 이상의 학위 소유자에 대한 실질임금도 크게 오르지 않았다. 오히려 감소한 것으로 나타난다. 다섯째, 대량 실업사태와 실업기간이 오래 동안 지속될 경우, 미래의 생활수준이 크게 하락할 것이라는 우려가 높아진다. 먼저 시장개방이 미국보다 중국 등 신흥개도국에서 본격화된 2000~2005년 기간 동안 미국 통계국에서 조사한 바에 따르면 미국의 물가상승을 감안한 실질임금은 2.7% 감소한 것으로 나타났다. 미국 노동자들의 주당 실질임금은 2001년 11월~2006년 8월 사이 5년간 겨우 2.4%의 증가한 것으로 조사되었다. 1993~2000년 기간 동안은 15% 상승한 것에 비하면 거의 20% 포인트 감소한 것이다.

다음은 노동생산성 증가가 임금 증가로 이어지는 지 여부다. 1990년대와 달리, 최근 들어 이러한 연결고리가 끊어진 상태다. 2001년 3월~2006년 9월 기간 동안 노동생산성은 3.1% 증가한 반면, 시간당 실질임금은 연율로 0.5% 증가에 그쳤다. 이런 모습은 미국 경제가 값싼 중국산 제품의 수입을 통해 인플레이션 우려가 줄어들면서 과잉 소비를 통해 마치 호황처럼 비추어 졌지만, 노동임금이 상승하지 않은 상태는 물론, 노동경쟁력마저 약화되는 딜레마에 빠지고 있었던 것을 의미한다. 아울러 지난 5년간 미국 노동시장에서 가장 심각한 쟁점 가운데 하나는 소위 "서비스 노동의 이동"이라고 부를 수 있는 현상이 나타난 것이다. 미국 IT업계에 필요한 서비스 노동력이 영어를 사용하는 저렴한 서비스 노동력으로 대체되기 시작했다는 점이다. 인도경제가 미국 노동시장에 또 다른 변수로 등장한 것이다. 소위 아웃소싱에 대한 경계감이 증가하기 시작했다. 제조업의 정체와 함께 서비스 직종마저 외국 노동시장으로 의존도가 증가함에 따라 대졸자들의 임금도 감소하기 시작했다. 2001~2005년 동안 대학 졸업자 학위 이상 노동자들의 평균임금은 여자의 경우 전혀 증가하지 않았고, 오히려 남자의 경우 평균 1% 감소한 것으로 나타났다. 따라서 노동시장의 실질임금 감소와 취업기회 등의 감소는 노동시장 유연성 악화로 이어지면서, 미국 노동자 전반에 걸쳐 미래에 대한 불안감으로 확산되고 있는 상태다. Hecker(2005)에 따르면 지난 30~40년간 미국 노동자들의 임금 변동성이 증가하였으며 1970년대 중간 임금 하락이 평균 25% 정도 이루어졌다면, 최근에는 약 40% 이상 중간계층 임금이 하락한 것으로 조사되었다. Farber(2005) 역시 2001~2003년 사이 직장을 잃은 노동자들이 새로운 직장을 찾아 나설 경우 임금감소 폭이 1997~1999년 7.8% 수준에서 무려 17%로 증가한 것으로 분석하였다. 이는 노동시장의 양극화로 나타나기 시작한다. 즉 노동시장에서 최고 임금을 받는 경영자이거나, 아니면 미국 내 거주하는 미국인 중 노동력을 필요로 하는 업종을 제외한 대부분의 중산층의 직업과 정보통신 계통의 서비스 노동시장은 해외로 이전하고 있다는 반증이 되기도 한다. 따라서 글로벌화에 대한 견해도 노동시장에서 각 계층별로 상이한 입장이 반영될 수밖에 없다. 즉 노동시장의 이동으로 큰 영향을 받지 않는 최고경영층이나 상위 직종은 글로벌화에 대해 매우 긍정적인 평가를 하지만, 중간층 이하 노동계층은 글로벌화가 자신들의 미래를 매우 불투명하게 한다는 부정적인 시각을 표출하고 있다. 결국 이들의 서로 다른 이해관계가 상충되지 않고, 서로 공감대를 형성할 수 있는 방법을 찾아야 할 것이다. 글로벌화에 따른 시장개방의 부정적 측면이 미국경제에서 오히려 악화되고 있다는 점이 아이러니하다.

## 세계 무역체제의 변화 03

2006년 현재 미국경제는 세계교역과 연관된 직업의 수가 1,200만개에 이른다. 세계 무역은 소비자 가격의 하락, 소비자 선택의 확대로 후생 향상, 생산성과 성장에 긍정적인 영향을 주는 것으로 이해하고 있다. 만일 세계무역기구(WTO)의 DDA 협상이 성공적인 합의에 도달한다면, 무역장벽의 철폐로 인해 약 4억 명이 빈곤으로부터 향후 10년 이내에 해방될 수 있다고 한다.[4] 그렇다면 DDA 체제가 곧 출범하게 될 것인가? 일단 부정적이다. 또한 위기 후 글로벌 무역질서에 대한 불확실성이 여전히 잠재하고 있다. 분명한 점은 2009년 하반기를 기점으로 무역마찰이 더욱 심화될 것이라는 점, 당분간 이해 당사국간 또는 그룹별 무역 분쟁은 1995년 출범한 WTO 체제 내에서 이루어질 수밖에 없다.[5] 글로벌 경제위기 후 무역체제의 변화 향방을 예상하기는 현재로서는 불투명하다. 그러나 다자주의와 자유무역협정체제가 병존하는 과도기적 체제가 당분간 이어질 전망이다.

무역의 출발점과 동기는 어디서부터 시작된 것인가? 한번쯤 원론적인 질문을 생각할 필요가 있다. 이에 대한 답은 다음 다섯 가지 논리 속에서 찾아 볼 수 있다. 첫째, 무역은 과거부터 물물거래라는 인간의 본능에서부터 출발했다. 둘째, 서로 가진 물건을 나누는 방식으로는 자유무역, 자유 시장, 그리고 개인의 필요에

4. Elliott, K. A, "Delivering on Doha: Farm Trade and the Poor," Washington, DC, Peter G. Peterson Institute for International Economics, 2006.

5. 보호무역을 통해 발생되는 사회적 효용이 이러한 경제적 기회비용에 의해 발생되는 비효율성보다 크다는 점을 강조하기도 함. 2009년 하반기 이후 미국과 세계경제는 '공정한 경쟁시장(level playing field)' 을 놓고 많은 논쟁을 벌일 것으로 예상됨. 그 가운데 가장 큰 이슈는 바로 WTO의 DDA 프로세스가 될 것으로 봄.

의해 좌우되는 것이 가장 바람직하다. 셋째, 재화와 서비스의 교환은 비교우위론에 바탕을 두고 이해해야 한다. 넷째, 무역이나 자유무역은 항상 인류의 복지와 후생에 긍정적인 영향을 주었다. 다섯째, 오랜 기간에 걸쳐 각국 간 교역량은 점진적으로 증가하는 추세를 보이고 있으며, 이러한 현상을 가리켜 '글로벌화의 불가피성'이라고 부를 수 있다. 결국 무역이라는 것은 인간의 사회활동을 통해 필연적으로 발생할 수밖에 없는 운명론적 행위가 되며, 이는 씨족경제에서 부족경제, 국가경제형태로 사회가 확장됨으로써 더 큰 시장과 거래 매카니즘을 출범시키게 된 것으로 이해할 수 있다. 따라서 인간이 경제활동을 영위하는 한 무역은 지속적으로 발생할 수밖에 없을 것으로 가정한다.

자유무역이란 무엇인가? 자유무역은 국가간 재화와 서비스의 자유로운 이동을 막을 수 있는 인위적인 장벽이 없는 상태의 무역을 말한다. 재화와 서비스 교역에 있어 생각해볼 수 있는 장벽은 크게 다섯 가지로 구분할 수 있다. 첫째, 자연적인 무역장벽들이 존재한다. 예를 들면 교통과 통신 비용, 물리적 거리, 산지나 바다와 같은 지형적 장애 등을 말한다. 둘째, 문화적 장벽을 말한다. 언어, 전통, 서로 다른 의사소통 방식과 행동양식은 물론 이를 바탕으로 한 다양한 상거래 관습과 전통이 있을 것이다. 셋째, 시장장벽도 있다. 예를 들면, 불완전 경쟁, 시장점유율의 한계, 독점이나 과점형태의 거래 전략이 필요할 경우도 발생한다. 넷째, 정책장벽도 있다. 관세, 쿼타 또는 수입면허, 지역 생산품에 대한 보조금 지급, 수입규제, 수출 장려금의 지급, 아울러 다양한 형태의 비관세 장벽도 존재한다. 다섯째, 서비스 규제도 있다. 즉 외국 금융기관들에게는 허용되는 상품이 제한되거나, 관리 감독체계가 국내 금융기업보다 포괄적인 형태로 나타날 수도 있다. 인적 이동에 대한 제약도 포함된다. 자유무역론자들은 보호주의적 여러 가지 제도와 정책들이 경제적 비효율성을 촉발시키면서 사회적 비용이 증가할 수 있다고 본다.

최근 세계 무역체제는 WTO에 의한 범세계적인 자유무역주의와 개별국가간의 지역적 자유무역주의라는 두 개의 축이 공존하고 있다. 하지만 WTO의 다자간 무역자유화 노력이 더 이상 진전이 없는 상황에서 배타적인 지역 자유무역협정 또는 양자간 FTA가 점차 증가하는 추세다. 그동안 DDA 협상이 계속 실패함에 따라 각국은 외형적으로 협상에 참가하고 있지만, 선진국과 개도국, 신흥개도국 간에 이해관계의 조정이 쉽지 않았을 것이고, 우선 이해관계의 일대일 조정이 쉬울 것으로 예상되는 지역경제통합이 이루어지는 모습이다. 그러나 자유무역협정이 확산되면서 비협정국들은 소외되는 현상도 발생하고 있다. 자유무역협정 체결에서 배제될 경우 막대한 기회비용 손실이 발생하기 때문에 세계경제는 경쟁적으로 자유무역협정 체결에 관심을 보이고 있다. 2005년 현재 전 세계에서 모두 186건의 FTA가 실행중이고, 협상이 진행중이거나 발효 예정인 FTA를 포함할 경우 모두 약 300건이 되는 것으로 조사되었다.

**표 2-1 : 전세계 자유무역협정(FTA) 체결 현황**

| | 1950~1959 | 1960~1969 | 1970~1979 | 1980~1989 | 1990~1999 | 2000~2005 |
|---|---|---|---|---|---|---|
| 신규 | 2 | 2 | 13 | 7 | 48 | 114 |
| 누계 | 2 | 4 | 17 | 24 | 72 | 186 |

자료: WTO

세계경제위기 속에 비록 무역 자유화가 정체되고 있지만 글로벌화와 경제 후생간의 상관관계는 항상 정의 관계를 의미하는 지에 대해선 많은 연구가 이루어지고 있다.[6] Brown, Deardorff와 Stern(2002)에 따르면 다자주의에 기초한 세계적인 무역자유화가 지역 자유무역협정보다 경제적으로 더 큰 후생효과를 가져올 것으로 기대된다. 하지만 DDA 협상의 현재 정체된 상태로 향후 타결까지는 상당한 시일이 소요되는 것으로 보아, 다자주의 체제의 가장 큰 약점이 드러난 상태이다. DDA 협상의 정체 요인을 요약하면 첫째, 수입농산물에 부과하는 관세 인하 방식에 대해 회원국들 사이에 이견이 존재하고 있다. 우선 기본골격으로 합의된 것은 "스위스 공식", 즉 관세를 수준별로 나누어 높은 구간에 속해 있는 관세를 낮은 구간 관세보다 더 많이 감축하는 방식을 택하는 것으로 합의가 이루어졌지만, 관세 구간별 감축률에 대해 아직도 이견이 존재하고 있다. 여기에 농산물

6. 본 글의 주제에 대해 논외 주제이므로, Dunkley(2004)의 "Free Trade: Myth, Reality and Alternatives"의 제 5장 A Critique of Globalizing Growth를 참조

수출국은 관세인하와 함께 일정수준보다 높은 농산물 관세를 일정수준 이하로 일률적으로 하향조정하는 관세 상한 조치에 역시 이견이 존재하기도 한다.[7] 둘째, 민감품목의 수에 대해서도 일부 회원국들은 각국 전체 농산물 중 최소 1%, 최대 15%로 그 범위에 대해 이견을 표출하고 있다. 개도국에만 적용되는 특별품목수의 지정에 대해서도 전체 품목 중 20%를 주장하고 있으나, 선진국들은 이를 받아 들일 수 없다는 입장을 견지하고 있다. 마지막으로 농업보조금에 대해서도 뚜렷한 입장 차이를 보이고 있다. 자국민 농업보호를 위한 국내보조 분야에서는 구간의 수, 구간경계 및 국가배치에 대해서는 의견접근이 이루어지고 있지만, 보조금 감축률에 대해서는 상당한 이견차이가 존재하고 있다. 특히 농산물 수출보조를 조기에 폐지하자는 주장과 품목별로 차등 철폐하자는 주장들이 서로 상충되고 있는 상황이다. 미국은 2015년까지 모든 공산품 관세를 철폐하자는 의견인데 반해 일본은 자동차 등 특정분야에서 관세철폐를 반대하는 입장이며, 서비스 분야에서는 개도국들이 시장개방에 절대적으로 반대 의사를 피력하고 있는 입장이다. 또한 미국의 경우 수출기업이 반덤핑 부과조치를 피하기 위해 우회수출을 할 경우에도 반덤핑 관세를 부과할 것을 주장하고 있으나, 한국, 홍콩, 태국 등이 반대하는 입장을 견지하고 있다. 셋째, 무역과 환경에 대한 국제무역규범을 수립하는 문제에도 이견이 존재한다. 예를 들면 유전자 변형물질에 대해서도 각 국별 입장이 서로 다르다. 즉 환경과 소비자 보호에 대한 여론 압력이 높은 EU 국가들은 합법적인 것으로 보는 입장인 반면, 미국과 많은 개도국들은 이를 보호무역조치의 구실로 남용될 가능성이 클 것으로 경계하고 있다. 이밖에도 무역에 직간접적 영향을 주는 외국인투자제도, 경쟁정책, 정부조달의 투명성, 통관절차 등에 관한 새로운 규범을 수립하는 문제도 선진국은 적극적인 반면, 개도국은 국내 제도의 부재와 경제정책의 수행 제약으로 다소 소극적인 입장을 보이고 있다.

글로벌 경제위기로 인해 다자주의 무역 협상인 DDA 타결에는 다소 시간이 걸릴 전망이다. 과거 우루과이 라운드 협상도 당초 5년을 목표로 출범하였으나 최종합의 도출까지 10년이 걸린 점을 감안한다면, 협상의 기본골격에 어느 정도

7. 일부국가들은 관세상한의 도입을 반대하는 반면, 다른 국가들은 75~100% 상한 설정을 주장하기도 함.

이루어진 합의를 바탕으로 조금씩 상호간의 양보와 신뢰를 바탕으로 진전을 보일 것으로 기대할 수 있다. 하지만 앞서 지적하였듯이 글로벌 위기 후 글로벌화의 지속적인 발전은 이미 거스릴 수 없는 대세임이 분명하다. 한국경제와 같이 수출의존형 경제는 국익을 최대화 하기 위해 다자주의 또는 양자주의, 지역주의 형태 등 무역자유화에 보다 적극적으로 나서야 한다. 다만, 국익을 최대화 할 수 있는 노력이 수반되어야 할 것이다. 아울러, 대부분의 국가경제처럼, 시장개방과 교역자유화를 통해 발생하는 피해산업, 특히 농업에 대한 충격을 최소화할 수 있는 방안을 마련하는 것도 중요하다. 지금까지 한국의 대외통상전략은 DDA 협상과 같은 다자주의 무역협상에서 개도국 지위를 인정받는 것에 초점이 맞추어져 있지만, 국제사회에서 한국경제의 위상이 제고되는 만큼 자유주의 무역질서의 유지와, 향후 무역조정정책 개발을 통한 사회안전망 확대에도 관심을 기울일 필요가 있다. 특히 기업차원에서는 관세 및 비관세 장벽이 더 이상 국내산업의 보호수단이 될 수 없다는 점을 이해해야 한다.

## 보호무역주의의 증가 04

최근 북미자유무역협정(NAFTA) 회의에서 미국의 '바이 아메리칸(Buy American)' 조항에 대해 캐나다와 멕시코 등이 문제제기를 강하게 한 바 있다. 중국은 미국의 기후환경관련 법안에 담겨 있는 탄소세 조항과 관련하여 역시 민감한 반응을 보이고 있다. WTO는 중국의 지적재산권 위반 제소와 관련하여 미국의 손을 들어주었다. 글로벌 경기침체가 20개월을 넘어서면서 무역장벽을 둘러싼 국가 간 신경전과 눈치 보기가 치열해지고, 경기회복을 위해 전방위 노력이 진행되는 가운데, 선진국, 개도국, 그리고 중국과 인도 등 신흥경제국들 간에 무역 분쟁이 점차 증가할 것으로 예상되고 있다. 국내 무역구제법(Trade Remedy Law)에 의해 2009년 2분기에만 각국이 제기한 불공정 무역거래에 관한 조사요구 건수가 전년동기대비 12.1%나 증가하였다. 이 중에서 미국과 인도가 제출한 조사요청 건수가 전체의 50%를 차지하고 있으며, G20 회원국 대부분이 적어도 하나 이상의 불공정 무역에 대한 조사를 시작한 것으로 조사되었다.[8] 여기서 제기된 대부분의 제소 대상국이 바로 중국이라는 점이다. 약 80% 이상이 중국과 관련된 제소다.[9] 특히 2009년 상반기에 집중된 불공정 무역거래 제소나 보호무역 정책은 "세이프 가드" 조치를 통해 이루어지고 있다는 점이 특징이다. 2008년 글로벌 경제위기가 한창 고조될 당시 반덤핑 제소는 줄어들기 시작하면서 세이프 가드 조치가 급증하는 추세를 보이고 있다. 만일 2009년 하반기까지 이런 추세가 이어진다면 올 해는 1995년 세계무역기구(WTO)가 출범한 이래 두 번째로 가장 많은 세이프가드 조치가 발동한 해로 기록될 전망이다.[10] 2009년 2분기 자료에서 적어도 자국의 무역조정법에 따라 적어도 하나 이상의 수입규제 조치나 조사를 받고 있는 국가들을 살펴보면 중국 수출기업이 100% 포함되어 있다는 사실이다.

먼저 새롭게 시행되는 무역구제조사에 대해 살펴보기로 하자. 2009년 2분기 동안 WTO 회원국들은 모두 35개 상품에 대한 조사를 시작했다. 2009년 상반기에 조사가 착수된 수입규제관련 반덤핑, 글로벌 세이프가드, 상계관세 및 중국에 대한 특별 세이프 가드조치 등은 2008년 상반기에 비해 18.5% 증가한 것으로 나타났다. 2009년 하반기까지 모두 포함할 경우 이러한 수입규제 사례는 향후 더욱 증가할 것으로 예상된다.[11] 대부분 조사가 착수되면서부터 사전적 수입규제조치는 1~2개월 내 발동이 되지만, 반덤핑의 경우와 같이 대부분의 경우에는 불공정 무역거래에 대한 조사가 착수되고, 이에 따라 새로운 수입규제조치가 발동되기까지는 모두 12~14개월 정도 소요되는 것으로 조사되었다.

한편 2009년 2분기 들어 9개의 신규 세이프가드 관련 수입규제 조사 시작되

8. Bown, C. P.(2009), Protectionism constinues its Climb," Research Paper, Brookings, 2009, July 23

9. WTO의 Global Antidumping Database에서 인용

10. 2009년 세계무역기구(WTO)에 따르면 각국의 2009년 반덤핑 관세 부과 사례는 지난해 보다 무려 28%나 증가한 것으로 조사되었음. 세이프 가드와 같은 무역보호조치들은 2009년 상반기에 전년동기대비 31%나 늘었고, 업계의 수입규제 요구 건수도 34%나 증가한 것으로 나타났다. 이와 같은 무역장벽으로 인해 2009년 상반기 세계교역규모는 전년동기대비 30% 이상 줄어들었음.

11. 2008년 상반기 경우 각종 무역규제와 관련한 신규 제소 및 조사 건수는 2007년 상반기에 비해 44% 증가하였음.

**그림 2-1** : 2007년 1분기~2009년 2분기 동안 신규 불공정 무역거래 제소 건수

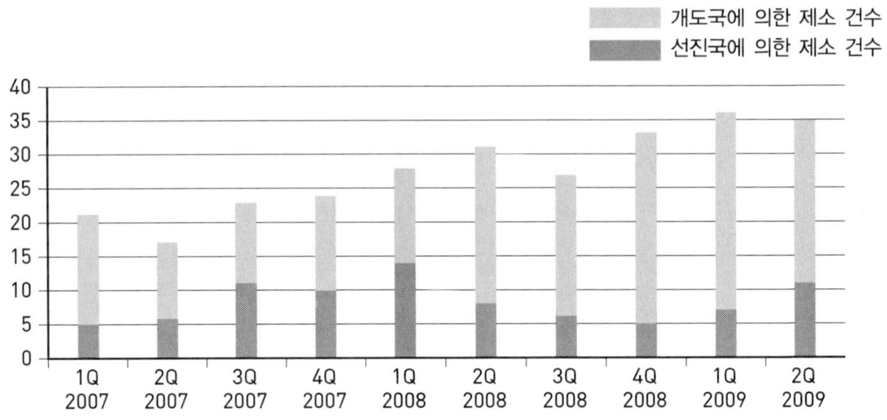


자료: Global Antidumping Database.

면서 2009년 상반기 중 총 15건의 세이프 가드 조사가 이루어지게 된 셈이다. 15건의 세이프 가드 조사는 사실상 2008년 하반기에 새롭게 조사요청이 접수되었던 8건의 사례에서부터 글로벌 경제위기가 발생하면서 확산된 사례로 보아야 한다. 15건이라는 조사 요청건 수는 1995년 WTO의 출범 이래 2002년의 35건, 200년 27건, 2003년 16건에 이어 4번째로 많은 숫자로 기록되고 있을 뿐만 아니라, 향후에도 더욱 많은 제소나 조사요청이 발생할 가능성이 있음을 암시하고 있다.[12] 이와 같이 세이프 가드 조치가 최근 들어 급격히 증가하면서 2009년과 2002년의 차이점을 살펴보면, 2002년은 하나의 제품 즉 철강산업에 대한 조사신청건수의 증가가 많았다고 보면, 2009년은 비철강제품에 대한 세이프가드 조치가 가장 많이 발동된 한 해로 기억될 수 있을 것이다.[13] 2009년 2분기 현재 모두 35개의 수입규제 관련 각종 보호무역 규제가 발효 중인데, 이 가운데 반덤핑사례가 23건으로 아직은 많은 국가들이 반덤핑에 의한 수입규제 또는 자국 산업

12. 2002년은 철강제품에 대한 세이프가드 조치가 많이 발생한 해로 기록된 바 있음.

13. 2001년 6월 수십억 달러에 이르는 철강 수입제품에 대한 글로벌 세이프 가드조치를 미국이 시행하면서(사실상 2002년 3월에 세이프 가드 조치가 발동되었음), 다른 WTO 회원국들 역시 2002년 한해에만 모두 10건에 이르는 세이프 가드조치를 발동하였음.

**그림 2-2 : 1995~2008년과 2009년 WTO 회원국들에 의한 세이프가드 조치 사례 수**

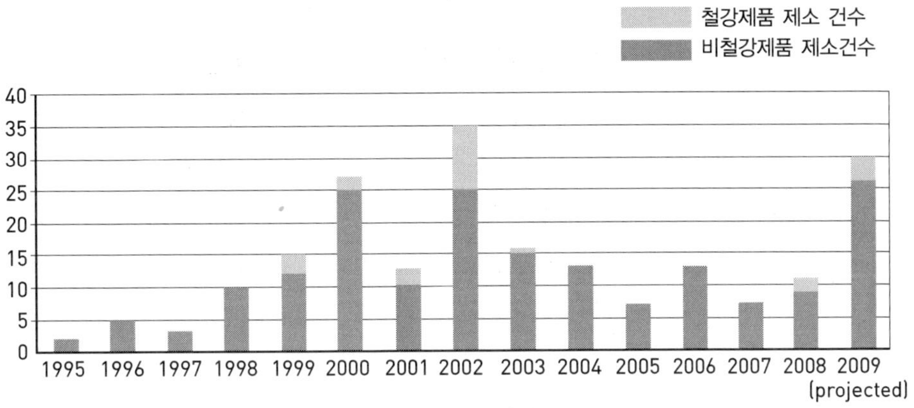


주: 2009년 자료는 추정치
자료: Global Antidumping Database

보호를 선호하는 것으로 나타났다. WTO의 조사에 따르면 분기 당 반덤핑 조사 또는 발동사례는 평균 25 건에 이르는 것으로 알려져 있다.

WTO 회원국 중 13개 국가들이 적어도 하나 정도 신규 무역구제와 관련한 조사를 하고 있는 것으로 조사되었는데, 개도국에 의해 제기된 조사 또는 발동 비율이 69%, 선진국이 31%로, 선진국에 비해 개도국의 입장이 자국 산업 보호에 보다 민감한 반응을 보이는 것으로 짐작할 수 있다. 하지만 이러한 추측은 다음 통계를 통해 흥미로운 것은 이 가운데 신규 조사 또는 수입규제 건수의 50% 이상이 인도와 미국에 의해 이루어지고 있다는 점이다. 구체적으로 국별 조사 착수 건수를 보면 인도가 모두 12건, 미국이 총 6건이며, 중국은 3건, 그리고 아르헨티나, 호주, 파키스탄, 터키 등이 2건, 나머지 6개 회원국들이 각각 한 건으로 나타났다.[14] 이러한 무역규제 또는 수입규제조치로 영향을 받는 산업은 어떤 산업들인가? 앞서 철강과 비철강으로 크게 구분하였지만, 좀 더 구체적으로 살펴보면 다음과 같다. 2009년 2분기 동안 다양한 산업분야에 이러한 조치가 발생한 것을 볼 수 있는데, 역시 철과 강철 제품에 가장 많은 규제가 발생하였고, 이를 이어서 플

14. 브라질, 캐나다, 도미니카 리퍼블릭, EU, 이스라엘, 키르기츠 공화국

라스틱과 고무제품이 모두 6건의 조사를 받고 있는 것으로 나타났다. 이 밖에도 화학, 기계류, 목재 각 4건, 기타 금속 3건, 의류 2건, 기타 제조업 2건 등이다. 2009년 2분기 현재 이러한 수입규제를 가장 많이 받고 있는 국가는 앞서 지적하였듯이 중국으로, 23건의 신규 조사건수 중 19건을 차지하여 82.6%로 가장 많은 사례의 조사대상이 되고 있다. 중국산 제품에 대한 다양한 형태의 수입규제조치는 앞으로도 상당기간 지속될 가능성이 높을 것이다. 중국 이외에 다른 국가들 중 인도네시아 4건, 대만 4건, 미국 3건 그리고 브라질, EU, 한국, 말레지아, 러시아 등이 모두 각각 2건씩 조사대상이 되고 있다.

위에서 설명한 신규 조사 착수건수와 함께, 2009년 2분기 새로운 수입규제 관련 무역구제조치들을 WTO 회원국들이 실행에 옮기고 있는데, 실제로 조사가 시작된 것은 2007년 말 또는 2008년 초로서, 즉 조사에서 실제 발효되기까지는 모두 1년 정도 시간이 소요된다고 볼 수 있다. 좀 더 구체적으로 살펴보면, 2009년 2분기에 새롭게 수입규제조치가 발동된 사례는 모두 18건이며, 이는 2008년 같은 기간에 비해 약 58.8%로 증가한 숫자다. 하지만 이 숫자는 예상과 달리 WTO가 출범한 1995년 이래 가장 낮은 숫자로 기록될 것이다.[15] 이 경우에도 10개 WTO 회원국들이 적어도 하나 이상 수입규제조치와 관련한 무역구제 사례를 발동시켰는데, 이 가운데 개도국이 67%, 선진국이 33%로 앞서 본 조사착수 비율과 거의 비슷한 것으로 나타났다. 각 회원국별 수입장벽 강화조치는 미국이 4, 브라질 3, EU, 터키 및 우크라이나가 각각 2건이며, 나머지 5개 회원국들이 하나의 무역구제조치를 취한 것으로 조사되었다.[16] 2009년 2분기동안 실질적인 산업별 수입규제 조치는 화학 5, 의류와 섬유가 4, 기계류 3, 기타 금속 3, 철과 철강이 2건, 플라스틱과 고무제품이 단 한 건으로 각각 기록되었다. 이 경우에도 가장 큰 무역구제 관련 조치를 받은 국가는 중국으로 중국의 신제품 17개 중 모두가 이와 같은

15. 모두 29개의 서로 다른 무역구제와 관련한 조사가 이루어졌는데 이 가운데 실제로 신규 규제조치로 실현된 사례는 비슷한 사례를 제외할 경우 모두 18건으로 볼 수 있음.

16. 아르헨티나, 콜롬비아, 차이나, 인디아, 파키스탄

수입규제 대상으로 지목되었다. 아울러 중국 외에도 2009년 2분기 현재 한 건의 무역구제조치 규제를 받고 있는 제품의 수출국으로는 캐나다, 인도, 인도네시아, 대만 등이 있다.

일각에서는 1929년 대공황의 시발점을 보호무역 장벽이라고 한다. 즉 1930년 6월 제정된 'Smoot-Hawley Tariff Act' 가 대공황의 실질적인 단초라고도 한다. 대공황 초기에 미국은 산업과 경제보호 차원에서 약 2만개가 넘는 수입제품에 대해 최고 400%에 달하는 수입관세를 부과하는 법안을 통과시킨 것이다. 세계교역량이 감소하는 것은 당연하다. G20 정상회담을 통해 여러 번 언급이 되었지만, 과연 세계경제가 보호무역의 유혹을 뿌리치고 자유무역기조를 유지할 것인가? 지금까지의 각국경제가 취하고 있는 수출입관련 정책들은 ' 그렇다 '라고 말하기에는 부족함이 많다. 이미 언급하였지만, 2008년 3분기 새롭게 만들어진 무역장벽 수가 33건에서 4분기 38건, 2009년 1분기와 2분기 각각 43건과 46건으로 증가하고 있음을 알 수 있다. 그 결과 WTO는 올해 세계무역 규모가 지난해에 비해 10% 감소할 것으로 전망하고 있다. 이는 곧 보호주의와 자유무역주의 간의 줄당기기와 치열한 무역 분쟁이 확산될 조짐이 있음을 암시하는 것이다. 가장 단적인 예가 경기부양법안에 포함된 ' Buy America' 조항이라 할 수 있다.[17] 바로 얼마 전에는 중국에 대한 지적재산권 소송 결과 미국이 승소한 사례도 있었다. 미국이 멈추지 않을 것 같다. 기후변화와 노동기준과 관련된 많은 사례를 만들어 이를 WTO에 그 적법성을 물을 것 같다. '적법성' 이라 함은 정성적 의미를 말한다. 새로운 교역의 질서와 가치기준을 창출하겠다는 의지를 말한다. 즉 WTO가 일본이 미국에 제기한 철강제품에 대한 반덤핑의 불공정성 제소에서 일본의 손을 들어 준 것은, 환경과 노동기준에 비추어 일본산 철강이 미국에서 불공정한 수입규제를 받고 있다는 의미로 들린다. 즉 향후 미국은 수입규제의 강화조치에

17. 미국의 경기부양법 1605조는 향후 공공건물의 건설, 개조, 유지 보수에 사용되는 철강 및 공산품이 미국산 제품이 아닐 경우 사용할 수 없음을 명시하고 있어 보호무역주의 논란을 야기 시키고 있음. 하지만 미국은 이 조항에 WTO, FTA 등 국제협정 상 미국의 의무를 위반하지 않는 범위 내에서 이 법을 적용할 것을 명시하고 있으므로 한국 상품에 대한 직접적인 악영향은 없을 것으로 판단 됨. 하지만 연방정부와 지방정부간의 시행규칙 및 지침간의 해석과 적용의 차이, 상당량의 입증 서류 제출 요구 등에 의해 간접적인 피해가 발생할 수 있을 것으로 예상됨.

반드시 기후와 노동기준을 잣대로 삼겠다는 의미이며, 이는 WTO도 적극적으로 동의한다는 의미가 된다.

**표 2-2** ⋮ 2009년 2분기 수입규제를 통한 신규 제소 건수[1]

| 제소국/피제소국 | 건수 | 내용 | 제소 | 일자 |
|---|---|---|---|---|
| 아르헨티나-중국 | 2 | 철강 파이프 | 반덤핑 | 2009년 5월 |
| 호주-중국 | 2 | 알루미늄 | 반덤핑 | 2009년 6월 |
| 중국-미국, EU,<br>러시아, 대만, 인도네시아,<br>말레시아, 뉴질랜드,<br>사우디 아라비아<br>인도-중국, 이스라엘, | 10 | 화학섬유, 전기배판,<br>메타놀 알콜, 유리병 | 반덤핑 | 2009년 4월 |
| 말레시아, 태국,<br>베트남, 중국 | 14 | SDH 변속기, 종이,<br>코일, DVD 등 | 세이프가드(6건),<br>상계관세(2건),<br>반덤핑(6건) | 2009년 4, 5월 |
| 이스라엘-EU | 2 | Stretch Wrap | 반덤핑 | 2009년 4월 |
| 파키스탄-브라질, 중국,<br>인도네시아, 한국, 대만, | 9 | 무수프탈산 | 반덤핑 | 2009년 5, 6월 |
| 미국-중국, 베트남, 대만 | 13 | 철강 와이어,<br>오일 파이프,<br>폴리에틸렌 가방 | 반덤핑,<br>상계관세 | 2009년 4, 6월 |
| 키르기츠-불특정 | 1 | 밀가루 | 세이프가드 | 2009년 4월 |
| 터키-중국 | 2 | 성냥, 철강 파이프 | 반덤핑 | 2009년 4, 5월 |

주: 1. 자세한 내용은 첨부자료 1과 2를 참조
자료: Global Antidumping Database

지난 7월 14일 세계무역기구(WTO)가 '무역조치 모니터링 3차 보고서'를 통해 2009년 교역량이 지난해에 비해 당초 마이너스 9%에서 마이너스 10% 감소할 것으로 하향 조정하였다. 이는 각국이 관세 및 비관세 장벽을 통해 무역제한 조치를 더욱 강화할 가능성이 크고, 하반기 들어 신종 인플루엔자가 급속도로 확산될 경우, 이러한 보호무역조치가 더욱 확산될 가능성이 여전히 높다는 점을 강조한 것이라 보여 진다. 세계 주요 교역국들이 경기부양책을 지속할 지 여부도 향후 주요 관심사다. 즉, 경기부양책을 지속할 경우, 이미 자동차 보조금 지급으로도 나타나고 있지만, 간접적인 무역규제 및 수입규제 조치가 발생할 여지가 매우 커질 가능성이 높기 때문이다. 아울러 만일 세계경기가 회복기조로 진입한다는 긍정적 가정을 전제로 한다 해도, 에너지와 곡물가격의 상승은 세계적으로 인플레이션 압력을 가중시킴으로써 각국의 수입수요를 위축시킬 가능성이 매우 높을 것이다. 한편, 세계경제 회복의 단초는 BRICs를 중심으로 한 신흥 개도국의 성장 여부에 따라 좌우된다고 가정할 경우, 세계무역에 있어서도 역시 신흥시장의 교역성장 비중이 더욱 증가할 것으로 예상된다. 하지만, 미국을 중심으로 한 선진국 경제의 경기회복세가 예상보다 느려지고, 미국의 실업문제가 빠르게 해소되지 않을 경우, 세계경제는 더욱 높은 무역장벽을 쌓을 것으로 예상할 수 있다. 아울러 현재로서는 각국 정부가 자동차 보조금에서도 보았듯이 대부분 국가경제가 동시에 일정한 수입차별 정책을 실시할 경우 이를 막을 방법이 없다는 점도 지적된다. 여기에 도하 프로세스의 더 이상 진전이 없는 상태가 지속되고 있고, 환경과 노동을 통한 새로운 무역장벽이 만들어질 가능성이 높다는 점을 간과해서는 안 될 것이다.

## 05 미래의 교역 질서: 환경 및 노동기준의 강화

비록 글로벌 경제위기를 맞이하여 많은 국가들이 자국 경제의 경기부양을 위해 보호무역정책을 고려하거나 실질적으로 이행하는 경우가 증가하고 있지만, 글로벌 경제 질서가 폐쇄경제로 진행되는 극단적인 현상을 발생할 가능성이 전혀 없을 것으로 보인다. 하지만 분명한 것은, 이번 위기로 글로벌 경제 질서에 일종의 지각변동이 발생하고 있으며, 위기 후에는 새로운 경제 질서와 이를 운용하는 패러다임이 창출될 것으로 보인다. 이미 이러한 징후는 여러 곳에서 일어나고 있다. 첫째, 기후변호와 환경과 관련한 새로운 규제와 제도적 장치 마련의 필요성이 강조되고 있다. 지구의 온난화가 지구 주기설에 따라 발생하는 자연적인 현상일 수도 있지만, 최소한 성장을 통해 발생하는 다양한 형태의 온난화 가스로 말미암은 지구 온난화 현상은 부인할 수 없을 것으로 보인다.[18] 둘째, 다자주의 무역체제에서 양자주의 또는 지역주의 무역협정체제로 점차 무역협정이 경량화 될 가능성이 증가하고 있다. 이러한 추세 속에 환경문제와 함께 가장 주목을 받는 이슈가 바로 노동기준이다. 미국 정부와 의회에서 노동기준의 강화 문제가 21세기 글로벌 무역의 새로운 화두로 등장하고 있다.

따라서 지금까지 한 경제의 생산함수는 노동과 자본의 함수로 표현되었지만 ($Y = f(L, K)$, $L$ = 노동, $K$ = 자본), 향후 21세기 후기 산업사회의 생산함수는 노동과 자본, 그리고 환경과 노동기준 즉 도덕이라고 하는 추상적 가치와 인식체계 ($Y' = G(L, K, Ev, Et)$, $Ev$ = Environment, 환경, $Et$ = Ethics, 도덕)이 포함될 가능성이 높다.

G20 정상회담에서 이미 이러한 새로운 가치 기준에 대한 논의가 이루어지고 있지만, 합의까지는 아직 요원할 것으로 판단된다. 글로벌 합의가 어려운 이유는 무엇보다 각국 경제는 환경과 노동문제와 관련하여 나름대로 이해관계가 상이할 수밖에 없기 때문이다. 즉 정치경제적인 정상들의 이해관계는 물론 일반 국민들이 이해관계마저 다 틀리기 때문이다. 미국 역시 예외는 아닌 것으로 보인다.[19] 이미 앞서 지적한 바대로 어쩌면 세계경제는 가까운 미래에 새로운 교역 기준을 받아들일 만큼 성숙하지 않을 수도 있다. WTO 도하프로세스가 더 이상 진전이 없는 것은 규제와 보조금 지급에 관한 합의가 쉽지 않다는 것을 의미하듯, 여태껏 구태연 한 논쟁을 계속하고 있는 것처럼 보여지기 때문이다. 가장 큰 과제는 다자주의 협정을 통해 글로벌 교역체계의 공감대를 이끌어 내는 것이지만, 현재는 여기에 새로운 과제 즉 환경과 노동기준을 새롭게 포함시키려는 시도가 일어나고 있다는 점이다. 과연 성공할 것인가?

18. 현재와 빙하기 간에 온도 차이는 단지 화씨 9도 정도에 불과함.

19. 2006년 현재 미국 시민 71%, 유럽인 75%가 국제무역을 통한 글로벌화에 대해 긍정적으로 평가하는 것으로 나타났음. 또한 미국 시민 82%와 유럽 시민 90%가 기후변화가 중요한 이슈로 생각하고 있으며, 이 가운데 미국 시민 46%와 유럽시민 56%가 기후변화가 "가장 중요한 이슈(extremely important)"라고 대답하였음.

환경문제가 글로벌 교역에 본격적으로 논의되기 시작한 것은 1980년대 말부터다. 만일 인류의 전통적인 경제활동이 변하지 않는다면 지구의 온도가 2.5도에서 10도까지 상승할 수 있다는 점이 지적되었다. 현재보다 화씨로 9도가 떨어지면 빙하기가 시작된다고 가정하면 온도 상승이 가져올 자연적 재앙의 크기는 가히 짐작할 만하다. 하지만 이런 극단적 시나리오보다 중간적 시나리오를 생각해 본다면 다음 네 가지 정도 상상이 가능하다. 첫째, 온도 상승으로 극심한 가뭄과 홍수피해가 발생할 것이다. 둘째, 보다 강력한 태풍이 자주 발생할 것이고, 식수 부족 문제가 심각해 질것이다. 셋째, 질병이 창궐할 가능성도 높아진다. 넷째, 해수면 상승으로 수천만 명이 희생당할 수 있다.[20] 북극 빙하가 녹고, 시베리아 기온이 상승할 경우 발생할 수 있는 자연재앙의 크기와 범위는 가히 상상을 초월할 것으로 보인다.

지난 클린턴과 부시 행정부에서 교토 의정서에 가입하는 문제는 부정적인 것으로 결론을 내린 상태다. 하지마 현 오바마 정부 들어 취임 초기부터 미국정부는 기후변화와 관련한 새로운 아젠다 개발에 초점을 맞추고 있는 듯 보인다. 이미 하원을 통과한 '청정공기법(Clearn Clear Air Act)'과 이를 보완할 수 있는 2005년 제정된 '에너지정책법(Energy Policy Act)' 외에 새로운 입법을 추진하여, 2012년 코펜하겐의 기후변화 협약과 관련한 정상회담에서 논의를 주도할 수 있을 것으로 예상된다.[21] 2012년 교토 의정서가 만료가 된다는 점을 염두에 두면, 2009년 코펜하겐 회의는 크게 두 가지 의미로 해석할 수 있다. 첫째, 각국 수입제품에 대한 규제 강화를 위한 또 다른 보호무역 관련 법안으로 볼 수 있다. 반덤핑, 상계관세조치보다 더 실용적이고 합리적인 수입규제 수단으로 사용될 가능성이 높다. 예를 들면 온난화 가스 배출규제 부분을 가격으로 환산하여 수입가

---

**20.** 최근 콜롬비아 대학과 세계은행의 공동연구에 따르면 1980~2000년 간 발생한 자연재해 중 가장 파괴력이 컸던 것은 가뭄이었다고 함. 가뭄으로 56만 명 이상이 사망을 했고, 그 다음이 태풍으로 인한 사망자 수가 25만 명, 홍수 17만 명으로 각각 조사되었음. 향후 40~50년 후 발생할 것으로 예상하는 약 1 미터 해수면 상승은 방글라데시, 인도, 인도네시아와 필리핀 주민들 수천만 명을 희생시킬 파괴력이 있는 것으로 설명하고 있음.

**21.** 공기청정법은 1990년 제정되면서 매 5년마다 정기적으로 재검토하여 개정이 가능함. 대기청정법은 산성비 관련, 유해물질, 오존층 파괴물질, 자동차 배기가스 등에 관한 배출규제를 담고 있음.

격을 인상시키는 효과를 통해 수입규제로 이어질 수 있다는 점이다. 또한 미래 신성장 산업으로 환경산업을 주목할 경우, 환경관련 기술의 이전에 상당한 규제를 포함시킴으로써, 미국 또는 선진국의 제조업 경쟁력을 강화할 수 있다. 둘째, 동시에 환경산업은 미래 신성장 동력 산업으로 충분조건을 만족시키고 있다는 점이다. 즉 한편으로는 보호주의 색깔을 띠면서, 다른 한편으로는 현재의 글로벌 위기를 탈출할 수 있는 돌파구가 될 수도 있다는 점이다. 이러한 두 가지 관점을 직접적으로 모두 충족시킬 프로그램이 바로 'Cap and Trade' 시스템이다.[22]

둘째, 기후변화 협약과 관련하여 제도적인 측면과 함께 이를 관리, 감독할 수 있는 기구의 통합 문제도 논의될 전망이다. 예를 들면 UN의 기후변화 협의체(UN Climate Change Convention)와 WTO, 그리고 2012년 이후 출범하게 될 또 다른 기후협약 기구의 통합이나 체계적인 종합관리체계의 구축이 논의되어야 한다. 물론 각 국별 중앙정부, 지방정부 등 정부기구의 통합관리 문제도 제기될 전망이다. 이와 관련한 또 하나의 중요한 변수는 각국별 통계자료의 표준제정과 이에 대한 관리문제를 지적할 수 있다. 무엇보다 기후변화 협약과 관련된 향후 기후변화와 관련한 글로벌 질서는 중국과 인도 등과 같이 신흥거대경제국의 태도에 따라 좌우될 가능성이 높다. 즉, 미국에 이어 온난화 가스 배출량이 많은 중국과 인도가 과연 교역의 다자주의 체제인 WTO 도하프로세스와 같이 새로운 기후협약에 가입하고, 이에 따른 국제기준에 적극적으로 동참할 것인지가 관건이다. 2012년에 기존의 교토 프로토콜이 종료되고, 새로운 기후변화 협력체제가 이루

22. 'Cap and Trade' 시스템은 시장중심으로 탄소배출권을 거래하자는 취지의 제도임. 즉, 각 기업이나 단체마다 최대한 배출할 수 있는 온난화 가스량을 제한하고(Cap), 그 이상 배출할 경우, 한도를 초과하는 분량은 시장에서 거래를 통해 매입할 수 있도록 하는 제도임. 따라서 배출권 매도자와 매수자가 시장에서 배출권 가격을 결정할 수 있게 됨. Cap and Trade Program과 기타 대기오염 통제정책을 살펴보면, 환경문제에 대한 관심을 제기하기 위해 다음 세 가지 정책을 고려할 수 있음. 첫째, 경제적 유인정책 (economic incentives)으로 볼 수 있음. 즉 환경조세 (environmental taxes)와 오염 배출물 거래정책 (emission trading)을 통해 인센티브를 제공함으로써 대기 오염물질 배출을 줄일 수 잇다는 것임. 둘째, 통제-명령 접근법 (command-and-control approaches)으로서, 기술명령(technology mandates) 혹은 배출허용기준 (emission rate standards)을 지정하여 강제할 수 있다. 정부주도의 규제정책이 시장중심 정책에 우선한다는 의미가 됨. 셋째, 무 규제 접근법 (non-regulatory approaches)으로서, 자발적 협정 (voluntary agreements)과 환경 labeling (eco-labeling)을 통해 자발적으로 환경문제를 해결하려는 노력을 말함. 본고는 Cap and Trade에 대한 구체적 내용보다, 이러한 정책을 통해 미국정부와 글로벌 경제가 얻고자 하는 목적이 글로벌 교역과 어떤 상관관계를 가지는 지를 설명하는데 있음.

어질 전망이기 때문이다. 도하 프로세스가 180억 달러에 이르는 농촌 보조금 지급문제로 정체되고 있듯이, 환경문제와 관련하여 기술이전, 보조금 지급 등의 문제가 어떤 형태로 조정이 이루어질지 관심이 높아지고 있다. 바이오 연료 개발부터 막대한 보조금 지원이 이루어지고 있기 때문에, 이에 대한 논란도 점차 증가할 수 있다.

세 번째 과제는 미국의 의지 문제다. 아울러 중국과 인도 역시 더 이상 무임승차를 하지 않겠다는 적극적인 노력이 보여야 할 것이다. 교토 의정서가 본래의 목적에 크게 미치지 못한 이유도 미국이 빠져 있고, 중국이 비감축국으로 분류되어 있기 때문이다. 사실 미국은 환경관련 법안 마련에 그 어느 국가보다 선제적 대응을 모색해오고 있다. 최근에는 '에너지와 기후변화에 관한 주요국 포럼(MEF, Major Economies Forum on Energy and Climate Change)' 을 결성함으로써 포스트 교토시대를 대비하기 위한 주도적 노력을 가속화하고 있다. 한편 유럽의 요구를 적극적으로 수용하기 위한 배출권거래제도 도입 역시 최종 선택만 남겨두고 의회에서 고민을 오래 동안 하고 있는 모습이다.

**표 2-3** : 교토체제와 MEF 비교

| | 교토체제 | MEF |
|---|---|---|
| 목표 | 구속적 | 비구속적 |
| 방식 | 의무부담 | 각국별 여건을 감안한 자발적 감축 |
| 수단 | 배출권 거래 활성화 | 청정기술 개발 및 개도국 이전 |
| 향후 주요 변수 | 미국, 중국 등 참여 여부 | EU 주도 방식과의 조화 |

자료: 삼성경제연구소, "기후변화 협약, 한국기업에 위기인가 기회인가", CEO Info. 2009.7.29

이러한 모습이 많은 국가들이 볼 때, 과연 미국이 진정으로 기후변화와 관련한 국제 협약을 주도하거나 가입할 의지가 있는 지 의문을 제기하고 있다. 즉 지도력 문제가 제기되고 있는 셈이다. 기후환경 변화와 관련하여 최근 지난 5년 기간 동안 미국이 내부적으로 많은 노력을 기울인 과정을 정리하면 다음과 같다. 지난 2003년과 2004년 각각 두 차례에 걸쳐 매케인 전공화당 대통령 후보와 리버만 민주당 의원이 '기후에의 책무법안(Climate Stewardship Act)' 을 발의했다. 이 법안은 2010년까지 2000년 수준으로 온실가스 배출량을 줄이자는 것을 골자로 하고 있다.[23] 최근 2008년 6월에는 지난 수년간 논쟁의 중심에 서 있었던 '리버만–워너 기후안보법안(Climate Security Act of 2008)' 이 미국 연방 상원에 또 다시 상정되어 대선을 앞둔 시점에 상당한 논란이 야기된 적도 있었다.[24] 그로부터 일년이 지난 시점인 2009년 6월에 이르러 미 하원은 ' 미국청정에너지와 보호에 관한 법(The American Clean Energy and Security Act)' 안인 '왁스만–마키(Waxman-Markey Act) 법안' 을 우여곡절 끝에 통과 시켰다. 이 법안은 하원에서 219대 212 근소한 표차였다. 이로써, 미국 하원에서 통과된 최초의 기후변화 대응 법안이라는 점, 'Cap and Trade' 거래제도를 토대로 에너지 효율 개선, 배출권 할당 등을 주요 내용으로 하고 있는 포괄적 기후변화 법안이라는 점에서 주목할 받고 있다. 하지만 상원 통과는 녹녹치 않을 전망이다. 비록 상원에서 민주당이 60석을 확보함으로써 통과 가능성이 커져가고 있으나, 이미 하원 표결에서도 보았듯이 민주당이 257석, 공화당이 178석인 하원에서 7표차로 통과했다는 점을 보면, 민주당과 오바마 정부가 가히 낙관할 일은 아닌 듯 보인다.[25]

네 번째, 이미 여러 차례 언급이 되었지만 기후변화법과 관련된 "보호무역주의 조항에 논란의 여지가 많다"는 점이다. 이점이 위에서 언급한 미국의 리더십에 상당한 의문을 제기하는 실질적 내용이기도 하다. 이 법안은 우선 강력한 온실가스 감축규제를 담고 있을뿐더러, 전기자동차의 제조를 지원할 수 있는 근거

23. 2003년안은 55대 43으로 상원에서 부결되었다. 2004년 안은 표결이 이루어지지 않았다. 동안은 2016년까지 온실가스 배출량을 1990년 수준으로 낮추자는 것이었음.

24. 이 법안은 민주당의 리버먼 의원과 공화당의 워너 의원 등 상원의원 8명이 공동 제안한 온실가스 감축 법안으로, 미국의 온실가스 배출량을 2005년을 배출기준 연도로 보고, 2020년까지 19%, 2050년까지 71% 줄이자는 것이 주요 내용임. 이에 해당하는 산업은 전력, 천연가스, 석유 정제 등 미국 전체 온실가스 배출의 80%를 차지하며, 거래방식으로는 현재 EU에서 실시 중인 배출권 거래 방식(cap and trade)을 도입하는 것으로 알려져 있음. 자동차 등 수송용 연료의 탄소 함유량을 2015년까지 5%, 2020년까지 10% 줄이도록 의무화하는 저탄소 연료 기준도 포함되어 있음.

25. 현재 기후변화 법안에 대한 상임위원회 프로세스 종료 시한은 당초 2009년 9월 18일에서 9월 28일로 10일 연장하였음.

규정을 가지고 있어 또 다른 'Buy American' 조항으로 논란이 되고 있다.[26] 이에 대한 우려는 환경법 입안을 대선 당시부터 강조해 온 오바마 대통령 자신을 비롯하여, 미국 상공회의소(AMCHAM, American Chamber of Commerce), 해외무역협회(NFTC, National Foreign Trade Committee), 미국 무역비상위원회(ECAT, Emergency Committee for American Trade) 등도 제기하고 있다. 그 내용은 첫째, 미국 주요 교역대상국과 무역분쟁 제소 및 보복 조치 등을 통해 관계가 악화되거나, 둘째 현재 다자무역규범을 따르는 세계무역체계에 혼란을 야기하거나, 셋째, 세계경기 침체 시에 보호무역주의 시그널을 보낼 수 있음을 주의해야 한다는 점이다.

2008년 현재 기준으로 세계 온실가스 배출량 1위인 중국은 교토의정서 상 비감축국이며, 2위인 미국은 교토 의정서 협약에 가입조차 하지 않았다. 2012년 교토의정서가 만료되는 시점에 포스트 교토체제가 등장할 가능성이 높다. 2009년 12월 제 15차 기후변화협약 당사국 총회가 코펜하겐에서 열릴 예정이다. 범세계적 공조가 불가피하다는 공감대가 형성된 이상, 그동안 미온적 태도로 일관해오던 미국이 적극적으로 이 문제를 논의할 준비를 하는 한, 머지않아 실질적인 구속력을 갖춘 국제합의가 이루어질 것으로 보인다. 하지만 교토의정서체제의 문제점 즉 '무임승차(free rider)' 문제에 대해 새로운 해법이 제시되어야 할 것이다. 기후변화와 관련하여 세계 공조체제의 불균형이 발생할 경우, 이는 보호주의 무역분쟁의 단초가 될 수 있기 때문이다.[27] 또 하나 넘어야할 과제는 기후변화협약 자체에 대해 가지고 있는 본질적인 의문점이다.

환경기준 강화와 함께, 노동기준 강화도 예상된다. 특히 21세기 후기 산업사회의 성장도 결국 글로벌화를 중심으로 이루어질 수밖에 없기 때문에, 미국으로

26. 환경자동차 지원 요건 중 미국 내에서 개발되고 생산 된 차로 규정하고 있음.

27. 유럽연합(EU)과 미국 등이 이산화탄소 감축의무가 없는 국가에서 수입되는 제품에 '국경세' 란 세금을 도입하는 방안을 검토하고 있음. 포스트 교토체제가 형성되면 미국, 유럽 등 기존 의무감축국들은 한층 강화된 총량규제 및 배출권거래제를 통해 교토체제의 실효성을 높이고 미 참여국들에는 손실을 발생시키는 관세 및 비관세 무역제재 조치를 강화할 가능성이 높음. 삼성경제연구소는 한국경제의 피해규모를 약 45억 달러로 추정하고 있음.

서는 미국노동시장의 경쟁력 제고에 필요한 대응조치를 철저히 할 전망이다. 따라서 시장개방에 따른 생산자, 소비자 및 노동자 계층내 서로 다른 이해관계를 모두 충족시킬 수 있는 방법에 대해 다음 세 가지를 지적할 수 있다. 첫째, 투명하며 일관된 노동정책표준을 마련하는 것이다. 이는 국제노동 기구의 정책기조에도 합당한 정책이어야 한다. 예를 들면 미국 전미노동자 협회(AFL-CIO)는 2004년 'Chinapetition' 을 의회에 제출하면서, 중국경제가 글로벌 경제에서 경쟁할 수 있는 환경과 기회를 제한하자는 것이 아니라, 중국 내 인권 침해 사례 등을 통해 중국경제가 글로벌 경제에 비해 누리는 한계비용효과의 불공정성을 지적하고, 따라서 중국의 인권상황을 바로 잡아 달라는 내용을 담고 있다.' 공정한 노동시장의 경쟁 '이 도저히 이루어질 수 없다는 점을 지적하고, 이를 개선하라는 의미가 담겨있다. 미국의 경우 받아들일 수 있는 국제기준에 맞는 노동시장 조건이란 미국과 요르단 간 자유무역협정체계에 나타나 있는 모델을 지적하기도 한다.[28] 미–요르단 FTA에서 노동과 관련된 가장 중요한 항목은 각 국이 자국의 노동법을 통해 ILO 회원국으로서 국제 노동시장 표준에 적합한 자국 노동시장의 유연성 제고와 일관되고 투명한 정책을 지향한다는 것이다.[29] 아울러 미국과 요르단은 자국 노동법을 중심으로 노동시장을 개선해 나가기로 합의하였다.

둘째, 글로벌 노동시장 표준을 통해 마치 각국 노동시장을 직접 개입하거나 간섭하는 것으로 오해를 받지 않도록 해야 한다는 점이다. 미국의 경우 지나치게 자국 노동시장 환경이나 국제적 기준을 경쟁국 노동시장과 비교함으로써, 마치 향후 미국에 대한 수출규제를 위해 필요한 조처로 오해를 받기도 한다는 점이다. 이는 미국의 글로벌 리더십에 상당한 부정적 효과를 가져다준다. 따라서 국제적 노동기준을 적용하는 것이 자국의 국제경쟁력 제고에 인센티브가 된다는 식으로 이해할 수 있도록 노력할 필요가 있다. 이는 미국과 캄보디아 간에 체결된 섬유협정

---

28. Sperling, Gene. B, "Finding a New Consensus on Trade and Globalization," Testimony before the House Committee on Foreign Affairs, 2007. 1. 30. Council on Foreign Relations

29. "The Parties reaffirm their obligations as members of the International Labor Organization("ILO") and their commitments under the ILO Declaration on Fundamental Principles and Rights at Work and its Follow-up."

에 잘 반영되고 있다.[30] 셋째, 국제노동기준에 적합한 노동정책을 입안하는 것도 중요하지만, 아울러 사회안전망에 대한 보다 철저한 준비가 이루어져야 한다. 이를 위해 첫째, 노동시장에 대한 모니터링 시스템을 강화해야 한다. Freeman과 Elliot(2003), Hiscox(2005)의 연구에 따르면 노동기준이나 환경조건을 어긴 산업체에서 생산된 제품의 수입과 판매에 지속적인 감독체계를 구축함으로써 국제노동기준에 새로운 방향을 제시할 수도 있다고 한다. 이들 연구에서 상당한 규모의 노동친화적인 소비시장이 존재하고 있다는 것을 밝히고 있다.[31] 2006년 현재 FLA를 통해 약 18건의 위반 사항이 보고된 바 있다. 이러한 시민단체들의 적극적인 감시활동은 소비자들로 하여금 그들의 구매력 가치가 사회정의에 얼마나 합당하게 행사되는 지와 노동시장에서 발생할 수 있는 다양한 비인권적인 부정행위를 제약할 수 있는 지 등을 이해시키고 있다. 둘째, 미국의 경우 향후 보다 공정한 무역경쟁을 위해 사회안전망과 노동권 범위 확대를 고려하고 있다. 미국내 노동시장에 대한 다양한 안전망 확대와 함께 앞서 예에서 본 바와 같이 캄보디아와 같은 개도국을 대상으로 적극적인 노동시장 인권 지원을 아끼지 않음으로서 중장기적으로 미국과 글로벌 시장이 공정한 경쟁을 할 수 있는 노동환경을 만들어 간다는 목표를 가지고 있다.

넷째, 시장개방에 따른 서로 다른 이해관계를 표출하는 노동자들에게 지속적인 글로벌화가 미국과 세계경제에 유익하다는 논리는 결국 미국 노동자들의 삶의 질과 행복도가 높아질 경우에 가능한 것이다. 따라서 미국 노동시장에서 노동자

30. 1999년 클린턴 행정부는 캄보디아 정부아 3년간 섬유협정을 체결하였는데, 그 내용은 만일 캄보디아가 국제노동기구(ILO)의 노동기준에 적합한 노동환경을 개선한다면 미국은 매년 14% 이상 캄보디아의 섬유수출 쿼타를 늘려주기로 합의하였음. 이후 캄보디아 정부의 순조로운 최저임금제 도입, 노동조합 결성, 노동환경 개선 정책 등이 효과를 보이자, 미국은 9%의 섬유시장 쿼터를 증가시켰으며, 2004년 본 협정이 종료되었음에도 캄보디아의 노동시장은 기존의 정책을 지속하고 있는 것으로 조사되었음. 한편 2005년 현재 국제노동기구의 감독을 받고 있는 산업체 수는 1999년에 비해 모두 4배 이상 증가한 것으로 조사되었음.

31. 예를 들면 1990년대 말 어린이 노동을 착취하는 GAP 생산공장이 뉴욕 타임즈에 기사화 된 적이 있으며, 블룸버그 뉴스 역시 2005년 9월 브라질 차콜 공장에서 노예 노동을 통한 생산이 있었음을 보도한 적이 있었음. 민간 NGO 단체인 'The Fair Labor Association' 등의 활동이 1997년부터 본격화되면서 글로벌 노동시장 감시체계의 네트워크 구축되기 시작하였고, 나이키, 노드스트롬, 리크 클레아본과 같은 20여개 유명메이커 브랜드들은 FLA에 가입하기도 하는 운동이 일어나고 있음.

들의 미래에 대한 불안감, 각종 사회안전망에 대한 불확실성 등을 개선하는 일이 무엇보다 중요하다. 여기엔 다시 네 가지 방법을 고려할 수 있다. 첫째, 미국 노동자들의 생계비용 중에 가장 큰 비중을 차지하는 의료보험 비용을 줄여야 한다. 이를 위해 현 오바마 정부가 추진하는 의료개혁에 대해 초당적인 논의와 합의가 있어야할 것이다. 현재 의료보험 개혁 법안은 미국 내 정치적 쟁점 한 가운데에 서 있다. 의료보험의 심각성은 2000~2006년 사이 미국 기업이 부담하는 고용자 의료보험 비용이 무려 87%나 상승했다는 점이다. 이는 2006년 한 해만 놓고 보더라도 기업이 노동자 일인당 부담한 비용은 3,615 달러, 혹은 한 노동자 가족의 의료보험비로 부담한 비용이 8,508 달러라는 사실에서 나타나고 있다. 둘째, 외국 노동자를 통한 아웃소싱을 찾기 이전에 미국 내 시골이나 오지의 노동자들을 우선 고용하는 방안을 모색해야 한다. 한 보고에 따르면 미국 내 시골지역의 노동임금은 도시 근로자 임금의 60~70% 수준으로 알려져 있다.[32] 다양한 정보통신 기술의 발달로 인해 시골지역 노동인력을 흡수할 수 있다면, 굳이 해외 노동인력을 고용함으로써 미국 내 노동시장의 유연성을 악화시킬 필요가 없을 것이다.

셋째, 다국적 기업들에게 주는 세제 혜택을 제한하는 것을 고려할 수 있다. 미국의 법인세를 회피하기 위해 외국에서 기업을 설립하고 운영하는 행태를 시정함으로써 보다 많은 고용을 창출할 수 있을 것이다. 넷째, 중국 등 환율조작이나 덤핑과 같은 비공정 무역거래를 실행하는 경쟁 국가들에 대해 WTO 제소 등을 통해 적절한 조치를 취해야 한다. 사실 1995~2000년 동안 클린턴 정부는 모두 65건의 비공정 무역사례를 WTOk에 제소한 바 있으나, 2001년 이후 부시 행정부 기간 동안에는 단지 16건에 그치고 있음을 알 수 있다. 이러한 조치는 미국 스스로가 미국 노동자의 인권과 가치를 무시하는 처사로 이해될 수 있다는 점이다. 이처럼 미국내 노동환경이 악화되는 가운데 미국이 미국 내 노동자들의 재교육, 실업수당, 주택보조금 등에 지출한 비용은 GDP 대비 고작 0.5%에 불과하다는 사실이다. 영국의 경우 그 규모는 0.9%, 독일은 3.1%, 덴마크가 3.7%에 이르고

32. Tsurouka, D. "Rural US Seeks Place on IT Map," Investor' s Business Daily, January 11, 2005

있다. 따라서 미국정부는 향후 미국 노동자에 대한 다양한 사회안전망 제도에 대해 대대적인 점검과 개혁을 단행할 가능성이 높다. 결국 공정한 무역이란, 노동환경이 얼마나 경쟁국에 비해 효율적이며 합리적인가를 의미한다고 볼 때, 향후 미국은 자국의 노동기준보다 높은 국가와 낮은 국가에 대해 상이한 프로그램을 개발할 가능성이 매우 높다.

**표 2-4** : 무역 및 투자와 관련한 노동기준연계 매카니즘

| 1993년 북미노동협력협정 (NAALC)[1] | 미국-칠레, CAFTA의 노동장에 나타난 7개 조문 | 한미 FTA와 관련한 미국의 노동기준 요구사항[3] |
|---|---|---|
| 결사권 | 공동책무 | 결사권 |
| 단결권 및 단체 교섭권 | 노동법 집행 | 단체교섭권 |
| 제반형태의 강제노동 금지 | 절차보장 및 공중의식 | 강제노동 금지 |
| 취업 최저연령과 최악형태의 아동노동 철폐를 포함한 아동 및 미성년 보호 | 제도적 장치 | 어린이 노동 금지 |
| 최저임금, 근로시간, | 정부간 협의 | |
| 산업안전보건에 관한 | 중재인 구성[2] | 고용차별 철폐 |
| 적절한 근로조건 | 노동법 정의 | |

주: 1. NAALC = North American Agreement on Labor Cooperation
2. 중재인 구성은 칠레와 중남미 FTA에만 존재.
3. 미국 의회는 여전히 한미 FTA 미 의회 비준을 위해서 노동.환경 기준의 보완이 전제돼야 한다는 입장을 분명히 하고 있고, 아직은 이 문제의 보완을 위한 세부 논의작업이 이루어지고 있지 않은 상황임.

자료: 허재준, "한미 FTA와 노동", 한국노동연구원(2007. 1. 4) 내용을 재정리

요약하면 글로벌화는 위기 후에도 지속될 가능성이 높다. 향후 5년 간 세계경제가 다소 회복되는 기간 동안 일시적인 보호무역주의가 이루어진다하더라도, 보호주의 무역으로 회귀하기엔 이미 글로벌화가 상당히 진전되었기 때문이다. 디커플링보다, 커플링이 더욱 심화될 것으로 보인다. 이미 글로벌 금융위기가 미국발로 시작되었으나, 그 파급효과는 글로벌 금융시장을 넘어 실물경제에 까지 미치게 되었음에서 입증되고 있다. 글로벌화의 지속인가? 아니면 후퇴인가는 결국 미국경제와 미국 노동자들이 어떻게 글로벌화를 이해하는가에 따라 영향을

받을 것이다. 미국 시장이 세계 소비시장이면서 동시에 제조업 생산의 표준 제정자로서 그 지위가 공고하기 때문이다. 미국 노동자들의 실질소득 감소, 의료비용 등 각종 사회안전망을 위한 비용 증가, 경제위기에 따른 실업자 수 증가, 아웃소싱을 통한 미국 내 취업 기회의 축소 등은 미국경제가 글로벌화에 대해 부정적으로 볼 수밖에 없는 이유가 된다. 미국 정부가 공정무역을 주장하면서, 무역 상대국에 대해 국제노동기준에 합당한 정책과 국내법 강화를 요구할 가능성이 높다. 한미 FTA에서도 환경과 노동기준을 재검토한 바 있으며, 향후 중국에 대한 통상마찰도 예상된다.[33] 한편으로는 미국 내 사회안전망 구축과 무역조정 프로그램의 강화 등에 보다 정부와 의회의 관심이 높아질 것으로 보인다. 즉 위기 후 글로벌화는 지속될 수밖에 없지만, 과거와 같이 미국경제가 일방적으로 자신들이 생각하는 희생을 통해 이루어질 것으로 보이지 않는다. 따라서 위기 후 글로벌화는 다양한 무역 분쟁을 통해 과도기적 실험무대가 될 가능성이 높다. WTO를 통한 제소 증가로 다자주의체제에 대한 도전이 이루어질 것이다. 미국 내 노동시장의 유연성 제고가 글로벌화의 향방을 가늠하는 척도가 될 수도 있다. 따라서 중국경제는 미국으로부터 상당한 압력을 받을 가능성이 높다. 이미 수출과 외국인 직접투자가 중국의 경제성장에서 차지하는 비중이 60%를 넘은 상태에서 미국이 제기하는 불공정 무역거래 사례를 모두 부정하기는 어려울 것이다. 적어도 미국 의회와 정부로부터 환율조작국 내지는 노동인권에 대한 부정적 이미지를 지양하기 위한 나름대로 노력이 필요할 것으로 보인다. 이러한 과정에서 글로벌화는 새로운 패러다임을 실험하고 적용함으로써, 위기 후 새로운 글로벌 질서를 조금씩 구축해 갈 것으로 판단된다.

33. 한미 FTA 체결을 7개월여를 앞두고 미국은 민주당이 중간 선거에서 다수당이 되면서 한미 FTA와 관련하여 노동과 환경기준에 대한 추가협상 문제를 제기한 바 있음. 당시 미국 노동조합의 압력으로 국제노동기준 미준국과 자유무역협정 체결시 미국 산업의 경쟁력 저하를 우려한 때문이었음. 더욱이 최근 미국 발 경제위기로 인한 지각변동이 발생하고 미국 내 자동차 산업의 구조조정으로 대변되는 제조업 구조조정이 본격화되면서, 미국 노동자들에 대한 타격을 줄이는 완충 장치로 노동기준을 강화해야 한다는 목소리가 커질 가능성도 높음.

## 06 결론 및 시사점: 한국경제의 미래 통상전략

20세기 후반 이후 급속한 기술, 교통, 통신 수단의 발달로 글로벌화는 위기 후에도 더욱 진전될 것으로 보인다. 2000~2007년 동안 세계경제는 연평균 4.7%의 안정된 성장을 지속해 왔다. 같은 기간 G7 경제는 연평균 2.1%, 세계경제 30위권 국가들의 연평균 경제성장률은 3.1%, 중국, 러시아 등 BRICs 신흥경제는 연평균 6.7%의 성장을 구가하면서 세계경제는 '골디락스' 경제를 누릴 수 있었다. 하지만 글로벌 금융위기 후, 바야흐로 세계경제는 불확실성과 대전환의 시대에 살고 있다. 소리 없는 전쟁이 벌어지고 있다. 최후의 승자는 위기 속에 산업 경쟁력의 담금질을 제대로 한 국가의 경제가 될 가능성이 크다. 따라서 향후 10년이 한국경제의 운명을 좌우할 것이라는 점에 대해 이견을 제시할 가능성이 많지 않다. 한국경제가 몇 단계 업그레이드되면서 세계 5위 경제권으로 진입할 수 있는 그 기반을 구축하는 기회의 창이 될 가능성이 높기 때문이다.

2009년 상반기 한국경제 수출은 전년동기대비 22.3% 감소한 1,661억 달러, 수입은 34.6% 감소한 1,445억 달러로 무역수지 흑자는 216억 달러에 이르고 있다. 글로벌 경기악화로 세계교역량이 27년만에 전년대비 12%나 감소할 것으로 예상되는 가운데 이러한 기록은 매우 이례적일 수밖에 없다. '불황 속 흑자'로 부른다. 한편 2009년 하반기는 수출 1,899억 달러, 수입 1,825억 달러로 무역수지가 상반기의 약 1/3 수준으로 줄어들 전망이다.[34] 하지만 2009년 상하반기 수출규모로만 놓고 보면, 한국경제는 1985년 10위를 기록한 이래 처음으로 세계수출 순위 9위권 진입이 예상되고 있다. 과연 한국경제의 수출세가 얼마나 오래 지속될 수 있을까? 그 답은 앞서 언급한 바대로, 원/달러 환율과 원유 및 원자재 가격의 변화 정도에 달려 있다. 세계경제의 지속 성장은 원자재 가격이 하향 안정되었을

34. 한국무역협회, 2009년 하반기 수출전망, 2009년 7월

때 가능하다는 가정을 하고 보면, 향후 10년 이내 급속한 자유화, 글로벌화의 진전은 기대하기 어렵다. 그 이유는 첫째, 원유 및 원자재 가격안정을 위한 대체에너지와 청정에너지개발 프로그램이 10년 이내 결실을 보기엔 어렵기 때문이다. 최소한 배럴당 유가가 80~90 달러를 유지할 때, 대체에너지 및 청정에너지 분야가 개발원가 조건을 만족시킬 수 있다고 믿기 때문이다. 둘째, 신성장 동력 산업에 대한 투자가 활성화되기까지 최소 5년 이상이 소요될 전망이다. 금융시장의 신뢰회복이 향후 5년 이상 걸릴 수 있기 때문이다. 셋째, 신글로벌 경제 질서에 대한 기업의 구조조정, 가계의 가치와 인식구조의 변화가 시작되었기 때문이다.

**그림 2-3 : 글로벌 수출규모 감소추세**[1]

단위: 전년동기대비, %

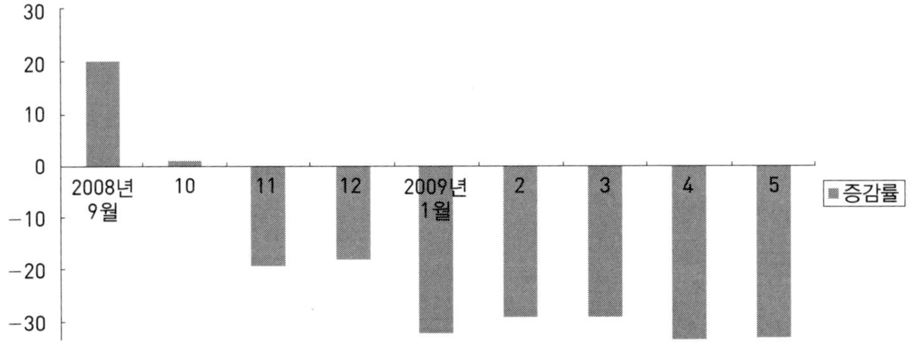


주: 1. 세계 48개국 수출평균
자료: The World Bank,

위기 후 보호무역주가 강화될 경우, 수출 의존도가 높은 한국경제에 악영향을 줄 것이라는 점은 쉽게 예상할 수 있다. '불황 속의 무역수지 흑자' 는 8월을 기점으로 수입이 늘면서 하반기 25억~30억 달러에 그칠 가능성이 높다. 특히 원/달러 환율의 하방 불확실성이 이를 더욱 심화시킬 수 있다. 2009년 2월 이후 무역수지 흑자 원인을 지적해 보면, 첫째, 통계상의 착시효과일 수 있으므로 신중하게 검토되어야 한다. 즉 '전년대비' 수출증가율은 플러스로 나타날 가능성이 높다. 지난 해 위기 확산과 급격한 신용경색, 유동성 악화로 교역량이 일시에 감소했기 때문이다. 이를 '기저효과(base effect)'라고 한다. 둘째, 환율 안정을 들 수 있다. 리먼사태 이후 환율급등이 한국 수출에 긍정적인 요인이 되고 있다.[35] 환율 상승은 한국 기업의 수출채산성 개선에 큰 도움이 되고 있다. 하지만 이를 바꾸어 말하면, 2009년 하반기 이후 무역수지 흑자기조가 오래 지속되지 못할 수 있다는 뜻도 된다. 2009년 하반기 원/달러화 환율의 흐름에 따라 기업들의 수출 채산성 악화가 심해질 수 있다. 자동차, 조선, 철강, 기계, 반도체, 정보통신 등 한국의 주력 수출산업이라고는 하지만, 환율변동, 해외시장여건의 변화에 따라 이들 산업의 성장세는 민감하게 반응할 수밖에 없다. 더욱이 원유와 원자재 가격이 경기회복의 흐름을 타고 가속도가 붙을 경우, 무역수지구조는 적자기조로 전환이 어느 때라도 가능하다. 하반기 수출하락이 본격화되면, 내수기반이 상대적으로 취약한 한국경제는 다시 정부의 지출확대에 의존할 수밖에 없게 될 것이다. 과연 우리 정부는 지속적인 재정적자를 유지할 수 있을 지 의문이다. 기업의 경우 교역조건이 악화되면, 오히려 2009년 하반기 이후부터 2010년 상반기까지 구조조정을 계속할 수도 있다. 셋째, 중국의 내수경기 부양책으로 인해 한국의 대중국 수출이 개선되었다. 특히 4조위안 플러스 알파의 경기부양정책과, 농촌지역 가전 및 자동차 가격 하향정책, 보조금 지급 정책 등에 힘입은 바 크다. 평판 디스플레이의 경우 지난 3~5월 중엔 금액규모로 평균 49% 증가세를 보이고 있다. 휴대폰 역시 금액기준으로 3월에는 전년동기대비 마이너스 17% 감소세에서 5월에 6.8%로 증가세로 전환되었으며, 철강판도 같은 기간 동안 전년대비 평균 3.6% 증가한 것으로 나타났다.

다음 문제는 과연 2009년 하반기 이후 세계경제가 추세적으로 회복기조로 진입할 수 있는지가 의문이다. 기본적인 시나리오는 하반기 이후 세계경제가 회복하는 것으로 되어 있지만, 여전히 불확실성이 남아 있다. 물론 최근까지 금융 및 실물경제 지표들은 2009년 2분기를 기점으로 바닥에서 점차 탈출할 것으로 보인

35. 한국무역협회에 따르면 수출과 환율의 탄력도는 2002년 6월부터 2006년 12월 기간 동안 0.22에서 2007년 1월부터 2009년 3월까지 1.3으로 크게 증가한 것으로 조사되었음.

다. 심리지표들 역시 개선되는 모습이다. 소비자 기대심리와 제조업 심리지수가 2009년 들어 지속적으로 상승하고 있다.[36] 그러나 이러한 긍정적 신호를 추세적으로 세계경제 회복 신호로 받아들이기는 아직은 시기상조로 보아야 한다. 각종 경제지표의 상승이 자산가치 상승, 기업의 투자 증가와 가계의 소비 증가로 이어지면서, 각종 주요 실물지표의 호조로 이어지기까지 상당한 시간이 걸릴 것으로 보이기 때문이다. 아직 실업률, 국가별 보호무역주의 및 원자재가격 상승에 따른 인플레이션 압력이 잠재하고 있기 때문이다. 2010년은 다시 플러스 성장을 전망하고 있다. 하지만, 2010년 플러스 성장의 허수를 지적할 필요가 있다. 첫째, 통계적 기저효과에 의한 플러스 성장일 가능성이 있다. 즉, 2009년 분기별 경제성장률이 워낙 낮다보니, 2010년 경기회복이 조금만 이루어지더라도 통계적으로 상당히 유의한 성장률로 나타날 가능성이 크다. 둘째, 지금까지 경기회복은 각국정부의 경기부양정책과 양적완화 따른 시차효과에 따른 것으로 볼 수 있다. 그렇다면 과연 2009년 하반기 또는 2010년 이후에도 필요에 의해 정부가 재정지출 또는 양적완화 정책을 지속할 수 있는 지에 대한 답을 할 수 있어야 한다. 일단 경기부양에 따른 재정부담 압박감은 상당한 수준이라고 판단된다. 셋째, 중국, 인도 등 1조 달러 클럽 또는 신흥경제국들의 경제성장이 선진국 경제 특히 미국경제의 내수확대 또는 성장을 지지할 만큼 충분한 것인가? 중국과 인도 신흥경제국들의 2010년 예상 성장률은 글로벌 인사이트가 7.4%, IMF가 6.2%로 각각 예상하고 있어 그다지 빠른 속도로 회복할 것으로는 보이지 않는다. 그렇다면 역시 해답은 미국경제의 빠른 회복에서 나와야한다는 것을 다시 강조하는 것에 지나지 않는다. 미국경제가 2010년 실질적인 잠재성장률 수준으로 회복하기란 쉬워 보이지 않는다.

불황은 경쟁력 있는 기업에게 기회의 창이 될 수 있다. 국가경쟁력 순위에도 변화가 있을 수 있다. 신성장 동력 산업에 꾸준한 투자와 시장 확대 전략을 실천

36. 미국 소비자 심리지수는 2009년 3월 이후, 제조업 지수역시 2월 이후 5개월 연속 각각 상승세를 보이고 있음.

**표 2-5 : 주요 기관별 2010년 주요국 실질 경제성장률 전망**

| | IMF[1] | World Bank[2] | Global Insight[3] |
|---|---|---|---|
| 세계 | 1.7 | 2.0 | 2.3 |
| 미국 | 0.8 | 1.8 | 1.5 |
| 유로 | 0.5 | 0.5 | 0.5 |
| 일본 | 1.7 | 1.0 | 0.8 |
| 중국 | 8.5 | 7.5 | 10.1 |
| 인도 | 6.5 | – | 7.0 |

주: 1. 2009년 7월 8일 현재 IMF 전망.
2. 2009년 6월 현재 전망
3. 2009년 8월 15일 현재 전망
자료: IMF, World Bank, Global Insight Economic Outlook

해 온 기업과 국가경제는 경쟁력 제고를 통해 새롭게 도약할 수 있다.[37] 이러한 기회를 놓치지 않기 위해 지금은 한국경제, 한국 사회, 한국의 문화가 갖는 프리미엄을 창출해야 하는 시기다. 기본에 더욱 충실할 필요가 있다. 중국이라는 엄청난 잠재력을 가진 경쟁자가 바로 옆에 있기 때문에, 시간이 지나면 얼마든지 전통 제조업 시장에서 경쟁력 가치는 추월당할 수 있다. 미국은 지리적으로 먼 시장이지만, 글로벌 기술과 지적 서비스 산업의 표준 제정자로서 지위를 더욱 강화할 것으로 보인다. 한국경제는 미국의 기술력과 중국의 노동력을 대체하거나 보완하는 형태의 성장은 한계가 있을 수밖에 없다는 점을 주목해야 한다. 한국경제

37. 기업과 산업의 순위 변경과 관련한 예를 들면, 미국 상장기업 1300 개 중 경영실적이 높은 상위 25% 기업 중 40%가(즉 전체 기업 중 약 10%) 지난 2000년 초 IT 버블붕괴를 이후 시장에서 사라진 것으로 조사되었음. 한국의 경우 1996년 외환위기 직전 최고경영 실적을 보이던 기업의 2/3가 2000년 현재 모두 사라진 것으로 조사되었음. 하지만 외환위기 직전 하위 75%에 속하던 기업 중 23%는 외환위기 이후 오히려 경쟁력 제고를 통해 최고경영실적을 내는 건실한 기업으로 거듭날 수 있었다는 점임. 결론적으로 위기는 기업과 산업계에 있어 조직 내부의 팀 워크를 강화하거나 혹은 와해되어 해체되는 시기가 될 수 있음. 그 단적인 예가 자동차 산업의 구조개편이다. 글로벌 금융위기로 초래된 글로벌 실물경제 위기의 가장 큰 피해자는 미국의 자동차 2개 사임. 크라이슬러는 이탈리아 피아트사에 매각되었고, GM 역시 파산보호신청에서 일부 비효율적인 계열사를 정리하고, 정부의 지원으로 생존할 수 있었음. 미국 정부의 GM 지원 조건은 다름 아닌 '녹색' 이었음. 미래 자동차 산업의 선두는 '그린' 으로 대변되는 연비 절감과 대체에너지 개발 기술의 상용화를 제일 먼저 기업 이미지와 브랜드에 접목하는 기업이 차지하게 될 것임.

만의 프리미엄을 찾아야 한다. 크게 두 가지 방법이 있다. 첫째, 향후 10~20년 후 한국경제의 모습을 어떻게 바꿀 것인가? 이에 대한 능동적이고 창의적인 노력이 있어야 한다. 둘째, 세계가 한국을 어떻게 변화시킬 것인지도 바로 읽을 수 있어야 한다. 한국경제는 이미 그 성장 기반을 세계질서의 변화 속에 찾을 수밖에 없다. 따라서 위기 후 세계경제 질서가 어떤 모습으로 바뀔 것인지 정확하게 이해해야 한다. 신자유주의적 글로벌화 정책과 전략이 왜 중요한 지를 기업, 가계, 그리고 정부가 공감대를 이루어야 한다. 한편으로 글로벌화가 국가 혹은 주요 도시간 경쟁을 통해 성장과 발전이라는 생존의 실질적 논리를 제공하지만, 동시에 사회 불평등 심화, 실업양산, 사회적 안전망 상실과 같은 사회 불안요소를 더욱 악화시킬 수도 있기 때문이다.

글로벌 통상질서의 변화와 미시적 국가경쟁력 구조의 변화는 위기 후 한국경제가 경험하게 될 가장 근본적인 변화가 될 전망이다. 먼저 거시적 의미에서 한국경제는 세계경제의 경기부양정책이 지속되는 기간 동안, 각국의 보호무역주의 정책에 대한 돌파구 마련에 집중할 필요가 있다. 그러나 중장기적인 무역질서의 변화기조는 범세계적인 무역자유화의 진전에 있다고 볼 때, 다자주의와 FTA를 중심으로하는 양자주의적 무역 자유화에 동시에 주력할 필요가 있다. DDA 협상이 주춤할 때 세계적으로 FTA가 급속히 확산될 가능성이 크기 때문이다. 한국경제의 국제적 신뢰도는 이 두 가지 형태의 무역자유화에 균형적인 힘의 배분을 지속하는 것에 있다. 둘째, 글로벌화 또는 무역자유화는 단기적 비용과 장기적 편익을 동시에 수반하기 때문에 경제 전체의 효율성과 후생 증가, 분배를 통한 균형을 유지해야한다. 예를 들면 경쟁력이 떨어지는 기업과 산업의 퇴출, 이로 인한 고용 감소와 임금 하락 등 후생 감소의 부정적인 측면을 무역자유화로 높은 가격과 이윤을 실현하는 규모의 경제를 통해 소비자 후생을 증가하는 대안으로 보완해야할 것이다. 하지만 보상 역시 사회전테의 후생효과가 감소하거나, 소비 및 투자가 왜곡되는 형태로 보상이 이루어지는 것을 경계할 필요가 있다.

변화의 시대가 도래하고 있다. G20체제로부터 G2체제로의 이동, 글로벌화의 진전, 기술혁신과 산업재편의 지속, 문명의 진화, 녹색과 대체에너지 등으로 새로운 지구환경에 대한 관심을 모두 포함하는 새로운 가치와 인식체계가 요구된다.

미래 통상질서변화에 선제적으로 대응하고, 한국경제의 경쟁력 제고를 위해 다음 다섯 가지를 제안하고자 한다. 첫째, 중장기 미래 지향적 글로벌 전략을 세우자. 글로벌 전략의 근간은 과학기술 인력의 양성에 있다. 향후 기술 및 지적 서비스 산업분야의 경쟁이 심화될 전망이다. 둘째, 불황은 기업과 국가경쟁력 이미지 제고의 기회다. 이처럼 위기는 곧 기회의 창이라는 역발상을 통해 새로운 기회를 창출해야한다. 향후 5년간 새로운 기술과 브랜드 개발에 더욱 적극적인 투자가 필요하다. 셋째, 해외 개발원조 지원(ODA) 프로그램을 통해, 해외 진출 전략도 적극적으로 모색해야 할 시기다. 한국의 대외직접투자는 한국의 미래 시장 개척이기 때문이다. 진정한 의미의 자유무역정책을 말한다. 넷째, 당분간 국제교역질서는 가격 축을 중심으로 불안정성을 보일 가능성이 크다. 기업은 비용절감과 환율에 대한 적응력 제고에 초점을 두어야 한다. 다섯째, 녹색성장을 위한 시스템을 구축해야 한다. 미국의 녹색성장은 금융과 제조업 등 전 산업분야에 적용되는 포괄적 녹색성장을 전략적으로 강조하고 있다. 녹색성장에 대한 체계적 이해가 부족할 경우, 녹색 금융은 투기금융으로 버블을 초래할 것이며, 녹색산업은 또 다시 미국과 선진국 경제의 환경기술에 의존할 수밖에 없는 상황을 가져올 것이다. 미국으로서는 더 이상 이 부분에 대한 기술을 과거처럼 주변 동맹국들과도 공유할 의사가 없는 부분이기도 하다.

## 참고문헌

강기천(2005), "세계무역체제의 변화와 한국의 대응," SERI 경제포커스, 삼성경제연구소

강희찬(2009), "기후변화협약, 한국기업에 위기인가 기회인가," CEO Information, 삼성경제 연구소

명진호(2009), "2009년 세계 주요국의 지역무역협정(RTA) 추진 전망, 한국무역협회

한국무역협회(2009), "2009년 하반기 수출전망," 한국무역협회

Antholis, W. and Talbott, S. (2008), "Tackling Trade and Climate Change," The Brookings.

Bown, C. P. (2009), "Protectionism continues its Climb," Research Paper, The Brookings.

_____ (2009), "US-China Trade Conflicts and the Future of the WTO," Semiar Paper, The Brookings.

Bown, Drusilla K., Alan V. Deardorff and Robert M. Stern. (2002), "The Effects of Multinational Production on Wages and Working Conditions in Developing Countries," in Robert E. Baldwin and L. Alan Winters (eds.), *Challenges to Globalization*. Chicago: University of Chicago Press.

Dunkley, G. (2004), Free Trade: Myth, Reality and Alternatives, Palgrave Macmillan

Elliott, K. A. (2006), "Delivering on Doha: Fram Trade and the Poor," Wahsington, DC, Peter G. Peterson Institute for International Economics

Farber, H. (2005), "What Do We Know About Jop Loss in the United States? Evidence from Displaced Worker Survey." 1984-2004, Economic Perspective Q2/2005: 13-28, Chicago, IL, Federal Reserve Bank of Chicago.

Freeman, R., and Elliot, K. (2003), "Can Labor Standard Improve Under Globalization?," Washington, D.C. Institute for International Economics.

Hacker, J.S. (2005), "The Privatization of Risk and the Growing Economic Insecurity of Americans," Social Science Research Council, October.

Hiscox, M and Smyth, N.F.B. (2005), "IS There Consumer Demand for Improved Labor Standard?" Harvard Univerty. Department of Government.

Jian, T. and McKibbin, W. (2008), "What Does A Free Trade Area of the Asia-Pacific Mean to China," The Brookings.

Linn, J. F. (2009), "Global Governance Reform: The Imperatives of a New Global Economic Reality", The Brookings

Pryor, F. (2000), "Internationalization and Globalization of the American

Economy," in T. Brewer et al. (eds), Globalizing America, Edward Elgar, Cheltenham.

Rugman, A. (2000), The End of Globalization, Random House, London.

Sperling, G. B. (2007), "Finding a New Consensus on Trade and Globalization," Testimony before the House Committee on Foreign Affairs.

Tsurouka, D. (2005), "Rural US Seeks Place on IT Map," Investors Business Daily.

03

# 보호무역주의의 정치경제학

송원근 한국경제연구원 연구위원

## 서론 01

글로벌 금융위기에 따른 수요 급감과 교역 감소는 수출의 성장기여도가 높은 한국경제에 큰 타격을 주고 있다. 이런 상황에서 보호무역주의의 확산은 교역 감소를 가속화시켜 글로벌 경제위기를 심화시키는 역할을 할 수 있다. 따라서 이와 같은 보호무역주의 확산에 따른 교역감소의 가속화는 한국경제에 치명적인 영향을 미칠 가능성이 있다.

글로벌 금융위기 발발 이후 나타나고 있는 보호무역주의의 동향을 보면 구체적으로 현재까지 66개의 교역제한 조치가 각국 정부에 의해 시도되었고 이 가운데 47개의 조치가 발효되어 적용되고 있다. 물론 이와 같은 수치가 보호무역주의의 확산을 보여주는 것이라고 단정하기는 어렵다. 다만 글로벌 금융위기로 인해 보호무역정책 채택에 대한 유인이 커졌다는 점은 부인할 수 없다.

글로벌 금융위기에 따른 급격한 수요 감소는 기업의 수익성 악화 및 도산, 고용 감소와 같은 파급효과를 유발하여 다시 투자 및 소비 감소로 이어지는 악순환을 가져올 수 있다. 따라서 각국 정부는 자국 내의 기업 도산과 그에 따른 고용 감소를 막기 위해 자국 산업에 대한 보호를 강화시킬 유인을 갖게 된다. 글로벌 금융위기 발발 이후 경기 침체가 심화되면서 자국 산업 보호를 위한 보호무역정책이 산발적으로 나타나고 있다. 그러나 이러한 보호무역정책이 대공황기와 같이 확산되어 세계 각국이 관세 및 비관세장벽을 경쟁적으로 높이는 상황이 초래된다면 글로벌 경제위기를 공황으로 이끄는 촉매제가 될 수도 있다. 따라서 보호무역주의의 확산을 막기 위한 방안을 도출하는 것은 글로벌 경제위기의 극복을 위해서도 매우 중요하다.

무역자유화가 경제적 이익을 가져온다는 사실은 이론적 배경을 거론하지 않더라도 최근 수십년 간의 역사적 경험을 통해서도 확인해 볼 수 있다. 이와 같은 무역자유화의 이익에 대한 공감대는 GATT 체제 성립 이후 다자간 협상을 통한 교역장벽 완화를 선진국과 개도국을 포함한 많은 국가들이 오랜 기간 추구한 데에서 확인할 수 있다. 또한 글로벌 차원의 무역자유화를 이루기 위한 각국의 노력은 세계무역기구(WTO)의 탄생을 가져왔고 교역장벽을 획기적으로 낮추었다. 그러나 WTO의 출범 이후에도 상존하고 있는 관세 및 비관세장벽을 제거하여 한 단계 높은 수준의 무역자유화를 이루기 위해 2001년 출범한 DDA 협상이 현재까지 타결의 실마리를 찾지 못하고 있는 것에서 알 수 있듯이 선진국을 포함한 세계 각국은 자국의 특정 산업을 보호하기 위한 최소한의 정책들을 끈질기게 유지하고 있고 이에 대한 변화에 대단히 인색하다.

글로벌 금융위기 발발 이후 나타나고 있는 주요 국가들의 보호무역정책도 새로운 현상이라기보다는 기존의 특정 산업에 대한 보호정책을 조금 더 확대 적용한 것이라고 할 수 있다. 그렇다면 궁금한 것은 자유무역이 경제의 효율성을 극대화시키는 최적의 정책임에도 불구하고 미국을 비롯한 선진국들조차도 특정 산업 보호를 위한 정책을 유지하고 있는 연유에 관한 것이다. 보호무역주의가 글로벌 금융위기에 의해 새롭게 촉발된 것이 아니라면 이와 같은 보호무역정책이 형성되고 유지되는 메커니즘을 파악하는 것이 보호무역주의의 확산 방지를 위한 대책을 마련함에 있어 우선되어야 한다.

본고는 보호무역정책이 형성 · 유지되는 메커니즘을 기존의 보호무역주의의 정치경제학(political economy of protectionism)에 대한 논의를 통해 알아본다. 그리고 이에 관한 실증적 연구를 검토하여 내생적 보호이론의 현실적합성을 살펴본다. 이러한 과정을 통해 보호무역정책이 형성 · 유지되는 다양한 원인을 파악해볼 수 있는 반면 기존 이론의 한계도 지적할 수 있다. 기존의 내생적 보호이론 및 이에 대한 실증연구 결과들을 살펴보면 무역자유화로 인해 피해를 보는 산업에 대한 지원이 정치적 반대 유인을 완화하여 보호무역주의의 확산을 차단하는 효과적인 방안이 될 수 있다는 정책적 시사점을 유추할 수 있다. 그러나 기존 연구들의 분석대상이 주로 미국에 한정되어 있어 이와 같은 정책적 시사점을 한국의 경우에도 적용할 수 있는가에 대해서는 의문을 가질 수 있다. 본고에서는 한국에 대한  연구결과를 통해 Grossman and Helpman(1994)에 의해 체계화된 내생적 보호이론이 한국의 경우 작동되고 있는가를 살펴본다. 그리고 분석결과에 적합한 대책을 제시하고자 한다.

## 내생적 무역보호 이론 02

### 1) 내생적 무역보호 이론의 배경

일반적으로 무역자유화는 경쟁의 심화로 인한 효율적인 자원의 재배분으로 경제의 효율성을 증대시키고 소비자후생의 증대로 후생수준이 높아져 국가 전체에 이득을 가져온다. 그럼에도 불구하고 특정 분야 혹은 산업에 대한 보호장벽은 꾸준히 유지되고 있다. 선진국의 경우 성장성이 떨어지는 사양산업(declining industries)에 대한 무역장벽이 높은 반면 개발도상국 혹은 저개발국의 경우 성장산업에 대한 보호수준이 높은 것이 특징이다.

이와 같은 현상이 나타나는 것은 무역자유화에 대한 국내의 정치적 반대와 압력이 정책결정에 반영되는 데에 원인이 있다. 개방으로 인한 수입증가로 피해가 예상되는 산업에서 보호수준의 유지 혹은 강화를 요구하고 무역자유화에 반대할 것으로 예측할 수 있다. 따라서 개방으로 인한 피해가 예상되는 산업에 대한 보호수준이 높을 것이라는 예상이 논리적으로 가능하다. 그러나 이런 예상이 현실화되려면 해당 산업이 정치적으로 조직화되어 정책결정에 있어 효과적으로 압력을 행사할 수 있어야 한다. 또한 정부가 정책결정에 있어 국가 전체의 후생을 고려하는 수준에 비해 상대적으로 이익집단의 압력에 취약하다는 조건이 전제되어야 한다.

한 산업의 종사자들이 이익집단으로 조직화되어 있지 못하면 그 산업에 대한 보호무역정책을 수립하도록 정부에 효과적인 로비나 압력을 행사하기 어렵다. 따라서 개방에 대한 취약성과 높은 보호수준의 상관관계는 산업별 이익집단화 혹은 정치적 조직화 능력에 영향을 받게 된다. 관세 혹은 비관세장벽에 의한 보호로 그 산업의 개별 종사자가 얻는 이득은 보호의 공공재적 성격으로 인해 이를 위해 행해지는 정치적 로비 혹은 압력에서의 개별적인 기여도와는 큰 관계가 없는 것이 일반적이다. 따라서 무임승차문제(free-rider problem)의 극복 능력이 이익집단의 조직화 및 효과적인 대정부 로비에 있어서 중요한 결정요인이 된다. Olson(1965)의 선구적인 연구 이래 Peltzman(1976)과 Becker(1983)도 이익집단의 정치적 영향력에 있어서 무임승차문제의 중요성을 지적했다. Becker(1983)는 이익집단의 규모가 작고 동질적인 경우 무임승차문제의 극복이 용이하며, 그 결과 정치적 영향력이 강해짐을 이론적으로 보이고 있다. 따라서 산업별 보호수준의 차이가 개방에 대한 취약성에 의해 규정을 받으려면 정치적 조직화 및 로비를 위한 무임승차문제 극복이 전제되어야 하고 산업별 정치적 조직화 및 로비 능력에 영향을 미치는 산업집중도, 지리적 집중도, 노조 조직률 등 정치경제적 변수들이 산업별 보호수준을 결정하는데 중요한 역할을 하게 된다.

전체 국가의 후생이 자유무역에 의해 극대화됨에도 불구하고 정부의 무역정책이 자유무역에서 벗어나는 것은 보호를 통해 지대추구(rent-seeking)를 하는 이익집단의 재분배에 대한 요구 이외에도 반개방적인 포퓰리즘 등 정치 · 사회적 요인에도 기인한다. 정부의 무역정책은 정부에 대한 지지의 극대화를 위해 전체 후생수준과 이익집단의 정치적 영향력에 대한 상대적 비중을 고려하여 산업별 보호수준을 결정하는 방식으로 이루어진다는 것이 내생적 보호 이론의 핵심이다. 여기서 정부가 전체 후생수준과 이익집단에 부여하는 상대적 비중은 그 나라의 정치 · 사회적 규범, 정부의 성격, 그리고 정치 · 사회적 분위기에 영향을 받는다. 예를 들면 경제가 전통적으로 폐쇄적이고 시장에 대한 규제가 강한 경우, 이익집단의 영향력에 정부가 상대적으로 취약하고, 따라서 산업별 보호수준의 결정에 있어서 이익집단의 정치적 영향력이 매우 중요한 변수가 된다.

### 2) 내생적 보호이론의 다양한 모형

내생적 보호 이론은 정부의 정책이 이익집단의 정치적 압력과 이익집단 간의 경쟁에 영향을 받는다는 Stigler(1972), Peltzman(1976), 그리고 Becker(1983)의 논의에 그 뿌리를 두고 있다. 이 논의는 조세 · 보조금 등 특정 이익집단에 소득을 재분배하는 반면 경제적 순손실을 야기하는 정책수단의 채택을 정부가 정치적 지지를 극대화하는 수준에서 결정한다는 것이다. 이와 같은 논의를 무역정책결정에 적용한 내생적 보호 이론에 대한 연구는 다양한 정치경제학 모형을 통해 이루어져 왔다. 대표적으로 중위투표자(median-voter) 모형, 정치적 지지함수(political support function) 모형, 관세형성함수(tariff-formation function) 모형, 그리고 정치헌금(political contribution) 모형 등이 있다.

중위투표자(median-voter) 모형은 관세 수준을 투표에 의해 결정하는 직접민주주의를 가정하고 있다. Mayer(1984)는 2부문-2요소 Heckscher-Ohlin 모형을 이용하여 유권자들이 상대적 요소부존(relative capital-labor endowment)의 차이를 제외하고 동질적이라는 전제 하에 투표에 의한 관세 수준의 결정이 중위투표자 정리(median-voter theorem)를 따르고 있음을 보였다.[1] 중위투표자 모형

1. 중위투표자 정리(median voter theorem)는 유권자의 정책 선호도(policy preference)가 1차원의 점으로 표시될 수 있고 단봉 선호도(single-peaked preferences)의 조건을 만족한다면 투표에 의해 채택되는 정책은 중위투표자(median voter)가 선호하는 정책이 될 것이라는 정리임. Downs(1957)는 중위투표자 정리가 대의제 민주주의(representative democracy)에도 적용될 수 있음을 보였음. 즉, 유권자들이 정책이 아닌 정치인을 선택하는 대의민주주의 하에서도 앞의 전제조건을 만족한다면 중위투표자가 가장 선호하는 정책을 채택할 정치인 혹은 정당이 선거에서 선출

에 의한 무역정책 결정의 접근 방법은 보호수준의 결정과정을 단순화하였다는 장점에도 불구하고 다수 득표에 의해 보호수준이 결정되는 메커니즘의 비현실성을 지적받고 있다. 또한 보호수준의 결정에 있어서 이익집단의 정치적 압력, 이익집단 간의 경쟁 및 정부의 역할과 상호작용이 모두 배제되어 있는 점도 모형의 문제점으로 지적할 수 있다. 그러나 정책결정의 정치적 과정이 이익집단의 로비 혹은 정치적 압력보다는 대중영합적인 성격을 띤다면 중위투표자 모형은 다른 정치경제학 모형에 비해 설명력이 더 높을 수 있다.

정치적 지지함수 모형은 Hillman(1982)에 의해 제시되었다. Hillman은 보호수준이 정부에 대한 정치적 지지(political support)가 극대화되는 수준에서 결정되는 '정치적 지지 함수'(political support function)를 가정하였다. 이 "정치적 지지 함수"는 다음과 같이 나타낸다.

$$\widetilde{M}(P, P^*) = M[\Pi(P, P^*), V(P, P^*)]$$

여기서 P는 국내가격, P*는 국제가격(world price)을 나타내며 $\Pi(P, P^*)$는 관세 등 보호에 의한 국내가격과 국제가격의 차이에 기인한 특정 이익집단의 후생증대, $V(P, P^*)$는 이로 인한 국가 전체의 후생손실을 나타낸다. 위 함수는 보호로 인해 후생이 증대되는 이익집단의 정부에 대한 정치적 지지는 보호수준이 높을수록 증대하는 반면 국가 전체의 후생손실에 따른 정치적 지지 감소도 나타나므로 정치적 지지를 극대화시키는 보호수준이 균형에서 결정됨을 보여준다. 정치적 지지함수 모형은 무역정책이 정부에 대한 지지를 극대화시키기 위해 전체 후생수준과 이익집단의 정치적 영향력에 대한 상대적 비중을 고려하여 산업별 보호수준을 결정하는 방식으로 이루어진다는 내생적 보호 이론의 핵심을 잘 보여주는 모형이라고 평가할 수 있다. 다만 모형에서 산업보호를 위한 이익집단 로비의 역할과 이익집단간의 경쟁은 명시적으로 나타나고 있지 않다.

정치적 지지함수 모형은 이익집단간의 경쟁을 명시적으로 고려하지 않은 반면, 관세형성함수(tariff-formation function) 모형에서는 관세에 의해 영향을 받는 이익집단간의 로비 경쟁을 명시적으로 고려하고 있다. Findlay and Wellisz(1982)는 2부문 경제에서 각 부문이 로비행위에 투여할 자원의 양을 결정하고 두 그룹의 로비

전략의 Nash 균형에서 관세 수준이 결정되는 모형을 제시하고 있다. 관세형성함수 모형은 관세수준에 영향을 받는 이익집단 혹은 산업 간의 로비 경쟁을 고려하고 있으나 정부나 정치인의 선호가 배제되어 있어 보호의 공급 측면을 고려하고 있지 않은 것은 약점으로 지적될 수 있다.

정치적 지지 함수모형에서는 기존 정부의 정치적 지지의 극대화만을 고려하고 있어 정치인 혹은 정당 간 경쟁의 역할은 배제되어 있다. 이익집단 간의 로비 경쟁과 더불어 정당 간의 경쟁을 고려한 모형에는 Magee, Brock, and Young(1989)의 모형(MBY 모형)이 있다. MBY에서는 2 × 2 Heckscher-Ohlin 모형에 2개의 로비그룹과 2개의 정당을 가정하고 있다. 각각의 로비그룹은 정당에 선거헌금(campaign contribution)을 하고 정당의 당선 확률은 선거헌금에 비례하며 그 정당이 공약한 정책개입의 수준에 반비례한다. 1단계에서 정당이 정책을 선택하고 로비그룹이 2단계에서 선거헌금을 결정하는 2단계 게임으로 균형에서 보호수준이 결정된다. MBY 모형은 보호성향(pro-trade or pro-protection)에 따른 단순한 정당 구분, 그리고 합리적 선택에 대한 근거 없이 확률적 투표를 가정한 점 등이 문제점으로 지적되고 있다. 그러나 무엇보다도 MBY의 문제점으로 지적할 수 있는 것은 모형의 복잡성으로 인해 축약형 해(reduced-form solutions)가 도출되지 않아 보호수준 결정의 정치경제학적 메커니즘을 파악하기 어렵다는 점이다.

정치헌금(political contribution) 모형은 Grossman and Helpman(1994)에 의해 제시된 모형이 대표적이다. Grossman and Helpman의 『Protection for Sale』(American Economic Review, 1994)은 이익집단 혹은 산업의 정치적 영향력이 통상정책을 통해 산업별 개방의 수준에 미치는 영향을 이론적으로 정립했다. G-H 모형의 전제는 각 산업의 특수요소(specific factor) 소유자들이 이익집단을 조직하여 정부에 정치헌금(campaign contribution)을 하고 정부는 정치헌금과 전체 사회후생을 동시에 고려하여 통상정책, 즉 각 산업의 보호수준을 결정하는 상호작용을 통해 정치적 균형에 도달한다는 것이다. G-H 모형의 또 다른 기여는 실증분석에 의한 검증이 가능한 공식을 도출했다는 점이다. 따라서 G-H 모형은 각 산업의 보호수준이 정치적 지지 극대화라는 정부의 목적과 이익집단으로서의 조직화 능력에 규정된 산업의 정치적 영향력에 의해 내생적으로 결정된다는 점을 실증적 검증이 가능한 공식으로 보여주었다는 점에서 내생적 보호이론을 심화시켰다고 평가할 수 있다.

### 3) Grossman-Helpman 모형

내생적 보호이론을 이론적으로 정립한 G-H 모형은 다음과 같이 설정되어 있다. 모형에서는 먼저 소규모 개방경제를 가정한다. 이러한 소규모 개방경제에서 국제가격은 외생적으로 주어지며, 자유무역이 가장 효율적이다. 따라서 자유무역에서 벗어나는 정책의 채택은 정치적인 이유에 기인한다. 이 경제는 $n + 1$개의 부문으로 구성되고 표준부문의 재화(numeraire)는 노동에 의해서만 생산된다. 나머지 $n$부문은 각각의 생산물이 노동과 각 부문별 특수요소(specific factor)를 이용해 생산된다고 가정한다.

각 부문별 특수요소 소유자들(specific factor owners)은 해당 부문의 무역보호(trade protection)정책을 채택하도록 정부에 압력을 넣기 위한 정치적 조직을 구성할 수 있다.[2] 부문별 정치조직화의 여부는 이익집단내의 무임승차문제(free-rider problem)의 극복과 관련한 외생변수들에 의해 결정되는 것으로 가정된다. 즉, 무임승차문제를 극복하지 못해 정치적 조직화에 실패한 부문도 있을 수 있다는 것이다.

정부의 목적함수는 정치적 지지함수(political support function)의 접근 방법에 따라 전체 사회후생과 정치헌금의 주어진 비중에 따른 합을 극대화하는 것으로 가정된다. 이익집단의 로비와 정부의 정책선택은 공동 대리인 문제(common agency problem)로 모형화할 수 있다. 즉, 주-대리인 문제(principal-agent problem)에 있어서 다수의 주인(이익집단)이 하나의 대리인(정부)으로 하여금 대리인에게 비용이 유발되는 행동(관세 및 보조금 등의 보호정책)을 하도록 유도하

2. 관세(tariff), 수입쿼터(import quota) 등을 통해 해당 산업을 외국과의 경쟁으로부터 보호하는 정책을 말함. 이러한 무역보호정책의 채택을 위해 정부에 로비를 통해 압력을 가하는 행위를 지대추구행위(rent-seeking behavior)라고 할 수 있음. 유럽의 다양한 농산물에 대한 수입쿼터, 미국의 설탕수입제한 등은 유럽의 농민, 미국의 설탕산업에 보호를 통한 이득을 안겨주는 대표적인 정책이라고 할 수 있음.

는 상황으로 묘사할 수 있다. 각 이익집단은 정부에 보호수준에 따른 정치헌금계획(contribution schedule)을 제시하고, 정부는 제시된 정치헌금계획에 따라 정치적 지지의 극대화를 위한 각각의 보호수준을 선택한다. 균형에서의 각 이익집단의 정치헌금계획은 다른 이익집단의 계획이 주어진 상황에서 구성원들의 총효용을 극대화시키는 계획이다. 이와 같은 정치헌금계획의 내쉬 균형(Nash equilibrium)에서 정부의 균형 통상정책(각 산업별 보호수준)이 선택된다.

이 소규모 경제는 각자의 요소 부존량(factor endowment)을 지닌 개인들로 구성되고, 이들은 각각 한 단위의 노동과 적어도 하나 이상의 부문의 특수 요소의 공급자이다. 모든 개인들은 다음과 같은 효용함수로 표현되는 동일한 선호체계를 갖는다. $u = x_0 + \sum_{i=1}^{n} u_i(x_i)$ 여기서 $x_i$는 개인의 재화 $i$ 소비량이고, 하위 효용함수(sub-utility function) $u_i(\cdot)$는 미분가능하고(differentiable) 강오목성(strictly concave)을 가정한다. 재화 $x_0$는 표준부문의 재화(numeraire)로 국내가격과 국제가격 모두 1이다. 즉, $p_0 = \overset{*}{p}_0$이다. 수확불변 생산기술 하에서 노동에 의해서만 생산되는 표준부문의 투입-산출계수(input-output coefficient)는 1이고, 따라서 경쟁균형에서 임금은 1이다. 이와 같이 임금이 1로 고정된 상태에서 나머지 $n$부문에서의 특수요소 소유자들에 대한 총보상(aggregate reward), $\pi_i$는 국내가격($p_i$)의 수준에 따라 달라진다. 정부의 통상정책에 따라 국내가격의 국제가격으로부터의 괴리 및 그 수준이 결정된다. 따라서 정부의 통상정책에 의해 각 부문의 특수요소 소유자들에 대한 총보상이 결정된다.

각 부문의 특수요소 소유자들의 총후생은 관세벡터 $t_i = (t_1 t_2 \cdot\cdot t_i \cdot\cdot t_n)$에서 다음과 같다.

$$W_i(t) = l_i + \pi_i(\overset{*}{p}_0 + t_i) + \alpha_i N[r(t) + s(t)] \quad (1)$$ [3]

3. $r(t) = \sum_{i \in L} t_i \left[ d_i(\overset{*}{p}_i + t_i) - \frac{y_i(\overset{*}{p}_i + t_i)}{N} \right]$, $s(t) = \sum_{i \in T} t_i \left[ u_i(\overset{*}{p}_i + t_i)) - (\overset{*}{p}_i + t_i) d_i(\overset{*}{p}_i + t_i) \right]$ 여기서 $d_i(p_i)$는 재화 $i$에 대한 개인의 소비(수요함수)를 나타내고 $y_i(p_i)$는 재화 $i$의 국내생산을 나타내며, $N$은 총유권자의 수를 나타낸다.

여기서 $l_i$는 $i$부문 특소요소 소유자들의 노동소득(노동공급량)이고 $\alpha_i$는 전체 유권자 중 $i$부문 특수요소 소유자의 비율이다. $r(t)$와 $s(t)$는 각각 통상정책으로 인한 1인당 재정수입과 1인당 소비자잉여를 나타낸다. G-H에서와 같이 정부의 통상정책으로 인한 재정수입은 모든 개인에게 균등하게 배분되는 것으로 가정한다.

전체 사회후생과 정치적 영향력을 고려한 정부의 목적함수는 다음과 같이 설정한다.

$$G = \beta\sum_{i=1}^{n} W_i(t) + (1-\beta)\sum_{i\in L} C_i(t) \quad \textbf{(2)}$$

여기서 $C_i(t)$는 정치적으로 조직화된 $i$부문 요소소유자들의 정치헌금을 나타내며 $L$은 무임승차문제를 극복하고 정치적으로 조직화된 부문의 집합을 나타낸다.

정치적으로 조직화된 다양한 이익집단들의 로비와 정부간의 상호작용을 규정하는 무역정책 게임은 Bernheim and Whinston(1986)의 menu-auction problem의 구조를 따른다. 게임의 구조는 2단계 내쉬 비협력게임(two-stage Nash noncooperative game)으로 1단계에서는 이익집단들이 보호수준(부문별 관세 및 보조금)별 정치헌금계획을 동시에 제출하고, 2단계에서는 정부가 정치헌금계획에 근거하여 최적의 보호수준을 결정하는 게임이다. 이 게임의 subgame perfect Nash equilibria는 Bernheim and Whinston(1986)이 제시한 truthful Nash equilibria로 균형 보호수준 벡터 $t^0$ 근방에서 각 이익집단이 정치헌금계획을 정책의 변경에 대한 정치헌금의 한계변화가 정책변경이 이익집단의 후생에 미치는 효과와 일치하도록 설정된다. 따라서 최적의 보호수준 벡터는 정치적으로 조직화된 모든 부문에서 $\nabla W_i(t) = \nabla C_i(t)$을 만족한다. Bernheim and Whinston (1986)의 메뉴-경매에서의 subgame perfect Nash 균형 개념을 무역정책 게임에 적용하면 정부는 다음의 식을 만족하는 보호수준 벡터를 선택한다.

$$\frac{t_i}{1+t_i} = \frac{I_i - \alpha_L}{\frac{\beta}{1-\beta} + \alpha_L} \times \frac{z_i}{e_i} \quad \textbf{(3)}$$

여기서 $I_i$는 $i$부문이 조직화되어 있으면 1, 그렇지 않으면 0의 값을 갖는 지시

변수이고, $\alpha_L = \sum_{i \in L} \alpha_i$은 전체 유권자 중 조직화된 유권자의 비율을 나타내며, $z_i = \frac{y_i}{m_i}$는 수입의존도의 역수, $e_i$는 수입수요탄력성의 절대값을 의미한다.

(3)에 나타난 공식으로부터 각 산업별 이익집단과 정부간의 무역정책 게임에 의해 결정되는 산업별 보호수준은 그 산업의 정치적 조직화 여부, 수입의존도, 수입탄력성에 영향을 받는다는 함의를 도출할 수 있다. 이 공식에 따르면 산업이 정치적으로 조직화되어 있을 경우, 수입탄력성이 높을수록 그리고 수입의존도가 높을수록 그 산업의 보호수준은 떨어질 것이다. 또한 수입수요탄력성이 높은 경우 정부개입으로 인한 국내가격과 국제가격간의 괴리 증가로 인한 경제적 순손실(deadweight loss)이 상대적으로 높아지므로 전체 사회후생 감소 또한 높아진다.

Becker(1983)에 따르면 정부는 정책결정에 있어 전체 사회후생을 고려하므로 소득의 재분배를 결과하는 모든 경제정책은 경제의 비효율성을 높일수록 그 채택 가능성이 낮아진다. 따라서 수입수요탄력성과 보호수준은 부의 관계를 갖게 된다는 예측을 할 수 있다. 위의 공식은 이와 같은 예측이 그 산업 혹은 부문의 특수요소소유자들이 정치적으로 조직화되어 있는 경우에만 적합하다는 것을 보여주고 있다.[4]

또한 정치적으로 조직화된 모든 산업에 대한 보호수준은 정부가 전체 사회후생에 두는 비중(β)이 높을수록 떨어지고 조직화된 이익집단에 속한 유권자의 비중($\alpha_L$)과는 부의 관계에 있음을 알 수 있다. 자유무역으로부터 벗어나는 것은 경제의 효율성을 감소시키므로 산업의 보호수준을 높이는 것은 전체 사회후생을 감소시키는 정책적 선택이다. 따라서 정부가 전체 사회후생에 두는 비중이 높을수록 산업에 대한 보호수준은 감소하게 된다. 조직화된 이익집단에 속한 유권자의 비중이 높을수록 정부의 정책으로부터 이득을 얻으려는 이익집단간의 경쟁은 치열해진다. 이와 같은 경쟁은 정부에 로비를 하는 이익집단들로 하여금 정책으로부터 얻는 이득을 소진하게 만드는 지대 소실(rent dissipation)의 결과를 가져

4. 위의 공식 (3)에 따르면 정치적으로 조직화되지 못한 산업은 부(負)의 보호수준을 갖게 됨. 이는 그 산업에 해당하는 재화의 수입에 있어서 수입보조금(import subsidy)이 주어진다는 의미임. 이는 조직화되지 못한 산업이 보호수준이 낮을 것이라는 함의를 식 (3)이 보여주고 있다고 해석할 수 있음.

올 수 있다.[5] 따라서 산업에 대한 보호수준과 조직화된 이익집단에 속한 유권자의 비중은 논리적으로 부의 관계를 갖게 된다.

## 내생적 무역보호 이론에 대한 실증 연구 03

### 1) Grossman-Helpman 모형에 대한 기존의 실증 연구

내생적 보호이론에 기초하여 산업의 특성들이 보호수준에 미치는 영향을 실증적으로 분석한 연구로는 Ray(1981), Marvel and Ray(1983), Trefler(1993), 그리고 Lee and Swagel(1997) 등이 있다. 그러나 기존의 내생적 보호이론을 심화시키고 보호무역의 정치경제학을 이론적으로 정립한 Grossman and Helpman(1994)의 이론을 실증적으로 분석한 연구로는 대표적으로 Goldberg and Maggi(1999)와 Gawande and Bandyopadhay(2000)가 있다. 이 두 연구는 미국의 자료를 이용하여 G-H의 명제들을 검증하고 있다.

Goldberg and Maggi(1999)는 미국의 데이터를 G-H 모형의 명제로 설명할 수 있는지를 검증해 보는데 초점을 맞추었다. 앞에서 살펴본 바와 같이 G-H의 결론은 산업에 대한 보호가 조직화된 로비로 대표되는 산업과 낮은 수입수요탄력성을 지닌 산업에서 높게 나타나야 한다는 것이다. 또한 조직화된 산업 중에서는 수입의존도가 낮은 산업의 보호수준이 높아야 하고, 조직화되지 못한 부분에서는 수입의존도가 높은 산업의 보호수준이 높아야 한다. 이 연구에서의 추정 결과는 G-H의 결론과 일관성이 있다. 즉, 보호패턴은 정치적으로 조직화된 산업과 조직화되지 못한 산업 간에 다르게 나타난다. 또, 정부의 목적함수에서 전체 사회후생(aggregate social welfare)의 비중이 정치헌금에 비해 상대적으로 매우 높다

5. Dixit, Grossman, Helpman(1997)은 완전정보(complete information)와 양도할 수 없는 효용(non-transferable utility)의 가정 하에서 이익집단간의 경쟁은 균형에서 이들이 차지할 수 있는 이득을 전부 정부가 차지하게 만드는 죄수의 딜레마(prisoners' dilemma)에 빠지게 됨을 보였음.

는 결과를 보이고 있다. 이는 개방지향적인 미국의 무역정책을 증명하는 것이라고 할 수 있다.

Gawande and Bandyopadhyay(2000)도 G-H 모형을 미국의 경우에 적용하여 실증분석을 하였다. 이 연구의 특징은 계량모형의 설정에 있어서 정치헌금 결정에 후방연관산업의 역할, 보호수준의 결정에 중간재의 보호수준 및 다른 이익집단과의 로비 경쟁 등을 고려하고 있는 점이다. 추정의 결과는 첫째, 정치적으로 조직화된 산업에서는 산업에 대한 보호수준이 수입의존도의 역수(inverse import-penetration ratio)와 수입수요탄력성(import demand elasticity)의 비($z/e$)에 비례하고, 둘째, 중간재(intermediate input)에 대한 보호수준이 높을수록 최종재(final good)에 대한 보호수준이 높으며, 셋째, 보호로부터 발생하는 경제적 순손실(deadweight loss)을 정치헌금이 상쇄해 주고, 정부가 전체 사회후생에 정치헌금만큼 큰 비중을 두며 이익집단간 로비경쟁이 정치헌금을 상승시킨다는 점이다. 즉, 정치헌금과 보호로 인한 전체 사회후생의 감소가 상충관계에 있음을 의미하며, 산업의 보호수준이 산업의 로비지출과 로비경쟁에 영향을 받음을 의미한다.

Goldberg and Maggi(1999)와 Gawande and Bandyopadhyay(2000)가 실증분석 결과로부터 도출한 함의는 미국의 보호수준이 여타 선진국에 비해 낮은 이유가 미국의 정책결정과정에서 전체 사회후생에 대한 고려가 높기 때문이며, 따라서 미국에서 산업이 보호를 받기 위해서는 보호로부터 발생하는 후생손실을 정부에 정치헌금의 형태로 보상하여야 한다는 것이다. 이는 G-H의 명제와 일치하는 결과라고 주장하고 있다.

미국 이외의 국가에 G-H 모형을 적용한 연구는 Mitra, Thomakos, Ulubasoglu(2002)와 McCalman(2004)이 있다. Mitra et al(2002)은 터키의 통상정책을, McCalman(2004)은 호주의 무역자유화 과정을 G-H 모형을 적용해 실증적으로 분석하였다. 두 연구 모두 실증분석상의 문제점은 산업의 정치적 조직화 여부를 나타내는 대리변수(proxy variable) 설정의 어려움에 있다. 미국의 경우는 이익집단이 로비를 위해 결성한 각종 PAC(Political Action Committee)의 정치헌금(campaign contributions) 자료가 존재하므로 G-M, G-B에서 보듯이 PAC의 정치헌금의 경계치(threshold value)를 설정하여 산업의 정치적 조직화 여부를 판단할 수 있다. 그러나 대부분의 국가에서는 이익집단의 로비가 합법적 정치헌금의 형태로 나타나거나 그 자료가 공개되는 경우는 드물다. 따라서 산업별 정치적 조직화에 대한 변수 설정의 어려움이 있다. Mitra et al(2002)에서는 정치조직화 더미변수를 터키산업경영자협회(Turkish Industrialists and Businessmen Association) 회원자료를 근거로 설정하고 이를 판별분석(Discriminant Analysis)을 통해 통계적으로 확인하는 방식으로 설정하였다. McCalman(2004)에서도 호주의 정치헌금에 대한 자료 부족으로 통상정책 자문기구인 관세위원회(Tariff Board)에 관세인상 여부에 대한 검토요구 제출을 근거로 산업의 정치조직화 더미를 설정하고 있다.

Mitra et al(2002)의 특징은 실증분석 결과가 G-H 모형을 적용한 이전의 실증연구들과 유사하나 민주정부와 독재정부 시기를 비교하여 민주정부가 전체 사회후생에 비중을 더 크게 두고 있다는 것을 보인 점이다. 또 다른 특징은 다양한 모형의 설정으로 다양한 실증분석을 시도한 점이다. 특히 농업부문의 정치적 영향력을 파악하기 위하여 농업부문 더미변수(dummy variable) 설정을 하고 있다. 그러나 추정결과가 통계적으로 유의하지 않아 터키의 통상정책이 농업부문을 특별히 우대하는 등 포퓰리즘적이라고 말하기 어렵다는 결론을 내리고 있다.

McCalman(2004)의 특징은 호주의 무역자유화 과정에서 정치적으로 조직화된 유권자의 비율과 정부가 전체 사회후생에 두는 상대적 비중의 증대가 중요한 역할을 했음을 추정결과가 보여주고 있다는 점이다.[6] 두 연구의 공통점은 터키와 호주의 데이터도 이전의 미국을 대상으로 한 연구들과 마찬가지로 G-H 모형의 예측과 일관성이 있었다는 점이다.

미국을 대상으로 한 실증연구의 함의는 미국에서 한 산업이 외국과의 경쟁으로부터 보호를 받기 위해서는 많은 비용을 치러야 한다는 점이다. 미국의 무역자유화 수준이 높고 또한 정책 결정에 있어서 전체 사회후생에 대한 고려가 상대적으로 크기 때문이다.[7] 터키와 호주에 대한 실증연구는 정부의 성격이 전반적인 보호수준

---

6. 호주의 무역자유화는 일방적으로(unilaterally) 이루어졌고 McCalman(2004)에서는 변화의 전후인 1968/69년의 자료와 1991/92년의 자료로 변형된 G-H 모형을 각각의 경우에 모두 추정하여 정치적으로 조직화된 유권자 비율과 정부의 사회후생에 대한 상대적 비중이 1991/92년의 경우 모두 높게 추정되는 결과를 얻었음.

7. Imai, Katayama, Krishina(2009)는 대부분의 G-H 모형에 대한 실증연구에서 나타난 정치헌금에 비해 월등히 높은 사회후생의 비중은 데이터, 모형설정의 문제점 등에 기인해 실제보다 과장되었을 가능성이 높다고 지적하였음.

을 결정하는데 있어서 중요한 역할을 하고 있음을 보여준다. 그러나 더욱 중요한 것은 지금까지 거론한 실증연구 모두 산업의 보호수준을 결정하는 메커니즘은 G-H의 결론을 기각하지 않고 있다는 점이다. 즉, 보호로 인한 전체 사회후생의 감소가 상대적으로 적은 산업의 경우 정치적 조직화의 유인이 크고, 따라서 로비에 의해 보호수준이 높을 가능성이 현실화되었음을 보여주고 있다고 할 수 있다.

G-H의 결론을 실증적으로 추인하고 있다는 것은 또한 정치적으로 조직화되어 있는 산업의 경우 보호수준이 상대적으로 높다는 것을 보여주고 있다고 할 수 있다. 즉, Becker(1983)를 비롯한 기존의 정치경제학 연구에서 보인 바와 같이 무임승차 문제의 극복이 용이한 산업이 정치적 조직화가 가능하고 이에 따라 정부에 대한 효과적인 로비를 통해 상대적으로 높은 보호수준을 유지할 수 있다는 점은 실증연구를 통해서도 확인되었다고 할 수 있다. 반면 정부의 정책결정에 있어 전체 사회후생에 대한 고려가 클 경우, 그리고 산업별 이익집단의 경쟁이 심한 경우에는 전반적으로 보호수준이 높지 않을 것이라는 예측도 위의 연구에서 실증적으로 추인하고 있다는 해석이 가능하다.

G-H 모형에 노동시장의 경직성 및 노동조합 등 고용관련 변수를 포함한 연구로는 Bradford(2003), Matschke(2004), Matschke and Sherlund(2004) 등이 있다. Bradford(2003)는 G-H 모형을 변형하여 고용변수를 고려한 정부의 목적함수로부터 보호수준 공식(protection equation)을 도출하고 있다. 모형의 특징은 근로자를 별개의 이익집단으로 구분했고 로비의 거래비용에 따른 효율성 차이를 고려하고 있는 점이다. 실증분석의 결과 산업의 보호수준이 고용수준과 정의 관계가 있으며 로비에 영향을 미치는 변수들(지리적 집중도, 노조조직률, 기업의 수)이 보호수준에 영향을 주는 것으로 나타났다. 또 하나의 중요한 결과는 정책결정자들이 소비자후생보다 산업종사자들의 정치헌금에 더 많은 비중을 두고 있으나 로비의 거래비용이 이들의 정치적 영향력을 제약한다는 것을 보인 점이다.

Matschke(2004)는 G-H 모형에 노동시장의 경직성과 실업급여의 존재가 반영된 노조 및 실업을 포함한 이론적 모형을 구축하였다. 이와 같이 변형된 G-H 모형은 조직화된 노조의 영향력이 강한 나라의 무역정책을 설명하는데 적합하다. 노동시장의 경직성과 실업은 보호수준을 높이고 있음을 이론적으로 증명하였다. 요소소유자와 노조 모두 로비를 할 수 있으므로 노조의 정치적 압력이 보호수준을 높이는가 여부는 상황에 따라 달라짐도 이론적으로 보였다.

Matschke and Sherlund(2004)에서는 Matschke(2004)의 모형을 발전시켜 산업별로 노동 이동이 자유로운 경우(labor is mobile)와 그렇지 않은 경우를 포괄하는 보호수준 공식을 도출하였다. 이를 바탕으로 G-M, G-B에서와 같이 미국의 경우를 분석하여 노동시장 변수들이 통상정책에 심대한 영향을 주고 있음을 보이고 있다. 기존 문헌에서의 수입의존도, 수입수요탄력성, 산업(요소소유자)의 정치적 조직화 수준 외에 노조의 영향력 및 노동이동 수준도 보호수준 결정에 중요한 역할을 함을 보였다.

### 2) Grossman-Helpman 모형의 한국에서의 적합성에 대한 논의

이와 같이 G-H 모형에 대한 실증연구들은 대부분 미국을 대상으로 하고 있고 G-H의 결론과 부합하는 분석 결과를 보여주고 있다. 즉, 보호로 인한 이득이 높을 것으로 기대되는 부문의 경우 조직화된 이익집단의 보호수준을 높이기 위한 로비의 유인이 높아 정치헌금 등의 로비가 강해지고, 수입수요탄력성이 상대적으로 비탄력적이면 보호로 인한 경제적 순손실이 낮아 정부의 이 부문에 대한 보호비용이 낮아지므로 결과적으로 보호수준이 높아진다는 Grossman and Helpman의 보호무역의 정치경제학이 미국에서 적합함을 실증연구들이 보여주고 있는 것이다. 그러나 미국을 제외한 국가의 경우도 이와 같은 결과를 얻을 수 있을지는 아직까지 연구가 충분하지 않은 상황이다. 본고에서는 G-H 모형을 한국의 경우에 적용하여 실증분석을 한 송원근(2008)의 분석결과를 통해 Grossman and Helpman이 정립한 보호무역의 정치경제학이 미국 이외의 국가에도 적용 가능한가를 부분적으로 파악해 본다.

송원근(2008)은 Grossman and Helpman의 'Protection for sale' 모형을 한국의 무역정책에 적용하기 위해 이에 적합한 계량모형을 설정하여 실증분석을 행하였다. 여기서 부문별 보호수준의 결정요인 분석을 위한 계량모형 설정 방법을 정리하면 다음과 같다.

먼저 G-H의 기본모형에 대한 계량모형은 다음과 같이 설정하고 있다.

$$\frac{t_i}{1 + t_i} = \gamma \frac{z_i}{e_i} + \delta I_i \frac{z_i}{e_i} + \epsilon_i \tag{4}$$

$$\frac{t_i}{1 + t_i} e_i = \gamma z_i + \delta I_i z_i + \epsilon_i \tag{5}$$

위와 같은 계량모형의 설정과 추정에 있어서의 가장 큰 문제점은 다음의 두 가지로 요약할 수 있다. 첫째, 수입수요탄력성($e_i$)은 추정치라는 점에서, 정치조직화 변수($I$)는 분류 오류(misclassification)의 가능성으로 인해 측정오차(measurment error)의 문제점이 있다. 회귀방정식 (5)는 측정오차의 문제를 해결하기 위해 수입수요탄력성을 좌변으로 옮긴 Goldberg and Maggi(1999)의 추정방법을 적용한 것이다. 둘째, 수입수요탄력성, 수입의존도의 역수($z_i = \frac{y_i}{m_i}$)와 정치조직화 변수($I_i$)의 내생성의 문제(endogeneity problem)이다.

수입수요탄력성, 수입의존도의 역수, 정치조직화의 회귀변수들이 갖고 있는 측정오차와 내생성의 문제를 해결하기 위해 다음과 같은 방법을 사용하였다.

첫째, 부문별 수입수요탄력성을 추정하여야 한다. Shiells, Stern, and Deardorff(1986)의 수입수요함수 추정방식을 원용하여 필자에 의해 추정된 부문별 수입수요탄력성을 사용하였다. 그리고 측정오차의 문제를 완화하기 위해 수입수요탄력성 추정치를 Gawande(1997)의 방법을 이용하여 얻은 예측지표로 대체하였다.[8]

---

8. Gawande(1997)의 방법을 따르면 추정된 수입수요탄력성($E_i$)은 측정오차가 있는 수입수요탄력성의 실질값(true value), $e_i$의 관측치(observed value)로 다음과 같이 설정할 수 있음.

$$E_i + e_i + u_i$$

여기서 는 $u_i$평균 0, 분산(known variance) $\sigma^2_{u,i}$인 $E_i$의 측정오차이다. 이 분산은 추정된 수입수요탄력성의 표준오차의 제곱과 같음. 수입수요탄력성의 표본분산(sample variance)을 $\sigma^2_E$로, 측정오차분산의 평균을 $\overline{\sigma^2_u}$ 으로 표시한다. $\hat{\sigma}^2_e = \overline{\sigma^2_u} - \sigma^2_E$이고 $\overline{E}$ 는 표본평균(sample mean)을 의미한다. 이를 이용해 수입수요탄력성($e_i$)을 다음과 같이 구해지는 예측지표(predictor)로 대체함.

$$\hat{E}_i = \overline{E} + \frac{\hat{\sigma}^2_E}{\sigma^2_{u,i}}(E_i - \overline{E})$$

둘째, 수입의존도의 역수(the inverse of import penetration ratio)는 도구변수를 이용한 추정을 통해 구해지는 예측치(fitted value)로 원자료를 대체함으로써 내생성의 문제를 완화하였다.[9]

셋째, 정치조직화 변수는 Probit 회귀방정식 추정으로 얻은 예측치를 통해 산업별 조직화 더미를 재분류하고, 이와 같이 사후 분류(ex post classification)된 정치조직화 변수를 회귀변수로 사용하였다.

위와 같은 회귀변수들에 대한 조치를 포함한 실증분석은 수입수요탄력성의 경우를 제외하더라도 나머지 회귀변수들의 1단계 추정(first-stage estimation)을 통해 구한 예측치를 보호수준 추정을 위한 회귀방정식에 사용한다는 점에서 2단계 추정(two-step estimation)의 절차를 밟게 된다고 이야기할 수 있다.

G-H모형은 수입의존도 및 수입수요탄력성과 부문별 정치적 조직화가 부문별 산업별 보호수준에 영향을 미치는 중요한 요인인가를 검증하기 위한 모형이라고 볼 수 있다. 그러나 산업별 이익집단의 영향력과는 무관한 대중영합주의(populism)가 보호수준의 결정에 있어 정치적으로 중요한 요인이 될 가능성도 배제할 수 없다. 특히 정부의 성격이 대중영합적(populistic)이고 이와 같은 대중영합적 정책이 높은 득표의 원천이 될 경우 농업과 같은 사양산업(declining industries)에 대한 보호는 높아질 가능성이 크다고 할 수 있다.

이익집단의 존재와 무관한 농업에 대한 대중영합적 보호를 고려한 모형은 Mitra, Thomakos, and Ulubasoglu(2002)에서 제시되고 있다. Mitra et.al(2002)은 중위투표자(median voter)의 선호도 혹은 다른 정치적 지지 획득에 대한 고려

9. 수입의존도와 보호수준은 상호간의 양방향 인과성(causality)이 있음. 따라서 보호수준이 수입의존도에 미치는 인과성을 도구변수를 이용해 조절할 필요가 있음. Trefler(1993)의 수입 방정식(import equation)에서는 부문별 수입의존도를 부문별 요소배분(factor share)의 함수로 설정했음. 기존의 G-H모형을 실증분석한 연구들도 이와 같은 방법을 답습하고 있으므로 여기서도 다음과 같은 방식으로 수입의존도 역수의 축약형 방정식을 설정하도록 함.

$$\frac{y_i}{m_i} = \zeta Z_{1i} + u_{1i}$$

산업의 비교우위를 나타내는 변수들이 수입의존도에 대한 예측에 적합할 것임. 따라서 는 산업별 요소배분 관련 변수들의 벡터로 이를 수입의존도의 도구변수로 활용함.

등, 산업별 이익집단의 로비 이외에 보호수준의 결정에 영향을 미칠 수 있는 중요한 정치적 요인이 있을 수 있음을 지적하면서 농업에 대한 대중영합적 보호를 검증해볼 수 있는 모형을 제시하고 있다.

보호수준 결정요인 분석을 위한 추정식인 식 (4)와 (5)에 Mitra et.al(2002)의 농업더미변수를 포함한 모형을 적용하면 다음과 같은 추정식을 얻을 수 있다.

$$\frac{t_i}{1+t_i} = \gamma\frac{z_i}{e_i} + \delta I_i\frac{z_i}{e_i} = \lambda I_{Ai}\frac{z_i}{e_i} + \epsilon_i \qquad (6)$$

$$\frac{t_i}{1+t_i}e_i = \gamma z_i + \delta I_i z_i = \lambda I_{Ai} z_i + \epsilon_i \qquad (7)$$

Mitra et.al의 모형 설정은 농업보호에 대한 중위투표자(median voter)[10]의 선호도를 검증할 수 있는 유효한 방안이고 또한 농업 부문의 조직화 분류 오류의 가능성을 보완해주는 역할을 할 수 있다. 그러나 Mitra et.al(2002)에서도 강조하였듯이 산업별 보호수준의 주 결정요인은 수입의존도와 수입수요탄력성 ($\frac{z_i}{e_i}$)이라는 점에는 변함이 없다. 따라서 이와 같은 방법으로는 대중영합적인 정부의 성격이 산업별 보호수준의 결정에 결정적인 요인일 경우, 즉 농업보호 혹은 여타 산업보호에 대한 중위투표자(median voter)의 선호도가 보호수준에 결정적인 영향을 미치는 경우를 검증하기는 어렵다. 이를 검증하기 위해서는 식 (4), (5)에 농업더미를 나타내는 항을 추가하거나, 산업별 분류를 더미변수로 추가하는 방법을 사용해야 할 것이다. 이는 다음과 같은 추정식으로 나타낼 수 있다.[11]

$$\frac{t_i}{1+t_i} = \gamma\frac{z_i}{e_i} + \delta I_i\frac{z_i}{e_i} + \lambda I_{Ai} + \epsilon_i \qquad (8)$$

10. 중위투표자정리(median-voter theorem)에 대해서는 Grossman and Helpman(2001)의 I장 'Voting'에 자세히 설명되어 있음.

11. 이와 같은 회귀방정식에 의한 실증분석은 이론적 정합성이 떨어지는 것은 사실이나 Grossman and Helpman의 'Protection for Sale' 모형의 적합성에 대한 검증 혹은 반론에 유용할 것임. 예를 들면, 농업 더미변수 혹은 산업 더미변수의 포함이 모형의 한국 자료에 대한 설명력을 높인다면, 한국에서의 보호수준 결정은 G-H가 제시한 부문별 이익집단의 조직화 여부보다는 대중영합주의(populism)의 영향이 더 크다는 것을 보여 준다고 할 수 있음. 이런 측면에서 식 (8)~(11)과 같은 모형설정이 의미가 있다고 할 수 있음.

$$\frac{t_i}{1+t_i}e_i = \gamma z_i + \delta I_i z_i + \lambda I_{Ai} + \epsilon_i \quad (9)$$

$$\frac{t_i}{1+t_i} = \gamma\frac{z_i}{e_i} + \delta I_i\frac{z_i}{e_i} + \sum_{j=1}^{m}\lambda_j D_{ji} + \epsilon_i \quad (10)$$

$$\frac{t_i}{1+t_i} = \gamma z_i + \delta I_i z_i + \sum_{j=1}^{m}\lambda_j D_{ji} + \epsilon_i \quad (11)$$

여기서 $D_{ji}$는 $i$부문이 $j$산업에 속할 경우 1의 값을 갖고, 그렇지 않을 경우 0의 값을 갖는 더미변수를 의미한다.

위와 같이 설정된 모형을 한국의 자료를 이용하여 추정한 결과는 Grossman and Helpman의 예측을 지지하지 못하고 있다.[12] 즉, 정치적인 조직화가 부문별 보호수준의 결정에 영향을 미치는 보호무역의 정치경제학이 한국의 경우에는 작동하고 있음을 추정 결과는 보여주지 못하고 있다. 구체적인 추정 결과는 <표 3-1>에 나타난 바와 같다.

<표 3-1>에 나타난 결과는 수입의존도와 수입수요탄력성과 함께 부문별 정치조직화가 보호수준에 미치는 영향을 고려한 기본모형이 한국의 산업별 보호수준에 대한 설명력과 이 기본모형의 틀 안에서 농업에 대한 보호와 각종 산업에 대한 보호가 대중영합적 정책에 영향을 받았는지를 보여주는 것이다. <표 3-1>에 나타난 실증분석 결과의 가장 큰 특징은 기본모형의 설명력이 농업더미변수를 포함한 경우에 유의미해진다는 것이다. <표 3-1>의 첫 번째 열은 기본모형, 즉 회귀방정식 (4)의 추정 결과이다. 추정 결과는 계수들의 통계적 유의성, 모형의 적합성, 양 측면에서 모두 유의성이 없음을 알 수 있다. 두 번째 열은 회귀방정식 (6)의 추정 결과로 F-통계량이 10% 신뢰수준에서 유의성이 있어 모형의 적합성에 있어서는 신뢰도가 높아졌다고 할 수 있으나 기본모형의 변수들인 $\frac{z_i}{e_i}$, $I_i\frac{z_i}{e_i}$의 회귀계수들은 통계적 유의성이 없고, 농업부문을 고려한 변수인 $I_{Ai}\frac{z_i}{e_i}$의 회귀계수만이 5% 신뢰수준에서 통계적 유의성이 있음을 나타내고 있다.

12. 추정에 이용한 자료는 송원근(2008)을 참조.

**표 3-1 : 추정 결과 ($\frac{t_i}{1+t_i}$, $t_i$: 실효관세율)**

| 변수 | 식(4) | 식(6) | 식(8) | 식(10) |
|---|---|---|---|---|
| *constant* | 0.0957*** (0.0182) | 0.0863*** (0.0178) | 0.0568*** (0.0147) | 0.0509*** (0.0113) |
| $\frac{z_i}{e_i}$ | −0.00071 (0.0015) | −0.00089 (0.00189) | −0.003743** (0.00154) | −0.003719* (0.00191) |
| $l_i\frac{z_i}{e_i}$ | 0.00067 (0.0015) | 0.000845 (0.00190) | 0.003745** (0.00155) | 0.003720* (0.00192) |
| $l_{Ai}\frac{z_i}{e_i}$ | | 0.00689** (0.00292) | | |
| $d_1$ | | | 0.2219*** (0.0321) | 0.2275*** (0.0618) |
| $d_2$ | | | | −0.0043 (0.0187) |
| $d_3$ | | | | 0.0202 (0.0127) |
| $d_4$ | | | | −0.0038 (0.0154) |
| $d_5$ | | | | 0.0720*** (0.0180) |
| $d_6$ | | | | 0.0051 (0.0167) |
| $\beta$ | 0.999 | 0.999 | 0.996 | 0.996 |
| $\alpha_L$ | 1.05 | 1.05 | 0.9994 | 0.9997 |
| $R^2$ | 0.02936 | 0.1096 | 0.4556 | 0.4667 |
| Model *F* | 0.9377 (0.3969) | 2.5036* (0.0675) | 17.017*** (0.000) | 6.126*** (0.000) |
| ln *L* | 39.546 | 42.351s | 58.340 | 59.010 |

주: *, **, ***, 각각 10%, 5%, 1% 신뢰수준에서 통계적으로 유의
( ) 안의 숫자는 표준오차, 단, Model *F*의 ( ) 안의 숫자는 p-value

세 번째 열은 회귀방정식 (8)의 추정 결과로 농업에 대한 더미변수를 (6)에서와 같이 와 상호작용하는 변수가 아니라 독립적인 변수로 설정한 경우의 추정 결과이다. 이 경우 모든 회귀계수들이 통계적으로 유의하다. 상수항과 농업더미변수의 계수는 1% 신뢰수준에서 유의성이 있고 $\frac{z_i}{e_i}$, $I_i \frac{z_i}{e_i}$의 회귀계수들도 2% 신뢰수준에서 통계적 유의성이 있다. 무역보호 회귀방정식 (8)의 추정 결과는 부문별 보호수준의 결정에 있어 그 부문이 농업에 포함되는가 여부가 가장 중요하다는 것을 보여준다. 한편 $\frac{z_i}{e_i}$, $I_i \frac{z_i}{e_i}$ 의 회귀계수의 부호는 G-H의 이론과 부합된다. 즉 추정 결과에 따르면 $\frac{z_i}{e_i}$의 계수가 음의 부호를 가지므로 정치적으로 조직화되어 있지 않은 부문의 경우 수입의존도가 높을수록, 수입수요탄력성이 높을수록 보호수준이 높아지고, 반면 $I_i \frac{z_i}{e_i}$ 의 계수가 양수이고, 이 값이 $\frac{z_i}{e_i}$ 계수의 절대값보다 크므로 정치적으로 조직화되어 있는 경우 수입의존도가 낮을수록 그리고 수입수요탄력성이 낮을수록 보호수준이 높아진다는 것을 알 수 있다. 그러나 정치적으로 조직화되어 있는 부문의 경우 수입의존도와 수입수요탄력성이 보호수준에 미치는 이와 같은 효과가 확인되기 위해서는 다음과 같은 가설을 검정해야 한다.

$$H_0: \gamma + \delta = 0$$
$$H_1: \gamma + \delta > 0$$

위의 가설에 대한 Wald test 결과는 <표 3-2>에 나타난 바와 같이 귀무가설($H_0: \gamma + \delta = 0$)을 기각하지 못한다. 즉, 추정 결과 $\gamma + \delta$의 부호는 양으로 G-H의 이론과 부합되나 Wald test 결과 통계적으로 유의하지 않다. 이는 정치적으로 조직화되어 있는 부문의 경우 수입의존도의 역수(the inverse of import penetration ratio)와 수입수요탄력성의 비(ratio), $\frac{z_i}{e_i}$가 보호수준에 미치는 영향이 미미함을 뜻한다. 이와 같은 결론은 기존 연구에 나타난 수입의존도와 보호수준, 수입수요탄력성과 보호수준의 관계와 동일하지 않고, 부문의 정치적 조직화 여부에 따른 이들의 관계에 관한 Grossman and Helpman(1994)의 이론적 예측과도 다르다. 수입의존도의 역수는 수입 대비 국내생산을 나타낸다. 수입의존도의 역수가 높다는 것은 국내생산이 상대적으로 높고 수입이 상대적으로 낮은 상태임을 의미한다. 따라서 국내생산이 상대적으로 높다는 것은 로비를 통하여 보호수준을 높여 국내

**표 3-2** : Wald 검정 결과 ($H_0$: $\gamma + \delta = 0$)

| | $\gamma + \delta$ | F-statistic(p-value) | $H_0$: $\gamma + \delta = 0$ |
|---|---|---|---|
| 식 (4) | −0.0000463 | 96.27102<br>(0.0000) | reject $H_0$ |
| 식 (6) | −0.0000492 | 2.055273<br>(0.1568) | accept $H_0$ |
| 식 (8) | 0.00000172 | 0.003837<br>(0.9508) | accept $H_0$ |
| 식 (10) | 0.00000124 | 0.005751<br>(0.9398) | accept $H_0$ |

가격이 오르면 생산자에게 돌아가는 이득도 그만큼 크다는 것을 의미한다. 또한 수입이 상대적으로 낮다는 것은 보호수준을 높임으로 인해 나타나는 경제적 순손실(deadeweight loss)이 상대적으로 크지 않을 것임을 보여준다. 수입수요가 가격에 대해 탄력적일수록 보호수준의 상승에 따른 경제적 순손실이 커지므로 수입수요탄력성이 비탄력적일수록 보호수준은 높아진다고 예상할 수 있다. 따라서 이와 같은 논의를 종합하면 정치적으로 조직화된 부문의 경우, 수입의존도의 역수가 높을수록, 수입수요탄력성이 비탄력적일수록 보호수준은 높아진다고 예측하는 것이 이론적으로 타당하고, 이것이 G-H에서 행한 이론적 예측이다. <표 3-2>에 나타난 Wald test의 결과는 이와 같은 G-H의 이론적 예측이 한국의 경우에는 맞지 않음을 보여주고 있다. 이는 한국에서의 부문별 보호수준의 결정에 있어서 부문별 특수요소 소유자들의 정치적 조직화의 영향이 크지 않다는 것을 보여준다. 이는 <표 3-1>에 나타난 β값을 통해서도 알 수 있다. β는 정부가 전체 사회후생에 두는 상대적 비중으로 β값이 1에 근접할수록 통상정책의 결정에 있어 이익집단의 로비가 미치는 영향이 상대적으로 줄어든다는 것을 의미한다. 따라서 <표 3-1>에서와 같이 β값이 0.996이라는 것은 통상정책의 결정에 있어 정부가 정치적으로 조직화되어 있는 요소소유자들의 이익을 거의 고려하고 있지 않음을 나타낸다.

<표 3-1>의 네 번째 열은 회귀방정식 (10)의 추정 결과를 보여주고 있다. 회귀방정식 (10) 은 산업별 분류를 더미변수로 추가한 무역보호방정식이다. 모든

부문을 7개의 산업으로 분류하였고, 이 중 6개의 산업에 대한 더미변수를 설정하였다. 추정 결과에 따르면 $\frac{z_i}{e_i}$, $I_i \frac{z_i}{e_i}$의 회귀계수와 산업에 대한 더미변수 중 농업과 섬유산업을 나타내는 더미변수의 회귀계수만이 통계적 유의성을 갖는다. 상수항과 농업더미변수, 그리고 섬유산업에 대한 더미변수는 陽의 부호를 가지면서 1% 신뢰수준에서 통계적 유의성이 있다. 반면 그 외의 산업들에 대한 더미변수의 회귀계수는 통계적으로 유의하지 않음을 알 수 있다. $\frac{z_i}{e_i}$, $I_i \frac{z_i}{e_i}$의 회귀계수는 각각 陰, 陽의 부호를 가진 것으로 나타나고 있고, 두 회귀계수의 합인 $\gamma + \delta$도 양의 부호를 가지고 있다. 이 결과는 G-H의 이론적 예측과 일치한다. 그러나 <표 3-2>에서 보듯이 Wald test의 결과, $\gamma + \delta$가 양의 부호를 갖는다는 추정 결과는 통계적으로 유의한 결과라고 할 수 없다. 이 결과는 앞의 (8) 의 추정 결과에서와 마찬가지로 한국의 통상정책, 즉 부문별 보호수준의 결정에 있어서 각 부문 특수요소 소유자들의 정치적 조직화의 영향이 미미하다는 것을 보여준다. 마찬가지로 $\beta$값도 0.996으로 정부가 통상정책 결정 시 정치적으로 조직화된 요소소유자들의 이익을 거의 고려하고 있지 않음을 보여주고 있다.

송원근(2008)에서는 이외에도 부문별 노동시장의 경직성 등 고용관련 변수가 보호수준에 미치는 영향을 파악하기 위해 G-H 모형을 확장한 모형을 설정하여 실증적으로 분석하였다. 고용 관련 변수를 모형에 포함시켰을 경우, 추정 결과는 부문별 노동시장의 경직성이 보호수준에 대체적으로 正(+)의 효과가 있음을 보여주고 있다. 그러나 회귀계수의 크기로 볼 때 부문별 노동시장의 경직성이 보호수준에 미치는 정의 효과는 미약하다고 평가할 수 있다.

앞에서 살펴본 실증분석 결과의 가장 큰 특징은 Grossman and Helpman (1994)이 제시한 이론적 예측을 추정 결과가 지지해주지 않는다는 점이다. G-H에 따르면 수입의존도, 수입수요탄력성 등의 변수들이 부문별 특수요소(자본) 소유자들의 정치조직화 변수를 통해 부문별 보호수준의 결정에 영향을 미친다. 즉, 특수요소(자본) 소유자들이 조직화되어 있는 경우, 수입(imports)에 비해 국내생산이 상대적으로 높을수록(수입의존도가 낮을수록) 보호로 인한 국내가격의 상승이 생산자의 이득을 높이고, 수입수요가 가격에 대해 비탄력적일수록 보호로 인한 경제적 순손실이 작아지므로, 이 경우 조직화된 이익집단으로 하여금 보호를 위한 로비의 유인을 높여 결과적으로 보호수준을 높이게 한다는 것이다.

그러나 송원근(2008)에서의 추정 결과는 이와 같은 이론적 예측을 뒷받침하지 못하고 있다. G-H모형을 따른 기본모형에서는 회귀계수들이 통계적으로 유의하지 않고 모형의 적합성이 부족한 것으로 나타났다. 농업 더미변수와 부문별 노동시장 경직성 변수를 추가한 확대모형에서도 수입의존도의 역수와 수입수요 탄력성의 비($z/e$)와 정치조직화 더미와 앞의 변수($z/e$)의 곱을 나타내는 변수의 회귀계수는 G-H모형의 예측과 일치하고 통계적으로도 유의하나 두 회귀계수의 합은 0보다 크다는 G-H의 예측은 추정 결과 기각된다. 이는 결과적으로 정치조직화 변수가 부문별 보호수준의 결정에 영향을 미치지 못함을 뜻한다. 즉, 보호로 인한 지대(rent)가 높을 것으로 기대되는 부문의 경우 조직화된 이익집단의 보호수준을 높이기 위한 로비의 유인이 높아 정치헌금 등의 로비가 강해지고, 수입수요탄력성이 상대적으로 비탄력적이면 보호로 인한 경제적 순손실이 낮아 정부의 이 부문에 대한 보호 비용이 낮아지므로 결과적으로 보호수준이 높아진다는 보호무역의 정치경제학이 한국의 산업별 보호수준 결정에 있어서는 작용하지 않고 있음을 의미한다.

이와 같은 결과에 대해서는 먼저 추정 결과로부터 다음과 같은 논리적 설명이 가능하다. 추정 결과 로비그룹에 속해 있는 유권자의 비율을 나타내는 $\alpha_L$과 정부가 전체 사회후생에 두는 상대적 비중인 $\beta$의 추정치가 1에 근접하고 있다. 이는 대부분의 유권자들이 로비그룹에 속해 있어서 이들 그룹의 후생, 즉 $\sum_{i \in L} [W_i(t) - C_i(t)]$을 극대화시키는 문제와 전체 사회후생인 $\sum_{i=L}^{n} W_i(t)$를 극대화시키는 문제는 큰 차이가 없어지며, 따라서 정부는 전체 사회후생을 감소시키는 무역보호를 최소화하려는 유인을 갖게 됨을 의미한다.[13] 즉, 이익집단간의 경쟁의 격화로 정부는 경제효율성을 감소시키는 무역보호를 최소화하게 되고, 따라서 부문별 이익집단의 정부에 대한 로비는 보호수준의 결정에 큰 영향을 미치지 못한다는 것이다.

정부의 통상정책 결정에 있어 부문별 자본소유자의 정치조직화가 보호수준

13. 이익집단간의 경쟁이 정부로 하여금 효율성 손실이 없는 정책수단의 채택을 가능하게 만들어 이익집단이 얻을 수 있는 지대의 소실(rent dissipation)을 가져온다는 Dixit, Grossman and Helpman(1997)의 이론적 예측과 논리적 일관성을 갖는다고 할 수 있음.

에 미치는 영향이 미미하다는 추정 결과는 일반적으로 다음과 같은 요인에 의해 부분적인 설명이 가능하다. 가장 중요한 요인으로 주어진 자료의 세분화 정도(the degree of disaggregation of the data)가 충분히 높지 않음을 들 수 있다. 산업의 세분화 정도가 낮은 경우 수입수요탄력성의 절대치가 낮고 산업별 변동성(variability)이 적다.[14] 따라서 수입수요탄력성의 보호수준의 결정에 있어서의 역할이 추정 시 실제보다 훨씬 낮게 평가될 가능성이 높다. 또한 산업별 세분화가 충분하지 않은 경우, 정치조직화 변수의 측정오차가 커질 수 있다. 예를 들면, 어떤 산업 내에서 일부 하위산업은 정치적으로 조직화되어 있고, 다른 부분은 조직화되어 있지 않은 상황에서 이 산업을 조직화된 것으로 간주하는 경우이다. 이와 같은 방식으로 정치조직화 변수를 측정하는 것은 조직화된 전체 유권자의 비율($\alpha_L$)을 높이는 원인이 된다. 또한 자료의 세분화 정도가 높지 않은 경우 세분화된 산업에서의 보호수준의 차이를 반영하지 못한다. 예를 들면, 어떤 산업 내에서 조직화되어 있는 하위산업의 보호수준은 조직화되어 있지 않은 하위산업의 보호수준을 반영한 그 산업의 보호수준에 비해 높을 것이나 산업 분류가 세분화되어 있지 않은 자료의 한계로 이러한 차이는 반영되지 못한다.

부문별 자본소유자의 정치조직화가 보호수준에 미치는 영향이 미미하다는 추정 결과가 나오는데 기여할 수 있는 또 다른 요인은 이론모형에서 한 가지의 정책, 즉 부문별 보호수준을 결정하는 통상정책만을 고려하고 있는 반면, 실제로 조직화된 부문의 로비그룹과 정부간에 상호작용의 대상이 되는 정책은 통상정책에 한정되지 않는다는 점이다. 조직화된 로비그룹의 정부에 대한 지대추구행위는 정부정책으로부터 이득을 얻기 위한 것이고 이때 정부가 특정한 이익집단에 이득을 주기 위해 사용할 수 있는 정책수단은 무역보호에 의한 경쟁제한에만 한정된 것은 아니다. 따라서 한 가지 정책수단에만 한정된 G-H 모형에 근거한 실증분석은 부문별 자본소유자의 정치조직화가 보호수준의 결정에 영향을 미치지 못한다는 결과, 즉 $\beta$와 $\alpha_L$의 값을 과도하게 높게 추정하는 결과를 초래할 수 있다.

14. 송원근(2008)에서는 수입수요탄력성 추정에 있어서 이와 같은 측정오차의 문제점을 보정하기 위해 Gawande (1997)의 errors-in-variables correction method를 이용하여 추정치를 수정하였음. 그러나 이러한 수정도 세분화 정도가 낮아 발생하는 낮은 탄력성의 문제점을 근본적으로 해결하지 못하는 한계를 가지고 있음.

그러나 Grossman and Helpman의 이론적 예측을 지지하지 못하는 추정 결과가 나온 가장 큰 원인은 우리나라가 1990년대 이래 수입자유화 및 WTO 협정 등에 따른 전반적인 관세인하로 개방적인 경제가 되었으며, 또한 균등관세체계의 지향으로 명목관세율 뿐만 아니라 실질적인 보호수준에 있어서도 산업별 · 부문별 차이가 줄어들었기 때문이다. 보호를 통한 육성보다는 개방을 지향하는 전반적인 정책 기조 하에서 보호수준을 높이려는 이익집단의 영향력은 제한을 받을 수밖에 없다. 또한 균등관세체계 하에서 차별적 보호수준을 통해 이득을 얻으려는 이익집단의 정치적 행동도 제한적인 수준에 그치게 된다. 따라서 우리나라에서 부문별 정치적 조직화 여부와 부문별 보호수준은 연결고리가 약하다고 평가할 수 있다.

실증분석 결과의 또 다른 중요한 특징은 농업 더미변수의 통계적 유의성이 높아 부문별 보호수준의 결정에 있어서 농업에 속하는 부문들이 전반적으로 강하게 보호되고 있다는 점을 보여주고 있는 것이다. 이와 같은 결과는 농업부문 이익집단의 정치적 영향력을 보여주는 것이라고 할 수도 있으나 동시에 우리나라의 통상정책 결정과정이 농업 및 농민에 대한 동정적 여론, 즉 중위투표자(median-voters)의 농업보호에 대한 심정적 동조에 부응한 대중영합적이라는 점을 보여주고 있다고 할 수 있다. 1980년대 수입자유화 및 우루과이 라운드(Uruguay Round) 협상이 시작된 이후 최근의 한 · 미 FTA 협상 및 촛불시위에 이르기까지 가장 큰 쟁점은 항상 농업개방의 문제였고, 앞에서 보았듯이 같은 기간 전반적인 개방의 확대에도 불구하고 농업부문은 상대적으로 높은 보호수준을 유지하고 있다. Lee and Lee(2007)는 효율성 측면에서 정당화되기 어려운 우리나라 농업보호의 원인이 농업 및 농민을 대표하는 이익집단의 효과적인 대정부 로비에 있는 것이 아니라 농업 및 농민에 대한 동정적인 여론과 이에 부응하여 관련 정책을 결정하는 정부 및 정치권의 행태에 있다는 것을 보였다[15]. 이와 같은 연구는 우리나라에서 부문별 보호수준을 결정하는 정치적 과정이 이익집단의 정치적 로비가 아닌 중위투표자(median-voters)의 성향 혹은 선호도에 영향을

15. Lee and Lee(2007)에서는 한국 정부가 관세화를 통한 쌀시장 개방을 하지 않는 정치적 원인을 살펴보고 있음. 이들은 급격한 인구변화를 반영하지 못하는 선거구변화로 인해 농촌지역의 선거에서의 중요성이 높아진 점도 농업보호정책의 주요 원인으로 꼽고 있음.

받는 대중영합적이라는 점을 뒷받침해주는 연구 결과이고 송원근(2008)의 실증 분석 결과와 일관성을 가지고 있다고 할 수 있다.

노동시장 경직성 변수도 보호수준에 정의 효과를 나타내는 것으로 추정 결과는 보여주고 있으나 회귀계수의 크기와 그 신뢰수준을 놓고 볼 때, 그 영향은 미미하다고 볼 수 있다. 이러한 결과 또한 부문별 노동공급자의 지대추구를 위한 정치조직화 유인과 우리나라의 부문별 보호수준 결정 메커니즘이 높은 상관관계를 가지고 있지 않음을 보여준다.

## 결론 및 시사점 04

미국 등 선진국을 비롯한 세계 주요 국가들은 제2차 세계대전의 종전 이후부터 글로벌 차원의 무역자유화를 진전시키기 위하여 많은 노력을 기울여 왔다. 또한 세계무역기구(WTO)의 설립을 통해 전 세계적인 무역자유화를 획기적으로 진전시켰다고 평가할 수 있다. 그럼에도 불구하고 상대적으로 폐쇄적인 개발도상국뿐만 아니라 개방적인 선진국에서도 특정 산업에 대한 보호무역정책은 지속적으로 유지되고 있다. 특정 산업에 대한 보호무역정책이 지속적으로 수립 · 유지되는 메커니즘을 설명하는 이론이 내생적 보호이론이다. 내생적 보호이론은 정부의 보호에 의한 이득을 추구하는 이익집단과 정치적 지지의 극대화를 추구하는 정부와의 상호작용에 의해 부문별 혹은 산업별 보호수준이 결정된다는 이론이다. 따라서 내생적 보호이론에 따르면 한 산업 혹은 부문에 대한 보호는 그 산업의 정치적 조직화와 영향력과 더불어 그 산업에 대한 보호가 전체 사회후생에 미치는 영향 등에 의해 결정된다. 이와 같은 내생적 보호이론을 실증적 검증이 가능하도록 체계화한 연구가 Grossman and Helpman의 『Protection for Sale』이다.

G-H 모형을 적용한 기존의 실증연구들은 G-H의 결론을 추인하는 분석 결과를 보이고 있다. 즉, 보호로 인한 높은 이득이 기대되고 수입수요탄력성이 비탄력

적이어서 경제적 순손실이 낮아 정부의 보호비용도 낮은 산업의 경우, 로비의 유인이 높고, 따라서 조직화를 통한 로비로 보호수준이 높아진다는 보호무역의 정치경제학이 현실에서 작동하고 있음을 보인 것이다. 그러나 기존 연구는 거의 대부분 미국을 분석대상으로 하고 있다. 한국을 분석대상으로 한 필자의 실증분석 결과는 위와 같은 보호무역의 정치경제학이 한국의 정책 결정에서는 작용하지 않고 있음을 보여주고 있다. 필자의 분석결과의 또 다른 특징은 부문별 보호수준의 결정에 있어서 농업에 속하는지 여부가 매우 중요하다는 점을 보여주고 있는 것이다. 이와 같은 결과는 한국의 무역정책이 농업보호에 대한 심정적 동조에 부응하고 있다는 점을 보여주는 것이다. 즉, 한국의 무역정책 결정이 산업별 이익집단의 정치적 로비보다는 중위투표자의 성향에 부응하는 대중영합주의(populism)에 더 큰 영향을 받고 있음을 보여주는 증거라고 할 수 있다.

G-H 모형의 이론적 결론이 현실에서 추인된다면 무역자유화의 확대에 있어서 무역조정지원(trade adjustment assistance)의 역할이 매우 중요하고 효과적인 방안이라는 추론이 가능하다. 왜냐하면 이와 같은 무역조정지원은 무역자유화에 따라 피해가 예상되는 부문의 로비 유인을 약화시킬 수 있기 때문이다. 따라서 G-H 이론이 보호수준 결정의 현실적 메커니즘을 적절하게 반영하고 있다면 무역조정지원이 대내협상에 있어서 효과적인 방안이라는 결론을 도출할 수 있다. 미국 등을 대상으로 한 G-H 모형의 실증분석 결과가 G-H의 결론과 일관성을 보이고 있다는 것은 보호무역의 확산을 막고 무역자유화를 확대하는데 있어서 효과적인 무역조정지원의 수립이 역할을 할 수 있음을 보여준다고 평가할 수 있다.

그러나 필자의 실증분석 결과는 한국의 경우 무역자유화의 추진에 있어서 이와는 상반되는 시사점을 준다. 즉, 한국의 경우 산업별 이익집단이 보호수준의 결정에 있어서 정부에 대해 효과적인 정치적 로비를 하고 있지 못하다는 평가를 내릴 수 있다. 이와 같은 함의로부터 한국의 경우 무역자유화를 추진함에 있어 피해산업에 대한 충분한 보상을 약속하는 무역조정지원과 같은 보완대책이 무역자유화에 대한 정치적 반대의 극복에 있어서 효과가 크지 않을 것이라는 시사점을 도출할 수 있다.

필자의 분석결과에 따르면 한국의 산업별 보호수준의 결정에 있어서 이익집단의 효과적인 정치적 로비가 아닌 대중영합적 정책결정에 의해 농업부문의 보호수준이 상대적으로 높게 나타나는 것으로 해석할 수 있다. 즉 농업에 대한 보호는 농업이익집단의 정치적 역량(political effectiveness)보다는 농업 및 농민에 대한 국민들의 동정 여론과 이에 부응한 정부 및 정치권의 행태에 기인한다고 볼 수 있다. 따라서 개방 확대에 따른 소득감소 보전을 위해 농업부문에 대한 피해보상책을 마련하는 것은 오히려 농업부문의 구조조정을 가로막고 경쟁력을 약화시켜 개방에 대한 반대여론만 높일 가능성이 있다.[16] 그러므로 농업에 대한 보완대책도 농업구조조정을 위한 최소한의 지원에 그쳐야 하며 오히려 농업에 대한 보호가 농민의 후생 및 농업발전에 도움이 되지 못한다는 점을 국민들에게 인식시키는 것이 중요하다는 시사점을 얻을 수 있다. 결론적으로 한국의 경우 일반국민의 농업보호에 대한 심정적 동조와 같은 반개방 심리를 자극하는 이념적 반대와 이에 영향을 받는 대중영합적 정책결정이 무역자유화 추진의 가장 큰 내부적 걸림돌로 작용하고 있다. 따라서 이와 같은 개방에 대한 이념적 반대의 주장 및 논리의 영향을 극복하는 것이 무역자유화 추진의 대내협상에 있어서 해결해야 할 시급한 과제라고 할 수 있다.

## 참고문헌

송원근(2008), 「통상정책 결정요인의 정치경제학적 분석」, 한국경제연구원

Becker, G.S.(1983), "A Theory of Competition among Pressure Groups for Political Influence." *Quarterly Journal of Economics*, 98, pp.371–400.

16. UR협상 타결 이후 농가소득안정과 농업경쟁력 제고를 위해 농업부문에 100조 원에 달하는 막대한 국고가 투여되었음에도 불구하고, 이는 오히려 농가부채의 증대와 농업부문 구조조정의 지연이라는 결과를 초래했음. 이는 개방으로 피해를 보는 산업에의 지원을 위한 정책이 그 산업 종사자들에게 잘못된 시그널을 주고 그에 따라 구조조정의 지연, 생산과잉, 그리고 경영조건의 악화를 가져올 수 있음을 보여주는 사례라고 할 수 있음. 이 경우 농업에 대한 피해보상대책이 구조조정에 걸림돌이 되어 경쟁력을 약화시켰음에도 많은 국민들에게는 이러한 경쟁력 약화가 개방에만 기인한 것으로 간주되어 FTA 추진에 따른 농업부문 무역자유화에 대한 반대여론 조성에 기여했다고 볼 수 있음.

Bernheim, B.D. and Whinston, M.D.(1986), "Menu Auctions, Resource Allocation, and Economic Influence." *Quarterly Journal of Economics*, 101(1), pp.1–31.

Bradford S.(2003), "Protection and Jobs: Explaining the Structure of Trade Barriers across Industries." *Journal of International Economics*, 61, pp.19-39.

Brander, J.A. and B.J. Spencer(1994), "Trade Adjustment Assistance: Welfare and incentive effects of payments to displaced workers." *Journal of International Economics*, 36, pp.239–61.

Dixit, A., G.M. Grossman, and E. Helpman(1997), "Common Agency and Coordination: General Theory and application to Government Policymaking." *Journal of Political Economy*, 105, pp.752–69.

Gawande, K.(1997), "Generated Regressors in Linear and Nonlinear Models" *Economics Letters*, 54, pp.119–26.

Gawande, K. and Bandyopadhyay, U.(2000), "Is Protection for Sale? Evidence on the Grossman-Helpman Theory of Endogenous Protection." *Review of Economics and Statistics*, 82(1), pp.139–52.

Goldberg, P.K. and Maggi, G.(1999), "Protection for Sale: An Empirical Investigation." *American Economic Review*, 89(5), pp.1135–55.

Grossman, G.M. and Helpman, E. "Protection for Sale." American Economic Review, 1994, 84(4), pp.833–50.

_______(2001), *Special Interest Politics*, The MIT Press

Hillman, A.L.(1982), "Declining Industries and Political-Support Protectionist Motives." *American Economic Review*, 72, pp.1180–87.

Lee, I. and T.J. Lee(2007), "The Collision of Local Interests and Globalization: The Case of Korean Rice Market."

Marvel, H.P. and E.J. Ray(1983), "The Kennedy Round: Evidence on the Regulation of Trade in the United States." *American Economic Review*, 73(1), pp.190–97.

Matschke, X.(2004), "Labor Market Rigidities and the Political Economy of Trade Protection." Univ. of California, Santa Cruz, Working Papers No. 04–02.

Matschke, X. and Sherlund, S.M.(2006), "Do Labor Issues Matter in the Determination of U.S. Trade Policy? An Empirical Reevaluation." *American Economic Review*, 96(1), pp.405–21.

McCalman, P.(2004), "Protection for Sale and Trade Liberalization: an Empirical Investigation." Review of International Economics, 12(1), pp.81–94.

Mitra, D., Thomakos, D.D. and Ulubasoglu, M.A.(2002), ""Protection for Sale" in a Developing Country: Democracy vs. Dictatorship." Review of Economics and Statistics, 84(3), pp.497–508.

Olson, M.(1965), *The Logic of Collective Action*, Harvard Univ. Press

Stigler, G.(1971), "The Theory of Economic Regulation." *Bell Journal of Economics*, 2(1), pp.359–65.

Trefler, D.(1993), "Trade Liberalization and the Theory of Endogenous Protection." *Journal of Political Economy*, 101(1), pp.138–60.

04

# 최근 보호무역주의의 특징 및 영향

홍석빈 LG경제연구원 책임연구원

## 세계 무역의 현 주소 01

2009년 중반 현재 세계 경제는 여전히 침체되어 있는 상황이다. 그나마 다행인 것은 위기 초 걱정했던 대공황과 같은 엄청난 불황에 빠질 것이라는 전망이 실제 현실화 되지는 않았다는 점이다. 위기 초 급격한 혼란이 있긴 했지만 각국의 정책 공조가 적절히 이뤄진 덕분에 최악의 상황은 피할 수 있었던 것이다. 하지만 아직 세계 경기의 본격 회복을 논할 수 있을 정도의 결정적인 신호들은 잘 보이지 않는다. 오히려 당분간은 현재와 같은 지지부진한 경기침체 상황이 지속되는 가운데 향후 완만한 회복이 예상된다. 그 결과 올해 주요 선진국들 전체 경제성장률은 마이너스를 기록할 것으로 전망된다. 브릭스(BRICs) 등 신흥국들의 고성장 패턴도 상승세가 꺾인 상황이다. 결과적으로 올해 세계경제 전체 성장률은 마이너스 대를 기록할 것으로 보인다.

한편, 세계 경기 침체 심화는 각국 수입수요도 큰 폭으로 감소시킴으로써 세계

**그림 4-1** ⁝ 지난 10년 간 세계 GDP와 무역성장률(%)

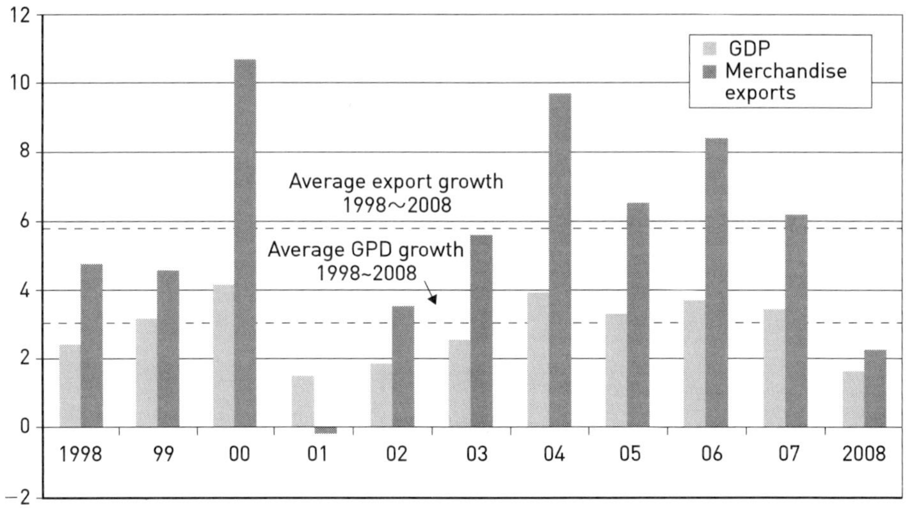


자료: WTO

교역 성장에도 악영향을 미치고 있다. 2009년은 그간 지속 증가해 오던 세계 교역 규모의 크기가 실로 30여 년 만에 감소하는 해로 기록될 전망이다.[1] 이에 급격하게 진행되는 교역 감소를 막아야지만 세계 경기 회복을 앞당길 수 있다는 공감대 하에 각국 정부의 노력을 촉구하는 목소리가 높아지고 있다. G20 등 국제사회와 세계 경제에 영향력이 큰 대표 국가들이 나서서 급속하고 광범위하게 진행되는 경기 침체 심화와 위기 확산을 차단하고 경기를 부양하기 위한 다양한 노력들을 펼치고 있다. 2008년 11월 이후 현재까지 세 차례에 걸친 회담에서 보호무역주의 확산 방지에 합의했고, 부분적으로 성과가 나타나고 있다.

또 교역구조 면에서 볼 때도 최근 세계 경제 체제는 위기 발생 이전과 다른 여러 변화의 조짐들을 보이고 있기도 하다. 이를 두고 일각에서는 세계 경제 체제

1. 국제통화기금(IMF)은 2009년 1월 말 세계 경기 침체로 인한 전 세계 교역량 예상 감소 규모를 전년 대비 2.8%에서 3월 초 5% 이상으로 수정한 바 있음. 하지만 5%라는 수치조차 상황을 낙관적으로 가정한 것 아니냐는 비판의 목소리가 있음. 최근 세계무역기구(WTO)는 2009년 전 세계 교역규모가 경기 침체의 영향으로 약 10%까지 감소할 것으로 전망하는 보고서(World Trade Report 2009)를 내 놓았음. (2009년 7월)

와 국제통상 구조에 있어 패러다임 변화라고 할 수 있을 정도의 상황이 도래한 것이라는 주장을 펴고 있기도 하다.[2)]

이처럼 다방면에 걸쳐 이전 세계 경제 호황기 때와는 다른 차원의 구조적 변화들에 대한 논의들이 진행되고 있다. 국제통상의 관점에서 보면, 그동안 자유무역을 지향하면서 전진해 왔던 세계교역 질서가 반전되어 보호무역주의로 빠져든 점에 주목을 요한다. 보호무역주의 확산 방지를 제창하며 2008년 11월 15일 워싱턴에서 열린 제 1차 G20 정상회담에서는 대공황 때와 같은 보호주의로의 회귀를 경계하며 무역과 투자에 부정적 영향을 미치는 어떠한 무역장벽도 회담 시점 이후 1년 동안은 취하지 않을 것임을 천명했다. 그러나 이러한 합의는 얼마 지나지 않아 러시아와 인도의 자동차와 수입 철강에 대한 관세율 인상으로 인해 말뿐인 합의에 그쳤다.

보호무역주의와 관련된 문제들은 2009년 4월 초 영국 런던에서 열린 제 2차 G20 회담에서 다시 논의되었다. 그러나 각국 정상들은 원칙적인 합의 선언 수준에서 보호무역주의의 확장에 반대하고 동결(Standstill) 조치를 취하기로 합의했지만 구체적인 실행 모습은 더 지켜봐야 할 상황이다. 왜냐하면 기대와는 반대로 2009년 상반기 현재 세계무역기구(WTO)가 집계한 무역제한조치 수는 무역촉진조치 수를 약 2:1의 비율로 상회하고 있기 때문이다.

이러한 보호무역주의 조치들의 증가는 종국에는 국가간 통상마찰로 이어질 수밖에 없다. 무역 갈등이 현 국제법 체계인 WTO 관련 협정들의 규제와 조정의

---

**2.** 세계 경제의 패러다임 변화와 관련한 다양한 주장과 논의들 속 한 가운데에는 미국의 패권주의 즉 Pax Americana의 쇠퇴 문제가 놓여 있음. 이들은 이번 글로벌 경제위기로 인해 미국의 정치사회적 및 경제적 영향력 약화가 초래되었고, 향후에는 여타 강대국들 중 하나로 쇠락함으로써 국제체제가 다극화 체제(샹들리에형 다자주의)로 이행할 가능성이 높을 것으로 진단함. 용어상의 정의를 분명히 한다는 차원에서 짚고 넘어가자면 '샹들리에 다자주의' 라는 표현은 아직까진 학계에서 공인된 용어라고 볼 수는 없지만, 이것이 의미하는 바의 초점이 '다극화' 에 있음을 비유적으로 표현하기 위한 의사소통 방식의 하나로 이해한다면 큰 무리는 없을 것으로 봄. 여하튼 미국 쇠퇴론과 세계 경제 패러다임의 변화를 둘러싼 논의들도 일정한 수준에서 찬반양론적 시각들로 나뉘는 모습임. 미국 쇠퇴론과 세계 경제의 패러다임적 변화에 대해 긍정적인 입장을 취하는 것으로 유추해석 할 수 있는 연구자들로는 Joseph E. Stiglitz 컬럼비아대 교수, Paul Kennedy 예일대 교수, Kenneth Rogoff 하버드대 교수 등을 들 수 있다. 한편, 아직까지는 미국의 정치경제적 영향력이 건재하며 향후에도 이는 당분간 지속될 것으로 보는 학자들로는 Jeffrey Sachs 컬럼비아대 교수, Pieter Bottelier 존스홉킨스대 교수, Robert Sutter 조지타운대 교수 등이 있으며 쇠퇴와 지속 간의 입장이 불분명한 불확실한 상황이 전개될 것으로 보는 이들로써는 Francis Fukuyama 존스홉킨스대 교수, Nouriel Roubine 뉴욕대 교수 등을 들 수 있음.

틀 속에서 해결될 수만 있다면야 큰 문제가 없을 것이다. 하지만 WTO에서 허용하고 있는 무역구제조치들로도 해결 불가능한 수준으로까지 갈등이 증폭될 경우 과거 대공황 이전의 무역전쟁 상황까지 이어질 가능성도 배제할 수 없다.[3]

이에 최근 보호무역주의의 동향과 특징을 살펴보고 이러한 경향이 세계 교역 질서에 미칠 영향에 대해 규명할 필요가 있다. 또 우리나라 경제와 최근 급격히 악화되고 있는 수출산업에 미칠 영향 분석도 필요하다. 더 나아가 국제 통상질서 패러다임 변화와 같은 이슈들에 대한 정리도 요구된다. 이하에서는 최근 강화되고 있는 보호무역주의 현상의 동향을 살펴보고 그 특징들을 살펴본다. 다음으로 우리나라 주요 수출 시장인 미국, 중국, EU, 일본 등 주요 선진국 시장에서 나타나고 있는 보호무역주의 현상들을 개괄적인 수준에서 분석한다. 또 소규모 개방 경제인 우리나라가 받는 영향은 무엇인지 규명함으로써 향후 대응방안 수립을 위한 시사점을 도출한다.

## 최근 보호무역주의의 동향과 특징 02

### 1) 최근 동향

#### ① 세계 교역 축소 심화

세계무역기구가 발표한 국제무역통계 연감에 따르면 2008년 세계 상품무역량 증가율은 2%로 2006년 8.5%, 2007년 6%에 비해 크게 하락했다. 세계 경기 침체 본격화에 따른 전 세계 수입수요 감소 충격의 반영시차를 고려할 경우 올해 무역 성장률은 마이너스 성장 가능성이 높다.[4]

3. WTO가 인정하는 무역구제조치(Contingency Measures)들로는 반덤핑, 상계관세, 세이프가드 등이 있음.
4. 대공황 당시 경쟁적인 고관세 정책 등 보호무역주의 조치들 때문에 세계 교역규모는 크게 감소하여 경기 침체가 장기화됨과 동시에 가속화 되었음. 각국은 수입관세의 경쟁적 인상 전쟁으로 치달았고 급기야 일부 국가는 의도적 통화가치 절하를 통해 수출 확대를 도모하기도 했음. 그 결과 1929년부터 1933년 초까지 세계 교역량은 70%까지 감소되었음.

동 보고서에 따르면 올해 전 세계 교역규모는 약 10% 정도 감소할 전망이다. 이를 지역별로 보면 선진권(Developed Countries)의 경우 약 10% 이상, 개발경제권(Developing Countries)은 약 2~4% 감소할 전망이다.

이에 따라 세계 경제의 성장률도 악화될 것으로 추정된다. 지난 30여 년 동안의 세계 교역규모 성장률과 전 세계 실질 GDP성장률 간의 상관관계를 분석해 보면 세계 교역규모 성장률이 세계 GDP성장률 보다 평균 약 2배 정도 큰 추세적 상관관계를 가진 것으로 나타난다. 이를 통해 올해 전 세계 실질 GDP성장률을 대략적이나마 추정해 볼 경우, 2009년 세계 경제 성장률은 마이너스 3.5~마이너스 4.5%까지 후퇴할 것으로 전망된다. 현재 미국발 금융위기 발생 직후의 급격했던 세계 경기 하강 속도는 어느 정도 진정된 느낌이나 각국의 경기침체 상황이 본격 개선될 여지는 아직까지 크지 않아 미래가 불투명한 상황이다.

지금과 같은 상황이 지속된다면 향후 전 세계 수입수요가 더 큰 폭으로 감소할 가능성이 높아지고 이로 인해 우리 수출산업 시장도 그만큼 더 위축될 가능성이 커질 것으로 보인다.

최근 미국시장은 다소 회복의 기미를 보이고는 있으나 지난해 11월 기준으로 보면 수출입 규모가 전년 동기 대비 13%나 감소했다. 소비심리 또한 악화돼 컨퍼런스 보드가 발표한 3월 소비자신뢰지수는 26.0으로 1967년 지수 산정 이래 최저수준을 기록하기도 했다. 세계은행이 발표한 유럽연합(EU) 주요 회원국들과 일본의 수입수요도 두 자릿수 감소세를 기록했다.

중국 등 신흥시장 국가들의 상황도 좋지 않다. 우선 중국은 2008년 우리 전체 수출에서 21.7%를 차지하는 우리 최대의 수출시장이다. 또한 중국은 우리 경제 최대의 해외 생산기지로써 우리 원재료나 반제품을 수입함으로써 우리나라 전체 가공품 수출무역의 약 56%를 차지하는 거대 수출시장이기도 하다. 중국 해관총서(관세청) 발표에 따르면 올 1월 이후 3개월 연속으로 수입이 감소세를 보여 우리 경제에도 수출감소라는 부담을 가중시키고 있다. 이밖에 기타 신흥국가들 중에서 우리나라 10대 수출대상국에 포함되는 러시아, 인도, 멕시코 등 신흥경제권 국가들과 홍콩, 대만, 싱가포르 등 아시아 국가들의 수입수요도 올해 3월 전년 같은 기간에 비해 적게는 30%에서 많게는 50%까지 감소세를 기록했다.

### ② 증가하는 보호무역조치

바이 아메리카(Buy American) 조치로 상징되는 세계 교역의 보호무역주의 현상도 쉽사리 가시지 않고 있다.[5] 이에 수출의 국내총생산(GDP)에 대한 기여도가 40%를 넘는 한국 경제의 미래는 그만큼 불투명해지고 있는 상황이다.

최근 회람된 WTO 무역조치 모니터링 제 3차 보고서에 따르면 비록 초기의 경쟁적 보호무역주의 조치의 급증현상이 각국의 정책 공조와 WTO내 규율 속에서 비교적 잘 관리되어 오고 있다고는 하나 아직까지도 무역제한조치는 수적인 면에서 여전히 증가 추세에 있다고 보고했다. 이는 금년 3월부터 6월까지 관세인상, 비관세 장벽, 반덤핑 조사 등 무역제한조치가 무역촉진조치의 수에 비해 평균 2배 이상 많이 취해졌음을 볼 때도 확인된다. 또 서비스 교역부문에서도 그 동안은 교역량 감소폭이 상품 교역량 감소폭에 비해 상대적으로 낮았으나, 지금과 같은 경기 침체가 지속된다면 점차 보호무역조치에 노출될 가능성이 높을 것으로 예상된다.

한편 아직까지는 각국이 무역제한 조치를 본격 시정하여 위기 발생 이전의 수준으로 복원시키려는 조치들을 취하지 않고 있는 상황도 문제다. 특히 관세인상, 수입제한 등 단순한 무역제한 조치와는 별도로 각국의 경기부양책 속에 숨어 있는 자국제품 및 국적회사 우대 조치, 보조금 지급 등 무역왜곡 조치들은 쉽사리 발견하기도 어렵고 또 발견하더라도 즉시 소멸시키기 어려운 정책들이어서 해결의 실마리 찾기가 쉽지 않다. 게다가 최근 발병한 신종 인플루엔자로 인한 각국의 수입제한 조치들도 세계 무역에 추가적인 부정적 영향을 미칠 전망이다. 그나마 다행인 점은 보호무역조치들이 전 산업에 걸쳐 시행되지 않고 일부 농산

---

5. 2009년 2월 14일, 미 의회는 경기 부양법안에 공공부문 사업을 진행할 때 미국산 철강 및 철강제품의 사용을 의무화하는 조항을 첨부해 통과 시켰음. 이는 미국 철강협회(AISI)에서 미 철강산업 후원 모임(Steel Caucus) 의장인 민주당 피트 비스크로스키(Pete Visclosky) 인디애나주 하원의원 등 관련 이해집단 로비활동 대상들에게 활발히 로비를 벌인 결과이기도 함. 또 상원 민주당 의원을 중심으로 철강 외 일반 공산품으로까지 적용범위를 확대하려는 움직임도 있었음. 하지만 각국과 관련 외국 업계의 거센 반발에 부딪치자 지난 2월 상원 구두표결을 통해 미국과 이미 국제조달협정을 체결한 일본, 캐나다, 한국 등의 나라에는 적용을 유보하고 이후 새로운 조달협정을 체결하는 나라들로 한정한다는 입장 변화를 보였음. 이에 중국, 러시아, 인도 등 협정 미가입국들의 반발이 거세어질 전망임.

품, 철강제품, 화학 및 플라스틱 제품 등 개별 품목 중심으로 집중되는 경향을 보여 그 부정적 효과가 제한적일 수도 있을 것이라는 희망이다.

종합적으로 볼 때 향후에도 추가적인 보호무역조치들이 어느 정도 증가될 것으로 예상된다. 단지 경제 위기 발발 초기만큼의 급격한 남발현상은 줄어들 전망이다. 또 WTO에서 각국이 산업적 이익 보호를 위해 인정하고 있는 무역구제조치(반덤핑, 상계관세, 세이프가드)의 틀 속에서 이뤄지는 교역제한 조치가 주를 이룰 것이다. 실제 이들 무역구제조치들 중 반덤핑 조사 건수의 경우 지난 해 조치 건수는 2007년에 비해 28%정도 증가한 것으로 나타났다.

하지만 중요한 것은 수치적 측면의 증가 또는 감소의 문제가 아니라 눈에 보이지 않는 보호무역조치들의 증가와 이들을 통제하고 관리할 국제 시스템 상의 제약이라 할 수 있다. 각국의 국내 경기부양책 등 국내경제 정책의 모습을 띠면서 취해지고 있는 보호무역조치들에 대해서는 WTO의 직접 관할권이 미치지 않아 현실적인 통제가 불가능하기 때문이다. 향후 세계무역 자유화 논의에 있어 신보호무역주의와 관련한 논쟁은 국내경제 정책의 형태로 취해지는 무역제한조치들의 법적 · 실체적 측면의 보호무역주의 성격 유무 결정에 대한 정체성 논쟁 형태로 진행될 것이다.

### ③ 우리나라 수출산업의 위기

우리나라 수출은 지난 6월 들어 증가율 감소폭이 마이너스 12.4%를 기록함으로써 연초만 하더라도 마이너스 30%를 초과하던 것에서 수개월 만에 눈에 띄는 감소폭 완화를 보였다. 하지만 아직까지 우리 수출환경은 여전히 어려운 실정이다. 지난 5월 이후 우리나라 13대 주력 수출품 중 선박, 액정디바이스 등 일부 수출주력 품목에서 증가율이 플로스로 반전되고는 있으나 나머지 대부분의 주력 품목에서는 여전히 마이너스 증가율을 기록 중이다.

또 환율인상 효과를 누리고 있는 일부 업종을 제외하면 나머지 수출기업들은 생산에 필요한 원자재와 중간 반제품 수입에 따른 비용부담이 커서 실제로는 큰 실익이 없는 상황이다. 더욱이 환율인상에 따른 교역구조 개선효과가 세계수요 감소에 따른 물량 축소 효과에 의해 상쇄되어 버리는 게 앞으로의 더 큰 문제다.

2008년 우리나라 교역의존도는 76%로 중국 64%, 일본 31%, 미국 22% 등에 비해 월등히 높다. 수출이 내수보다 변동성이 크다는 점을 고려할 때 높은 교역 의존도를 가진 우리 경제는 지금과 같은 급격한 통상환경 변화에 크게 영향 받을 수밖에 없다. 서브프라임 모기지 사태로 인한 글로벌 금융위기가 발생한 시점인 2007년 4분기를 기준으로 지난 5월까지 월별 수출증가율을 보면 지난 해 11월 이후 7개월 연속 마이너스 성장률을 기록하고 있다(<그림 4-2> 참조).

지난해 하반기부터 지속 하락하던 수출증가율은 5월 실적이 전년 동기 대비 마이너스 28.6%를 기록하고 있는 상태다. 최근 무역수지 흑자규모가 월별 기준으로 사상 최대치를 기록 중이라고는 하나 수입이 수출보다 더 크게 줄어든 탓에 나타난 착시 효과 측면이 크고 절대 무역 규모에서 감소 중인 상태라서 상황의 심각성이 크다.

### 2) 최근 보호무역주의의 특징-개입범위 확대와 강도 증가

국제 통상환경을 악화시키는 각국의 보호무역주의로의 회귀는 자유무역에 대한 지난 수십 년 동안의 노력을 훼손하고 세계 교역질서를 교란시킴으로써 세계경제 성장과 자유화를 위협하고 있다. 지난 1986년 우루과이라운드(UR) 출범 이래 상품에 부과되는 전 세계 평균 관세율은 26%에서 지난해 상반기 8.8%까지 떨어졌다. 하지만 최근 들어 각국은 자국 산업 보호 등을 명목으로 수입관세를 경쟁

**그림 4-2** ⋮ 우리나라 수출증가율 추이(전년 동월비, 월별, %)

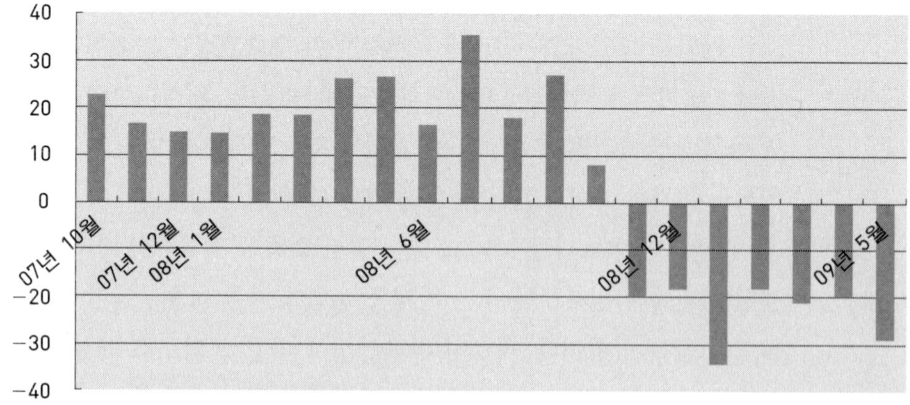


자료: 지식경제부, 한국무역협회(KITA)

적으로 올리고 있다. WTO는 만약 153개 전체 회원국들이 서로 합의했던 현 수준의 양허관세율(Applied Tariff Rate)을 최대 허용치인 한계관세율(Bound Tariff Rate) 수준까지 인상하게 되면 예상되는 교역규모의 감소폭이 전 세계 무역의 7.7%, 금액으로는 약 1조 5천억 달러에 이를 것으로 추정하고 있다.[6]

지난 수십 년간에 걸쳐 각국은 자유무역을 향한 각고의 노력을 기울여 온 결과 국가간 무역장벽을 꾸준히 낮추어 왔다. 그 결과 2000년 이래 세계 교역에 있어 개도국과 후진국들이 차지하는 수출 비중은 그 이전의 2배 수준인 약 42%까지 올라간 상태다. 이러한 의미에서 세계교역의 보호무역주의로의 회귀는 단순한 수치적 후퇴라는 의미보다 국가간 합의하에 정립된 세계경제 메커니즘에 대한 신뢰 자체의 상실을 초래할 수 있다는 점에서 심각한 문제가 아닐 수 없다.

우선 이러한 현상은 경쟁의 원리에 기초한 자유무역주의를 지향하는 세계무역기구(WTO)의 원칙에 반한다. 세계무역기구는 과거보다 더 공정하고 자유로운 경쟁정책의 확대를 추구해 오고 있으며, 많은 부분 시행착오를 겪고는 있지만 자유무역을 향한 노력 과정 중에 있다. 이번 세계 경제 위기 도래 이전의 국제통상 질서 발전 흐름을 고려할 때 보호무역주의 현상은 향후 세계 교역의 발전에 중대한 장애가 될 것이다.

무엇보다도 최근의 보호무역주의 조치들의 특징은 국가 개입의 범위(영역)가 확대되고 강도가 증가했다는 점이다. 미국발 위기발생 이후 발표된 각국 보호무역주의 통상정책의 내용들을 분석해 보면 크게 ▲ 무역규제 조치(관세 및 비관세)와 ▲ 국내산업 지원책(구제금융 및 경기부양 보조금 지원)이라는 두 가지 형태로 분류할 수 있다. 이들 정책들이 보호주의적 성격을 띤다는 점에서는 그 이전 정책들과 유사하다. 그런데 이런 조치들이 개입하는 범위가 확대되고 그 강도도 커지고 있다는 점은 종전과는 다른 특징들이다.

**① 개입 범위의 확대**

우선 개입 범위 측면에서 보면, 전통적 무역구제 수단인 관세나 비관세(수량제한

---

6. *Antoine Bouet and David Laborde, International Food Policy Research Institute, 2008.*

Quota 등) 조치들 이외에 WTO 국제규범 내에서 다루지 않고 있거나 견제할 수 없는 기법을 통해 개입의 범위를 확대하고 있는 점이다.

그 대표적인 예가 국내산업 보호를 위한 우회적 보호주의 수단이라 할 수 있는 인위적 환율조정, 고용보호 목적의 입법과 기업 세제 혜택 부여, 수출세 환급 등이다. 나아가 민간부문에 대한 공적자금 투입, 기업에 대한 지급보증과 채무보증 등도 간접적인 보호무역 효과를 유발한다는 점에서 보호무역주의 개입영역의 확대라고 볼 수 있다.

상술해 보면 첫째, 무엇보다도 전통적인 무역 장벽(관세 및 비관세) 외에 자국 기업에 대한 구제금융 지원, 특정 산업과 업종에 대한 경기 부양책 실시와 같은 국내 경제정책의 외관을 띰으로써 국제법 차원의 견제가 어려운 조치들이 급증하고 있다. 아울러 실제 자국 산업에 피해가 발생하지 않았는데도 국가가 선별적으로 강도 높은 개입을 하는 경우도 늘고 있다. 대표적인 예가 최근 보호무역주의 논란의 중심에 위치해 있는 소위 '바이 자국산(自國産)' 정책이다.[7] 그런데 최근 이런 일련의 보호무역주의 조치들을 과거 대공황 때 조치들과 비교해 보면 그 개입 범위가 과거에는 피해를 입을 것으로 예상되는 특정 품목에 대해 이뤄졌음에 반해 최근에는 정부조달품 시장 전체를 대상으로 하는 등 범위가 확대되고, 유형도 다양화 되며 정책 강도도 강해지고 있다는 점 등에서 이전과는 구별되는 특징들이 발견된다.

둘째, 과거에는 상품과 서비스 등 실물거래에 대한 보호주의 조치가 주를 이루었었더라면 최근에는 해외 투자 억제 및 기 투자 자금의 회수 유도 등 새로운 금융 보호주의 현상이 나타나고 있다는 점이다. 중국의 경우 최근 중국은행감독위원회가 외국인 투자자들이 중국계 은행에 투자했을 경우 주식을 3년간 매도하지 못하게 되어 있는 지분보호 예수기간을 현 3년에서 5년으로 2년 더 늘리겠다

**7.** 미국이 1933년 대공황 시기 때 제정한 미국상품 우선구매에 관련한 법으로 세칭 '바이 아메리칸법(Act of Buy American) '으로 불림. 이는 정부 등 공공기관이 정부조달 물자나 서비스 등을 구매할 때 국내 업자의 입찰 가격이 외국 업자보다 더 높더라도 법에서 정한 일정한 한도 이내라면 국내산 상품과 서비스를 우선 구매하도록 한 것이 주요 내용임. 1930년 6월 후버 대통령 집권기 서명된 최악의 관세법으로 불리는 The Smoot-Hawley Tariff Act of 1930(소위 Smoot-Hawley 관세법)과 더불어 보호무역주의를 대표하는 정책 중 하나임.

는 조치를 취했다. 이는 표면상으로는 중국계 은행의 경영권 안정을 위해서라지만 실제 목적은 외국계 자본의 국외유출을 차단하기 위한 회색 조치에 해당한다. 이 조치가 발동되기 전 UBS나 스코틀랜드왕립은행(RBS), 뱅크오브아메리카(BOA) 등은 보유하고 있던 중국계 은행의 지분을 일부 또는 전량 매도했던 사례가 있다. 이에 중국이 외자의 국외이탈 우려를 느껴 외국자본 지분보호 예수기간을 늘이는 조치를 취한 것으로 추정된다.

한편 이와는 반대로 중국은 프랑스 LCF 로스차일드 은행의 지분 20%(2억 3600만 유로)에 대한 지분매입 계획을 최근 들어 취소했다. 이것도 금융위기 이후 외국계 금융자본의 자산건전성에 대한 중국 내부의 우려를 반영한 것으로써 자국 은행들의 외국계 금융기관에 대한 M&A 등에 과도한 비용을 지불하는 것을 경계함과 동시에 자국에 들어와 있는 외국 자본의 유출을 통제하려는 의도로 볼 수 있다.

셋째, 규제 강화와 관련되는 문제인데 이는 환경 및 기술과 연계한 간접적 비관세 장벽이 두터워지고 있다. 또 자국인 우선 고용 유지, 고용창출 압력과 현지국가 인력 채용 종용, 자국산 우선구매 의무화 또는 권장 조치 등 전반적인 규제가 강화되는 방향으로 보호주의가 전개되고 있다.

사례를 살펴보면 우선 환경 및 기술관련 규제 강화에 따른 보호무역조치 일환으로는 유럽연합(EU)에서 오는 2015년부터 EU 역내로 외국산 자동차를 수입시 탄소배출 허용 한도치를 현 140g/km에서 130g/km로 강화하기로 한 조치가 대표적이다. 또 RoHS, REACH, WHEE, EuP 등 유해물질이나 반환경적 공정을 통해 만들어진 제품의 수입을 금지하는 조치 등도 보완하거나 새롭게 강화하고 있다.[8)]

고용 유지와 창출 압력의 사례로는 유럽의 경우 경영 악화에도 불구하고 고용유지 기업에 임금을 지원하는 정책을 들 수 있다[9)]. 또 중국은 해고제한, 비정상적

8. RoHS(Restriction of Hazardous Substances), REACH(Registration, Evaluation, Authorization and Restriction of Chemicals), WEEE(Waste Electrical and Electronic Equipment), EuP(Energy using Products)
9. 독일의 조업단축근로자지원금(Kurzarbeitergeld)는 조업단축기간 근로자 급여의 60~70%를 지원하고 있고, 네덜란드는 최대 24주까지 실직 근로자 임금 전액을 지원하고 있음.

인 외국기업의 사업철수에 대한 관리 강화, 외자기업에 대한 인턴 채용 압력 등을 통해 보호주의적 규제조치를 양산해 내고 있다. 실례로 중국 상하이 대외서비스 공사는 최근 덴츠(Dentz), 베스트바이(Best Buy), 피아트(Fiat) 등 외국회사 157개사에 1천여 명의 인턴사원을 채용하도록 압력을 행사했다. 그 결과 해당되는 외자계 회사들은 지난 3월 말 현재 475명의 현지 중국인 인턴을 채용한 상태다.

### ② 국가(정부)의 개입 강도 증가

최근 보호무역주의의 또 다른 특징은 국가의 개입 강도가 과거 어느 때 보다 증가하고 있다는 점이다. WTO 상품 및 서비스 무역협정에 의하면 국가는 외국이나 외국기업의 공정 또는 불공정 무역으로 인해 자국 산업이나 기업이 '피해를 받았다고 인정될 때' 에 한해 '명시적으로 규정된 관세 또는 비관세' 조치들을 사용해서 피해를 복구할 수 있도록 허용되어 있다. 하지만 최근 각국의 무역구제조치들은 실제 외국과의 무역으로 인해 피해가 구체적으로 발생하지 않았는데도 불구하고 일방적으로 관세 등 무역구제조치를 취하고 있다는 점에서 그 정도가 강화되었다고 볼 수 있다. 이러한 행위는 피해발생이 있을지도 모르기 때문에 사전 조치를 취하겠다는 식의 사전적이고 적극적인 개입이라 할 수 있는데, 이는 명백히 WTO 협정 위반에 해당된다.

일례로 WTO 정보통신협정(ITA)상 무선통신기기는 무관세 적용을 받게 되어 있다. 하지만 EU는 TV기능이 내장된 무선통신기기를 가전제품으로 품목유형을 변경시킴으로써 외견상 WTO 규약을 위반하지 않으면서 관세를 올리려는 이중적인 시도를 하고 있다.

이처럼 교묘한 방식의 보호무역 조치들은 시장경쟁의 영역에 국가의 개입 강도가 증가하고 있음을 보여 준다. 또 다른 사례로 러시아는 극동시베리아지방에 수입되는 자동차들 중 '오른쪽 운전석 차량' 에 한해 수입관세를 대폭 인상했다. 일본산 자동차 수입을 견제함으로써 자국 자동차업체를 보호하려는 의도다. 이는 매우 노골적인 국가의 시장 개입으로 역시 국가 개입의 강도가 증가한 예이다. 이처럼 WTO가 허용하는 관세 또는 비관세 조치가 아니면서 경기부양책과 구제금융 투입 등 한 국가의 국내 정책 형태를 띤 조치들은 비록 국민경제 회생을 위한 노력의 부산물이라고는 하지만 이 속에 강력한 보호주의적 장벽이 숨어 있음을 부인할 수 없다. WTO 무역규제 모니터링 보고서를 통해 지난 3월말까지 우리나라를 포함, 전 세계적으로 파악된 경기부양책 모습을 띤 간접적 불공정 무역정책의 수는 총 28개국 53건으로 조사됐다. 감세 등 금융지원을 통한 무역규제 조치들도 총 32개국 63건의 조치가 확인됐다.

지난 1990년대 말 동아시아 외환위기 때나 2000년대 초 IT버블 붕괴 때에도 소위 정책금융(공적자금)이라는 수단을 통해 국가가 자국 산업과 업계에 대한 지원을 했었다. 하지만 당시 이러한 국가의 경제회복 조치에 대해서는 WTO 국제무역규범 위반이라는 등의 적극적인 반발이 크진 않았다. 왜냐하면 그 영향이 동아시아라는 일부 지역과 기업에 국한돼 있었고, 특정 산업에만 해당함으로 인해 피해의 파급이 제한적이었기 때문이다. 하지만 최근에는 미국, 프랑스, 영국 등 자국 자동차 산업 지원과 대만, 일본의 자국 전자업체들에 대한 공적자금 투입 등에 대해 'EU 경쟁법 위반' 내지 'WTO 불공정 무역관행' 이라는 이유로 전 세계 이해 당사국 정부와 업계가 반발하고 있다. 현재 뜨거운 이슈가 되고 있는 'Buy American' 조항과 같은 정부조달 시장에서의 자국산(自國産) 우선 구매 조항, 부실은행 등 금융기관 등에 대한 구제금융(공적자금) 투입 등도 마찬가지다.

이러한 방식의 보호주의 정책은 타국의 수출 기업들에게 피해를 줄 가능성이 높음에도 불구하고 이를 WTO를 통해 해결하는 데에는 피해 당사자의 입증책임 등 넘어야 할 제약이 많고 소요기간도 길어 원만한 해결이 매우 어렵다. 또 주권국가의 국내 정책에 대해 국제기구가 개입할 여지는 여전히 크지 않은 실정이다. 이처럼 최근 보호무역주의적 통상 정책들은 ▲ 개입 영역 확대 ▲ 개입 강도 강화 ▲ 규제방식 고도화 등의 모습을 보이고 있다.

# 주요 교역국의 보호주의 조치 현황

# 03

## 1) 진행 중인 무역규제 조치 현황

한국무역협회(KITA)에 따르면 지난해 9월 리먼 브라더스 파산 이후 2009년 3월 말 현재까지 각국이 우리나라를 상대로 시행 중인 무역규제 조치를 총 10개국 30건으로 집계하고 있다. 이는 2005년부터 2007년 9월말까지의 약 3개년 동안의 우리나라에 대한 세계 각국의 통상관련 수입규제 조치가 42건임을 감안할 때 매우 큰 폭의 증가라고 할 수 있다.

대표적인 예로는 미국의 한국산 디젤엔진부품에 대한 상계관세 1건, 중국의 한국산 석유화학제품에 대한 반덤핑 조사 1건 등을 들 수 있다. 29건이 현재 조사 중이고 실제 규제가 종료된 것은 1건에 지나지 않아 앞으로의 우리나라 상품과 서비스의 이들 지역 수출에 있어 직간접적으로 부정적인 영향을 받을 것으로 보인다.

WTO에 따르면, 위 같은 기간 전체 회원국이 실행 중인 무역규제 조치의 대표적인 예들은 <표 4-1>과 같이 파악된다.

이 내용은 실행여부를 검토 중인 조치들과 파악되지 않는 각국의 수면 밑 조치들은 제외한 것이다. 구체적인 내용을 보면, 무역규제 조치 시행국가들에는 우리나라의 10대 수출대상국 모두가 포함되어 있다. 2008년 10대 수출대상국은 우리 수출의 76.6%를 차지했다. 이를 우리나라 13대 주요 품목별로 보면 선박류(2008년 수출비중 9.6%), 컴퓨터(2.6%)를 제외한 나머지 11개 품목군에서 직간접적인 무역규제조치의 영향을 받는 것으로 나타났다. 이는 무역규제 장벽으로 인해 우리나라 대부분의 수출시장과 수출상품들이 영향을 받게 된다는 의미다.

## 2) 국가별 주요 특징

우리나라 주요 교역대상국인 미국, 중국, 유럽연합(EU), 일본, 아세안 등 각국의 최근 보호무역주의 움직임을 살펴보자.

**표 4-1 :** 각국의 대표적인 보호무역 조치(2008.10~2009.1)

| 정책 | 유형 | 국가 | 주요 내용 |
|---|---|---|---|
| 무역규제 조치 | 관세 등 가격규제 | EU | – TV기능 내장 모바일기기 가전제품 분류로 13.9% 관세 인상 |
| | | 러시아 | – 승용차 관세 5%(25% → 30%) 및 종가세 인상<br>– 아브토바즈,가즈,솔레투스 등 자국업체 지원 목적<br>– 수입차 가격 7~8% 상승 예상 |
| | | 우크라이나 | – 대부분 수입품목에 추가관세 13% 부과 |
| | | 인도 | – 철강 수입량 상한제, 목재 수입량 제한<br>– 관세인상(대두유 20%)<br>– 중국산 스테인리스 납연강판, 화학제품 반덤핑 조사<br>– 선형알칼벤젠 등 6건의 세이프가드 조사 |
| | | 남미공동시장 | – 피혁, 와인 등 6개 품목 관세 인상 |
| | | 에쿠아도르 | – 모바일폰 등 940개 품목 관세 인상 |
| | | 아르헨티나 | – 섬유, 피혁, 포도주 수입관세 부과 |
| | | 베트남 | – 수입 철강 관세 12%로 인상 |
| | 수입규제 | 미국 | – 농축산물 원산지 표시 의무화 |
| | | 아르헨티나 | – 자동차 부품, TV의 최저수입가격제도 허가제 |
| | | 브라질 | – 스판덱스 섬유 최저 수입가격 제한 조치 |
| | | 인도네시아 | – 완구, 의류 등 5대 품목 수입가능 항만, 공항의 특정 제한 |
| | 수출지원 | EU | – 버터 등 유제품 수출보조금 지급 |
| | 자국 산업 지원 (구제금융, 경기부양) | 미국 | – 자동차 빅3 정부융자금 174억 달러 지원<br>– Buy American(인프라 산업내 자국산 제품 의무사용)<br>– 중국 기업불공정지원 WTO 제소 검토 |
| | | 캐나다 | – 자동차 산업 단기 정부 융자 및 지급 보증 |
| | | EU | – 독일,자동차구입 보조금, 기술개발 지원<br>– 프랑스, 르노, 푸조 등에 정부융자(60억 유로) 및 자국 기업 M&A 보호펀드 조성<br>– 영국 및 스웨덴, 자동차 업체 채무보증 |
| | | 호주 | – 자동차 판매 딜러 금융 지원 |
| | | 일본 | – 엘피다메모리(DRAM) 사업부문에 공적자금 투입 검토 |
| | | 중국 | – 자동차세 인하, 구입보조금 지원<br>– 상하이자동차(SAIC) 등에 자금 지원<br>– 3,700여 개 제품 아이템에 대한 수출세 환급 |
| | | 아르헨티나 | – 자동차 기업 판매 지원 |

자료: WTO, 일본경제신문, 블룸버그, KOTRA(한국무역투자진흥공사) 등

### ① 미국-명분은 자유주의, 실리는 보호주의

현 미국 행정부의 신 통상정책 5대 핵심 내용은 공정무역 강화, NAFTA 개정, 무역조정지원 강화, 해외고용 증대 기업 대상 세금우대 폐지, 국내고용 창출 기업 조세혜택 강화로 정리된다. 비록 미국이 공정무역을 통한 자유무역을 지향하고 있다지만 실제 정책으로 나타나는 모습은 보호무역주의의 색깔이 짙다.

최근 미국은 바이 아메리카(Buy American) 조항에 대한 비난이 높아지자 경기부양안에 대한 상원 구두표결에서 기존 국제협정을 맺은 나라들에게는 적용하지 않을 것을 검토하겠다고 했다. 하지만 이는 앞으로 새로운 협정을 체결할 경우엔 보호주의적 규제를 적용하겠다는 의미도 된다. 한때 실제 미 상원 민주당 일각에서는 각계의 우려를 뒤로 하고 바이 아메리카 조항을 인프라 관련 공산품 전체로 확대하는 내용의 법안을 준비하기도 했었다. 이 경우 우리나라 자동차, 반도체, 석유화학, IT제품 등 거의 모든 대미 수출품목이 영향권에 들면서 공산품 수출에 큰 타격을 입을 가능성이 높다.

앞으로도 당분간 미국의 통상정책은 자국 근로자 고용 창출, 공정한 노동 및 환경 정책 확산 등을 이유로 각국에 대한 무역규제조치로 나타날 가능성이 높다. 특히 불황에 처한 미국 산업계 보호를 위해 한국산 섬유, 철강, 반도체, 가전 등 우리 주력 수출품에 대해 반덤핑 및 상계관세, 수입량 규제와 같은 보호주의 조치를 강화할 가능성이 높다. 미 대통령의 의회연설에서도 우리나라 자동차 산업과 관련한 진술이 있었음이 이를 뒷받침하고 있다.

비록 미국의 세계 경제에 대한 영향력이 과거 전성기 때에 비해 줄어든 건 사실이나 아직까지는 국제 통상 질서의 규칙 제안자(Rule-Setter)임을 부정할 순 없다. 그만큼 미국의 통상 관련 정책과 법률이 가지는 영향력과 파급효과가 크다는 것을 의미한다. 현재 미국의 통상정책 방향은 오바마 대통령의 취임사 키워드를 빌려 표현하자면 '대외협력과 공존(Cooperation and Coexistence)' 보다는 '미국경제 우선 회생을 위한 재건(Remaking of the US for Recovery)' 에 무게를 두고 있다고 하겠다.

### ② 중국-내수중심 경제로의 이행을 위한 이중 잣대 룰 구사

중국은 미국을 견제하기보다는 발등에 떨어진 급한 불을 끄기 위해 보호주의로 기우는 모습을 보였다. 중국이 지난 1978년 이래 30년 개혁개방정책의 꽃을 피울 수 있었던 데에는 2000년대 들어 국제사회의 글로벌 불균형(Global Imbalance, 미국과 그 교역 상대국 사이의 막대한 국제수지 불균형) 현상이 큰 역할을 했다. 즉, 미국을 비롯한 주요국들이 위안화 저평가를 수용하여 값싼 중국산 제품을 사 줌으로써 중국의 경제발전을 뒷받침했다는 의미다. 그 결과 미국의 경상수지는 지속적으로 악화됨에 비해 중국의 외환보유고는 2조 달러 수준에 육박하고 달러 표시 국채를 8천억 달러까지 보유하게 되었다. 미국의 수요와 중국의 공급이 조화를 이뤄낸 결과가 지난 몇 년간의 세계경제 성장 견인차 역할을 해 온 것이다. 그러나 글로벌 위기 발생이후 양측의 협력관계는 점차 한계를 드러내는 모습이다. 더 이상 재정과 경상수지 양 측면에서 적자를 보전해 내기에는 미국의 재정력이 한계를 드러내 놓고 있다. 달러화 가치의 보전을 위해서도 통화 증발에는 한계가 있을 수 밖에 없는 상황이다.

이에 중국도 그간의 무역수지 흑자 누적으로 인한 외환보유액 급증에서 오는 거시경제적 압력과 미국과의 환율 갈등에서 오는 무역 분쟁 해소의 필요성을 느끼고 있는 상황이다. 그 결과 최근 중국의 제 11기 제 2차 전국 인민대표대회에서는 수출지향형 경제에서 내수중심형 경제체제로의 이행을 경제정책의 기조로 삼을 것임을 공식화 했다. 하지만 중국은 현실적으로 아직은 수출지향 정책을 자제할 여유가 없는 모습이다. 아직은 안정적 경제성장을 위해 8%대 성장률 사수라는 입장에서 위안화 환율의 적정관리와 이를 통한 수출의 현상유지가 필요하기 때문이다. 더욱이 내수중심형 경제로의 이행이라는 정책 기조전환의 효과가 발현될 때까지는 상당한 시간이 걸릴 것이므로 수출부문을 희생해 가면서까지 글로벌 임밸런스 조정에 적극적으로 나서기 어려울 것이다. 그 결과 오히려 위안화 절상을 놓고 벌이는 미국과의 환율 갈등, 바이 아메리카(Buy American) 조항으로 촉발된 철강제품 수입규제 마찰 등 보호무역주의의 파고를 증폭시키는 데 한 당사자가 될 가능성도 있다.

결국 중국의 통상정책은 경제성장률 유지와 내수중심형 경제로의 이행과정상에 발생하는 충격을 최소화하기 위해 보호주의와 자유주의라는 이중의 잣대를 편의에 따라 활용할 가능성이 높다. 이를 뒷받침하는 사례로 최근 중국 상무부에서 바이 차이나 정책을 취하지 않겠다고 천명했으나 실제로는 자국산 기계설비를 사용하는 기업에게 제품하자 보상을 해주고 있는 점을 들 수 있다. 또 지방 농민층에 1조원 규모의 정부 보조금 지급을 통해 가능하면 자국산 가전제품 구매를 유도하는 가전 '하향(下鄕) 정책' 도 마찬가지다. 반면 이와는 대조적으로 최근 한국산 폴리에틸렌(PE)과 폴리프로필렌(PP) 등 석유화학 제품에 대한 반덤핑 조사 개시를 검토하고, 인도의 중국산 장난감 수입 금지조치에 대해서는 WTO 제소를 검토하는 등 이중적인 모습들을 들 수 있다. 또 중국 기업의 수출상품 3,700여 개에 대한 수출세환급정책 재도입, 상하이자동차(SAIC) 등 자국 산업에 대한 세제혜택과 구입보조금 지급 등 무역규제 조치들도 보호무역주의 사례에 해당한다.

우리 기업들은 현재 중국 수출에 대한 의존도가 높고 최종 소비재 수출이 전체 대중 수출의 3%에도 못 미치는 등 이중고에 직면해 있다. 우리 최종 소비재가 중국시장에서 다른 외국산 제품에 비해 상품 포트폴리오 다양화, 마케팅, 브랜드 인지도 등에서 충분한 경쟁력을 확보하지 못해 뚜렷한 성과를 못 내고 있는 가운데 중국의 내수중심 경제로의 전환이 진행되고 있어 보호무역조치 지속 시 우리 기업들의 어려움은 가중될 것이다.

**③ 유럽연합(EU)과 일본-조정자 역할에 한계**

유럽연합과 일본도 보호무역주의 움직임에 대해 글로벌 금융위기 사태 발생 초기의 소극적 반대에서 최근 조건부적 동참 대열에 합류하는 모습이다. 특히 EU의 경우 자유무역 유지를 주장하는 집행이사회(EU Council) 측과 보호무역 조치를 취할 수밖에 없다고 주장하는 각 회원국들 간 불협화음과 마찰이 빚어지는 모습니다.

바이 아메리카 조항이 나오고 미국의 위안화 절상 요구에 대해 최대 미 국채 보유국인 중국의 원자바오 총리가 2월 초 미 국채 추가매입 거부 가능성을 표명하는 등 미-중 갈등 개시 초기만 하더라도 유럽연합(EU)은 이를 비판하며 자유무역의 수호천사 역할을 담당하는 듯 했다. 하지만 그 이후 EU 일부 회원국 또한 정도의 차이는 있으나 기업에 대한 구제금융 조치와 환경분야 기술규제 강화 정책을 실시하는 등 보호무역 조치들로부터 자유롭지 못한 상황이다.

주요 회원국의 동정을 보면, 경기부양책이라는 명분을 걸고 프랑스는 르노,

푸조, 시트로앵 등 자동차 업체에 60억 유로를 지원하고 외국기업의 M&A로부터 자국 기업을 보호하는 펀드를 조성하기로 했다. 영국과 스웨덴은 자동차업계에 채무보증을 하기로 했고 독일은 오펠(OPEL)에 대한 18억 유로 융자 등 EU 공정경쟁법에 저촉되는 무역규제를 늘리고 있다. 일본도 자국 자동차 및 전기전자 업계에 대한 대규모 구제금융과 수출지원 정책 등을 통해 보호주의 색채를 띠고 있다. 일례로 일본은 한국 반도체 업체들에 대한 견제를 위해 자국의 엘피다 반도체와 대만 반도체 업체들 간에 전략적 제휴를 제안함으로써 담합을 통한 경쟁제약이라는 보호주의적 조치를 시도하기도 했다.

## 우리나라에 대한 영향 04

최근 쏟아지는 각국의 보호주의적 통상정책들이 우리나라 경제와 수출업계에 미치는 영향을 산술적으로 정확하게 추정해 내기는 매우 어렵다. 앞서 언급한 2008년 10월 이후 2009년 1월까지 38건의 보호무역 조치들을 보면 관세인상 11건, 반덤핑 또는 비관세 장벽 14건, 자국 산업에 대한 간접지원(수출보조금 또는 수출세 환급 등) 13건 등으로 구성돼 있다. 하지만 해당국의 관세인상 조치가 가격으로 반영되어 이로 인한 효과가 과연 판매물량 측면에서 얼마나 감소할지를 정확히 산정하기란 어렵다. 또 제품 특성, 마케팅 등 비가격적 측면의 영향도 판매에 영향을 주는 변수이기 때문에 정확히 전체 물량의 몇 %가 관세인상으로 인해 판매가 감소될지를 정량적으로 추정하긴 어렵다. 하지만 분명한 점은 이러한 조치들이 외국에 수출되는 우리나라 상품의 수입가격 인상으로 이어져 가격경쟁력이 약화되고 이는 현지 소비수요 감소로 나타날 것이라는 점이다.

이에 우리나라 주요 수출대상국인 미국, EU(독일/프랑스/영국), 일본 등 선진국 그룹과 브릭스(BRICs), 베트남, 남아공, 멕시코, 칠레 등 주요 신흥경제권 국가 등 총 14개 국가를 대상으로 경기부양책의 주요 내용을 분석했다. 그리고 이들 부양책 속에서 우리 수출기업들이 해당국에서 경기부양책과 관련된 사업 참여 가능성이 있을지에 대해 살펴봤다. (<표4-2> 참조)

**표 4-2 : 주요 수출 상대국 국내 정책이 우리 산업에 미치는 영향**

| 국가 | | 정책 유형 및 내용 | 실행가능성 | 정책효과 및 지속성 |
|---|---|---|---|---|
| 미국<br>(7,870억) | 경기부양 | - 고용창출 및 산업지원을 위한 재정지출(에너지(375억), SOC 및 IT(1,200억), 교육, 의료 등) | 법안 통과로 즉시 시행 | - 전체의 80%를 2년 동안 단기에 집행 예정<br>- 인프라투자 효과는 상당기간 지속 예상 |
| | | - 저소득층/중산층 세금 환급, 공제<br>- 기업 법인세 감면(400억)<br>- 신차 구입세금 환급<br>- 주택구매자 신용한도 확대 | | - 소비로 직결되기보다는 저축, 보험 등 미래위험 대비 예상 |
| | 구제금융 | - 산업계 구제금융 176억(자동차 Big3) | | - 1~2년 정도 효과 예상. 단, 소비침체 지속시 파산 가능 |
| EU<br>(3,000억) | 구제금융 | - 프, 영, 독, 스웨덴 자동차산업에 대한 지급보증 및 구제금융 | 정책입안 중 | - 지급보증 정도의 소극적 입장 1~2년 정도 유지 예상 |
| | 경기부양 | - 친환경 에너지사업 투자 및 R&D 기업에 대한 세금 우대 | 정책 발표 | - 단기보다는 장기적, 산업 포괄적으로 지속될 전망 |
| 일본<br>(3,700억) | 구제금융 | - 자동차, 전기전자산업 구제 금융 | 2차 정책 입안 | 즉시 또는 1년 이내 |
| 중국<br>(5,860억) | 경기부양 | - 교통(2,600억),환경시설(500억), 농촌시설 및 주택건설(400억)등<br>- 외환보유고 운영 확대 일환으로 대기업의 해외시장 진출, 국영기업 M&A 지원 등 | 일부 집행 및 추가 입안 | - 농민공 실업예방 등 고용창출에 효과<br>- SOC기반구축,내수진작, 기술수준 고도화 부문에 지속 |
| 기타<br>신흥시장 | 경기부양/<br>구제금융 | - 자원개발, 전력 등 에너지 인프라, 부동산/플랜트 등 중심으로 정책금융 지원<br>- 러시아: 에너지 국영산업과 금융부문 구제금융(2,000억)<br>- 브라질: 유전개발, 인프라개발 부양<br>- 인도: 섬유, 자동차, 피혁산업 지원<br>- 베트남: 신발, 철강산업진흥책 발표 | 일부 집행 및 추가 입안 | - 고용창출을 위한 전략산업 지원책 중심으로 전개 중<br>- 장기 국가발전 경제정책 등과 연계돼 있어 지속 추진 예상 |

(계속)

**표 4-2 : 주요 수출 상대국 국내 정책이 우리 산업에 미치는 영향 (계속)**

| 국가 | | 정책 유형 및 내용 | 실행가능성 | 정책효과 및 지속성 |
|---|---|---|---|---|
| | | - 멕시코: 인프라,에너지,광물 개발<br>- 남아공: 정보통신&인터넷 허브정책 | | |
| **국가** | | **우리 수출산업 영향** | **정부와 업계의 대응** | |
| 미국 | 경기부양 | - 내수경기 부양책이므로 이하 사업의 외국기업 참여 기회 제한 (광대역 초고속통신망사업, 교육 환경 개선 컴퓨터 교체사업, 연방 고속도로 신규 건설 및 유지보수, 환경관련 녹색사업 및 R&D 투자) | - 정부조달사업 참여 기회 확보를 위한 네트워킹 등 지원(SOC, IT초고속정보망 구축 경험 및 기술 홍보) | |
| | | - 소비자층의 소형차 수요증가에 따른 국산 중소형차의 대미수출 유리 | - 브랜드 마케팅, 소형차 가격경쟁력 강화 | |
| | | - 대형차량 생산중심 구조의 생산라인의 중소형화 구조로의 변화에 시간 소요 | - 판매 및 유통망 강화<br>- 유지보수, 중고차 시장 딜러망 구축 | |
| EU | 구제금융 | - 구제금융을 통한 설비투자 또는 조정으로 생산라인의 소형중심 구조로 변경시 경쟁 심화 | | |
| EU | 구제금융 | - 이 지역 최대 수출품목인 우리나라 인도, 동유럽산 중소형 차종의 유럽시장 점유율 확대 기회 손실 | - 탄소배출량 규제기준 강화 대응 필요<br>- 하이브리드카 등 친환경차 시장공략 | |
| | 경기부양 | - 자동차 및 항공기 탄소방출량 의무규제, CE마크 제도, REACH, 유해물질 폐기지침 등 규제로 작용 | - 제품 및 공정의 탄소 방출 최소화 및 에너지 효율화 | |
| 일본 | 구제금융 | - 우리와 직접 경쟁관계에서 오는 위협 | - WTO 무역구제조치 발동 및 제소 검토 | |
| 중국 | 경기부양 | - 기회는 친환경 산업관련 원자재 및 장비수출<br>- 위험은 석유제품, 자동차, 철강, 기계류 등에서 수출 감소 | - PE, PP 등 석유화학제품 반덤핑 조사 등에 WTO 무역구제조치 검토<br>- 기계류, 철강 등 제품고부가가치화<br>- 신 생산기지 발굴 등 대체시장 모색 | |
| 기타 신흥 경제권 | 경기부양/ 구제금융 | - 러시아: 철도차량, 전기기기 수입수요감소, 사할린 가스전 등 에너지, 중고차시장 참여 기회 | - 경기부양 연관산업 분야 수요증가 업종 파악<br>- 에너지, 광물, 유전 등 개발사업 참여를 위한 프로젝트 파이낸싱 역량 강화<br>- 신 생산기지 발굴을 위한 공급망(SCM) 관리, 물류 및 유통망 강화 | |

(계속)

**표 4-2 : 주요 수출 상대국 국내 정책이 우리 산업에 미치는 영향 (계속)**

| 국가 | | 우리 수출산업 영향 | 정부와 업계의 대응 |
|---|---|---|---|
| 기타<br>신흥<br>경제권 | 경기부양/<br>구제금융 | - 브라질: 전자전기, 자동차, 통신기기<br>분야 수출감소 위험 과유<br>전개발 산업참여 기회<br>- 인도: 자동차, 건설업 기회확대<br>및 석유화학, 섬유 등 수출 감소<br>- 베트남: 철강, 자동차, 섬유 등<br>유망 신생산기지<br>- 멕시코: 휴대폰, TV, 카메라,<br>자동차수출 감소<br>- 남아공: 통신기기,자동차,<br>광물수출에 기회 | |

분석 결과 미국, EU, 일본 등 선진국들의 경기부양책들은 우리 기업의 해당국 정책연관 사업 참여에 큰 도움을 주지 못하는 내용들로 구성돼 있다는 결과가 나왔다. 그 이유는 이들 국가의 부양책이 주로 자국 내 특정산업에 대한 금융지원 형태이거나 자국의 소비 진작을 위한 직간접적인 세제 혜택 중심이어서 우리 기업들의 참여 가능성 자체가 원천적으로 낮기 때문이다. 또 이러한 지원책의 수혜 업종과 기업들이 우리나라 기업들의 제품과 경쟁관계에 있음으로 해서 이해가 상충되기 때문이기도 하다.

이에 비해 신흥경제권 국가들의 경우 브라질, 인도, 베트남 등에서 상대적으로 기회가 많을 것으로 나타났다. 특히 이들 국가는 제조업 기반 육성과 사회 인프라 구축 등 기간산업 정비를 통한 경기부양 효과를 노리고 있어 우리 기업들의 연관 사업 참여 가능성이 높을 것으로 기대된다.

특히 ASEAN 10개국은 수출비중에 있어 12%를 차지함으로써 지난 해 미국을 제치고 중국, EU에 이어 3위로 올라섰다. 베트남과 태국의 제조업 생산기지로써의 유망성, 인도네시아와 필리핀의 풍부한 자원과 값싼 노동력, 오일머니에 기반한 최대 이슬람 금융 투자대상국인 말레이시아, 선진 금융기업 노하우를 보유한 싱가포르의 자금력 등 이 지역 시장은 우리 수출기업들에게 있어서는 생산, 투자, 소비시장으로의 삼박자를 고루 갖춘 유망시장이라 할 수 있겠다.

2007년 6월 우리나라와 상품 시장분야 FTA 발효에 이어 올해에는 서비스 및 투자분야 협정까지 발효되어 무역장벽이 대폭 낮아진 점도 매력적인 요소이다. 이에 비해 중국의 경우 경기부양책의 기회측면에서만 보자면 엄격한 국가통제 시스템에서 오는 외부세력 배제, 최종재 부문에서의 우리 기업과의 경쟁관계로 인해 기대효과가 단기간에는 높지 않을 것으로 나타났다.[10]

보호무역주의 조치들 중에서도 수입량 제한(Quota)이나 일방적으로 수입을 중단하는 긴급수입제한조치(세이프가드) 등 비관세 규제 수단으로 인한 피해 규모나 영향력은 관세와 같은 가격통제의 경우보다 더 직접적이고 피해도 큰 편이다. 현재 각국의 경기부양책으로 분류되는 정책들은 대부분 이런 직접적인 규제의 성격을 띠고 있다는 점에서 문제의 심각성이 크다.

한편 국가별로 잇따라 발표되고 있는 다양한 경기부양책들 가운데 우리 수출기업들에게 기회요인이 있을 거라는 기대도 자못 큰 상황이다. 하지만 외국의 자국 산업 지원을 위한 구제금융과 경기부양책 등 국내 경제정책들이 우리 수출산업에 미칠 수 있는 영향을 살펴보면 자국산업에 한한 보호와 고용유지, 수출산업 지원 등이 주종을 이루고 있어 우리 수출업계에 대한 기회보다는 위험요인이 크다고 할 수 있다.

특히 미국, EU, 일본 등 선진국들의 경기부양책들은 우리 기업의 이 나라들의 정책과 연관된 사업 참여에 큰 도움을 주지 못하는 내용들이 많다. 이들 국가의 부양책은 주로 자국 내 특정산업에 대한 금융지원, 고용유지, 내수소비 진작을 위한 직간접적 세제 혜택 등이 중심이어서 우리 기업들의 참여 가능성 자체가 원천적으로 낮다. 또 이러한 지원책의 수혜 기업들이 우리나라 기업들과 경쟁관계에 있다는 점도 기회나 혜택보다는 위험과 제약으로 작용할 가능성이 높다. 다만 각국의 경기부양책이 경제를 살리는 데 기여할 경우 그 나라의 전체 수입수요가 살아나서 궁극

10. 중국의 경우도 유망 최종 소비재 산업이 있음은 물론이다. 일례로 중고자동차 시장을 들 수 있음. 그 동안은 중국의 자동차 산업의 역사가 길지 않아 중고차 시장 규모가 크지 않았음. 최근 이 시장은 급성장하여 작년 중고차 판매량이 260만대, 11월 시장성장률은 12%에 달했음. 현재 중국인구 1천 명당 자동차 보유가 50대에 지나지 않은 점을 고려하면 잠재성장성이 매우 높은 업종임. 또 불황으로 중국 소비자 구매력이 약화된 탓에 신차보다는 값싼 중고차에 매력을 느끼게 됨. 외국산 중고차에 대한 수입수요도 두 자릿수대로 크게 증가했으며 소유권 이전에 걸리던 소요시간도 3일에서 하루로 줄어 행정적 장벽도 개선되었음.

적으로는 우리나라의 수출기업에게도 시장 확대의 도움을 주는 식의 간접적인 효과는 기대할 수 있겠다.

종합해 보면, 향후 미국은 현재로써는 공정무역을 표방하면서 자유무역의 기치를 내세우고 있으나 현실적으로는 실리위주의 무역규제조치를 강화할 것으로 예상된다. 중국도 상당한 시간이 걸릴 것으로 보이는 내수중심형 경제로의 이행기간 동안 위안화 절상을 최대한 억제하면서 수출에 매진할 전망이다. 중국은 안정적인 경제체제로의 이행을 위해 그리고 국내의 정치사회적 안정을 위해 일정 수준 이상의 경제성장률을 달성해야 하는 데, 이는 기존의 수출 등 대외여건의 기여를 필요로 하고 있기 때문이다. EU와 일본은 환경 분야에서 그 동안 구축해온 자국에 유리한 시장구조와 첨단 기술력을 무기로 오는 12월 코펜하겐 제 15차 기후협약당사국 총회를 기점으로 무역과 연계한 환경라운드를 본격화할 움직임이다.

이와 같이 선진국 국가들의 보호무역에 따른 시장 참여 제약에 비해 신흥경제권 국가들의 경우에는 상대적으로 기회가 더 많을 것으로 나타났다. 특히 이들 국가는 제조업 기반을 육성하려는 정책 지향을 국가가 가지고 있다는 점과 자원개발, SOC 사회 인프라 구축 등 기간산업 정비가 경기부양의 주목적이어서 우리 기업들의 연관분야 사업 참여 기회가 있을 것으로 예상된다.

하지만 이를 낙관할 수만은 없다. 중국, 인도, 러시아 등 신흥경제권 국가들도 생존을 위한 몸부림으로 그 동안의 다자간 합의를 뒷전으로 하고 각종 보호무역 규제조치들을 양산해 내고 있기 때문이다. 이처럼 최근 국제 통상환경은 국가간 무역 갈등 조정과 세계교역의 자유화 진전이라는 통상질서 재편에 대한 주도적인 연출자가 없는 상태이다.

올해 7월에 있었던 선진국과 주요 신흥국 정상회담인 G8+G5 회담에서도 DDA(도하개발아젠다) 협상을 내년 중 타결하겠다라는 원칙적인 선언이 있었을 뿐 구체적인 대안까지 제시하지는 못했다.[11] 또 지난 4월 3일에 영국 런던에서 있었던 제 2차 G20회담도 주요 이슈들에 대한 '원칙적' 인 수준의 합의에 그치긴 마찬가지다. 이처럼 기존 자유무역 회복을 위한 실질적인 실행계획까지는 각국

11. 신흥 5개국(G5)으로는 중국, 브라질, 인도, 멕시코, 남아공

의 이해와 접근 시각이 달라 앞으로도 서로 눈치 보기가 계속될 전망이다. 하지만 최근 세계 경기 회복의 조짐과 함께 인도 뉴델리에서 개최됐던 WTO 통상장관 회담은 DDA 재개와 타결에 대한 각국의 의지가 이전에 비해 강하게 표출되었단 점에서 고무적이다.

향후 상황이 호전돼 앞으로 세계 경기가 회복이 되더라도 보호주의적 통상정책은 형태와 내용을 달리하며 비록 어느 정도의 기간까지는 그 여진이 지속될 것으로 예상된다. 왜냐하면 한번 인상된 관세나 추가된 비관세 무역장벽들을 다시 원상회복시키거나 수적으로 감축해 나가는 데 있어서는 시간도 시간이지만 국가 간 합의 도출이 매우 어렵기 때문이다. 더군다나 이번과 같은 미증유의 경기 침체를 경험해 본 신흥경제권 국가들은 이번 충격을 통해 시장보다는 국가의 개입을 우선시 하는 국가자본주의의 영향이 확대될 가능성도 높아졌다.

이러한 여러 이유들로 인해 현재의 보호주의적인 통상환경이 세계 경제 위기 이전의 상황으로 회복되는 데에는 어려움이 많고 시간도 상당기간 걸릴 것으로 전망된다. 이번에 인상된 전세계 관세수준만 보더라도 1986년부터 위기 발생전까지의 관세 감축이 1986년의 1/3수준까지 줄이기 위해 세계가 20년을 보내야 했음을 상기하면 앞으로 남은 여정의 험난함을 간접적으로나마 예상할 수 있다.

## 요약 및 시사점 05

30년 만에 세계 교역규모의 절대 크기가 감소할 것으로까지 예상되는 가운데 최근 각국이 쏟아내고 있는 다양한 보호무역주의 정책들은 과거와는 다른 형태와 내용으로 전개되는 양상이다. 우선은 무역규제가 과거의 사후적 · 간접적 규제에서 사전적 · 직접적 방식으로 변하고 있다. 또 구제금융과 경기부양책과 같이 법적으로는 국내 경제정책 형식을 취하지만 실질적으로는 외국기업 활동에 대한 규제와 상품수입 억제효과를 거두는 복합성을 띠고 있다.

전통적인 보호무역 조치에 해당하는 관세 및 비관세 장벽들의 경우일지라도 이러한 조치들이 세계무역기구에서 허용하고 있는 허용수준의 한도 내에서 조치가 취해질 경우 이를 제어하기 위한 국제적인 차원의 강제력 있는 조치를 취하기란 매우 어려운 게 현실이다. 가장 바람직한 시나리오는 지금까지 취해진 각국의 보호무역조치들을 세계무역기구 도하라운드(DDA)의 확대 개편 또는 뉴 라운드 출범을 통해 철회시키고 다시 자유무역의 궤도에 진입시키는 것이다. 그러나 이러한 시도는 여러 이유들로 인해 지금 당장은 어려운 상황이다. 그렇다면 국제통화기금(IMF), UN, OECD 등 이미 정립된 국제기구체제 내에서 국가간 합의를 통해 Standstill(현 수준에서 추가적인 무역규제 조치 발동금지)을 선언하고 세계 경제 위기가 어느 정도 해소될 즈음에 가서는 지금까지 확산된 보호무역조치들에 대해 일괄해소(Sunset Abolition) 하는 방식 등도 고려하고 대비해야 할 것이다.

지금과 같은 상황에서는 어떤 방향으로 가든 보호무역주의의 확산을 차단하기 위한 당장의 용이한 대안을 찾기가 쉽지 않아 보인다. 결국 근본적인 해결책인 세계 경기의 본격 회복 전까지는 지금의 보호무역주의 압력이 쉽게 줄어들지 않을 것이다. 이에 무엇보다도 직접적으로 무역과 관련되지는 않지만 간접적으로 자율경쟁에 대한 제한적 속성이 다분히 강한 소위 회색지대 조치(보조금, 경기부양을 통한 간접지원 등)의 범주에 속하는 무역규제들에 대해 지속적인 관심을 가지고 움직임을 예의주시 해야 한다.

또 각국의 무역규제 조치로 인한 분쟁해결을 위해 당사국간 무역분쟁 방지 사전조정 프로세스를 정립하고, 극단적인 상황에 대비한다는 차원에서 WTO 제소 등 분쟁 유형별 대응 시나리오도 미리 수립해 놓을 필요가 있다.

## 참고문헌

세계무역기구(WTO) (2009), World Trade Report 2009, p. 5

김남두(1996), 『보호무역의 비용분석』, 서울: 대외경제정책연구원.

김도훈 외(1996), 『WTO의 평가와 신 통상 이슈』, 서울: 산업연구원.

노택환, 여택동, 장동식(1998), 『관리무역에 관한 평가와 전망』, 『국제통상연구』 제 3권 제 1호, 서울: 대한상공회의소.

심동섭 외(2008), 자유무역협정 확산에 따른 한국기업의 전략적 대응실태 연구, 『무역학회지』 제 33권 3호, 한국무역학회.

윤영관(1996), 『전환기 국제정치경제와 한국』, 서울: 민음사.

최병선(1989), 국제무역체제의 구조와 성격에 대한 고찰, 『행정논총』 제 36권 1호, 서울대학교 행정대학원.

최영진 외(1995), 『뉴 라운드: UR 이후의 새로운 경제 이슈들』, 서울: 지식산업사.

Bottelier, Pieter (2009), "US-China: an Informal G-2 for Global Leadership", March.

Fukuyama, Francis (2008), "Is America Ready for a Post-American World?", October.

Kennedy, Paul (2009), "New Order Will Emerge", January.

Roubini Nouriel (2009). "The Rising Risk of Global L-Shaped Near Depression and Stag-Deflation", March.

Stigliz, E. Joseph (2009). "The End of Neo-Liberalism?", July.

WTO (2009), Report of Secretary-General to the TPRB on Global Financial Crisis and Trade Requlatory Measures Monitoring, 2nd and 3rd edition of 2009.

WTO (2009), Trade and Climate Change.

WTO (2009), World Trade 2008, Prospects for 2009.

PART

3

# 통상정책과 보호무역주의

# 신 보호무역주의

# WTO 무역규범과 최근의 보호무역주의

05

최원목 이화여대 로스쿨 교수

## 서론 01

WTO는 보호무역조치 확산을 점검하기 위한 'WTO 보호무역조치 모니터링' 회의를 개최해오고 있는바, 이 회의의 보고서를 중심으로 보호주의 조치 현황을 종류별로 분류해 보면, ① 관세인상, ② 수입허가 요건 강화 등 비관세 장벽, ③ 반덤핑 및 긴급수입제한 조치 발동, ④ 보조금 (특히 자동차 철강 등 제조업과 금융 부문) 등을 들 수 있다. 대한무역투자진흥공사(KORTA)의 보고서에 따르면, ① 국내산업 지원을 통한 무역장벽 강화, ② 비관세장벽 강화 움직임, ③ 무역구제 강화, ④ 반덤핑 발동 신속화로의 제도 정비, ⑤ 관세조정(인상), ⑥ 보복조치로서의 수입규제 등의 6개 분야를 보호무역주의 발동형태로 지목하고 있다.[1]

따라서, 보호무역조치는 ① 관세, ② 비관세, ③ 무역구제, ④ 보조금 등의 4가

1. 대한무역투자진흥공사, "최근 글로벌 보호무역주의 동향"(KOTRA 2009).

지 분야로 나누어 분석할 수 있다. 세계적 경제위기에 따른 보호무역주의 확산에 대한 대응방안을 수립하기 위해서는 다양한 보호무역 조치들의 성격을 구분하여 이해하고, 그 성격에 따라 적절한 대응방안을 각각 마련해야 한다. 그러기 위해서는 무엇 보다고 현재의 국제통상규범에 대한 정확한 이해가 선행되어야 한다. WTO 협정을 비롯한 통상규범의 목적이 바로 다양한 보호무역조치들이 국제교역체제에 미치는 영향을 구분하여 각각 달리 취급함으로써 전세계적 교역의 혜택을 극대화하는데 있기 때문이다. 각 보호무역조치들이 WTO규범체제에서 차지하고 있는 위치를 올바로 이해하고, 신속하고 효과적인 WTO분쟁해결 절차를 통해 문제를 적극적으로 해결해 나가야 한다. 이러한 "적극적 규범주의(aggressive legalism)"가 필요한 시점인 것이다.

이하에서는 보호무역조치 4가지 분야별로 각국의 보호조치 현황을 정리한 후, 이들의 WTO무역규범 측면에서의 성격을 분석하고, 국제통상법적 대응방안을 도출해내기로 한다.

## 관세 부문에 대한 다자규범 02

### 1) 각국의 관세 인상 움직임

EU는 다목적 휴대폰에 13.9%의 수입관세를 부과한 바가 있다. 2007-08년 EU의 일부 회원국 세관은 GPS 수신기 및 TV 기능이 내장된 휴대폰을 정보통신기기("휴대폰")가 아닌 가전제품(TV, 네비게이션 등 "여타 품목")으로 분류하여 높은 관세를 부과한 것이다. 그 결과 삼성전자 및 LG전자는 DMB폰(관세 14%) 및 GPS폰(관세 3.7%) 등에 대해 높은관세를 납부하였다. EU는 과거에도 유럽산업보호를 위해 대형 LCD모니터, 셋톱박스, 다목적용 프린터를 가전제품으로 분류하고, 13.9%의 수입관세를 부과하여 미국과 일본으로부터 WTO 제소를 받은 바가 있다.

인도는 철강제품에 대해 수입관세를 재 부과하기로 했는바, 이것은 2008년 4월부터 수입관세를 면제하였다가, 11월에 다시 5% 관세율로 환원한 것을 의미한다. 인도의 철강 업계(SAIL, JSW, ESSAR)가 중국 및 우크라이나로부터의 철강 수입을 막기 위해 관세율을 15%까지 인상해 줄 것을 요구 중이어서 추가 인상될 가능성도 있다.

중국도 석유화학제품에 대한 수입관세 인상을 추진 중인데, 중국 공업정보부는 석유화학제품 수입관세를 1%에서 5%로 올리는 것을 검토 중이며, 자동차, 항공용 석유화학제품에 대해 수입업체가 납부하는 소비세율을 인상하였다.

터키는 면직사(cotton yarn)의 수입관세를 인상했고, 우크라이나는 수입품목의 관세를 6개월간 13% 인상하려는 움직임을 보이고 있으며, 파키스탄은 수입규제 관세를 15% 내지 35%의 범위 내에서 부과하기로 하고 대상품목을 확대해 나가고 있다. 러시아는 자동차와 철강제품 등 8개 품목의 수입관세를 인상키로 했으며, 수입되는 자동차들 중 '오른쪽 운전석 차량'에 한해 수입관세를 대폭 인상했다. 우리나라도 원유에 대해 관세를 2008년 국제유가 급등으로 1%로 낮춘 것을 상향조정하여 2009년 2월 2%, 2009년 3월 이후에는 3%로 적용하는 조치를 취한 바 있다. LPG에 대한 관세는 0%에서 2009년 3월부터 1%로 상향조정했다.

### 2) WTO 무역규범

경제위기를 맞아 주요 수입품의 관세를 올리는 것은 WTO 양허 의무를 위반하지 않는 한 얼마든지 가능하다. 평상시 대부분의 국가들은 WTO 양허세율보다 낮은 관세를 실행세율로 부과하고 있다. 특히 개도국들의 경우는 양허세율이 높으므로 실행관세와의 차이가 큰 것이 일반적이다. 그러므로 경제위기시에 수입품으로부터의 국내제품을 보호하기 위해 실행세율을 높여 부과하는 것은 얼마든지 가능하다. 상향된 세율(아래 <그림 5-1>에서 '실행관세 2')이 양허세율을 넘지 않고, 모든 수출국 제품에 대해 비차별적으로 적용되는 한 WTO 협정을 위반하지 않는 것이다. 즉, 국제통상규범은 관세의 상향조정이라는 유용한 산업보호 수단을 마련해놓고 있는 것이다. 주의할 점은 이러한 관세 상향조정은 WTO 협정상의 최혜국대우(most-favoured-nation treatment) 의무의 적용을 받으므로, 특

**그림 5-1 : 관세인상의 WTO 합치성**

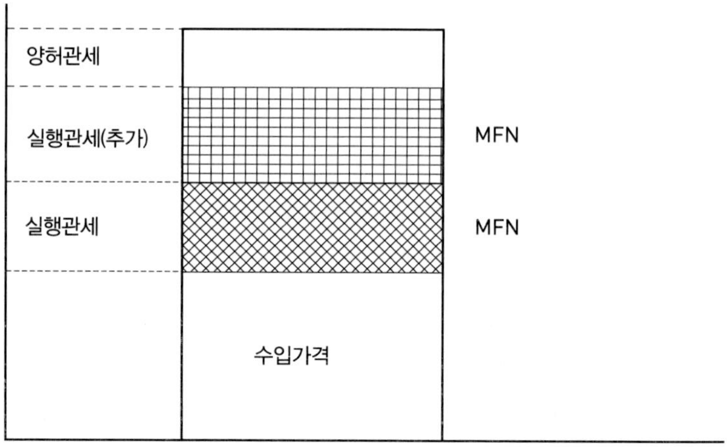


정한 국가로부터 수입되어오는 제품에 대해서만 관세인상을 해서는 안되고, 전 WTO회원국을 상대로 동등하게 인상해야 한다는 점이다. 위 인도, 중국, 우크라이나, 터키, 파키스탄, 러시아, 한국 등의 관세인상조치의 경우에도 WTO 양허관세율을 넘지 않는 범위 내에서 최혜국대우에 입각하여 전 WTO 회원국에 동등하게 적용되는 한, WTO 위반을 구성하지 않는 셈이다.

다만 러시아의 '오른쪽 운전적 차량' 에 대한 관세인상조치의 경우에는 비록 수입국(country of origin) 별로 차별하지 않아 '명시적 차별(de jure discrimination)' 에는 해당하지는 않더라도, '사실상 차별(de facto discrimination)' 에 해당하여 최혜국대우 의무 위반이 성립될 가능성이 많다. '차량의 형태' 라는 일견 중립적 기준에 입각해 관세차별을 가하고 있으나, 오른쪽 운전석 차량을 생산해오고 있는 일본산 자동차 회사들에게 사실상의 불이익이 주어지도록 조치가 취해지고 있기 때문이다. 즉 일본 자동차 수입을 견제함으로써 자국 자동차업계를 보호하려는 의도가 명백하다고 볼 수 있는 것이다. 그러므로 관세인상의 WTO 합치성을 판단하는 데는 양허관세율을 넘었는지 여부, 명시적 차별은 물론이고 사실상 차별을 초래하도록 인상했는지 여부가 관건이 되는 것이다.

한편 국가간 자유무역협정(FTA)을 체결한 경우는 WTO상의 실행관세 자체를 단계적으로 철폐하게 된다. 즉 FTA 체결국 간에는 기존 관세(위 그림에서 '실행관세') 자체가 일정한 이행기간 동안 철폐되게 되므로, 이 기간이 지나게 되면, 경제위기가 도래하더라도 FTA 상대국에서 수입되는 해당 품목에 대해 관세를 부과하지 못하게 된다. 이것은 FTA 체결국간에는 양허관세와 실행관세간의 차이를 없앰은 물론 관세장벽 자체를 없애 하나의 관세영역처럼 기능하도록 하기 위함이다. 이러한 관세철폐는 "실질적으로 모든(substantially all)" 품목에 걸쳐 보통 10년 이내에 이루어져야 하므로, 극소수의 예외품목을 제외하고는 FTA체결 이후 10년이 경과하게 되면 FTA 체결국간에는 관세장벽이 사라지게 된다. 그러므로 관세인상을 통한 보호무역 조치를 방지하기 위해서는 주요 교역상대국과 FTA를 미연에 체결해두는 것이 좋은 방안이라 말할 수 있다.

단 국내적으로 민감한 품목의 경우 FTA로 인한 관세철폐의 결과 수입양이나 수입액이 증가하게 되면 여러 가지 문제를 발생시킬 수 있음을 감안하여, FTA 체결국간에 품목을 지정하여 수입이 일정한 금액이나 물량기준을 충족하게 되면 관세철폐를 일시적으로 중단하고 원래의 관세로 복귀할 수 있는 법적 장치를 마련하기도 한다. 이를 '양자세이프가드 장치(bilateral safeguard mechanism)' 라 부르며, 주로 농산물 일부 품목에 대해 허용하고 있다. 즉, 이러한 범위 내에서는 관세인상을 통한 보호주의가 제도화되어 있는 셈이다.

이렇게 FTA를 체결하여 FTA 체결국간에만 관세를 철폐하고 양자 세이프가드 제도를 활용하는 것은 일반적으로 WTO 협정 자체가 특별허용조항을 두어 인정하고 있다. 따라서 WTO 최혜국대우 원칙과의 충돌문제가 발생하지 않는다.

한편, EU가 다목적 휴대폰의 관세분류를 변경하여 관세를 상향조정한 것과 같은 효과를 거두고 있는 것은 WTO 협정과의 충돌 문제가 발생함을 주목할 필요가 있다. 특히 정보통신제품의 경우 많은 수의 WTO 회원국들이 "정보통신협정(Informational Technology Agreement, ITA)"을 맺어 정보통신제품에 대해 무관세대우를 부여할 것을 합의하고, GATT 양허표에 이를 반영한 바가 있다. 그런데, 휴대폰과 같이 기본적으로 정보통신 기기에 속하는 제품에 대해 그것이 GPS 수신기 및 TV 기능을 내장했다는 이유로 가전제품과 같이 취급하여 관세를 부과하는 것은 ITA 위반을 구성할 가능성이 높다.

아울러 이것은 GATT 제II조상의 관세양허 의무를 위반하는 문제도 발생한다.

제2조 1항 (a)은 관세양허표에 기재된 품목의 관세율 보다 불리한 대우를 부여하지 말 것을 규정하고 있는데, 정보통신기기로 분류되어야 할 제품에 대해 가전제품의 관세율을 적용하게 되면, EU의 GATT 관세양허표상의 정보통신기기에 대한 대우보다 불리한 대우를 부여하는 셈이기 때문이다. 물론 EU측은 정보통신기기가 아니라 가전제품으로 분류해야 마땅하므로 ITA 및 GATT 제2조 1항 (a)에 위반하지 않음을 반박할 것이다. 그러므로 문제의 핵심은 다목적 휴대폰이 과연 정보통신기기로 분류되어야 하는가 아니면 가전제품으로 분류되어야 하는가의 관세분류의 문제로 귀착될 것이다. 이에 관해 GATT 제II조 5항은 관세양허표에 기재된 관세율 보다 불리한 대우가 부여되었는지 판단에 있어 "관세양허시에 당사국들이 의도했던 대우(treatment contemplated)"를 기준으로 할 것을 규정하고 있다. 이 부분의 해석을 놓고, WTO 판례는 수출국이 일방적으로 기대했던 관세분류가 아니고, 수출국과 수입국 모두 의도했던 관세분류가 기준이 되어야 함을 판시한 바가 있다.[2] 즉, UR시 휴대폰과 가전제품을 유럽에 수출하던 국가들과 EU간에 "휴대폰"과 "가전제품"이라는 품목을 어떻게 인식하고 관세분류를 했는가와 뒤이어 ITA 협상시 당사국간에 무관세 대상인 "정보통신기기"의 범위에 대해 어떠한 합의된 인식이 있었는가가 중요하다. 우리로서는 UR과 ITA 협상시 당사국들이 "휴대폰" 및 "정보기술기기"의 대상으로, 휴대폰의 전통적 통화기능 이외에 부가적인 기능들이 앞으로 추가될 수 있는 가능성에 대한 합리적 기대를 갖고 있었다는 점을 논리적으로 설명할 수 있어야 할 것이다. 물론 이러한 기대에 관한 각종 인식증거들을 확보하는 것은 매우 필요한 작업이다. 또한 기술정책적으로도 휴대폰과 같이 기술발전이 급속도로 진행되는 제품에 대해 분류기준을 협소하게 규정하는 것은 제품의 기술발전을 저해하는 측면이 있음도 적극 주장해야

2. *European Communities - Customs Classification of Certain Computer Equipment* (WT/DS62/67/68)에서 패널은 LAN장비의 수출국인 미국등이 UR시 LAN과 같은 제품을 컴퓨터와 같은 자동데이터처리장비(Automatic Data Processing)로 인식했음을 들어 LAN을 통신장비로 분류하여 고율의 관세를 부과한 EU가 GATT 제II조를 위반한다고 판시하였음. 그러나, 상소기구는 이러한 패널의 판정을 뒤엎고, 미국의 일방적 기대가 기준이 되는 것은 아니고 수출국과 수입국 쌍방이 모두 기대한 바가 기준이 되어 관세분류 문제를 처리해야 함을 판시하였음. 결국, EU가 LAN을 통신장비로 분류한 것은 이러한 쌍방의 기대에 모두 배치되는 것은 아님을 이유로 EU조치에 대한 패소판정을 파기하였음.

한다. 현재 WTO 분쟁해결절차에서 이와 유사한 케이스가 진행 중인바,[3] 앞으로 그 진행과정을 주시하면서, 긴밀히 대응할 필요가 있을 것이다.[4]

## 비관세장벽 부문에 대한 다자규범 03

### 1) 각국의 규제 현황

인도네시아는 2009년부터 전자제품, 의류, 식음료 등 5대 품목의 수입은 사전수입 허가자에 한해 특정 항구를 통해 수입을 허용하고 있으며, 2월부터는 사전수입허가제 대상 5개 품목에 대해 선적전 검사를 의무화하고 있다. 브라질은 수입품목의 60~70%에 대해 사전수입허가제 의무화조치를 금년 1월 발표했으나, 수입업계 및 남미공동시장(Mercosur) 회원국들의 반발로 취소한 바 있다. 아르헨티나는 최저수입가격제도 및 수입허가제도 도입을 고려중이다. 콜롬비아의 경우 수입차량 판매 가능시기를 제한하여 전년도 수입차를 판매 금지 하는 등의 조치를 도입하였다.

미국의 경우 '바이 어메리칸(Buy American)' 규정을 도입한 것을 비관세 부문 장벽으로 지목할 수 있다. 오바마 행정부는 자국 경기부양을 위해 7,870억 달러 규모의 '미국 경기 부양법안(ARRA)'을 입안하면서 미국 철강업계의 로비로 인해 '바이 어메리칸' 조항을 삽입하였고, ARRA 자금으로 시행되는 공공 인프라 사업의 경우 철강 및 공산품의 외국산 조달을 전면금지하게 될 것으로 알려지고 있다.

---

3. *European Communities and its Member States-Tariff Treatment of Certain Information Technology Products*, WT/DS375/376/377. EU의 정보통신제품에 대한 관세부과 조치에 대해 미국, 일본, 대만이 제소하여, WTO 협의가 진행 중임.

4. 최근 EU 집행위는 우리 정부 등의 우려를 수렴하여, 7.1-3 EU 관세규정위원회를 개최, 다기능 휴대폰을 휴대폰으로 분류하는 규정 및 해설서를 승인한 것으로 알려지고 있음. 동 위원회는 2차적인 다기능(E-mail 수신, PDA, 라디오 · TV 수신, GPS 등)이 추가되어도, 전화 수신 기능이 우선될 경우, 휴대폰으로 분류하되, 일정 크기(접은 상태에서 170 mm × 100 mm × 45 mm)를 초과해서는 안된다고 결정하였음. 외교통상부 보도자료, "대EU 수출 다기능 휴대폰 품목분류 문제 해결", 제09-437호(2009.8.10.)

가장 많은 수의 비관세장벽을 도입한 인도는 2008년 11월 열연강판, 트럭/버스용 래디얼 타이어 등 품목에 대해 수입면허(import license)를 보유한 실수요자만 수입할 수 있도록 조치했고, 저가 중국산 제품 범람을 막기 위해 철강 품질에 대한 인증제도를 실시했다.

### 2) WTO 무역규범

미국의 '바이 아메리칸' 조항의 경우, 공공사업에서의 제품 구매 문제이므로 WTO 정부조달협정(GPA)의 적용을 받게 된다. 정부조달협정은 비차별주의 원칙을 기본적으로 규정하고 있는바, 국산품 · 국산서비스나 국내의 업자에게 유리한 대우를 부여하는 식으로 조달행위를 하는 것을 금지하고 있다. 그런데 정부조달협정은 WTO 회원국들이 별도로 가입해야만 그 적용을 받는 복수국간협정(Plulilateral Agreements) 중 하나로, 가입국은 협정의 적용대상 구매 및 구매기관과 그 구매액 하한선을 양허표에 기재하게 된다. 이렇게 양허한 조건의 범위내에서 비차별주의 의무가 적용되게 되는 것이다.

미국은 정부조달협정의 가입국으로 협정의 적용대상 구매 및 하한선을 양허하고 있다. 따라서, 미국 양허표에 양허한 사항에 대해서는 정부조달협정상의 비차별의무가 미국에 대해 부과되게 된다. 그러므로, 미국의 양허기관이 양허하한선을 넘는 액수의 정부조달을 시행함에 있어 국산 철강제품만을 구매하게 되면, 정부조달협정과 충돌하게 될 것이다.

그런데, 미국정부는 '바이 어메리칸' 조항의 입법 단계부터 각국의 반발이 제기되자, 2009년 4월 발표한 시행령에서는 "WTO 정부조달협정에 배치되지 않는 범위 내에서" 적용하는 것으로 명시하게 되었다. 따라서, 현재는 '바이 어메리칸' 조항의 WTO규범 위반문제는 제기되지 않게 되었다. 다만, 앞으로 미국정부가 위 조항을 시행해가는 과정에서 정말로 정부조달협정을 준수하는지 여부를 면밀히 지켜볼 필요가 있다. 또한 정부조달협정상의 각종 양허내용에 대한 해석이 명확하지 않은 부분도 있을 수 있으므로, '바이 어메리칸' 조항의 시행차원에서 취해진 구체적 구매행위와 정부조달협정간의 충돌문제는 항상 잠재해 있다고 볼 수 있다.

인도네시아, 브라질, 아르헨티나, 인도 등이 도입한 사전 수입허가제도는

WTO협정에서 예외적으로 허용한 사항에 대해서만 WTO합치성을 보장받을 수 있다. GATT 제XI조는 모든 종류의 교역제한적 수입허가제를 원칙적으로 금지하고, 두가지 예외로 ① 국제교역상의 상품분류(classification), 등급화(grading), 마케팅(marketing)을 위한 표준이나 규제를 적용하기 위해 필요한 범위 내에서, ② 국산 '같은 제품' (like product)의 출시나 생산량을 제한하거나, 국산 '같은 제품' (like product)의 일시적 잉여량을 처분하기 위해, 해당 수입품이 직접적으로 의존(directly dependent)하고 있는 동물제품(animal product)의 생산량을 제한하기 위해 운영하는 정부조치의 시행을 위해 필요한 한도 내에서, 수입허가제를 둘 수 있도록 하고 있다.

이렇게 수입허가제를 시행하는 경우에도 공고(public notice)해야 하며, 국제교역상의 상품분류(classification), 등급화(grading), 마케팅(marketing)을 위한 표준이나 규제를 적용하기 위해 필요한 범위 내에서 취하는 수입허가의 경우에는 예년의 국내생산량 대비 수입량의 비율보다 수입량이 줄어들지 않도록 해야 한다. 단, 농산물의 경우에는 WTO 농업협정의 특별법적 적용을 받으므로, 농업협정상의 허용된 관세할당(Tariff Rate Quota)의 범위내에서 수입허가제를 운영할 수 있을 뿐이고, 그 밖의 모든 비관세 수량제한 조치들은 금지되게 된다.

WTO 협정은 수입허가절차협정(Agreement on Import Licensing Procedures)을 별도로 두어, 수입허가절차에 관한 각종 원칙을 부과하고 있다. 수입허가제를 인가제(자동적 수입허가)로 운영하는 경우에는 교역제한적으로 운영해서는 안되는 바, 수입자격에 합치하는 모든 자에게 수입허가가 동등하게 주어져야 하며, 통관전에 수입허가 신청이 제출될 수 있도록 하며, 신청 접수후 최대 10일 이내에 허가가 내려져야 한다. 인가제가 아닌 선별적 허가제로 운영하는 경우에는 수입허가 자체를 위한 제한 이외의 영업상의 부담을 업자들에게 지워서는 안되며, 사전에 쿼타량 정보를 공고하고, 신청에 대한 최대 처리기한인 30일(선착순의 경우)과 60일(동시입찰의 경우)을 준수해야할 의무가 발생한다. 그 밖에도 수입허가절차협정상의 국별 쿼타배분에 관한 원칙을 준수해야 한다.

이상을 고려해 볼 때, 인도네시아, 브라질, 아르헨티나 등이 도입한 사전 수입허가제도가 과연 위 GATT상의 두가지 예외에 해당하는지 여부가 검토되어야 한다. 이러한 예외의 성격상 일반적으로 공산품의 경우에는 예외를 인정받기가 어려우며, 예외가 허용되는 경우에도 ① 필요한 목적을 넘어 과도한 제한이 가해지지 않는지, ② 사전 공고를 거쳤는지, ③ 예년의 국내생산량 대비 수입량의 비율보다 수입량이 줄어들지 않았는지를 지속적으로 주시해야 할 것이다.

아르헨티나의 최저수입가격제도 역시 일정한 최저가격 기준을 충족하지 못하는 상품들의 수입자체를 제한하는 조치이므로, GATT 제XI조의 적용을 받는다. 따라서 위에서 설명한 GATT 제XI조상의 원칙과 예외가 모두 적용되게 된다.

인도의 철강 품질인증제도도 일정한 품질조건을 충족하지 못한 제품을 사전적으로 수입금지 시키는 식으로 운영된다면, 역시 GATT 제XI조가 적용된다고 볼 수 있다. 다만, 수입금지가 아니라 품질의 등급화와 소비자에 대한 정보제공 형태로 운영되는 경우에는 GATT 제XI조의 두가지 예외 중 첫 번째(국제교역상의 상품분류나 등급화를 위한 표준이나 규제를 적용하기 위해 필요한 조치)를 원용하여 정당화될 가능성이 높다고 볼 수 있다.

콜롬비아의 수입차량 판매 가능시기 제한은 수입자체에 대한 제한은 아니고 국내 판매에 대한 제한이므로 GATT 제III조의 내국민대우 위반여부가 문제시 된다. GATT 제XX조상에 일반적 예외사유로 허용된 소비자 생명 보호 등의 정당한 사유에 의해 뒷받침되지 않는 한 수입차에만 판매 가능시기를 제한하는 것은 같은 수입차와 국산차라는 '같은 상품'(like products)의 판매에 영향을 미치는 구조적 차별을 설정하는 것이므로 GATT 제III조를 위반한다고 볼 수 있다.

## 04 무역구제에 대한 다자규범

### 1) 각국의 규제 현황

무역협회(2009년) 통계에 따라, 대륙별로 한국 제품에 대한 무역구제(반덤핑, 세이프가드) 규제현황을 살펴보면 아래 <표 5-1>과 같다.

**표 5-1 : 대륙별 대한국 무역구제 발동 현황(2009.3월말 현재)**

| 구분 | 반덤핑 | 세이프가드 |
|---|---|---|
| 북미 | 13 | 0 |
| 중남미 | 4 | 0 |
| 유 럽 | 14(4) | 13(4) |
| 아프리카 | 6 | 1 |
| 아시아 | 56 | 7(4) |
| 대양주 | 3 | 0 |
| 총 계 | 96(11) | 21(8) |

자료: 무역협회(2009), ( )는 조사중.

국가별로는 인도, 중국, 미국, 러시아, 우크라이나, 터기, EU의 순으로 우리수출품에 대한 수입규제가 많으며, 특히, 인도, 중국, 미국 3국에 의한 규제가 60여 건으로 전체의 50% 이상을 차지하고 있다. 규제수단별로는 반덤핑과 세이프가드 적용이 각각 96건과 21건으로 나타나고 있다. 자동차를 제외한 우리나라 대부분 주력산업이 규제를 받고 있으며, 품목별로는 화학 · 철강이 전체의 60% 이상을 차지하고 있다. 화학의 경우 중국과 인도가 주요 규제국이며, 철강은 미국, 섬유는 인도 및 터키가 주요 규제국이다.

## 2) WTO 무역규범

세계경제가 어려워짐에 따라 해외시장에서의 덤핑행위가 점증할 경우 수입국이 덤핑으로부터 발생하는 산업피해를 막기 위해 적극적으로 반덤핑 조사를 실시하여 대응조치를 취할 권리는 WTO 협정상에 보장되어 있다. 다만, 수입국이 자국산업을 부당하게 보호하기 위해서나 무분별하게 반덤핑 조사를 개시하여 수출기업들을 괴롭히는 행위에 대해서는 수출국들이 WTO 협정상의 반덤핑요건 및 조사절차규정(청원자격 심사, 조사개시 증거의 정확성 적절성 심사, 조사개시전 사전통지 의무조항 등 포함)을 원용하여 적극적으로 WTO 공동제소하는 것이 필요하다. 각종 국제회의 채널을 통한 집단적 압력(peer pressure)을 가하는 것도 병행되어야 할 것이다.

그러므로, 각국의 반덤핑 규제가 WTO 반덤핑협정 체제에 합치되게 운영되고 있는지를 예의주시할 필요가 있다. 이를 위해 주로 아래와 같은 WTO 규범상의 절차적 규정에 주목하여 외국의 조치를 지속적으로 감시할 필요가 있다.

① WTO 반덤핑협정에 의하면, 청원에 의한 반덤핑조사 개시를 위해서는 덤핑, 산업피해 및 양자간의 인과관계에 대한 증거를 포함한 신청서를 제출할 것을 의무화하고 있다. 실제로 "피해"와 "인과관계"에 대한 증거 제출이 없는데도 조사를 개시하는 경우 반덤핑협정을 위반한다. 또한 조사당국은 제출된 정보의 "정확성"(accuracy) 및 "충분성"(adequacy)에 대한 심의 의무를 지는바, 덤핑, 산업피해 및 양자간의 인과관계에 대한 제출 자료의 정확성과 충분성에 대한 최소한의 확인노력 없이 조사를 개시하는 경우 역시 협정위반이 성립한다.

② 조사당국은 조사개시전 사전 통보 의무를 지는바, 정식 통보가 있었는지 여부 및 조사개시와 더불어 통보하거나 이후에 통보하지 않았는지를 주시할 필요가 있다.

③ 인도 조사당국은 관행적으로 수출자 별로 정상가를 산출하는 대신 수출국별로 단일한 정상가를 산출하는 방식을 채택하고 있는 것으로 알려지고 있다. 이상과 같은 인도 당국의 정상가 산출 및 그에 따른 덤핑마진 계산방식은 수출자의 "수출품"을 기준으로 정상가와 수출가를 비교하여 개별적인 덤핑마진을 산출하는 반덤핑협정의 구조에 배치되는 것이다.

④ 반덤핑협정은 수출가와 정상가간의 가격조정 및 공정비교 의무를 부과하고 있다. 조사당국이 덤핑마진 산정에 있어 국내제품과 수출제품간 운송비와 포장비의 차이를 수출가 조정에 반영시키지 않게 되면 실제보다 고율의 덤핑마진이 산정되게 된다.

⑤ 반덤핑협정에 의하면 한 국가 이상으로부터 수입된 물량들이 합산되어 피해판정을 받기 위한 조건은 "(i) 이들 국가들이 동시에 반덤핑조사를 받아야 하고, (ii) 이들 각각의 국가로부터 수입된 수입품의 덤핑마진 및 물량이 미소마진 및 무시할만한 물량 이상이어야 하며, (iii) 합산을 하는 것이 수입품간의 경쟁관계 및 수입품과 국내제품간의 경쟁관계에 비추어 타당한 경우"이어야 한다. 그

런데, 한국으로부터의 수입물량이 무시할만한 물량이거나, 다른 국가들로부터 수입된 제품과 한국제품이 동시에 반덤핑조사를 받는 것이 아닌데도, 한국제품을 다른 제품과 합산해서 피해판정을 하게 되면 협정을 위반하게 된다.

⑥ 입수가능 정보에 의한 증거조사 원칙을 적용하기 위해서는 반덤핑협정 부속서 II 상의 통보, 진술기회 제공, 판정에의 반영의 한계 등에 관한 절차규정을 준수해야 한다.

⑦ 반덤핑협정에 의하면, 잠정조치(provisional measures)는 조사가 개시되고 조사개시를 알리는 공고(public notice)가 있은 후 60일 이후에 이해관계자가 "정보제공 및 의견진술의 적절한 기회"를 갖은 상태에서 비로소 취해질 수 있다. 그러므로 반덤핑당국이 잠정조치를 취함에 있어 이해관계자의 정보 제공 및 의견 제출기회를 제공치 않으면 그 자체로서 반덤핑협정을 위반하는 것이다.

⑧ 반덤핑협정은 잠정조치의 부과 기간에 대해 4개월이 넘지 않는 범위내에서 가능한 한 최단기간으로 제한하고 있으며, 이 기간은 상당한 교역량을 대표하는 수출자들의 신청에 따른 관계당국의 결정에 의해 6개월까지 부과될 수 있다고 규정하고 있다. 다만, 당국이 조사과정에서 덤핑마진보다 낮은 관세부과가 피해구제를 위해 충분한지 여부를 심사하는 경우에는 위 잠정조치 부과 제한 기간은 각각 6개월과 9개월이 될 수 있다. WTO협정이 허용하고 있는 4개월~6개월 원칙을 넘어서 잠정조치를 부과하거나. 덤핑마진보다 낮은 관세부과의 필요성 검토(즉, lesser duty rule 적용) 여부와 관계없이 6개월~9개월 원칙을 적용하게 되면 WTO 협정을 위반하게 된다.

⑨ 반덤핑협정에 의하면, 비밀정보 보호에 배치되지 않는 한, 한 이해관계인이 제출한 증거는 조사과정에 참여하고 있는 다른 이해관계인이 즉시 이용할 수 있도록 해야 한다. 이러한 맥락에서 반덤핑협정은 조사당국이 비밀정보를 제공하는 이해관계인에게 공개가능 요약본을 함께 제출하도록 요구해야함을 규정하고 있다. 그리고 예외적인 경우에만 그 사유를 접수하고 요약본 제출을 면제하고 있다. 이러한 이해관계인의 정보 접근 권리는 조사과정상에서의 이해관계인간의 공정한 이익방어권을 부여하기 위한 필수적인 요소이다. 조사당국이 제출자료의 공개가능본 제공을 의무화하지 않거나 실제로 필요 정보들을 다른

이해관계인에게 제공하는 시스템을 갖추지 않고 있는 것은 반덤핑협정을 위반 한다고 볼 수 있다.

⑩ WTO 협정상 가격약속에 의한 가격 인상은 덤핑마진을 없애기 위해 필요한 정도보다 높아서는 안된다고 규정되어 있다. 조사당국이 가격약속의 조건으로 덤핑마진을 넘는 과도한 정도의 가격인상을 요구하게 되면 WTO 협정에 위반한다. 또한 WTO협정은 수입국 당국이 가격약속을 제안할 수는 있으나 이를 강요할 수는 없다고 규정하고 있다. 또한, 수출자가 가격약속을 제안하지 않거나 당국의 제안을 거절하는 경우에도 이것이 당해 조사에 부정적인 영향을 미쳐서는 안 됨을 규정하고 있다. 조사당국이 각종 압력을 행사해 가격약속을 강요하거나 가격약속 제안을 거절한 수출자에 대한 조사에 있어 불이익을 주는 경우 관련 WTO 협정을 위반하게 될 것이다.

⑪ 반덤핑당국은 최종판정을 내리기 전에 이해관계인에게 판정의 근거를 이루는 핵심사실(essential facts)을 통지해야 하며, 이러한 통지는 이해관계인이 자신의 이익을 방어할 수 있도록 충분한 시간을 두어 이루어져야 한다. 조사당국이 최종판정에 대한 이해관계인 통지를 판정에 임박하여 형식적으로만 시행하는 경우 WTO 협정 위반이 성립할 것이다.

## 05 보조금에 대한 다자규범

### 1) 각국의 보조금 현황

경제위기를 맞아 세계 각국은 대규모 경기부양 및 구제금융 정책을 취하고 있다. 이를 정리하면 아래 <표 5-2>와 같다.

**표 5-2 : 각국의 경기부양 및 구제 금융 정책[5]**

(단위: 달러)

| 국가 | 정책유형 및 내용 | |
|---|---|---|
| 미국<br>(7,870억) | 경기 부양 | - 고용창출 및 산업지원을 위한 재정지출(에너지 [357억], SOC 및 IT [1,200억], 교육 및 의료 등)<br>- 저소득층/중산층 세금환급 또는 공제<br>- 기업 법인세 감면(400억)<br>- 신차구입 세금 환급<br>- 주택구매자 신용한도 확대 |
| | 구제 금융 | - 산업계 구제금융 176억(자동차 Big 3) |
| EU<br>(3,000억) | 구제 금융 | - 프, 영, 독, 스웨덴의 자동차산업에 대한 지급보증 및 구제금융 |
| | 경기 부양 | - 독일, 세금환급쿠폰 지급 등 대규모 감세(650억)<br>- 친환경 에너지사업 투자 및 R&D 기업에 대한 세금 우대 |
| 일본(3,700억) | 구제 금융 | - 자동차, 전기전자산업 구제금융 |
| 중국<br>(5,860억) | 경기 부양 | - 교통(2,600억), 환경시설(500억), 농촌시설 및 주택건설(400억) 등<br>- 외환보유고 운영 확대 일환으로 대기업의 해외 시장 진출, 국영기업 M&A 지원등 |
| 기타<br>신흥경제권 | 경기부양/<br>구제금융 | - 자원개발, 전력 등 에너지 인프라, 부동산/플랜트 등 중심으로 정책금융 지원<br>- 러시아: 에너지 국영산업과 금융부문 구제금융(2,000억)<br>- 브라질: 유전개발, 인프라 개발 부양<br>- 인도: 섬유, 자동차, 피혁산업 지원<br>- 베트남: 신발, 철강 산업 진흥책 발표<br>- 멕시코: 인프라 건설, 에너지, 광물 개발<br>- 남아공: 정보통신 & 인터넷 허브화 정책 |

한편, 중국은 자국산 가전제품 판매가 보조정책을 취하고 있고, 미국, 독일, 프랑스, 이태리, 스페인 등은 폐차후 신차구입시 보조 정책을 발표한 바가 있다. 이를 표로 정리하면 아래 <표 5-3, 5-4 및 5-5>와 같다.

5. LG경제연구소, 최근 보호무역주의의 특징과 영향(LG Business Insight 2009. 2. 25), pp. 35-37.

**표 5-3 : 중국, 자국산 가전제품 판매가 보조정책**

| |
|---|
| – 중국은 작년 10월부터 농촌지역의 국내산 가전제품 소비확대를 위한 보조금 지급 |
| – 품목과 대상지역을 확대, 컬러TV, 냉장고, 휴대폰, 세탁기, 오토바이, 컴퓨터, 온수기, 에어컨 등 8개 품목을 대상으로 판매가의 13%에 달하는 보조금 지급 |

**표 5-4 : 미국의 폐차후 신차구입 보조 정책**

| |
|---|
| – 미 의회는 노후 차량 폐차 후 연비가 좋은 국산차 구입시 보조금 지급 추진중 |
| – 2009-2010년, 8년 이상 된 차를 폐차하고, 휘발유 1갤런당 24~30마일(1L당 10.1~12.6km) 이상 달릴 수 있는 미국에서 생산된 차를 구입하면 4000~5000달러(약 520만~650만원), 같은 조건의 캐나다/멕시코 생산 차량을 구입하면 3000~4000달러(약 390만~520만원)를 지원 |
| – 2011년 이후, 미국서 생산된 전기차(electric vehicle)와 플러그인하이브리드(plug-in hybrid · 석유엔진과 전기모터를 함께 사용)를 구입시, 최고 7500달러(약 1000만원) 지원 |

**표 5-5 : 주요국의 폐차 인센티브 제도**

| |
|---|
| – 독일, 9년 이상된 중고차 폐차후 신차 구입시 2500유로(500만원) 지원 |
| – 프랑스 · 이탈리아, 10년 이상 된 중고차 폐차 후 신차 구입시 각각 1000유로와 1500유로 지원 |
| – 스페인, 15년 이상된 중고차 폐차후 신차 구입시 5000유로 5년간 무이자 융자 |
| – 미국, 2009년 말까지 신차 구입시 차값 4만9500달러 내에서 판매 · 소비세에 대한 소득공제 혜택 |
| – 독일, 신차구입시 소비세 6개월 면제(영국, 일본, 중국, 브라질, 러시아 등 신차구입시 세제혜택) |

이 밖에도 프랑스는 자동차 산업 구제금융 지원을 대가로 한 자국간 부품의 일정 비율 사용 의무화를 시도한 바 있으며, 중국은 장비제조업 진흥계획안을 통해 자국산 기계설비를 구매하도록 유도하고 있다.

## 2) WTO 규범

대표적인 국내산업 정책수단인 보조금에 대해 WTO 협정은 매우 관대한 취급을 하고 있음을 이해해야 한다. 많은 수의 일반인들이 보조금은 일반적으로 금지되는 것으로 이해하고 있으나, 그렇지가 않다는 말이다.

우선, WTO 협정의 규율을 받는 보조금이란 ① 정부의 재정적 기여(financial

contribution)가 존재하고, ② 해당 제약기업에 대한 혜택(benefit)이 발생하며, ③ 특정성(specificity)이 있는 지원의 경우를 말한다. 그러므로 자동차 Big 3를 대상으로 구제금융을 제공하거나, 에너지 산업에 특정적 지원을 제공하는 것 등은 특정성이 있으므로 WTO의 규율을 받게 된다. 반면, 기업 전반을 대상으로 법인세를 일괄적으로 감면해주거나 일반 납세자의 세금부담을 덜어주는 정책은 특정성이 없어 WTO 규율을 받지 않는다.

WTO 협정의 규율을 받는 보조금은 금지보조금(prohibited subsidy), 제소가능보조금(actionable subsidy) 및 상계가능보조금(countervailable subsidy)으로 분류할 수 있으며, 각각의 경우에 대해 WTO의 규율내용이 다르다.

우선, 금지보조금은 수출보조금과 수입대체보조금이 있다. 수출보조금은 명시적인 "수출성과 조건(export performance condition)"을 부과하며 보조금을 지급하는 경우이거나, 실제로 제품이 생산되어 수출될 때, 그 수출에 영향을 미치는 금전적 지원을 하는 경우를 말하는 것이다. 그러므로, 특별히 국산 중간재 사용의무나 수출실적 조건 등이 부과되지 않고, 수출을 위한 마케팅, 운송 등의 수출비용을 직접지원하지 않는 한, 국내기업에 대한 지원은 금지보조금에 해당되지 않는다고 볼 수 있다. 경기부양이나 구제금융 정책이 주로 내수기업을 중심으로 취해지게 되면, 수출성과 조건과 무관하게 되므로, 금지보조금에 해당하지 않게 된다.

수입대체보조금은 수입품에 대체하여 국산품을 사용할 것을 조건으로 생산자에 지급하는 보조금을 말한다. 프랑스가 자동차 산업 구제금융 지원을 대가로 한 자국산 부품의 일정 비율 사용 의무를 부과하거나 중국이 장비제조업 진흥계획안을 통해 자국산 기계설비를 구매하도록 유도하는 것은 수입대체 조건에 해당할 가능성이 크다.

수출실적이나 수입대체 조건이 없이 지원하게 되면, 금지보조금은 아니나 보조금 지급 효과로 인해 교역상대국의 이익에 "부정적 효과"(adverse effects)를 초래하는 경우 제소가능보조금(actionable subsidy)으로 WTO에 제소될 수 있다. 아울러 이러한 보조금을 받은 제품이 수출되어 상대국 국내산업에 "피해"(injury)를 가져오는 경우 상대국정부의 조사에 이은 상계관세를 부과 받을 수 있다. 이러한 제소가능보조금과 상계가능보조금 해당여부는 미리 선험적으로 판단할 이슈가 아니며, 보조혜택 수혜의 결과 추후적으로 발생하는 효과(effect)에 따라 결론이 달라질 수 있는 이슈인 것이다. 이때, "부정적 효과(adverse effect)"란 보조금 지불의 결과 경쟁관계에 있는 상대국제품에 대해 국내나 해외경쟁시장에서 상대국제품을 대체시키는(보조혜택을 받은 국산품이 상대국 제품을 대체하는) 경우이거나, 해당 제품의 가격의 하락을 초래하는 경우를 말한다. 또한, "산업피해(injury)"란 보조금 지불의 결과, 경쟁관계에 있는 상대국 제약산업이 매출이 감소하고 고용이 줄어드는 등의 효과가 발생하는 경우를 말한다. 따라서, 특정산업에 대한 경기부양이나 구제금융 제공의 결과 이러한 제품 대체효과나 가격효과가 나중에 발생하는지, 또한 산업피해 효과 여부를 결과론적으로 따져 보아야 한다.

**표 5-6 ⁝ WTO협정상의 보조금 규정 개요**

| |
|---|
| 1. 금지보조금: 수출실적보조금, 수입대체보조금 |
| 2. 제소가능보조금: 부정적효과(무역대체효과, 가격억제효과) 및 특정성 입증해야 |
| 3. 상계가능보조금: 수출로 인한 산업피해/인과관계 및 특정성 입증해야 |
| 4. 허용보조금 |

주의할 점은 금지보조금의 경우에는 절대적으로 보조금을 철회할 의무가 발생하는데 반해, 제소가능보조금의 경우 제소되어 패소한 경우에는 보조금을 철회하던지 아니면 부정적 효과를 제거(수출세 부과 등으로 수출을 억제하는 등의 조치)할 것을 선택할 수 있다는 점이다. 또한 상계가능 보조금에 해당하여 상대국으로부터 상계조치를 당하는 경우는 보조금 철회의무가 없어, 계속적으로 보조금 혜택을 줄 수 있다. 물론 해당제품이 상대국에 수출될 때 계속 상계조치를 당하게 되는 부담은 지게 되는 것이다. 이것은 수출실적에 따라 지급하는 보조금이나 수입품에 대체하여 국산품을 사용할 것을 조건으로 생산자에 지급하는 보조금이 아닌 한, 다른 종류의 보조금들은 다양한 목적의 정책수단으로 활용할 수 있음을 의미한다. 즉, 경제위기를 맞아 취약한 국내산업을 회생시키기 위한 보조

금은 그것이 교역상대국에 부정적 효과를 창출하지 않는 한 얼마든지 지급할 수 있는 것이다. 위기국면에서 대표적인 불황산업인 자동차, 조선, 항공 분야에 지급하는 보조의 혜택은 산업회생을 위한 한도 내에서 지불하는 한 허용되는 것이다. 또한, 모든 납세자나 불특정적인 기업들에 세금감면의 혜택을 부여하는 등 특정적이지 않은(non-specific) 방식으로 보조금을 지급하는 것은 얼마든지 가능하다. 다시 말하면, WTO 규범 자체가 보조금이라는 유용한 경제위기 극복 수단을 사용할 수 있도록 한 '정책적 유연성(flexibility)' 에 기반하고 있음을 인식할 필요가 있다.

아울러 주목할 점은 상대국의 보조정책에 우리 기업이 참여할 수 있는 여지이다. 선진국들의 정책은 주로 자국내 특정산업에 대한 금융지원, 고용유지, 내수소비 진작을 위한 직간접적 세제 혜택 등 중심이어서 우리 기업들의 참여 가능성 자체가 원천적으로 낮다. 또 이러한 지원책의 수혜 기업들은 우리 기업들과 경쟁관계에 있다. 다만 각국의 경기부양책이 경제를 살리는데 기여할 경우 전체 수입수요가 살아나서 우리의 수출에도 도움을 주는 간접적 효과는 기대할 수 있을 것이다. 이에 비해 신흥경제권 국가들에 대해서는 상대적으로 기회가 많을 것으로 보인다. 특히 이들 국가는 제조업 기반을 육성하려는 정책 지향과 자원개발, 사회인프라 구축 등 기간산업 정비가 경기부양의 주목적이어서 우리 기업들의 연관분야 사업참여 기회가 있을 것으로 예상된다.[6]

그러므로 각국의 경기부양책이나 구제금융정책의 시행의 결과 특정적 보조의 혜택이 부여되는지, 우리산업에 부정적 효과나 국내산업에 피해가 발생하는지, 우리 기업들이 참여할 수 있는 여지가 있는지 여부를 항상 주시하여, 각 경우에 입각해서 적절한 대응을 해야 할 것이다.

한편, 최근 중국이 시행한 농촌지역에서 자국산 가전제품의 소비확대를 위해 판매가의 일정부분을 보조해주는 정책과 미국 및 유럽제국이 도입하려 하고 있는 노후 차량 교체시 자국산 자동차에만 보조혜택을 주는 정책 등은 교역상대국에 부정적 효과를 창출하지만, 직접적 혜택이 생산자가 아닌 소비자에 부여되는

6. Ibid.

것이므로 WTO 협정상의 보조금(즉, 생산자보조금)으로 볼 수는 없다. 이러한 '소비자 보조금' 은 WTO 보조금협정에 의해 규율되는 것이 아니라, 국산품과 수입품간 판매에 있어 부당한 차별대우를 가하는 것이므로 GATT 제III조의 내국민대우 위반문제로 다룰 수 있다. 따라서, 혜택을 받는 국산품과 '같은 제품' (like products) 관계에 있는 외국산 제품의 구매시에도 최소한 동일한 혜택을 부여하지 않는 한 내국민대우 위반을 구성하게 된다.

## 결론 06

전 세계적 경제위기를 맞아 교역장벽을 높이지 않는 것은 세계경제 전체를 위해 바람직하다. 반면, 경제위기의 타격을 집중적으로 받는 산업을 구제하고 연착륙시키기 위한 각종 지원 정책을 적어도 단기적으로 시행하는 것은 국가경제를 위해 필요하다. 따라서, 국제통상규범 자체가 이미 설정해놓은 테두리 내에서 각종 정책수단을 활용하여 경제위기 극복을 해나가는 것은 진정한 의미의 '보호무역주의' 나 '새로운 무역장벽을 설치' 하는 것이라 볼 수 없으며, 이러한 정당한 정책추진으로 인해 발생하는 부수적인 교역제한 효과는 세계 각국이 기본적으로 용인해야 하는 것이다.

반면, 이러한 통상규범의 테두리를 넘어 불법적인 내용이나 방식으로 국내산업을 보호하는 것은 세계 각국 모두가 경계해야 할 대상이 아닐 수 없다. 이러한 '보호무역주의' 조치에 대해서는 적극적으로 외교적 압력을 가하고 공동 WTO 제소 등을 통해, 국제적으로 확산되는 것을 조기에 차단해야 할 것이다. 특히, 자의적 관세분류를 통해 보호주의적 관세인상의 효과를 거두려하거나, 차별적으로 관세를 인상하는 정책수단에 대해서는 적극적으로 대응해야 한다. 수입허가제의 본래의 의미를 벗어나는 운영으로 부당한 교역제한 효과를 가져오는 것도 경계해야 한다. 반덩핑제도를 산업 보호적으로 운영하여 수출자들의 정상교역에 '냉각효과' (chilling effect)를 초래하는 것도 적극적으로 문제 삼아야 한다. 아울러 금지되지 않는 보조금을 지급할 권리는 존중하되, 상대국에 부정적 영향이나 피해를 가하는 보조금에 대해서는 그 효과 제거를 위한 적극적 대응 권리도 인정되어야 한다.

세계경제가 어렵고 그에 대한 대응을 놓고 각국의 이해관계가 빈번히 충돌할수록 공통의 교역규범에 입각한 '적극적 문제해결' 의 지혜가 발휘되어야 한다.

## 참고문헌


대한무역투자진흥공사(2009), "최근 글로벌 보호무역주의 동향" 서울: KOTRA

LG경제연구원(2009), "최근 보호무역주의의 특징과 영향" (LG Business Insight 2월 25일자)

외교통상부(2009), "대EU 수출 다기능 휴대폰 품목분류 문제 해결", 보도자료 제 09-437호(8.10.)

WTO 보호무역조치 모니터링 제2차 회의 보고서, Report on the Financial and Economic Crisis and Trade-related Developments.

최원목(2003), "WTO 비차별원칙의 이해와 적용연구". 법무부

Jackson, John(1997), *The World Trading System–Law and Policy of International Economic Relations*. MIT Press

Krugman, Paul R.(1987), "Is Free Trade Passe?", *The Journal of Economic Perspectives* Vol. 1(2): 131-44

# 최근 미국의 통상정책 평가와 보호무역주의

06

정재화 **한국무역협회 통상연구실장**

## 서론 01

2008년 말, 글로벌 금융위기와 경기침체 와중에 실시된 미국의 대선과 총선에서 민주당이 압승을 거두었다. 부시 행정부의 10년간의 정책에 대한 미국민들의 염증, 금융위기에 의한 자산가격 폭락에 따른 불만, 오바마 대통령 후보의 참신한 이미지와 인터넷을 통한 선거전략의 적중 등의 요인이 복합적으로 작용하면서 행정부와 의회를 모두 민주당이 장악하게 되었다. 특히 의회의 경우 이미 민주당이 다수당이었으나 이번 총선을 거치면서 상원은 100석중 60석, 하원은 435석중 257석(59%)을 민주당이 차지하는 등 과거에 볼 수 없었던 압도적인 다수를 민주당이 차지하게 되어 미국의 대외통상정책에도 큰 변화가 오지 않을까하는 예상이 많다.

일반적으로 미국의 공화당은 비교적 자유무역에 대한 지지성향이 강하고 민주당은 상대적으로 보호무역적 경향이 있는 것으로 알려져 있다. 그러나 이는 최근에 두드러진 현상이고 건국 이래 미국의 통상정책을 장기적인 맥락에서 바라보면 반드시 그렇지만은 않다. 양당의 입장이 고정불변이라기보다는 그때 그때의 국내외 상황에 따라 보호무역과 자유무역을 오갔으며 필요에 의해 한 쪽이 강조되어 왔다는 것을 알 수 있다.

예를 들면 남북전쟁 직전에는 농산물 수출을 희망하는 남부 기반의 민주당은 자유무역을, 유치(幼稚)단계인 공업을 바탕으로 한 북부의 공화당은 보호무역을 희망했다. 남북전쟁 결과 북부가 승리함에 따라 유럽과의 경쟁으로부터 자국 산업을 보호하기 위해 1816년 관세법을 제정하는 등 고관세 정책을 펼쳤는데 이는 통상조약에도 반영되어 15~16세기 유럽에서 확립된 무조건 최혜국 대우가 아닌 상호양허에 따른 조건부 최혜국 방식을 채택하였다. 이러한 상황은 미국이 세계경제 주도권을 장악한 1차 대전 후까지 계속되었으며 1921년 농업긴급관세, 1922년 공업관세, 1930년 스무트-홀리법으로 보호무역정책은 정점에 달하였다. 이때까지는 대체로 민주당 정부는 관세 인하, 공화당 정부는 관세 인상을 주장해 오늘날과는 정반대 패턴을 보였다.

2차 대전 이후 GATT 체제가 성립되면서 양자적 MFN을 다자적으로 적용하면서 전면적인 자유무역정책으로 전환하였는데 미국은 전쟁을 통해 급격히 팽창한 생산력을 바탕으로 해외시장 진출이 절실했기 때문에, 1962년 제정된 통상확대법에 의거하여 케네디라운드를 주도하였고 USTR의 전신인 STR를 설치하는 등 자유무역 흐름을 주도하였다.

60년대 후반부터 70년대에는 경쟁열위 산업에 대한 보호무역주의가 대두되었다. 동 시기 무역수지가 적자로 반전되고 달러화가 위기에 처하는 등 세계무역에서 미국의 우월성이 사라지자, 경쟁력을 상실한 전통산업을 중심으로 보호무역주의 압력이 증가하였다. 과거에는 관세인상을 통한 국내시장 보호가 가능했으나 GATT로 인해 관세인상이 불가능해짐에 따라 다양한 비관세조치를 동원했는데, 1974년 무역법으로 무역구제제도를 강화하였고 301조 신설로 미국 개별기업의 제소가 가능해졌다. 그러나 동경라운드를 통한 관세 인하, 비관세조치 관련 6개의 다자협정, 통상 협상에 대해 의회의 사후 승인을 받는 신속처리 제도 도입 등 자유무역을 위한 노력도 동시에 진행되었다.

80년대 이후에는 공정무역을 기치로 공격적 통상정책을 채택하였다. 1985년 경상수지적자 누적으로 순채무국으로 전환되는 등 국내 경제상황이 악화되면서 보호무역에 대한 산업계와 근로자의 요구가 증가하자, 미국시장을 보호함과 동시에 해외시장에 대한 개방을 요구하는 공격적 통상정책으로 전환하였다. 대일무역보복법안이 의회에서 만장일치로 통과되었고 UR을 통한 자유무역 압력 확대, 수퍼 301조, 스페셜 301조 등을 통한 해외시장 개방 압력을 강화하는 한편, NAFTA를 통한 블록화도 동시에 추구하였다. 레이건 행정부는 자유기업, 자유무역을 기치로 내걸었으나 실제로는 자동차 및 철강에 대한 자율수출규제, 공정무역 강화 등 보호무역주의적 정책을 많이 시행하였다. 친기업적 성향의 부시 대통령도 자유무역을 강조하는 듯 했으나, 실상은 취임하자마자 철강 세이프가드를 발동하고 자동차 통상압력도 가중하는 등 보호무역 성향도 동시에 드러내었다. 이와 더불어 통상 문제에 대한 의회의 역할이 늘어나고 통상법규 이행을 더욱 강조하게 되었다.

이처럼 미국의 통상정책을 결정하는 요인들로는 정파적 요인 외에도 미국의 경제현황, 특히 미국산업의 국제경쟁력과 경상수지 상황이 중요한 변수로 작용해 왔으며 행정부와 의회의 입장 사이에도 차이가 있음을 알 수 있다. 이러한 맥락에서 미국 신정부의 통상정책을, 행정부와 의회를 분리해서 살펴 보고 신정부 출범 이후 진행되고 있는 주요한 통상이슈들을 검토해 봄으로써 향후 미국의 통상정책 방향을 가늠하고 우리에 대한 시사점을 생각해 보고자 한다.

## 02 통상정책에 대한 행정부의 입장

우선 오바마 대통령을 보면 대선 전후에 걸쳐 입장 변화가 눈에 띈다. 민주당 경선 시기에는 노조를 의식한 보호무역 경향의 언급이 주를 이루었다. 공정무역을 강조하는 가운데 공화당 정부의 통상정책을 비판하고 자유무역의 부정적 측면을 강조하였다. 민주당 대선 후보자 시기에는 다소 완화되기는 했으나 여전히 지지자를 의식한 입장을 유지하였다. 공정무역을 기초로 노동, 환경 기준의 확산을 강조하고 무역협정이 미국 근로자의 이해를 반영해 올바르게 집행되어야 한다고 역설하였다.[1] 다만, 무역이 미국의 국익에 반하지 않으며 고용 유지를 위해서도 자유무역이 필요하다고 강조하였다. 그러나 대통령 당선 후에는 자유무역주의 기조를 바탕으로 한 중립적 입장을 보이고 있다. 공정무역, 무역협정의 의무 준수 등을 여전히 강조하지만 기본적으로는 자유무역 논리와 국제협정 상의 의무에 근거한 정책을 추진하고 있다.

대통령을 보좌하는 주요 각료와 자문진을 살펴보면 우선 백악관의 경우 클린턴 행정부에서의 경험이 풍부한 개혁성향의 인사를 주로 기용하였다. 램 에마뉴엘(Rahm Emanuel) 비서실장은 클린턴 대통령 정치고문을 역임한 바 있으며 2002년 하원의원에 당선된 이후 2006년 민주당 선거대책위원장을 맡는 등 활발한 활동으로 당내 위상이 급부상했다. 공격적 성향이라는 평가는 선거와 같은 정치적 목표를 달성하는 과정에서 얻은 것일 뿐, 온건한 중도적 성향의 New Democrats를 이끈 시장 친화적 인물로 평가된다. 래리 서머스(Larry Summers) 국가경제위원회 위원장은 클린턴 정부 시절 재무장관직을 수행한 바 있고 하버드대 총장을 역임하였는데, 로버트 루빈 전 재무장관의 정책을 계승하여 규제완화를 추진하는 등 시장경제 및 자유무역을 지지하는 입장이다. 폴 보커(Paul Volcker) 국가경제회복위원회 위원장은 카터 정부와 레이건 정부에서 FRB 의장을 역임하였으며 FRB 의장 당시 강력한 통화긴축으로 인플레이션을 억제한 바 있다.

1. 대선 당시 민주당의 통상정책을 정리한 오바마-바이든 공약을 보면 노동 및 환경 기준의 확산과 이의 반영에 실패한 CAFTA와 같은 협정에는 단호히 반대하고, WTO 의무 이행 강화 및 불공정 수출보조금 및 비관세장벽을 금지하도록 WTO를 활용해야 함을 강조했음. 이를 위해 국경조치의 완화 뿐만 아니라 미국 상품의 실질적 시장접근 확보, 미국내 수입상품에 정당한 생산 및 판매과정 요구, 기체결된 무역협정의 실질적 이행여부 감시 강화, 무역협정의 분별력 있는 협상과 기존 무역구제법의 적극적 집행 등을 강조하였음. 또한 고용을 증대시키고 국제적 노동 및 환경 기준을 준수한 공정한 자유무역을 확산하기 위해 NAFTA 재협상, 근로자 재교육 강화, 의료보험 및 연금 지원 등을 포함하는 무역조정지원(TAA) 강화, 해외로 고용을 이전하는 기업에 대한 세제 특전 폐지, 적절한 임금 및 복지를 제공하며 미국인 근로자를 고용하는 기업에 대한 세제 혜택 확대 등을 제시하였음.

행정부 인사의 기본적인 인선기준은 대의회 교섭력 강화에 두고 있음을 볼 수 있다. 조셉 바이든(Joseph Biden) 부통령은 상원의원으로 오랜 기간 활동해왔으며 내각 20명 중 연방의원 출신이 7명이고 주지사 출신이지만 의회 사정에 밝은 2명도 포함되어 있다. 정치적 라이벌의 과감한 등용 뿐만 아니라 성별, 인종을 가리지 않은 다양한 인사를 중용함으로써 국민통합을 도모하였다. 힐러리 클린턴(Hillary Clinton) 국무장관은 민주당 경선과정에서 오바마 대통령과 상당한 대립 양상을 보였으나 그 후 국무장관직을 수락했는데, 한미 FTA에 대해서도 매우 강한 불만을 표시했으나 상원 인준청문회와 최근 방한시 제기한 의견은 원론적인 수준이었다.

티모시 가이트너(Timothy Geithner) 재무장관은 90년대말 외환위기 시 한국을 방문하여 IMF 구제금융안을 조율한 인연이 있으며, 로버트 루빈 前재무장관 측근으로서 규제완화와 자유무역을 옹호하는 입장이다. 개리 로크(Gary Locke) 상무장관은 최초의 중국계 장관으로 1세대 이민자 가족에서 태어나 1997년부터 2005년까지 워싱턴주 주지사를 역임하였다. 당초 빌 리처드슨(Bill Richardson) 주지사를 임명했으나 정치자금 의혹으로 사퇴하고, 저드 그레그(Judd Gregg) 공화당 의원도 물망에 올랐으나 사퇴하는 등 중량급 인사 영입에 실패하였다.

론 커크(Ron Kirk) USTR 대표는 최초의 흑인 USTR이며, 전직 의회로비 전문 변호사로 활동하는 등 의회 사정에 밝은 자유무역주의자로 평가된다. 커크 대표는 상원 인준청문회에서 새로운 FTA 추진에는 관심이 없으며 기존 협정의 이행 강화에 초점을 맞출 계획이라고 발언한 바 있다. 한미 FTA에 대해서는 현재의 결과가 만족스럽지 못하다는 의견을 제시했으나, 구체적으로 무엇이 불만족스럽고 어떻게 개선할 것인가에 대한 답은 제시하지 않았다. 최근 대학 연설에서는 FTA 협정문을 수정하기 보다는 다른 방법을 통해 개선하는 것이 바람직하다는 의견을 제시한 바 있다.

이처럼 백악관 및 행정부의 인사들은 전반적으로 자유무역을 이해하는 인사들이 배치되어 당초의 우려를 많이 불식시켰다. 그러나 USTR 핵심 포스트에 민주당측 의회 인사들이 대거 참여한 점은 다소 우려되는 점이다. 예를 들면 상원 재무위 소속 선임법률자문관인 드리트리우스 마란티스(Demitrius Marantis)는 아시아 담당 USTR 부대표로 임명되었고, 하원 세입위 소속 법률자문관인 티모시 리프(Timothy Rief)는 USTR의 자문관(General Counsel)으로 임명되었다. 마란티스 부대표는 재무위원장인 맥스 보커스(Max Baucus) 의원의 핵심 측근으로 최근 상원에서 다룰 통상의제를 정리하여 회람한 바 있으며, 리프 자문관은 무역소위 위원장이자 보호무역주의자인 샌더 레빈(Sander Levin) 의원의 입법보좌관으로 활동해 왔다.

USTR은 2월 27일 전반적인 통상현안을 정리한 『2009 Trade Policy Agenda and 2008 Annual Report』를 의회에 제출했는데 주요 내용은 규범에 기반한 통상체제를 지원하고, 통상정책의 사회적 책임과 정치적 투명성을 개선하며, 통상정책을 에너지 및 환경 정책 추진을 위한 중요한 도구로 활용하고, 통상마찰 해결을 위해 무역협정을 활용하는 한편 책임있고 투명한 방법으로 기존의 FTA 및 BIT를 이행하고, 개도국 특히 최빈개도국에게 건실한 파트너로서의 약속을 유지한다는 내용으로 되어 있다.

동 보고서는 통상정책에 관해 오바마 행정부에서 공식적으로 발표한 최초의 보고서로서 향후 오바마 정부의 추진방향을 예측할 수 있다는 점에서 의미가 크다. 이를 통해 볼 때 오바마 정부는 향후 통상정책을 추진함에 있어서 의회와의 공조에 무게를 둘 것으로 전망된다. 특히 콜롬비아, 한국과의 FTA 비준 과정에서 의회의 관심사안을 충분히 다루고, 새로이 추진될 FTA, DDA 협상을 위한 무역촉진권한 획득에서도 의회의 제한을 충분히 수용할 것으로 예상된다.

## 통상정책에 대한 의회의 입장 03

111대 의회의 구성을 보면 민주당이 압도적인 차이로 양원을 장악했음을 알 수 있다. 하원에서는 민주당이 21석 늘어난 257석, 공화당 178석으로 민주당이 60%에 가까운 의석을 확보했으며 상원에서는 민주당이 58석, 공화당이 40석이나, 무소속 2석이 사실상 민주계이기 때문에 필리버스터링(Filibustering)을 막을 수 있는 60석을 확보했다고 볼 수 있다.[2)]

선거 전 실시한 여론조사에서 유권자들의 85% 이상이 백악관이 잘못된 방향으로 가고 있다고 답하였고 부시 대통령의 지지도도 27.4%에 불과했으며 의회에 대한 신인도도 15.7%로 극히 낮은 등 국내외 정책실패와 정치 불신이 공화당에 불리하게 작용하였다. 더욱이 의회 윤리규정 강화로 인해 향후 의원직을 마치고 로비스트로 개업하기 전에 거쳐야 하는 공백기간이 상당히 늘어나는 것에 대한 부담감이 20여명의 공화당 현역 하원의원으로 하여금 불출마를 선언하도록 하였다. 1930년대 이후 현직 공화당 하원의원의 재선율이 98%에 달했음에도 이러한 결과가 나타난 것은 동 윤리규정의 영향이 컸음을 반증한다.

하원 세입위원회(Committee on Ways and Means)는 민주당 26명, 공화당 15명으로 구성되었는데, 이는 110대에서 민주당 14명, 공화당 17명으로 구성되었던 것에 비해 민주당의 역할이 대폭 강화되었음을 의미한다. 산하의 무역소위(Sub-committee on Trade)는 민주당 9명, 공화당 5명으로 구성되어 110대에 비해 공화당 의원이 1명 줄어들었으며, 샌더 레빈 의원이 위원장 연임에 성공하였다. 레빈 위원장은 무역장벽 도입 법안에는 반대해왔으나 디트로이트 북부인 지역구의 이해를 반영하여 국내산업 보조금 지원법안에는 100% 찬성한 바 있다.

110대 무역소위 소속 민주당 의원 중 레빈 위원장을 비롯한 3명만 유임되었고 나머지 6명은 새로운 얼굴로 교체되었는데, 새로 임명된 6명 위원들의 투표성향을 보면 교체된 의원들에 비해 무역자유화를 좀 더 지지하지만 동시에 국내 산업에 대한 보조금 지급도 더 지지하는 것으로 나타났다.

공화당 소속 무역소위 위원 5명 중 2명만 110대에 이어 유임하였고 3명은 새로 배정되었다. 110대에서 공화당 간사는 왈리 허거(Wally Herger) 위원이었으나 평위원으로만 남고, 간사는 110대에서도 무역소위에서 활동한 케빈 브래디(Kevin Brady) 위원이 맡았다. 110대 6명의 공화당 위원들은 과거 수입규제 도입

2. 상원 의석수는 최근까지도 유동적이었으나 미네소타주의 선거결과에 대한 판결을 통해 민주당 의원의 당선을 재확인하였고, 공화당 Specter 상원의원이 민주당에 입당함에 따라 민주당 의석수는 58석이 되었음.

에 반대하고 국내 보조금 지원에도 상당히 찬성하는 성향을 띄었으나, 111대 5명의 위원들은 수입규제에는 비슷한 수준으로 반대함과 동시에 보조금 지원에 대한 반대도 높았던 것으로 나타났다.

민주당 위원 중 자유무역적 성향을 보이던 존 라슨(John Larson) 위원과 켄드릭 미크(Kendrick Meek) 위원이 빠지고, 보호무역 성향이 강한 린다 산체스

**표 6-1** ⁝ 111대 하원 세입위 무역소위 구성

| | |
|---|---|
| **민주당** | Sander M. Levin(미시간) 위원장, John S. Tanner(테네시), Chris Van Hollen(매릴랜드), Jim McDermott(워싱턴), Richard E. Neal(메사추세츠), Lloyd Doggett(텍사스), Earl Pomeroy(네바다), Bob Etheridge(노스 캐롤라이나), Linda T. Sanchez(캘리포니아) |
| **공화당** | Kevin Brady(텍사스) 간사, Geoff Davis(켄터키), Dave G. Reichert(와이오밍), Wally Herger(캘리포니아), Devin Nunes(캘리포니아) |

**표 6-2** ⁝ 111대 하원 무역소위 의원들의 FTA 투표 결과

| 소속 | | 싱가폴 | 칠레 | 호주 | 모로코 | CAFTA | 바레인 | 오만 | 페루 |
|---|---|---|---|---|---|---|---|---|---|
| 민주 | Levin | ○ | ○ | ○ | ○ | ○ | ○ | × | ○ |
| | Van Hollen | ○ | ○ | ○ | ○ | ○ | ○ | × | ○ |
| | McDermott | × | × | ○ | ○ | × | ○ | × | ○ |
| | Neal | ○ | ○ | ○ | ○ | × | ○ | × | ○ |
| | Doggett | ○ | × | ○ | × | × | ○ | × | ○ |
| | Pomeroy | ○ | ○ | × | ○ | × | ○ | × | ○ |
| | Etheridge | ○ | ○ | ○ | ○ | × | ○ | ○ | ○ |
| | Sanchez | × | × | × | × | × | × | × | × |
| 공화 | Brady | ○ | ○ | ○ | ○ | ○ | ○ | ○ | ○ |
| | Davis | – | – | – | – | ○ | ○ | ○ | ○ |
| | Reichert | – | – | – | – | ○ | ○ | ○ | ○ |
| | Herger | ○ | ○ | ○ | ○ | ○ | ○ | ○ | ○ |
| | Nunes | ○ | ○ | – | × | ○ | ○ | ○ | ○ |
| | Brown-Waite | ○ | ○ | ○ | ○ | ○ | – | ○ | ○ |

**표 6-3 : 하원 무역소위 의원들의 통상관련 법안 투표 결과**

| | 민주당 | | 공화당 | |
|---|---|---|---|---|
| | 110대 | 111대 | 110대 | 111대 |
| 수입규제 도입 반대 | 49.8% | 59.2%(+9.4%p) | 72.0% | 71.0%(-1.0%p) |
| 보조금 지급 반대 | 29.7% | 23.3%(-6.4%p) | 14.5% | 23.2%(+8.7%p) |

(Linda Sanchez) 위원이 포함된 것은 다소 부정적인 영향을 미칠 것으로 예상된다.

상원의 경우 110대에서는 민주당 50석, 공화당 49석으로 양당간 균형을 유지하였으나, 이번 선거로 민주당은 58석을 차지하게 되었으며 민주계 무소속 2석을 포함하면 사실상 60석의 압도적 우위를 차지하였다.

통상문제를 담당하는 상임위원회인 재무위에서 민주당과 공화당은 110대 때는 각각 11석과 10석을 차지했으나, 민주당이 11석을 유지한 반면 공화당은 존 수누누(John Sununu) 의원이 선거에서 패배함에 따라 1석을 잃음으로써 민주당이 보다 유리해졌다. 민주당의 보커스 의원은 위원장직을 유지하게 되었으며 공화당의 찰스 그래슬리(Charles Grassley) 의원도 간사직을 유지하게 되었다. 특히 국제무역소위 간사를 맡았던 고든 스미스(Gordon Smith) 의원이 선거에서 패한 것은 공화당에게는 상당한 손실이 될 것으로 보인다.

**표 6-4 : 상원 재무위 무역소위 구성**

| | |
|---|---|
| 민주당 | Ron Wyden(오레곤) 위원장, John D. Rockefeller(웨스트 버지니아), Jeff Bingaman(뉴멕시코), John F. Kerry(메사추세츠), Debbie Stabenow(마이애미), Maria Cantwell(와이오밍), Robert Menendez(뉴저지) |
| 공화당 | Mike Crapo(아이다호) 간사, Olympia J. Snowe(메인), Jim Bunning(켄터키), Pat Roberts(캔자스) |

**표 6-5 : 111대 상원 국제무역소위 의원들의 과거 FTA법안 투표 결과**

| 소속 | | 싱가폴 | 칠레 | 호주 | 모로코 | CAFTA | 바레인 | 오만 | 페루 |
|---|---|---|---|---|---|---|---|---|---|
| 민주 | Wyden | × | × | ○ | ○ | ○ | ○ | × | ○ |
| | Rockefeller | ○ | × | × | ○ | × | ○ | × | ○ |
| | Bingaman | ○ | ○ | ○ | ○ | ○ | ○ | × | ○ |
| | Kerry | − | − | − | − | × | ○ | ○ | ○ |
| | Stabenow | ○ | ○ | ○ | ○ | × | × | ○ | × |
| | Cantwell | ○ | ○ | ○ | ○ | ○ | ○ | ○ | ○ |
| | Menendez | − | − | − | − | − | − | − | ○ |
| 공화 | Crapo | × | × | ○ | ○ | × | ○ | ○ | ○ |
| | Snowe | ○ | ○ | × | ○ | × | × | ○ | ○ |
| | Bunning | ○ | ○ | ○ | ○ | ○ | ○ | ○ | ○ |
| | Roberts | ○ | ○ | ○ | ○ | ○ | ○ | ○ | ○ |

대선 직후 오바마 당선자는 화급한 경제위기의 해결 뿐만 아니라 장기적이고 지속적 경제성장의 기반을 마련할 수 있는 경기부양책이 마련되어야 한다고 역설하고 취임식 직전 총 8,250억 달러 규모의 경기부양법안을 발표하였다.[3] 양원 조정위 합의안이 양원을 통과하고 오바마 대통령이 2월 17일 최종 서명함에 따라 법안이 발효되었는데, 최종안은 공화당의 요구대로 감세규모가 확대되고 재정지출도 대폭 감소하였으나 공화당 의원들은 하원에서 전원 반대를, 상원에서 당초 찬성한 3인을 제외한 전원이 반대 투표를 하였다.

경기부양법에 포함된 내용 중 특히 "Buy American" 조항이 관심의 초점이 되었는데 동 법에는 이른바 자국산 상품 구매를 의무화한 "Buy American" 조항이 포함되어 있어 동 법에 따라 마련된 재원은 철강 및 모든 공산품이 미국산이 아닐 경우 공공건물의 건설, 개조, 유지 보수에 사용될 수 없다. 단, 연방정부가 i) 공공의 이익에 불일치하거나, ii) 충분한 수량과 품질의 철강 및 관련 공산품이 국내에서 생산되지 않거나, iii) 미국산 철강 및 공산품의 사용이 전체 프로젝트 비

3. 법안 명칭: 미국회복및재투자법(ARRA : American Recovery and Reinvestment Act)

용을 25% 이상 증가시킨다고 판단할 경우 수입품을 사용할 수 있다.(ARRA Section 1605)

사실 ARRA에 포함된 "Buy American" 조항은 새로 도입된 제도가 아니며, 미국은 연방구매규정(FAR) 내에 자국산 제품을 우선 구매하도록 하는 내용에 의거 연방정부와 주정부의 구매시 미국산 제품 구매를 의무화해왔다. 1933년 Buy American법을 제정하면서 시작된 동 제도는 GATT 동경라운드에서 정부구매코드의 내용을 보완하여 1979년 무역협정법에 의해 일부 보완되고, 1988년 종합무역및경쟁력법에 1988년 Buy American법으로 수정되었으며, WTO GPA, NAFTA 등을 통해 일부 완화되었으나 여전히 재정지출에 따른 구매시 적용되고 있다. 특히 WTO GPA에 37개 주의 정부구매를 양허하였음에도 불구하고 주정부 이하 지방정부에서 "Buy State", "Buy Local" 규정을 통해 차별하는 경우도 발생하고 있다.[4)]

당초 하원은 미국산 철강에 대한 구매를 의무화한 규정을 통과시켰고, 상원에서는 철강 뿐만 아니라 공산품도 포함하도록 법안을 작성하였다. 그러나, EU, 중국, 일본 등에서 동 조항은 WTO 정부조달협정 당사국인 미국의 의무위반이라고 강하게 비판하였고, 국내에서도 민주당 중도성향 의원(New Democrats), 업계단체, 자유주의 성향의 씽크탱크 등에서 강하게 반대하였다. 이에 따라 오바마 대통령은 상원에 이러한 우려를 고려해줄 것을 요청하였고 상하 양원은 국내외 비판여론을 의식하여 "국제협정상의 미국의 의무에 일치하도록 한다"는 단서 규정을 시켜 법안을 통과시켰다.

또 "미국근로자 고용의무" 조항이 있는데 이는 구제금융(TARP) 지원을 받은 금융기관이 외국인 근로자 고용을 위해 비자 발급을 신청할 경우, 신청 전후 각 3개월간 이미 고용되어 있는 미국인 근로자를 해고하거나 재배치 할 수 없도록 하는 것이다. 이는 무소속 진보성향의 버니 샌더스(Burnie Sanders, 버몬트) 의원과 공화당 찰스 그래슬리(Charles Grassley, 아이오와) 의원이 제한한 것으로서 구제

4. 미국의 GPA 양허에 포함 안된 13개주: 알라바마, 알라스카, 조지아, 인디아나, 네바다, 뉴저지, 뉴멕시코, 노스캐롤라이나, 노스 다코타, 오하이오, 사우스 캐롤라이나, 버지니아, 웨스트 버지니아

금융을 받은 300개 이상의 금융기관에 2년간 한시적으로 적용된다. 동 규정에 대해 이민관련단체와 자유주의적 씽크탱크들은 극단적 보호주의조치라고 비난하고, 동 법이 시행되면 능력있는 외국인의 채용이 불가능해져 경쟁력 약화를 초래할 수 있다고 강하게 반발한 바 있다.

한편, 버드 수정법에 따라 과거에 덤핑 제소를 했던 미국 기업들에게 징수된 덤핑관세 수입을 분할해 나눠주었던 것을 법원이 WTO 취지 및 특히 NAFTA 취지에 비춰보아도 불일치한다며 환불하도록 했던 것을, "감면"해 주는 조항이 9천만달러 상당의 조세감면 형태로 포함돼 있다.[5] 동 반덤핑 관세는 당시에 주로 멕시코 및 캐나다 측 수출업체들로부터 징수했던 것인데 미국 기업들에게 동 금액이 이미 오래 전에 분배된 바 있었으나, 미국 법원의 판결까지 무시하며 법률로써 이 의무를 면제해 주겠다는 것이다.

이외에도 의회의 보호무역 성향이 심화되고 있음을 보여주는 것으로는 무역집행법안(Trade Enforcement Act)의 발의를 들 수 있다. 찰스 랑겔(Charles Rangel, 민주, 뉴욕) 하원 세입위 위원장은 1월 14일 외국의 진입장벽 제거, 무역구제조치 강화, 국경에서의 검역 및 지재권 강화 등을 주내용으로 하는 2009년 무역집행법안을 발의하였다. 랑겔 의원 외 레빈 무역소위 위원장, 닐(Neal), 버클리(Berkley), 슈워츠(Schwartz), 데이비스(Davis) 의원 등이 공동 발의하였는데 이에 의하면 외국의 진입장벽 해소를 위해 의회에 무역집행관실을 설치하고 USTR이 집행 강화활동을 의회에 보고하고 의회의 심의를 거쳐 필요한 조치를 취할 수 있도록 하였다. 비시장경제국에 대해 상계관세를 적용하고, 국내 산업 보호를 위해 세이프가드 조치를 적극 검토하며, WTO의 제로잉 판정을 수정하는 등 무역구제제도를 강화한다. 또 지재권 준수를 위한 법 적용을 강화하고 수입안전과 지재권 강화를 위한 세관 및 이민당국의 자원 및 교육을 확대하는 것을 주내용으로 하고 있다. 한편, 이와 별도로 상원에서도 유사한 내용의 법안을 발의한 상태다.

5. Continued Dumping and Subsidy Offset Act, 일명 Byrd Amendment: Byrd 상원의원 주도로 반덤핑관세 및 상계관세 징수액을 청원한 기업에 배부하도록 개정한 관세법을 지칭하는데 WTO 상소기관에서까지 패소하여 동 법은 폐기되었음.

아울러 하원 Trade Working Group도 보호무역적 통상정책 수립을 요구하는 한편, Trade Act of 2009라는 별도의 법안을 발의하였다. 마이크 미쇼(Mike Michaud, 민주당, 메인) 하원의원이 주도하는 하원의 Trade Working Group 소속 의원 54명은 2월 26일 보호무역적 요소를 반영한 새로운 통상정책을 수립하도록 요청하는 서한을 오바마 대통령에게 발송했는데 여기에는 6명의 상임위 위원장, 17명의 소위 위원장이 포함되어 있으며, 주로 2006년과 2008년에 당선된 소장파 의원들이 주축이 되었다. 동 서한은 통상정책이 미국인의 일자리를 창출하고 세계의 공평한 발전 등을 반영하여야 하며 구체적인 통상이슈에 대해 행정부가 의회와 긴밀히 상의하여 추진할 것을 요청하였다. 구체적으로는 중국의 환율조작 문제 시정 및 미중 양자투자협정 협상 중단. 수입품의 위생 검역 및 안전성 검사 강화, NAFTA, CAFTA 재협상, 부시 행정부에서 체결한 콜롬비아, 파나마, 한국과의 FTA 반대, WTO 협상에 노동권 추가, 국내법을 약화시키는 대외협상과 취업비자 확대 협상 반대 등이 그것이다. 동 서한에는 민주당 내 중도 성향인 Blue Dogs, New Democrats 소속 의원들도 일부 포함되어 있고, Hispanic Caucus, Black Caucus 등 다양한 배경을 갖춘 의원이 포함되었는데 향후 한미 FTA 비준 과정에 이들이 부정적 영향을 끼칠 가능성이 크다.

찰스 랑겔 의원 등의 "Zeroing" 옹호 발언도 지적할 수 있다.[6] 랑겔 하원 세입위원장과 레빈 무역소위 위원장은 최근 발표한 성명서에서 "Zeroing" 관행을 수호할 것이며, WTO 분쟁해결기관의 월권이 미국의 DDA 추진의지를 약화시킬 수 있다고 경고하였다. 아울러 무역구제제도와 같은 민감한 사안은 분쟁해결기관이 아닌 DDA 규범협상과 같은 국가간 협상에서 다뤄줘야 한다고 주장했다.

한편, 양원은 환율조작 제재 법안을 상정했다.[7] 하원 40명, 상원 4명의 공동발

6. 반덤핑 조사시 덤핑마진을 산정함에 있어서 정상수출된 부분을 덤핑마진 계산에서 제외시킴으로써 결과적으로 덤핑마진을 크게 만드는 관행

7. 법안명칭: Currency Reform for Fair Trade Act 2009 환율조작국으로 지정되기 위해서는 정보 입수가 가능한 최근 18개월간 해당국 화폐의 실질실효환율이 평균 5% 이상 저평가되고, 해당 18개월간 해당국 정부가 외환시장에 대규모로 개입했으며, 해당 18개월간 현저한 규모로 상당기간 지속된 무역흑자 기록, 이상의 결과로 18개월간 해당국의 외환보유고가 향후 12개월간 도래할 대외채무변제에 필요한 규모를 초과할 것 등의 요건이 충족되어야 함.

의로 지난 5월 상정되었는데 동 법은 특히 양당의 의원들이 함께 발의했다는 점에서 더욱 큰 의미를 보여주고 있다(하원: 민주당 23명, 공화당 17명). 2005, 2007년에도 유사한 내용으로 법안이 상정된 바 있으나, 오바마 대통령이 상원의원 시절 동 법안을 공동 발의한 바 있고, 대선기간 환율조작 문제의 심각성을 강조한 점, 민주당이 양원을 모두 장악한 점 등을 고려할 때 과거와는 다른 분위기를 느낄 수 있다. 환율조작은 교역 흐름을 왜곡하고, 불공정 경쟁을 조장하는 실질적 보조금에 해당되므로, 상계조치를 통해 이를 상쇄시키거나 반덤핑관세도 부과할 수 있다는 것이 동 법의 논리이다. 조작국으로 지정되면 상계관세 또는 반덤핑관세 부과 시 저평가된 만큼의 환율 조작분을 반영해야 한다.

## 향후 통상정책 전망 04

향후 미국의 통상정책 방향에 영향을 미칠 주요 요인별로 유불리를 점검해 이를 상 · 중 · 하로 평가해 보기로 한다. 여기서 "상"은 자유무역 환경조성에 유리하고, "하"는 보호무역주의로 움직일 가능성이 높다는 의미이다.

우선 행정부는 "중/상"으로 평가된다. 전반적으로 오바마 행정부의 경제 · 통상관련 장관급 인사들이 친시장적, 친자유무역적 인사로 구성된 점은 높게 평가할 수 있다. 경제관련 각료는 시장경제에 대한 확고한 인식을 갖고 있으며, 상무장관과 USTR도 기본적으로 시장친화적 인물이다. 그러나, 오바마 대통령의 백악관 참모진과 클린턴 국무장관은 역대 정권 못지 않게 검증된 실력과 정치적 영향력을 갖추고 있는 것에 비해, 실제로 통상문제를 담당하게 될 커크 USTR과 로크 상무장관 등은 인선과정이 순조롭게 진행되지 못하였고, 당초 인사들보다 정치적 영향력이 강하지 않은 점 등은 불리한 요소이다. 민주당 의회 인사들이 장악한 USTR과 핵심 씽크탱크 출신의 국제경제담당 국무부 차관 등이 의회의 보호무역적 추세에 호응하거나 반대로 의회를 견제 · 설득할 가능성도 있다.

다음으로 의회는 "하"로 평가된다. 민주당이 하원을 장악함으로써 낸시 펠로시(Nancy Pelosi) 하원의장이 막강한 영향력을 행사하고 있고, 상원에서는 민주당이 필리버스터링을 막을 수 있는 60석을 확보하였다. 무엇보다도 부시 행정부의 대외정책에 대해 깊은 반감을 갖고 있는 민주당 의원들이 과거 공화당 정부시절 추진했던 정책에 대해 무조건적인 반대 입장을 표명하고 있다는 것이 우려스러운 점이다.

미국의 씽크탱크인 CATO 연구소의 분석방법을 통해 과거 3개 회기동안 미 의회의 통상관련 성향을 보면, 전통적으로 공화당은 무역개방 · 시장경제를 선호하나, 민주당은 노동 · 환경 보호를 이유로 폐쇄적 성향이 강하다. 다만, 과거와 달리 최근에는 소속 정당의 입장과 달리 법안별로 의원 개인의 투표 성향이 달라지는 소위 "swing vote"가 늘어나고 있는 가운데, 전반적으로 자유무역 기조가 쇠퇴하고 있음이 확인되었다. 즉, 민주당 의원이 시장개방에 찬성하고 공화당 의원이 반대하는 현상이 발생하고 있으며, 특히 의회에 진출한 지 얼마 되지 않은 소장파 의원들에서 이러한 경향이 많이 나타난다. 지난 선거 결과 민주당이 양원을 장악하고, 초선의원의 진출 비중이 높은 것을 감안할 때, 미 의회는 보호무역적 분위기가 어느 때보다 높은 것으로 평가할 수 있다.

**표 6-6 :** 110대 의회에서 소장파 의원의 성향 분류

| 구분 | 소속 | 인원 | 자유무역주의 | 국제주의 | 고립주의 | 개입주의 | 미분류 |
|---|---|---|---|---|---|---|---|
| 상원 | 전체 | 28/100 | 3/8 | 5/24 | 2/3 | 8/29 | 10/34 |
| | 공화당 | 16/48 | 3/8 | 4/21 | 0/0 | 1/1 | 8/18 |
| | 민주당 | 12/50 | 0/0 | 1/3 | 2/3 | 7/28 | 2/16 |
| 하원 | 전체 | 139/435 | 5/31 | 12/63 | 1/7 | 15/31 | 106/302 |
| | 공화당 | 65/200 | 0/8 | 0/13 | 0/2 | 6/14 | 59/163 |
| | 민주당 | 74/234 | 5/23 | 12/50 | 1/5 | 9/17 | 47/139 |

경기 회복 여부 및 시기는 "하/중"으로 평가된다. 현재 미국의 금리는 역사상 가장 낮은 수준이며, 미 정부는 금리 뿐만 아니라 통화공급, 신용공급 경로의 대

체 등 다양한 방법으로 통화정책을 적극적으로 수행함으로써 회복을 위한 밑바닥 다지기가 계속되고 있다. 2001~2006년 일본의 통화공급 완화정책과 달리 목표시장을 직접 조준함으로써 비금융권으로의 신용공급도 원활하게 되어 경기부양효과가 강화될 전망이다. 2008년말까지 소비가 얼어붙어 저가 위주의 월마트를 제외하고 대다수 유통체인의 매출이 급감하였으나, 정부의 경기부양책과 주택경기 회복 시 하반기부터 소비도 살아날 것으로 예상되고 있으며 주택 판매가 증가하고 일부 가격 상승도 나타나고 있다. 그러나 실업확대로 실질적인 소비 증가는 제한적이며 향후 실업률이 계속 높아지고 금융기관의 부실이 추가로 드러날 경우 또다른 위기를 맞을 수도 있다.

2010년 중간선거 역시 "하/중"으로 평가된다. 2010년 11월 하원 435석 전체와 상원 34석에 대한 중간선거가 실시될 예정이며, 동 선거는 오바마 행정부 및 민주당이 주도하는 의회에 대한 중간평가 외에도, 우리와 관련된 통상정책 방향에 중요한 변수로 작용할 것으로 전망된다. 선거 전까지는 적극적인 통상정책 보다 국내 산업 · 일자리 보호 및 주요 교역국의 협정의무 이행에 초점을 맞출 것이다.

## 우리 기업에 대한 영향 05

우선 경기부양법상의 "Buy American" 조항과 이에 대한 국제의무 준수라는 규정 삽입으로 동 조항의 실질적 효과와 보호무역 조치인지 여부에 대한 많은 논란이 있었다. 그러나, 최근 발표된 연방정부 조달에 적용되는 규칙과 주정부 등 지방정부에 적용되는 지침에서 연방정부 조달 및 WTO GPA(Government Procurement Agreement, 정부조달협정)와 FTA 등에 양허한 주정부의 조달에서는 동 국제협정의 의무가 적용됨을 분명히 하였다. 또한, 기존의 Buy American 법에 적용되는 엄격한 원산지 기준보다 완화된 기준을 적용하도록 규정하였다. 따라서, GPA 당사국인 우리나라는 경기부양법에 따른 각종 공공건설 프로젝트에 미국 기업 · 제품과 동등한 대우를 부여받아 참여할 수 있을 것으로 예상된다. 다만, 주정부 조달에 적용되는 지침의 법적 성격 등 일부 불명확한 요소가 일부 잔존하고 있다.

한편, 백악관은 4월 9일 연방조달청을 통해 경기부양법 재원(2억 8,500만불)을 활용하여 17,600대를 관용차량으로 긴급구매할 것이며, 대상 차량은 미국산 차량에 국한된다고 발표하였는데 이번 차량 조달은 미국이 GPA에서 차량을 유보하지 않았고, 물품 조달 하한선인 13만 SDR(약 194,000불)을 상회하고 있어 GPA 의무 위반일 가능성이 높다. 미국은 국제법 상의 의무를 위반하지 않는 범위 내에서, 또는 일부 위반을 하더라도 상대국이 이를 문제시하지 않거나 문제시할 수 없는 범위 내에서 최대한 자국산을 선호하는 사실상의 "Buy American" 정책을 시도할 것으로 예상된다.

다음으로 사양산업인 철강, 섬유를 중심으로 무역구제조치(반덤핑/상계관세) 활용이 확대될 것으로 보인다. 현재까지 알려진 미국의 통상정책 중 최우선과제는 발효 중인 국제통상협정 상의 의무준수와 의무 위반시 이를 수정할 권리의 집행이며, 이를 위한 가장 효과적인 수단은 무역구제조치라고 보고 있다. 불공정행위인 덤핑과 보조금 지급에 대한 구제조치를 취하는 것이 보호무역주의 조치라고 비판할 수는 없으나, 국내 산업의 어려움을 감안한 미 행정부가 최종 판정까지는 아니더라도 조사개시 결정을 보다 쉽게 내릴 가능성이 있다. 실제 WTO 통계에 따르면, 2007년까지 감소세였던 반덤핑 조사개시 건수가 세계 경제위기와 맞물려 증가세로 반전한 것으로 나타났는데 2001년 366건 이후 2007년 164건까

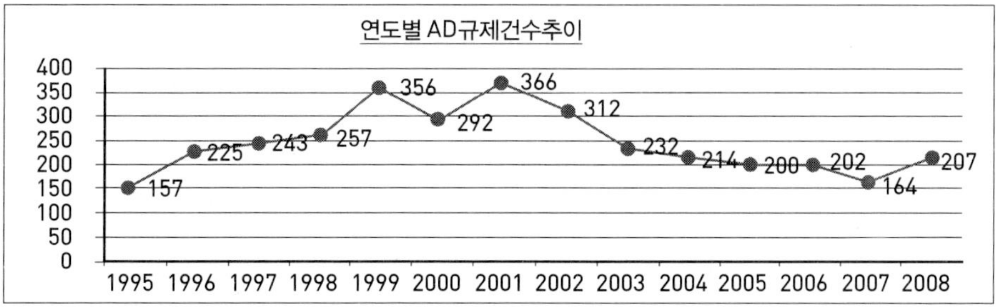

지 전반적으로 감소세이던 조사개시 건수는 2008년 207건으로 전년 대비 26.2% 증가함과 동시에 최근 4년만에 최고치를 기록했다.

특히 철강업체들은 이미 무역구제조치를 빈번하게 활용해 왔으며, 최근 철강 수입도 늘어나고 있어 무역구제조치에 의존할 가능성이 높다. 특히, 2009년에 들어 미국의 총수입물량과 주요국으로부터의 수입물량이 감소하는 가운데 한국산 제품의 수입만 증가할 것으로 예상되고 있어 각별한 주의가 요망된다.

**표 6-7 : 미국의 철강수입 현황 및 전망**

(단위: 톤, %)

| 구분 | 2008.1~2 | 2009.1~2 | 증가율 | 2008 | 2009(추정) | 증가율 |
|---|---|---|---|---|---|---|
| 중국 | 509 | 704 | 38.4 | 4,821 | 4,224 | −12.4 |
| 한국 | 383 | 399 | 4.1 | 2,305 | 2,392 | 3.8 |
| 일본 | 212 | 247 | 16.6 | 1,614 | 1,483 | −8.1 |
| 인도 | 185 | 156 | −16.0 | 1,102 | 933 | −15.3 |
| 전체 | 4,132 | 3,600 | −12.9 | 25,956 | 21,598 | −16.8 |

자료: American Iron and Steel Institute(www.steel.org)

이미 미국의 대한국 무역구제 조치 15건 중 11건이 철강 관련 수입규제인 가운데, 미국은 지난 3월 16일 우리의 철강판재류에 대한 반덤핑 연례재심에서 일부 업체는 미소마진으로 조치대상에서 제외하였으나, 대미 수출물량이 가장 많은 유니온스틸에 대해서는 예비판정 시 1.9% 보다 월등히 높은 7.96%의 마진율로 판정하였다. 2008년 12월에는 철강후판에 대해 동국제강에 9.27%의 높은 마진율을 판정했으며, 스테인레스 강관에 대한 예비판정에서 세아제강에 4.1%, 타 업체에는 7.0%의 마진율을 판정한 바 있다.

또한, 미국은 중국산 유정용 강관에 대해 덤핑 및 보조금 지급 혐의로 해당 구제조치 발동을 위한 조사개시를 청원함으로써, 對중국 무역구제조치 발동도 더욱 활발해질 것으로 예상되는 바, 이에 대한 대책마련이 필요하다.

준사법기관이자 다소 중립적인 미 무역위원회(USITC, United States

International Trade Commission)가 보다 시장의 요구를 수용하는 입장을 취할 것인지에 주목할 필요가 있다.[8] 2008년 12월 USITC가 발표한 공식 통계에 따르면, 1980년부터 2007년까지 실시한 조사에서 총 49%에 대해서는 피해긍정 판정을, 51%에 대해서는 피해없음 판정을 내린 바 있다. 그러나 2007년 69%, 2008년 65% 등 최근에는 지난 30년 역사상 가장 높은 수준의 피해긍정 판정을 내림으로써, 국내 산업의 어려운 사정을 반영하는 경향이 나타타고 있다. 특히 최근의 경기침체에 따라 미국 산업의 피해가 확산될 경우 USITC로 하여금 피해판정을 용이하게 해, 우리 기업에 부정적 영향을 줄 가능성이 있다.

또한 금년 중 공화당 몫의 위원 2명의 임기가 만료되는데 새로이 임명될 위원이 공화당 소속이더라도 국내 산업에 우호적인 인물을 임명할 가능성이 높으며 따라서 국내산업 피해를 좀 더 적극적으로 인정할 가능성이 있다.

**표 6-8 ： USITC 구성 현황**

| 위원 | 주요 경력 |
|---|---|
| Shara L. Aranoff 위원장<br>(~ 2012. 12) | 메사추세츠, 민주당, Harvard대 법대<br>주대법원 서기, Steptoe & Johnson 변호사, 상원 재무위 국제무역담당 선임자문위원 |
| Daniel R. Pearson 부위원장<br>(~ 2011.6) | 미네소타, 공화당, 미네소타주립대 농경제 석사, WTO 농업협상 관여, Cargill사의 대외담당 고위임원으로 활동 |
| Deanna Tanner Okun 위원<br>(~ 2009.6) | 아이다호, 공화당, Duke대 법대, Murkowski 전상원의원 국제무역담당 자문, Hogan & harson 변호사 |
| Chartolle R. Lane 위원<br>(~ 2009. 12) | 웨스트 버지니아, 공화당, 웨스트 버지니아주립대 법대, 주법원 판사, 주공공서비스위원회 위원장 |
| Irving A. Williamson 위원<br>(~ 2014. 6) | 뉴욕, 민주당, 조지 워싱턴대 법대, USTR 부자문관, WTO 소송 전담, USAID 프로그램 담당 |
| Dean A. Pinkert 위원<br>( ~ 2015. 12) | 버지니아, 민주당, 텍사스대 법대, 상무부 수입담당 자문관, 반덤핑/상계관세 소송 관여, 버드 상원의원 자문 |

8. USITC는 민주당측 인사 3인, 공화당측 인사 3인 등 6명의 위원으로 구성된 준사법기관으로, 정부(상무부)에서 다소 정치적인 무역구제조치 발동을 시도하더라도 정치중립적인 시각에서 산업의 피해를 판단하도록 되어 있음.

미국의 실물경제가 회복되는 시점까지는 정부의 국내 소비진작 장려 및 중산층 이하에서의 저가 제품 선호현상에 따라, 고가 제품의 수출보다는 중저가 제품 위주의 수출이 유리할 것으로 예상된다. 현재까지는 고환율의 혜택도 기여하였으나, 향후 환율 급락 시 중저가 제품도 어려워질 가능성이 있다. 장기적으로 오바마 행정부는 교육, 환경, IT, 보건 관련 재정지출이 확대될 것인 바, 이를 고려한 전략적 수출이 바람직하다.

경기부양을 위한 대규모 SOC 투자가 우리 기업의 정부조달 진출 확대에 기여할 가능성은 "Buy American" 논란에 관계없이 그리 높지는 않을 것으로 평가되나, 개별 기업은 보다 적극적인 입찰 정보 확보 및 현지 기업의 하청 또는 공동으로 참여하는 방안을 모색하는 것이 필요하다. 반덤핑, 상계관세, 세이프가드 등 무역구제조치가 증가할 가능성이 크므로 사전에 이를 예방하려는 노력이 모색되어야 한다.

또 통관 시 식품 뿐만 아니라 공산품의 안전, 기술장벽(TBT), 위생검역(SPS), 지재권 등의 집행 강화도 예상되므로 입법 동향 모니터링을 강화하고 정부간 협의채널을 통한 사전해결 노력도 모색해야 한다. 기타 친환경 인증 또는 부과금 증가와 M&A, 담합, 불공정 유통관행 등 반독점법 집행 강화에 대한 주의도 필요하다. 미 반독점법(Sherman Act) 위반으로 1억 달러 이상의 벌금이 부과된 기업은 15개 중 한국 기업이 4개이고 모두 최근 2~3년간 발생하였으며, 벌금 규모도 매우 크다.

## 결론 06

오바마의 대통령 당선과 민주당의 총선 승리로 미국 정치는 민주당 독주 시대가 열리게 되었다. 오바마 대통령은 대선 기간 보호무역주의를 옹호하는 듯한 발언을 되풀이함으로써 향후 민주당 정부의 통상정책이 보호무역주의로 흐르지 않을

까 하는 우려를 낳았다. 그러나 신행정부 출범 6개월이 지난 현재 민주당 행정부가 보호무역주의로 치닫고 있다는 증거는 보이지 않는다. 오바마 대통령은 기본적으로 자유무역의 중요성을 인식하고 있으며 그 주위에 있는 주요 인사들 역시 친시장적인 인물들로 분류될 수 있다. 물론 과거 공화당 정부에 비해 시장개방이 초래할 수 있는 부정적 측면에 대해 더 많은 우려를 표명하고 있다는 점에서 차이점은 존재한다. 이러한 태도는 대선기간 중의 소위 "공정무역" 주장에서부터 최근 나타나고 있는 기존 무역협정에 대한 전면적인 검토 주장에까지 다양하게 반영되고 있다.

오바마 행정부가 선거 기간과는 달리 비교적 온건한 자세를 보이고 있는 것은 미국발 금융위기로 전세계 경기가 침체국면을 보이고 있는 상황과 무관하지 않다. 세계적인 경기침체는 각국으로 하여금 자국 시장을 보호하고자 하는 강력한 유혹을 제공하고 있고 만약 각국이 자기시장 보호에만 급급해 한다면 세계는 1차 대전 이후의 공황을 초래한 파멸적 보호무역주의로 치달을 수밖에 없을 것이다. 작년 워싱턴과 금년 런던에서 개최된 G-20 정상회의는 이러한 우려를 사전에 차단하고 각국의 보호무역조치 발동을 억제하는데 상당한 효과를 발휘했다. 미국 역시 세계 경기침체를 초래한 발원지로서, 그리고 GATT 등 다자무역체제의 수호자라는 책임감에서 자유로울 수 없기 때문에 작금의 상황 하에서 노골적인 보호무역조치를 취하는 것은 한계가 있을 수밖에 없다. 이러한 점은 미국 정부가 경기회복법안을 마련하면서 노골적인 "Buy American" 조항을 삽입하려다가 국제적인 비난과 행정부의 견제로 인해 대폭 완화시킨 사례에서도 확인할 수 있다.

그러나 미 신행정부의 정책우선 순위에서 통상 관련 이슈가 한참 뒤로 미루어져 있다는 점 역시 사실이다. 그동안 오마마 행정부는 경제위기 극복에 전력을 기울여 왔으며 그러한 노력의 결과로 경기침체가 거의 바닥에 이르고 있는 상황임이 확인되자 이제 모든 정치력을 동원해서 의료보험 개혁에 나서고 있다. 의료보험 개혁은 미국이 수십년간 해결하지 못한 숙제로서 오바마 대통령이 대선기간 중 매우 강조했던 공약사항이기도 하다. 그러나 의료보험 개혁을 위해서는 국내의 많은 이해관계를 극복해야 하며 그 과정에서 의회의 도움이 절실한 상황이다. 따라서 오바마 대통령은 자신의 제한된 정치적 자산을 분산시키기보다는 의료보험 개혁이라는 목표에 집중하기를 원하고 있다. 이러한 분위기는 미 상원 재무위원회가 미-파나마 FTA 관련 공청회를 개최했을 때 마란티스 USTR 부대표가 밝히 입장에서도 명백히 반영되었다. 미-파나마 FTA를 조기에 처리하려는 미 상원 재무위원회와는 USTR은 미국이 체결한 세 개의 FTA 처리는 미국의 대외통상 정책에 대한 전면적인 검토가 이루어진 후에야 가능할 것이라는 답변을 함으로써 미 행정부의 관심이 당분간은 통상이슈에서 멀어져 있음을 확인해 주었다.

문제는 의회이다. 행정부의 경우 국제적인 입장을 고려할 수 밖에 없지만 일반적으로 의회는 자국 내의 상황에 더 민감하게 반응하는 경향이 있다. 기업이 문을 닫고 실업자가 늘어나는 상황에서 수입품은 쉽사리 당면한 경제적 어려움의 희생양이 될 수 있다. 지역구 주민들의 정치적 압력에서부터 자유로운 의원은 거의 없으므로 의회는 무리한 보호무역조치의 입법화 유혹에 늘 직면하고 있다고 할 수 있다.

실제로 민주당 내 소장의원들을 중심으로 무역구제조치 강화, 지재권보호 강화, 외국의 진입장벽 제거, 수입품에 대한 위생 및 안전성 검사 강화 등과 함께 통상정책이 미국인의 일자리를 창출하고 세계의 공평한 발전을 목표로 해야 한다는 등 미국의 대외통상정책의 전반적 변화를 요구하는 법안 제정 움직임이 감지되고 있는데 이를 통해 미국시장에 대한 무조건적인 개방에 제동을 걸고 해외시장에 대한 실질적인 접근을 목표로 공세적인 통상압력을 가해 올 가능성도 있다. 특히 경기부진 기에는 국내산업의 피해입증이 용이해지므로 반덤핑, 상계관세 등 무역구제조치의 남발 가능성도 있다.

향후 미국의 대외통상정책의 향방은 미국 경기가 얼마나 조기에 회복되느냐와 밀접히 연관되어 있다고 본다. 이와 함께 파산보호절차가 진행되고 있는 GM의 처리가 얼마나 원만하게 이루어지는 지도 중요하다. 미국의 자존심이라고 할 수 있는 자동차 Big3의 어려움은 미국 국민들의 정서를 자극할 가능성이 있다. 또한 경기가 비록 바닥에 도달했다고 하더라도 기업의 구조조정 과정에서 실업률이 지속적으로 상승할 수밖에 없는 것도 중요한 변수다. 실업률 상승은 소득감소를 통해 수입수요를 줄일 뿐만 아니라 사회불안과 수입품에 대한 반감을 고조시키게 된다.

전반적으로 볼 때 민주당 정부가 공화당 정부보다 보호무역적 경향이 있는 것은 사실이지만 과거 미국 통상정책의 역사를 긴 맥락에서 살펴보면 정파적 차이보다는 미국 산업의 대외경쟁력 상황이 더 큰 영향을 미쳤다고 본다. 그런 면에서 미국의 대표적 산업이라고 할 수 있는 자동차 산업의 몰락은 미국민들의 보호무역 정서를 자극할 가능성이 크고 경기 침체 하의 실업률 상승 역시 시장개방과 수입품에 대한 반감을 고조시킬 것이다. 그러나 오바마 행정부의 지금까지의 움직임은 비교적 온건한 정책노선을 지키고 있는 것으로 평가된다. 다만 당면한 경제위기의 극복과 의료보험 개혁, 녹색성장 등의 분야가 오바마 행정부의 정치역량을 대부분 소모하고 있는 현실에서 인기없는 통상정책의 우선순위가 뒤로 쳐지는 것은 어쩔 수 없는 상황이라고 하겠다. 따라서 파나마, 콜롬비아, 한국과의 FTA 의회인준 역시 당분간 진행되기는 어려울 것으로 보인다. 결국 지역구와 국내상황에 더욱 민감할 수 밖에 없는 의회가 앞으로 무리한 보호무역조치를 얼마나 양산할 것이며 이를 행정부가 어떻게 견제해 나가느냐가 중요한 관건이 될 것이다.

미국은 여전히 우리에게 가장 중요한 수출시장이다. 뿐만 아니라 미국은 그동안 세계 무역자유화를 선도해 왔고 이러한 점은 우리의 국가이익과도 밀접한 관련이 있다. 따라서 미국이 국내 이해관계로 인해 보호주의로 기울어지기보다 오히려 세계적인 보호무역조치 확산을 억제하는 방향으로 움직여나가는 것은 우리에게는 매우 중요하다. 이를 위해 미국과 보조를 맞추어 보호무역 조치의 확산을 막기 위한 국제공조에 적극 나설 필요가 있다. 또 우리부터 국내 산업 보호를 명분으로 수입규제 조치를 발동하는 일이 없어야 함은 물론이다. 이와 함께 경기 침체 하에서는 수입국 기업들의 무역구제 제소 유혹이 강해지고, 산업피해 판정이 더 수월해진다는 점 등을 감안해 수출기업들은 덤핑 수출이나 물량 밀어내기, 가격담합 등 불필요한 꼬투리를 잡히지 않도록 미리 조심하는 것이 필요하다.

# 참고문헌


김홍률, 『미국의 통상정책』, 두남, 2007.

오영호, 『미국 통상정책과 대응전략』, 나남출판, 2004.

윤충원, 『미국의 통상정책과 통상법』, 집문당, 2004.

존 R. 탈보트, 송택순 역, 『오바마노믹스』, 위즈덤하우스, 2008.

최인범, 『미국의 통상정책-변천사와 형성과정』, FKI미디어, 2002.

Bhala, Internatinoal Trade Law : Theory and Practice 2nd Ed., Lexis Publishing, 2001.

Griswold, Free Trade Free Markets Rating the 108th Congress, Cato Institute, 2005.

——, Free Trade Free Markets Rating the 109th Congress, Cato Institute, 2007.

——, Free Trade Free Markets Rating the 110th Congress, Cato Institute, 2009.

Oleszek, Congressional Procedures and the Policy Process 5th Ed., CQ Press, 2001.

Smith, Roberts & Vander Wielen, The American Congress 4th Ed., Cambridge Univ. Press. 2006.

# 중국의 최근 무역정책과 우리의 대중국 수출

07

김주영 **한국수출입은행 부장**

## 서론 01

글로벌 금융위기의 여파로 그동안 세계 경제의 성장 동력의 한 축으로 자리매김해왔던 중국 경제가 비틀거리고 있다. 세계 3위의 경제대국이지만, 성장 동력이 내수보다는 대외수요에 의존하는 구조가 이 같은 결과를 초래했다고 볼 수 있다. 지난해 9월 미국 리먼 브라더스의 파산으로 미국은 물론 유럽을 거쳐 전 세계로 경제위기가 번진 때문이다. 중국의 교역 둔화는 지난해 11월 처음으로 전년 동기 대비 수출과 수입이 각각 마이너스 2.2%, 마이너스 17.9% 감소하면서 시작됐다. 그 이후 금년 6월까지 수출입 감소 폭이 줄어들지 않고 있다.

이에 따라 중국이 목표 성장 8%를 달성하기 위해 기존의 거시경제정책은 물론 산업 및 무역정책도 변화시키고 있다. 글로벌 금융위기 이전까지 중국은 넘쳐나는 유동성으로 인한 물가관리에 최우선을 둘만큼 긴축 통화정책을 실시하였다. 금리와 지급준비율을 인상하는 한편, 금융기관의 대출 규제는 물론 창구지도를 통해 대출을 억제하였다. 금융위기 발발 이후 상황이 180도로 바뀌었다. 금리와 지급준비율을 인하하는 한편, 금융기관으로 하여금 대출에 적극 나서도록 요구하는 등 느슨한 통화정책을 집행하고 있다. 이와 함께 재정정책을 온건에서 적극으로 전환함과 더불어 4조 위안의 경기부양과 함께 보조금 지급을 통한 내수 진작을 추진 중이다. 산업 및 무역정책도 에너지 다소비 · 고오염 관련 산업과 저부가가치 제품 생산을 억제하는 등 산업구조조정 강화를 통한 고부가가치 제품의 수출산업을 육성하기 위해 수출제품에 대한 증치세(부가가치세) 환급비율을 인하 내지 취소했던 것을 다시 부활하는 양상으로 전개되고 있다.

이하 본고에서는 글로벌 금융위기 전후의 중국의 거시경제정책, 산업 및 무역정책, 보호무역주의 강화 관련 내용을 살펴보고, 중국의 수출확대 조치 내용과 이의 우리나라의 대 중국 수출에 미치는 영향 등을 분석해보고자 한다.

## 글로벌 금융위기 전의 중국 경제정책 02

### 1) 거시경제정책

중국이 2006년부터 시작한 11차 5개년(2006~2010) 동안 연평균 8%의 지속가능한 발전(又好又快) 목표를 제시하였다. 그러나 국내외 수요 증가로 인해 2003년부터 10%를 상회하던 경제성장률이 2006년과 2007년에 더욱 증가하여 각각 11.6%, 11.9%를 기록하였다. 이 같은 상황을 반영하여 대외적으로 중국, 인도 등 국가의 석유 등 국제 원자재 수요 증가로 인한 가격 상승, 이에 대응한 바이오매스 등 대체 에너지 개발로 인한 곡물가격 상승, 중국의 상품수지 확대에 따른 미국 등 선진국의 위안화 가치 상승 압력 등이 나타났다. 중국 내부적으로는 곡물가격 상승에 따른 소비자 물가 상승, 고오염 · 에너지 다소비 · 저부가가치 제품 생산 활동으로 인한 환경오염 악화, 부동산 및 주식시장 활황 등으로 이어졌다.

대내외 상황에서 중국이 2005년 7월에 달러 당 8.28위안에 고정되어 있던 위안화 환율을 2.1% 절상시킨 이후 위안화 가치가 지속적으로 상승되는 한편, 고도성장으로 인한 부동산 등 자산가격 상승의 기대감에 힘입어 핫머니도 유입되었다. 이에 따라 중국의 외환보유고가 2004년 말 6,099억 달러에서 2008년 말 1조 9,460억 달러로 대폭 확대되었다.

**표 7-1 : 중국 거시경제 지표**

(단위: %, 억 달러)

| | 2004 | 2005 | 2006 | 2007 | 2008 |
|---|---|---|---|---|---|
| GDP 증가율 | 10.1 | 10.4 | 11.6 | 11.9 | 9.0 |
| 재정수지/GDP | −1.3 | −1.2 | −0.8 | 0.6 | −0.4 |
| 소비자물가 | 3.8 | 1.8 | 1.5 | 4.8 | 5.9 |
| 상품수지 | 590 | 1,342 | 2,177 | 3,154 | 3,601 |
| FDI(억 달러) | 606 | 603 | 695 | 827 | 924 |
| 외환보유고(억 달러) | 6,099 | 8,189 | 10,663 | 15,282 | 19,460 |
| 환율(연중RMB/$) | 8.28 | 8.19 | 7.97 | 7.61 | 6.95 |
| 총통화(M2) 증가율 | 14.6 | 17.6 | 16.9 | 16.7 | 17.8 |
| 대출 증가율 | 11.1 | 9.7 | 15.4 | 16.5 | 15.2 |

자료: 中國人民銀行, 商務部, 外匯管理局 등

이 같은 국내외 상황을 반영하여 중국은 온건 재정정책과 긴축 통화정책에 초점을 맞추되 최우선 과제로 유동성 증대로 인한 물가를 안정시키는데 두었다. 온건한 재정정책의 일환으로 2008년부터 중국 기업에게는 33%, 외국인투자기업에게는 15% 등으로 그 동안 내외국 기업에 차별적으로 부과했던 기업소득세를 25%로 단일화하는 한편, 인프라 확충 등을 위한 국채발행 규모도 2008년에 전년에 비해 200억 위안 축소된 300억 위안에 그쳤다. 통화정책은 유동성 관리의 강화를 위해 긴축에 초점을 맞추어 2006년 이후 2008년 리먼 브라더스 파산 전까지 지급준비율을 18회에 걸쳐 8.0%에서 17.5%로 인상하는 한편, 이자율도 8회에 걸쳐 1년 만기 대출금리 기준으로 5.85%에서 7.47%로 인상하였다. 이와 함께 금융기관의 창구지도를 통한 대출 억제로 유동성 차단에 적극 나섰다.

### 2) 산업 및 무역정책

중국의 고도성장이 국제적으로 원유, 철광석 등의 원자재 가격 급등을 촉발시키는가 하면, 국내적으로 전력 부족 사태를 야기함으로써 중국이 성장 제일주의에서 탈피하는 정책을 추진하여왔다. 다름 아닌 자원 다소비, 고 오염 배출 및 저 부가가치 제품을 생산하는 산업에 대한 구조조정이 그것이다. 2005년 12월 '산업구조조정 촉진 잠정 규정'(促進産業結構調整暫行規定)을 발표하여 산업구조조정 목표를 산업구조 고도화에 두고 기술개발을 통한 기술수준 제고, 정보화를 통한 공업화와 공업화를 통한 정보화 촉진으로 현대적인 공업화를 추진하는데 역점을 두었다. 이를 통해 청정 발전설비 · 석유화학플랜트 · 수송 장비 · 디지털 공작기계 · 집적회로설비 · 절전설비 등의 장비제조업, 생명공학 · 신소재 · 항공우주 · 차세대 이동통신 · 디지털 영상장비 · 고성능 컴퓨터 · 집적회로 등 첨단기술 산업의 육성을 추진하여 왔다. 이의 실현을 위해 2005년에 '산업구조조정 가이드 목록'을 제정하여 산업구조조정 목록을 장려, 제한, 폐기로 분류하여 장려분야에 대해 설비 수입 시에 관세 및 증치세 면제 혜택을 부여하였다. 변화된 환경에 대비하여 2007년부터 산업구조조정 가이드 목록의 수정 작업의 일환으로 관련 기관 및 업계의 의견을 수렴하고 있다.

이와 별도로 수출입 관련 정책도 지속적으로 추진하였다. 그 동안 수출 촉진을 위해 부여해왔던 수출 제품에 대한 증치세(부가가치세)의 환급비율을 인하 내지 폐지함으로써 선진국의 위안화 절상 압력에 대응해왔다. 여기에 해외에서 원자재를 수입하여 이를 가공하여 수출하는 가공무역도 2007년부터 제한 내지 금지하기 시작하여 2008년에는 가공무역 금지품목이 1,816개에 이르렀다. 또한 1,853개의 품목을 가공무역 제한 품목으로 지정하는 한편, 이들 품목의 수입 시에 수입관세에 수입 증치세를 더한 가격의 50~100%를 보증금으로 예치하도록 하였다. 이러한 일련의 조치는 중국정부의 경제성장에 대한 자신감이 반영된 것으로 볼 수 있다.

**표 7-2 : 산업 및 무역 정책**

| 시행일 | 주요 내용 | 비고 |
|---|---|---|
| '04. 10 | 수출 금지: 목탄 | |
| '05. 1 | •원자재용 폐기물 수입 제한: 텅스텐 · 마그네슘 · 티타늄 폐기물 등<br>•수출 환급 취소: 비합금 니켈 및 합금 니켈 | |
| '05. 4 | 수출 증치세 환급 중단: 강괴 등 저부가가치 철강제품 | |
| '05. 5 | •수출 환급 비율 인하: 일부 철강제품(11%), 석탄 · 텅스텐 · 주석 · 납 · 안티몬 및 그 제품(8%)<br>•수출 증치세환급 취소: 희토금속, 활석 등 | |
| '05. 7 | 수출 증치세 환급 취소: 망간괴, 망간 폐기물 및 분말 | |
| '05. 12 | '산업구조조정 촉진 잠정 규정'(促進產業結構調整暫行規定): 산업구조 고도화, 기술혁신, 공업화 추진 및 산업구조조정 목록을 장려, 허용, 제한, 폐기로 분류 | |
| | '산업구조조정 가이드 목록'(產業結構調整指導目錄2005年本): 산업구조조정 목록을 장려, 제한, 폐기로 분류 | |
| '06. 2 | 수출가공지구 내에서 에너지 다소비, 고오염 배출 등 국가 산업정책에 불 부합하는 생산 활동 금지 | |
| '06. 3 | 수출 증치세 환급 중단: 휘발유, 나프타 | |
| '06. 4 | 수출 금지: 규사, 석영 | |
| | 「산업구조조정 촉진 잠정 규정」이행에 관한 통지(關於貫徹落實《促進產業結構調整暫行規定》的通知): 제한 및 금지 분야 투자 금지, 장려 분야 전기기계의 자동수입허가권 부여 | |
| '06. 11 | •수입 잠정세율 부과: 방직기계 부품, 석탄 · 석유제품 · 산화 알루미늄 등(0~3%)<br>•수출 잠정세율 부과: 희토금속 · 합금철 · 생철 · 강괴 등(10%), 석탄 · 원유(5%), 동 · 니켈 · 전해알루미늄(15%) | |
| | 가공무역 금지: 석영 · 판암 · 역청 · 강화목 등 804개 품목 | 수출입금지 |
| '07. 4 | 가공무역 제한: 원목 · 요소 · 안티몬 폐분말 · 중고 전기제품 등 1,138개 품목 | |
| '07. 6 | •수출 증치세 환급 취소: 소금 · 시멘트 · 비료 · 피혁 · 선박블럭 등<br>•수출 증치세 환급비율 인하: 플라스틱 및 고무제품(5%), 가방(11%), 의류 · 신발 · 모자 · 우산 · 시계 · 가구 등(11%), 일부 철강제품(5%) 등 | |
| '07. 8 | 가공무역 제한품목(1,853개 품목)의 수입 기업에 대한 보증금 부과: A, B기업 50%(수입관세 + 증치세), C기업[주1] 100% | |
| '08. 4 | 가공무역 금지품목 1,816개 지정(기존 지정 분 포함) | |

주: '가공무역에 대한 은행 보증금 대장제도의 진일보한 개선 의견에 관한 통지'(關於進一步完善加工貿易銀行保證金臺帳制度意見的通知, 1999)에서 기업을 4개로 분류. A기업은 세관 직원이 기업체에 상주하거나 세관과 전산망이 연결된 상태에서 가공무역을 실시하는 한편, 밀수와 위법 행위가 없는 기업; B기업은 정상적으로 가공무역 실시 기업; C기업은 위법 행위가 있는 기업; D기업은 밀수 또는 3차례 이상 위법 행위가 있는 기업.

자료: 중국 商務部 등

# 03 글로벌 금융위기 발생 후 중국의 수출확대조치

## 1) 수출확대 조치

### ① 거시경제정책 측면

지난해 9월 리먼 브라더스의 파산 이후 중국의 거시경제정책이 180도 바뀌었다. 다름 아닌 적극적인 재정정책과 느슨한 통화정책으로의 전환을 통해 대외수요 위축으로 상실된 성장 동력을 국내 투자와 소비 진작으로 확보하기 위한 것이다.

먼저 재정정책으로는 재정지출 확대이다. 2008년 재정수지 적자가 GDP 대비 0.4% 수준이던 것을 2009년에는 3%까지 확대할 예정이다. 이를 위해 먼저 2009년과 2010년에 걸쳐 4조 위안을 2008년 5월에 발생한 쓰촨(四川省) 지진 피해복구는 물론 인프라 확충, 서민주택 건설, 농촌기반시설 확충 및 산업구조조정 등에 투입하게 된다. 4조 위안 중 중앙정부 재정으로 투입되는 1조 1,800억 위안의 상승효과를 발휘할 수 있도록 처음으로 지방정부 몫으로 2,000억 위안의 국채를 발행하는 등 총 9,500억 위안의 적자 예산을 편성하였다.

다음으로 내수시장 확대를 위해 가전과 자동차 구매 소비자에 대한 보조금 지급이다. 2007년 12월 시범적으로 산둥(山東), 허난(河南), 쓰촨의 농민들이 TV,

**그림 7-1** : 내수부양을 위한 4조 위안의 구성비

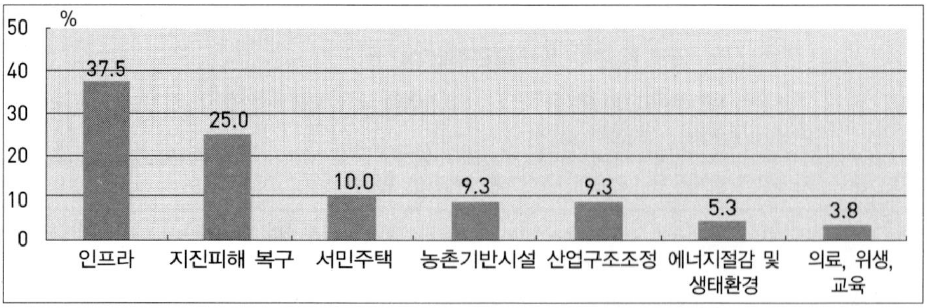


자료: 중국 國家發展和改革委員會 자료 재구성

냉장고, 휴대폰을 구입할 때 구입가격의 13%를 보조금으로 지급하는 정책을 처음으로 시행한 이후, 2008년에 그 대상지역을 네이멍구(內蒙古), 헤이룽장(黑龍江), 랴오닝(遼寧), 안후이(安徽), 후베이(湖北), 후난(湖南), 광시(廣西), 충칭(重慶) 등 총 12개 지역으로 확대하고 대상 품목에 세탁기를 추가하였다. 금년 2월에는 이를 전국으로 확대하는 한편, 대상 품목도 컴퓨터, 온수기, 에어컨, 오토바이로 확대하였다. 다만, 이들 품목 중에 가구당 2가지 품목에 대해서만 보조금을 지급하고 있다. 금년 3월에는 대상 지역을 농촌에서 도시지역으로 확대하는 한편, 가스레인지, 전기밥솥도 포함시켰다. 또한 오토바이에 이어 자동차에 대해서도 금년 3월부터 구입가격의 13%, 최대 5,000위안까지 보조금을 지급하고 있다. 이들 제도는 공히 4년 동안 시행되는데, 일찍 시행한 지역에서는 일찍 종료되고 금년에 시행한 지역에서는 2013년이면 종료된다. 금년에 지급될 보조금 총액은 400억 위안으로 책정됐다. 이밖에 주택 규모와 관계없이 취득세를 종전 3~5%에서 1%로 인하하는 한편, 보유기간 2년 이상으로 면적 90 $m^2$ 이하 주택의 양도와 관련하여 발생되는 영업세(우리의 양도소득세에 해당) 5%를 면제해 주고 있다. 또한 배기량 1,600cc 이하 자동차 구입 시에 취득세를 50% 감면하여 5%를 부과하고 있다.

통화정책으로는 공개시장 조작 외에 금리와 지급준비율 조정 등을 병행하고 있다. 2008년 9월부터 지급준비율을 4회에 걸쳐 17.5%에서 14.5%로 인하하는 한편, 대출 이자율을 1년 만기 기준으로 5회에 걸쳐 7.20%에서 5.31%로 인하하였다. 또한 금융기관의 대출 제한을 폐지하는 한편, 실물경제의 수요에 맞게 대출하도록 유도하였다. 이에 따라 <표 7-3>에서 나타난 것처럼 총통화 증가율이 2008년 3분기 15.3%에서 4분기에 17.8%로, 2009년 1분기에는 무려 25.5%로 확대됐다. 이로써 중국정부가 설정한 금년 금융기관의 대출규모 5조 위안을 이미 훨씬 초과하여 5월까지의 대출규모가 5조 9,530억 위안에 달하였다.

### ② 산업 및 무역정책 측면

수출증대 조치의 영향을 크게 국내적인 것과 국제적인 것으로 나누어 보면, 먼저 국내적인 조치들로는 산업구조조정이다. 사실 산업정책은 그 동안 중국정부가

**표 7-3 : 중국 경제지표**

(단위: %, 억 달러)

| | 2008. 1Q | 2Q | 3Q | 4Q | 2009. 1Q |
|---|---|---|---|---|---|
| GDP 증가율 | 10.6 | 10.1 | 9.0 | 6.8 | 6.1 |
| 재정수지/GDP | 10.6 | 7.8 | 0.8 | -13.8 | 2.8 |
| 총통화(M2)증가율 | 16.3 | 17.4 | 15.3 | 17.8 | 25.5 |
| 소비자물가상승률 | 8.0 | 7.8 | 5.3 | 2.5 | -0.6 |
| 소비재소매판매증가율 | 20.6 | 22.2 | 23.3 | 20.6 | 15.0 |
| 생산자물가지수 | 6.9 | 8.4 | 9.7 | 2.5 | -4.6 |
| 수출증가율 | 21.4 | 22.4 | 22.9 | 4.3 | -19.7 |
| 수입증가율 | 28.6 | 32.6 | 26.0 | -8.8 | -30.9 |
| 상품수지(억 달러) | 414 | 576 | 820 | 1,145 | 623 |
| FDI(억 달러) | 274 | 250 | 220 | 180 | 218 |
| 환율(기말, RMB/$) | 7.02 | 6.86 | 6.82 | 6.83 | 6.84 |

자료: 中國人民銀行, 商務部, 外匯管理局 등

지속적으로 취해온 조치이기 때문에 이번 수출 감소에 대한 조치로만 볼 수 없다. 이번에 중국정부가 주목한 점은 가치사슬(value chain)이다. 가치사슬을 의류에서 찾아보면, 원단, 디자인, 봉제, 보관, 유통, 판매 등의 순환 과정에서 중국 기업이 수행하는 부분이 봉제와 보관 정도라고 중국정부가 인식하고 있다. 가치사슬 중에서 부가가치가 낮은 부분, 특히 고급제품의 경우 더더욱 심하게 이들 부분에 치중되고 있다. 때문에 기업이 보다 적극적으로 R&D를 확대하는 한편, 브랜드 개발, 유통망 확충과 서비스에 나설 것을 독려하고 있다. 가치사슬 중에서 부가가치가 높은 부분에 집중함으로써 순수출을 확대하겠다는 것이다.

이러한 정책의 일환으로 중국정부는 금년 3월에 자동차, 철강, 기계설비, IT, 조선, 석유화학, 방직, 비철금속, 물류, 경공업 등 10개 산업에 대한 구조조정 및 진흥계획을 발표하였다. 각 산업별 계획이 2009~2011년의 3개년 동안 시행되는데 기본 방향은 M&A 등을 통한 규모 확대로 산업집중도 제고, R&D 등을 통한 핵심기술 개발 및 설비기술 교체 등으로 고부가가치 제품 생산, 낙후기술과 노후설비 폐기, 에너지 절약 및 환경오염 축소 등에 맞추고 있다.

**표 7-4 : 수출확대 조치 주요 내용**

| 시행일 | 주요 내용 | 비고 |
|---|---|---|
| '08. 8 | 수출 증치세 환급비율 상향: 방직품과 의류 11%에서 13% | |
| '08. 11 | 수출 증치세 환급비율 상향: 방직품과 의류 · 완구(14%), 일부 플라스틱제품(9%), 가구(11%, 13%) | |
| '08. 12 | • 수출 관세 부과 취소: 냉열연 판재, 강선, 대형형강, 합금강재<br>• 수출 관세 인하: 화학비료, 알루미늄 제품, 소맥, 쌀 등 | |
| | • 수출 증치세 환급비율 상향: 일부 플라스틱(5%→9%), 가방 · 신발 · 우산 · 모자 · 가구 · 침구 · 시계(11%→13%) 등<br>• 가공무역 제한 품목에 대한 수입 보증금 부과 중단: A, B기업 | |
| | • '기업의 화물 무역거래에서의 외채등기관리 관련 문제에 관한 통지'(關於完善企業貨物貿易項下外債登記管理有關問題的通知: 수출대전 선수금 비율 10%에서 25%로 상향, 수입 연지급 비율 10%에서 25%로 상향 | 보세구역 기업만 적용 |
| '09. 1 | 수출 증치세 환급비율 상향: 핵반응로 · 공업용 로봇(17%) | |
| | 임가공(來料加工주) 무역거래의 수출대전 회수 비율을 20%에서 30%로 상향 조정하여 기업의 유동성 확보 도모 | |
| | '수출대전 회수위험 방지 강화에 관한 통지'(關於進一步加强出口收匯風險防範有關工作的通知): 수출대전의 안전한 회수를 위해 일람불 결제, 수출보험 부보범위 및 금융기관의 포페이팅 확대, 신용조사 강화 | |
| '09. 2 | 가공무역 제한품목 조정(1,730개 품목 삭제)하여 500개 품목만 시행(수입품목 394개, 수출품목 106개) | |
| | 가공무역 금지품목 조정(27개 품목 삭제)하여 1,789개 품목 시행: 에너지 다소비, 고오염 품목 중심으로 | |
| | 수출 증치세 환급비율 상향: 방직품 · 의류(15%) | |
| '09. 4 | 수출 증치세 환급비율 상향: 방직품 · 의류(16%), CRT TV · 케이블(17%), 일부 철강제품(9%) | |
| | 중고 전기기계 설비 수입절차의 간소화 | |
| '09. 6 | 2009년 가공무역 금지품목 조정(1,759개 품목) | |
| | 수출 증치세 환급비율 상향: 통조림 · 과즙 · 가방 · 신발 · 모자 · 우산 · 완구 · 가구 등(15%), 일부 플라스틱(13%) | |
| | 수출 증치세 관련 담보 대출 비율 70%에서 90%로 상향: 단기 유동자금 곤란 해소 | |

주. 내료가공은 외국기업이 원자재를 공급하고 생산된 제품을 되가져가는 방식으로, 중국 기업에 임가공비만 제공하는 형태의 무역거래
자료: 중국 國家發展和改革委員會, 商務部 등

다음으로 무역정책이다. 무역정책에서 빼놓을 수 없는 부분이 가공무역 대상 품목의 조정이다. 노동집약적제품 등 부가가치가 낮은 품목에 대해 취했던 가공무역의 금지와 제한 품목의 축소이다. 플라스틱 원료 및 그 제품, 방직품 등 1,730개 품목을 가공무역 제한에서 제외시키는 한편, 가공무역 금지품목도 자원 다소비, 고 오염 품목에 해당되지 않으면서 일부 부가가치가 있는 제품을 중심으로 완화했다. 그리고 가공무역 제한 품목을 대상으로 수입 원부자재에 대해 보증금을 50% 부과했던 기업에 대해 이를 징수하지 않기로 하는 등 기업의 자금부담도 완화해 주었다. 또한 수출 증치세의 환급비율을 2008년 8월부터 금년 6월까지 수차례에 걸쳐 인상하고 있다. 의류와 경공업 제품뿐만 아니라 전기전자, 철강, 비철금속, 석유화학 등 제품의 3,800개가 넘는 품목에 대해 수출 증치세의 환급비율을 인상한 것이다. 지난해 기준 중국 전체 수출에서 12.5%(1,793억 달러)를 차지하는 의류 및 방직 제품의 증치세 환급비율을 16%로 인상함으로써 기업들의 자금 숨통을 터준 셈이다. 이밖에 냉연과 열연을 포함한 철강 판재류 등에 부과하던 수출 관세도 폐지하였다.

한편, 중국의 수출확대 조치로 인해 간과할 수 없는 부분이 산업구조조정을 지연시킬 수 있다는 점이다. 중국 공업정보화부(Ministry of Industry and Information Technology)에 따르면, 철강, 자동차, 알루미늄, 시멘트, 반도체 등을 중심으로 글로벌 경기둔화와 생산설비 과잉 등으로 현재 20~70% 생산설비가 가동 중단 상태에 있다고 한다. 그럼에도 불구하고 이런 조치를 취하는 것은 최근 중국의 최대 이슈인 사회불안 우려 때문이다. 다름 아닌 지난해 상반기까지 취했던 자원다소비, 고 오염 및 저부가가치제품에 대한 수출 억제정책이 여기에 종사하는 기업의 생존을 어렵게 하여 도산 기업이 증가됨으로써 소위 농민공이라는 농촌 유휴인력의 대거 귀향을 초래했다. 농촌 유휴인력으로 도시에서 일자리를 찾는 1억 3,000만 명 중에서 15.3%에 해당하는 2,000만 명이 귀향함으로써 민심이 나빠지고 있는 것이다. 게다가 이들의 귀향이 농촌지역의 소득감소로 이어져 농촌지역의 내수확대에도 찬물을 끼얹고 있다. 이렇게 본다면, 중국정부의 수출확대 조치는 일부 긍정적인 평가를 받을 수도 있지만, 산업구조조정 지연에 따른 자원 낭비 등과 같은 비효율성 개선이 향후 해결해야 할 과제로 남게 된다.

### ③ 기타

또한 수출기반을 공고히 하기 위해 금융부문에서도 적극적으로 대응하고 있다. 우선 들 수 있는 것이 기업의 해외수출 시장 확대를 위한 해외투자자금 대출의 확대 및 절차 간소화 진행이다. 해외투자자금을 지원하고 있는 중국수출입은행(中國進出口銀行)은 금년에 전년대비 2,000억 위안(293억 달러) 이상을 추가로 기업의 해외 M&A에 지원할 예정이다. 실제로 금년 2월 중국수출입은행은 중국알루미늄주식회사(中國鋁業股鋁有限公司, Chinalco)의 호주 Rio Tinto 발행의 전환사채 195억 달러를 인수하는데 중국국가개발은행(中國國家開發銀行)을 주간사로 한 신디케이션에 참여하여 저금리의 인수자금을 제공하기로 결정한 바 있다.[1] 글로벌 경제위기로 어려움을 겪고 있는 기업을 상대로 중국 기업이 해외 M&A를 더욱 적극 추진하여 기술과 시장 확보에 나설 수 있도록 한 것이다. 그리고 수출대금 미회수로 인한 기업의 자금사정 악화 등을 덜어주기 위해 수출보험의 적용 범위도 확대하고 있다. 이밖에 보세구역 내 기업으로 제한을 두긴 하였지만, 수출 선수금 비율을 상향 조정함으로써 기업의 유동성 확보를 지원하고 있다.

## 2) 국제적 위상제고 추진

### ① 위안화 결제통화 시도

글로벌 경제 위기를 통해 중국이 추진하는 것 중에서 주목되는 부분이 바로 국제적 위상제고 추진이다. 그 중 대표적인 것이 위안화 결제통화 시도이다. 중국의 위안화 결제통화 시도는 고도성장으로 인해 중국이 세계 3위의 경제대국으로 부상한데다 지난해 미국 리먼 브라더스의 파산으로 시작된 글로벌 금융위기로 인해 미국 경제가 어려움에 처하면서 달러화 자산 가치의 하락 등이 어우러져 본격화 되고 있다. 이는 크게 위안화 무역 결제, 국가간 통화스왑(currency swap) 체결, 위안화 채권 발행 등의 세 가지 측면에서 시도되고 있다.

먼저 무역거래에서의 위안화의 결제통화 시도이다. 중국의 무역거래에 대한

1. 동 거래는 양측 협상결렬로 인수가 이루어지지 않았음.

위안화 결제통화 시도는 1990년대 중반부터 비롯됐다. 중국이 1996년에 국경으로부터 20 km 이내 지역 주민들의 소규모 변경무역을 허용하였다. 이듬해 '변경무역 외환관리 방법'을 제정하여 소규모 변경무역의 결제통화를 교환가능통화(hard currency), 위안화, 상대국 통화로 할 수 있게 제도적 틀을 갖추었다. 2003년에는 중국과 러시아가 양국간 거래에서 각기 시범적으로 자국통화로 결제를 할 수 있도록 하였다.

그러나 중국이 위안화 결제통화로서의 형태를 갖추기 시작한 것은 2004년 윈난(云南) 지역에 미얀마, 라오스, 베트남과의 소규모 변경무역을 위안화로 허용하는 한편, 위안화 무역거래에 대해서도 수출 증치세의 환급을 실시하면서 부터이다. 무역거래의 위안화 결제에 대한 수출 증치세 환급으로 윈난 변경무역의 85%가 위안화 결제로 이루어지고 있다.[2] 이러한 토대를 바탕으로 2008년 말에 중국정부가 광둥(廣東) · 창장 삼각주(長江三角洲)지역이 홍콩 · 마카오와, 광시(廣西) · 윈난이 ASEAN과의 무역거래를 시범적으로 위안화로 할 수 있는 지역으로 선정하였다. 더 나아가 금년 4월에 상하이(上海), 광저우(廣州), 선전(深圳), 주하이(珠海), 둥관(東莞)의 5개 도시에 대해 국가간 무역거래의 위안화 결제가 가능한 지역으로 지정하였다. 지난해 말의 위안화 결제 지역 지정이 인접한 역내 국가에 초점을 맞춘 것이라면, 금년의 도시 지정은 역내 국가를 넘어 세계 각국을 상대로 위안화 결제가 가능하도록 했다는 점이다. 따라서 이의 실질적인 거래를 뒤받침 하기 위한 조치가 금년 7월에 발표된 '국가간 무역의 위안화 결제 실험 관리 방법'(跨境貿易人民幣結算試点管理辦法)이다. 동 규정의 발표로 상하이뎬치(上海電氣國際經濟貿易有限公司)와 홍콩기업 간의 위안화 거래가 금년 7월 최초로 이루어졌다.

다른 하나는 국가간 통화스왑 체결이다. 글로벌 금융위기로 인한 유동성 부족에 대응하기 위해 2008년 12월 중국(1,800억 위안)이 우리나라(38조 원)와 통화를 맞교환하는 기간 3년의 통화스왑을 체결했다. 1조 9,000억 달러 상당의 외환

2. 중국은 1994년부터 수출화물에 대해 증치세 환급(出口貨物退免稅管理辦法)을 실시하였으며, 수출화물의 결제통화가 거의 대부분 달러화 위주였음.

을 보유하고 있는 중국이 우리나라에 위안화를 즉각 융통해줌으로써 유동성 위기를 넘기고 환시세의 안정을 꾀할 수 있도록 한 것이다. 이러한 통화스왑이 홍콩(2,000억 위안), 말레시아(800억 위안), 인도네시아(1,000억 위안) 등 아시아권은 물론 벨로루시(200억 위안), 아르헨티나(700억 위안) 등과 이루어졌다. 지금까지 총 6개 국가와 6,500억 위안에 달하는 통화 스왑이 체결되었다.

또 다른 하나는 역외지역의 위안화 채권발행이다. 중국의 위안화 채권발행은 2007년에 국가개발은행이 홍콩에서 만기 2년의 50억 위안을 발행한 것이 최초이다. 이후 중국수출입은행, 중국은행(中國銀行), 중국건설은행(中國建設銀行), 교통은행(交通銀行)이 홍콩에서 총 220억 위안의 채권을 발행하였다. 모두 중국계 은행들이다. 금년 들어 외국법인으로는 처음으로 HSBC와 홍콩 동아은행(東亞銀行)의 중국법인이 각기 홍콩에서 위안화 채권을 발행했다. 먼저 HSBC가 10억 위안을 발행하였고, 동아은행 중국법인이 7월에 만기 2년의 10억 위안을 발행하였다. 이들 은행이 홍콩에서 위안화 채권발행이 가능하게 된 것은 중국정부가 2003년 11월에 홍콩 은행들로 하여금 위안화의 저축, 환전, 송금 및 카드 업무를 할 수 있도록 허용한데 따른 것이다. 이로 인해 홍콩 주민이나 기업들이 중국의 고도성장 지속에 대한 기대감과 1998년 아시아 금융위기 당시 위안화 가치가 안정적이었던 점에서 홍콩달러보다는 위안화를 소지하려는 경향이 강하게 나타난 것이다. 2009년 3월말 기준 홍콩의 위안화 예금이 531억 위안으로 외화예금의 2.1%를 차지하며, 위안화 계좌 110만개, 위안화 거래은행도 39개나 된다.

#### ② 보호무역주의 반대

중국은 글로벌 경기 위축에 따른 대외수요 둔화 가능성을 이유로 미국 등의 보호무역정책을 반대하고 있다. 중국의 보호무역주의 반대는 2009년 1월 미국 하원에서 통과된 7,870억 달러의 경기부양책에 바이 아메리칸 규정(buy American provisions)이 포함된 때문이다. 이 가운데 850억 달러 상당이 인프라부문에 투입될 예정인데, 여기에 사용될 철강재를 미국에서 생산된 제품으로 사용할 것을 명시한 데서 비롯되었다. 바이 아메리칸이 실시된다 하더라도 EU, 캐나다, 일본, 한국 등 WTO의 정부조달협정(Agreement on Government Procurement) 체결

**표 7-5 : 위안화 결제통화 국제화 추진**

| 시행일 | 주요 내용 | 비고 |
|---|---|---|
| '96. 4 | '변경무역 관련 문제에 관한 통지'(關於邊境貿易有關問題的通知): 소규모 변경무역 허용 | |
| | '변경 소규모 무역과 변경지역 대외경제 기술합작 관리 방법'(邊境少額貿易和邊境地區對外經濟技術合作管理辦法): 소규모 변경무역과 기술합작 진행 | |
| '97. 1 | '변경무역 외환관리 방법'(邊境貿易外匯管理辦法): 교환가능통화, 위안화 및 상대국 통화 결제 가능 | |
| '03 | 러시아와 중국 간 자국통화 무역 결제 시범 시행 | |
| '03. 11 | 홍콩에서 위안화 저축, 환전, 송금 및 카드 업무 실시 | |
| '04. 1 | 云南의 미얀마, 라오스, 베트남과의 소규모 변경무역에 대한 위안화 결제 허용 및 이의 수출 증치세 환급 실시(以人民弊結算邊境少額貿易出口貨物試行退免稅的通知) | 이후 黑龍江, 新疆 등 확대 |
| '07. 6 | '역내 금융기구의 홍콩에서 위안화 채권발행 관리 잠정 방법' | |
| | (境內金融機構赴香港發行人民幣債券管理暫行辦法): 만기 1년 이상의 위안화 채권 | |
| | 중국 국가개발은행이 최초로 홍콩에서 50억 위안의 만기 2년짜리 위안화 채권 발행주1 | |
| '08. 12 | 廣東 · 長江三角洲의 홍콩 · 마카오지역과, 廣西 · 云南의 ASEAN과의 무역 거래 위안화 결제 실험대상지로 선정 | |
| | 중국과 우리나라가 1,800억 위안(38조 원)의 통화스왑 체결 | 3년 |
| '09. 4 | 국가간 무역거래에 위안화 결제 실험대상지로 上海, 廣州, 深川, 珠海, 東莞 선정 | |
| '09. 7 | '국가간 무역의 위안화 결제 실험 관리 방법'(跨境貿易人民幣結算試点管理辦法): 위안화 결제규모 총량 규제 | |
| | 동아은행 중국법인이 홍콩에서 만기 2년의 위안화 채권 발행(10억 위안)주2 | |

주: 1. 이후 중국수출입은행, 중국은행, 건설은행, 교통은행이 홍콩에서 총 220억 위안의 채권 발행
2. HSBC 중국 법인도 금년 상반기 홍콩에서 위안화 채권 10억 위안 발행
자료: 중국 商務部 등

국은 미국과 동일한 대우를 받지만 중국, 인도, 러시아 등 동 협정의 비가입국은 불이익을 받게 된다. 중국의 2008년 대 미국 철강재 수출물량이 502만 톤으로 중국 전체 수출물량의 8.5% 수준이며, 미국 철강재 수입물량의 17.4%에 해당된다.

미국의 이러한 자국 경기부양을 위한 보호무역주의 조치가 각국으로 파급되어 수출위주의 경제성장을 주로 해 온 중국에게 불리하게 작용할 수 있다는 점에서 중국이 적극 반대하고 있다. 최근 들어 보호무역주의 정책을 취하고 있는 나라로 에콰도르의 육류 수입관세 인상, 인도의 철강제품 수입관세 인상, 러시아의 수입산 자동차 관세율 인상, 인도네시아의 의류 · 신발 · 전자제품 수입 시의 수입허가권 요구 등이다.

## 중국의 보호무역주의 강화 04

### 1) M&A 제한

미국 보호무역주의에 반대하는 입장과는 달리 중국은 보호무역주의 정책을 강화하는 이중적 태도를 보이고 있다. 중국이 수출확대를 위해서 적극적으로 보호무역주의를 반대하면서 자국에서는 보호무역주의를 강화하고 있는 것이다. 보호무역주의는 크게 M&A제한과 Buy China 두 가지 형태로 나타나고 있다.

M&A 제한의 첫 사례는 바로 2005년 10월 미국 칼라일(Carlyle Group)이 쉬저우궁청기계(徐州工程機械集團)의 지분 85%(3.75억 달러) 인수에 대한 중국정부의 반대이다.[3] 동 M&A에 대해 중국정부가 기계장비 제작 등이 국가 주요 산업에 속하여 중국의 경제안전에 영향을 미칠 수 있다고 부정적으로 인식한 것이다.

또한 금년 3월에 후이위안 과일 음료(匯源果汁集團公司)에 대한 코카콜라의

3. The Wall Street Journal, "China denies protectionism in Coca-Cola ruling", March 21, 2009.

24억 달러 규모 M&A에 대해 중국정부가 최종 인가를 거절했다. 거절 사유의 하나는 반독점법에 따른 시장지배력의 확대이다. 중국시장에서 코카콜라의 탄산음료 시장점유율이 52.5%이고, 후이위안의 과일음료 시장점유율이 33.0%로서 음료시장 전체로 이 두 기업의 시장점유율이 20.3%에 이른다는 점을 든 것이다.[4] 또 다른 하나는 중국 브랜드의 멸실 우려이다. 원유 등 원자재 공급 부족 등으로 태동된 경제민족주의 경향이 중국 브랜드를 외국기업이 인수하는데 부정적으로 작용한 것으로 보인다. 중국 웹 사이트의 여론 조사에서 응답자의 80%가 동 M&A를 반대한 것으로 나타났다.

이 같은 M&A 제한은 2006년 8월에 '외국인투자자의 중국 역내기업 인수합병에 관한 규정'(關於外國投資者并購境內企業規定)에서 비롯되고 있다. 동 규정에 따르면, 국가 주요 산업으로 경제안전의 위협이 예상되고, 유명 상표, 전통명가(老字號)에 해당되는 기업에 대해 외국기업이나 외국인투자기업이 실질적으로 경영권을 장악할 경우에 상무부(商務部)에 보고토록 되어 있다. 또한 독과점 규제를 내세워 외국기업이나 외국인투자기업의 중국 기업 M&A 시에 인수기업이 이미 ① 중국 내 자산 30억 위안, ② 매출액 15억 위안, ③ 시장 점유율 20% 이상의 어느 하나에 해당하거나 M&A 후 시장 점유율 25%에 달할 가능성이 있는 경우 당사자들이 M&A 관련 대외 발표에 앞서 먼저 상무부에 보고토록 하고 있다.[5]

또한 2008년 8월부터 '반독점법'(反壟斷法)도 시행하고 있다. 외국인투자기업이나 외국기업 입장에서 반독점법의 시행으로 인해 중국 내 기업의 M&A에 대해 반독점법의 심의를 받아야 할 뿐만 아니라 국가 안전의 위해 여부에 대한 심의도 받게 되어 있다. 결국 중국의 다국적기업을 육성하고자 하는 또 다른 형태의 보호무역주의에 다름 아니다.

중국에서 기업 활동을 하는 외국인투자기업 입장에서 이와 같은 보호무역주의는 외국인투자정책의 대 전환이라고 인식되기에 충분한 것이다. 중국 경제력의 증강과 함께 외환보유고 확충으로 더 이상 과거와 같이 무조건적으로 외국자

4. The Wall Street Journal, "China' s Coke decision threathens to chill investment", March 19, 2009.
5. 반독점법의 시행으로 동 규정의 상당 부분 수정이 불가피한 것으로 법률 전문가들이 보고 있음.

본을 유치할 필요가 없어졌기 때문에 게임의 법칙을 새로 제정함으로써 선택적으로 외국자본을 유치하려는 의도를 여실히 나타낸 정책적 변화인 셈이다.

## 2) Buy China 강화

내수시장 진입 제한은 바로 Buy China정책에서 비롯되고 있다. 최근 Buy China의 대표적인 사례로는 2009년 봄에 중국 최초로 태양광 발전 프로젝트 건설에 대한 소요장비의 입찰에 80%의 국산 기자재 사용을 중국정부가 요구한 것과[6] 25개 대규모 풍력발전 프로젝트에 사용될 풍력발전기의 7개를 모두 중국 기업으로 선정한 국제 입찰이다.[7] 입찰에 참여한 다국적기업은 단 1개도 선정되지 못했다. 낙찰자로 선정된 중국 기업은 지금까지 한 번도 풍력발전기를 생산해 본 경험이 없는 기업도 포함됐다. 여기에는 그럴만한 이유가 있다. 중국정부가 전력생산 기업에 대해 2010년까지 개별기업의 전체 발전설비 용량 가운데 적어도 3%를 수력을 제외한 신재생 에너지로 갖추도록 요구한 때문이다. 다국적기업의 풍력발전기보다 중국의 풍력발전기가 전력 생산 효율이 낮고, 잦은 수리 등이 필요하다는 점을 중국정부도 인식하고 있지만, 대규모로 신재생 에너지의 발전설비 용량을 갖추려면 가격이 훨씬 저렴한 중국 기업의 제품을 사용할 수밖에 없었을 것이다. 중국정부가 성장 제일주의에서 효율성을 강조한 질적 성장을 내세우고 있지만, 이러한 점을 보면 여전히 성장 제일주의의 구습에서 벗어나지 못한 것으로 볼 수 있다. 이밖에도 중국정부는 풍력발전 설비의 70%를 국산 기자재로 사용하도록 요구하고 있다.

사실 중국은 이 같은 보호무역주의 정책을 이전부터 자국산업을 보호하고 육성하기 위해 활용하여 왔다. 2002년 6월에 제정되어 2003년부터 시행된 정부조달법(政府采購法)에서 정부 조달물자에 대해서는 마땅히 국내에서 생산된 제품,

6. WTO는 자국산 제품을 의무화하는 것을 금지하고 있음. 그러나 중국이 2001년 WTO에 가입하였으나, 정부조달협정에 가입하지 않았기 때문에 WTO가 자국산 제품 사용을 강제하는 사항에 대해 이를 제재할 수는 없음. 어떤 의미에서 오히려 미국의 Buy American provisions이 WTO의 제재 대상이 될 수 있는 것이 아닌가 생각됨.

7. The New York Times, "China builds high wall to guard energy industry", July 14. 2009.

공정, 서비스를 사용하도록 요구하고 있다.[8] 이에 근거하여 2006년 2월 중국정부가 '장비제조업의 가속 진흥에 관한 몇 가지 의견'(關於加快振興裝備製造業的若干意見)에서 대형 핵심 장비제조기업 경영권의 외국기업 양도 시에 국무원 관련 부처의 의견을 징구하도록 제도화하였다.

또한 중국정부가 2006년 2월에 '국가 중장기 과학기술 발전 계획 요강'(國家中長期科學和技術發展規劃綱要(2006—2020年)을 제정하여 ① 항공기, 자동차, 선박, 철도차량의 독자 기술개발 능력 제고, ② 에너지 절약, 환경보호, 대체에너지 개발, ③ R&D 투자규모의 GDP의 2.5% 이상, ④ 대외기술의존도 30% 이하 등을 2020년까지 달성할 목표로 설정하였다. 이의 체계적인 실천을 위해 같은 달 '과학기술 계획 요강의 실시에 관한 결정'(關於實施科技規劃綱要的決定)을 통해 기술개발 기업에 대한 재정, 금융, 세제, 구매 등과 관련하여 정부가 지원하기로 방침을 정하였다. 이의 구체적인 내용이 '국가의 중장기 과학과 기술발전 계획 요강의 몇 가지 부대 정책의 통지'(國家中長期科學和技術發展規劃綱要(2006~2020年)若干配套政策的通知)에 상세하게 기술되어 있다. 동 통지에서 ① 정부 발주사업에 자국 기술개발 제품의 우선 구입, ② 정부 발주 사업에 자국 기술개발 제품의 60% 이상 구입 시에 예산 배정, ③ 정부 조달물자의 입찰 시에 자국 기술개발 제품에 가산점 부여, ④ 자국 기술에 의한 최초 상품화 제품에 대해 정부 우선 구매 등을 포함하고 있다. 이때부터 보호무역주의 정책을 보다 강력하게 추진하게 된 셈이다.

이처럼 중국의 보호무역주의 정책은 끝없이 지속되고 있다. 가장 최근 정책으로는 2009년 5월에 '내수확대를 통한 경제성장 촉진의 진행을 가속화하기 위한 건설공정 입찰과 응찰의 관리감독 강화 의견에 관한 통지'(關于印發貫徹落實擴大內需促進經濟增長決策部署進一步加强工程建設招標投標監管工作意見的通知)이다. 동 통지는 정부 투자로 진행된 사업에 대해 중국 역내에서 확보할 수 없

8. 정부조달법 제10조. 다만, 동 조항에서 정부 투자로 진행된 사업에 대해 중국 역내에서 확보할 수 없거나 상업적인 조건으로 확보하기 어려운 경우는 예외를 두고 있음.

거나 상업적인 조건으로 확보하기 어려운 경우 이외에는 반드시 국산 제품을 사용할 것을 요구하고 있다. 글로벌 경기침체로 인해 5,860억 달러의 내수부양을 추진하고 있는 중국정부로서는 실업증가로 인한 사회불안 우려를 다소나마 완화

**표 7-6 :** 최근 자국기업 보호관련 주요 정책

| | 주요 내용 | 비고 |
|---|---|---|
| 2006. 2 | • '장비제조업의 가속 진흥에 관한 몇 가지 의견'(關於加快振興裝備製造業的若干意見): 대형 장비제조기업의 외국기업 인수 시에 국무원 의견 징구 | |
| | • '국가의 중장기 과학과 기술발전 계획 요강'(國家中長期科學和技術發展規劃綱要2006~2020年): 항공기, 자동차, 선박, 철도차량의 독자 기술개발 능력 제고 및 대외기술의존도 30% 이하 | |
| | • '과학기술 계획 요강의 실시에 관한 결정'(關於實施科技規劃綱要的決定): 기술개발 기업에 대한 재정, 금융, 세제, 구매 등과 관련 지원 결정 | |
| | • '국가의 중장기 과학과 기술발전 계획 요강의 몇 가지 부대 정책의 통지'(國家中長期科學和技術發展規劃綱要(2006~2020年)若干配套政策的通知): 정부 발주 사업에 자국 기술개발 제품의 60% 이상 구입 시에 예산 배정 및 정부 조달물자의 입찰 시에 자국 기술개발 제품에 가산점 부여 | |
| 2006. 6 | • '중국 산업의 외국자본 장악보고서'(中國産業外資控制報告): 기술, 경영관리 및 마케팅 기법 이전 효과 미흡 결론 | 상무부 |
| 2006. 8 | • '외국인투자자의 중국 역내기업 인수합병에 관한 규정'(關於外國投資者并購境內企業規定): 경제안전의 위협이 예상되고, 유명 상표, 전통명가(老字號)에 해당되는 기업의 M&A 제한, 독과점 규제 | |
| 2008. 8 | • '반독점법'(反壟斷法): 중국 기업의 M&A에 대해 반독점법의 심의 필요 | |
| | • '경영자 집중의 신고 표준에 관한 규정'(關於經營者集中伸報標準的規定: 중국 내 매출 4억 위안 초과 기업이 M&A 시에 신고 | |
| 2009. 5 | • '내수확대를 통한 경제성장 촉진의 진행을 가속화하기 위한 건설공정의 입찰과 응찰의 관리감독 강화 의견에 관한 통지'(關于印發貫徹落實擴大內需促進經濟增長決策部署進一步加强工程建設招標投標監管工作意見的通知): 정부 투자로 진행된 사업에 대해 중국 역내에서 확보할 수 없거나 상업적인 조건으로 확보 곤란한 경우 이외에는 반드시 국산 제품을 사용 | |

자료: 國家發展和改革委員會 등

하고 자국산업을 육성하기 위해서 EU, 미국, 일본 등 주요 교역국의 부정적인 시선에도 불구하고 보호무역주의를 강화하고 있다.[9]

## 우리나라의 대중국 수출 05

### 1) 우리나라의 대중국 수출구조

#### ① 대 중국 수출구조

우리나라의 대외교역에서 중국이 최대 수출과 수입 상대국으로 부상한 것이 각각 2003년과 2007년이다. 1992년 수교 이후 빠른 시간 내에 우리나라의 최대 수출국과 수입국인 미국과 일본을 대체한 것이다. 여기에는 여러 가지 이유가 있을 수 있겠지만, 가장 중요한 요인은 한중간의 상호보완적 교역 관계와 우리나라의 중국에 대한 투자의 교역유발효과가 크게 작용한 것으로 볼 수 있다.

<표 7-7>은 HS코드 2단위 분류에 의한 우리나라의 대중국 상위 10위 수출품목의 변화이다. 먼저 상위 10위 품목의 집중도가 더욱 심화되고 있다. 품목 집중도가 2002년에 81.0%이던 것이 2008년에 89.2%로 금년 6월까지는 89.9%로 8.9% 포인트 증가했다. 다음으로 2002년에 상위 10위 품목 중에 원피 · 가죽, 인조장섬유, 편직물 등 노동집약적 제품이 3개가 포함되어 있었으나, 2006년부터는 이들이 모두 제외되었다. 대신 LCD를 주로 하는 광학기기, 자동차, 동, 철구조

9. 중국의 Buy China 조치에도 불구하고 주요 교역국들이 강력한 대응을 주저하고 있음. 이는 중국이 WTO의 정부조달협정 미가입국으로 내국민 대우를 이행해야 할 의무가 없는 점도 작용하지만, 점차 확대되는 거대시장을 두고 중국과 마찰을 빚을 경우 큰 시장을 상실할지 모른다는 우려도 작용한 것으로 해석됨. 이 같은 대표적인 사례가 2008년 4월 베이징 올림픽 성화 봉송 당시 파리에서 일어난 반중 시위와 2008년 말 사르코지 프랑스 대통령의 달라이라마 접견 등으로 양국 관계가 악화되면서 중국은 유럽연합(EU)과의 정상회의 참가를 보이콧했고, 원자바오(溫家寶) 총리는 2009년 1월 독일, 영국 등을 방문하면서 프랑스는 방문하지 않음. 더 나아가 중국 구매 사절단은 유럽 주요국에서 130억 달러 상당의 유럽 제품을 샀지만 프랑스 제품은 제외시키는 한편, 당초 계획했던 프랑스 에어버스사로부터 항공기 150대 구매 계획도 취소하였음.

물 등의 철강제품이 포함되었다. 그 다음으로 신규 진입 품목의 비중이 증가하는 반면, 기존 품목의 점유 비중이 약간 증가하거나 오히려 하락하는 경향이 나타나고 있다. 신규 진입 품목으로 광학기기, 자동차가 대표적이며, 절대적인 수출비중을 차지하는 전기전자는 2002년 대비 금년6월까지 기준으로 1.2% 포인트 증가에 그쳤고, 기계류는 오히려 4.8% 포인트 감소했다.

**표 7-7** : 한국의 대 중국 상위 10위 수출품목 및 수출비중

(단위: %)

| 순위 | 2002 | | 2004 | | 2006 | | 2008 | | 2009. 1~6 | |
|---|---|---|---|---|---|---|---|---|---|---|
| | 품목 | 비중 | 품목 | 비중 | 품목 | 비중 | 품목 | 비중 | 품목 | 비중 |
| 1 | 전기전자 | 26.2 | 전기전자 | 24.0 | 전기전자 | 26.7 | 전기전자 | 27.7 | 전기전자 | 27.4 |
| 2 | 기계류 | 16.1 | 기계류 | 19.5 | 기계류 | 15.6 | 광학기기 | 13.5 | 광학기기 | 16.0 |
| 3 | 유기화학품 | 9.7 | 유기화학품 | 9.7 | 유기화학품 | 10.4 | 기계류 | 11.2 | 기계류 | 11.3 |
| 4 | 플라스틱 | 8.9 | 플라스틱 | 7.5 | 광학기기 | 8.7 | 유기화학품 | 9.9 | 유기화학품 | 9.5 |
| 5 | 철강 | 6.2 | 철강 | 6.8 | 광물성연료 | 7.5 | 광물성연료 | 9.7 | 플라스틱 | 8.8 |
| 6 | 광물성연료 | 5.3 | 광물성연료 | 5.6 | 플라스틱 | 7.2 | 플라스틱 | 7.3 | 광물성연료 | 5.6 |
| 7 | 원피, 가죽 | 2.4 | 광학기기 | 5.4 | 자동차 | 4.5 | 철강 | 4.0 | 철강 | 4.7 |
| 8 | 인조장섬유 | 2.3 | 자동차 | 4.2 | 철강 | 4.5 | 자동차 | 3.1 | 자동차 | 3.5 |
| 9 | 편직물 | 2.0 | 동 | 1.5 | 동 | 2.6 | 동 | 2.1 | 동 | 1.7 |
| 10 | 종이류 | 1.8 | 인조장섬유 | 1.2 | 알루미늄 | 1.1 | 철강제품 | 0.9 | 철강제품 | 1.5 |
| 합계 | | 81.0 | | 85.5 | | 88.7 | | 89.2 | | 89.9 |

주: 품목은 HS 2단위 기준에 의한 분류임(이하 동일)
자료: 한국무역협회

같은 기간 동안 중국의 수출 상위 10위 품목도 변화됐다. 2002년에 노동집약적 제품으로 의류, 편직물, 완구, 신발 · 모자, 가구, 가죽제품 등 6개나 포함되었던 것이 2009년에는 편직물, 의류, 가구, 신발 · 모자 등 4개로 축소됐다. 반면, 전기전자, 기계류 등의 비중이 공히 각각 3.7% 포인트, 4.4% 포인트 증가했다. 이밖에 신규로 철강제품, 광학기기, 선박, 자동차 등 부가가치가 상대적으로 높은 제품들이 진입했다.

우리나라와 중국의 교역구조의 변화는 중국이 산업구조조정을 통한 산업구조 고도화, 기술도입 및 기술개발을 통한 경쟁력의 향상 때문으로 볼 수 있다.

**표 7-8 ⋮** 중국의 수출 상위 10위 품목 및 비중

(단위: %)

| 순위 | 2002 | | 2004 | | 2006 | | 2008 | | 2009. 1~5 | |
|---|---|---|---|---|---|---|---|---|---|---|
| | 품목 | 비중 | 품목 | 비중 | 품목 | 비중 | 품목 | 비중 | 품목 | 비중 |
| 1 | 전기전자 | 20.0 | 전기전자 | 21.9 | 전기전자 | 23.5 | 전기전자 | 23.9 | 전기전자 | 23.7 |
| 2 | 기계류 | 15.6 | 기계류 | 19.9 | 기계류 | 19.3 | 기계류 | 18.8 | 기계류 | 20.0 |
| 3 | 의류 | 6.3 | 의류 | 4.9 | 편직물 | 4.6 | 편직물 | 4.2 | 편직물 | 4.2 |
| 4 | 편직물 | 4.9 | 편직물 | 4.3 | 의류 | 4.5 | 철강 | 3.7 | 의류 | 4.0 |
| 5 | 완구 | 3.6 | 가구 | 2.9 | 광학기기 | 3.4 | 의류 | 3.7 | 가구 | 3.5 |
| 6 | 신발, 모자 | 3.4 | 광학기기 | 2.7 | 가구 | 2.9 | 철강제품 | 3.4 | 철강제품 | 3.4 |
| 7 | 가구 | 3.0 | 신발, 모자 | 2.6 | 철강제품 | 2.8 | 광학기기 | 3.0 | 광학기기 | 3.0 |
| 8 | 광물성연료 | 2.6 | 완구 | 2.5 | 철강 | 2.6 | 가구 | 3.0 | 신발, 모자 | 2.5 |
| 9 | 플라스틱 | 2.5 | 광물성연료 | 2.4 | 완구 | 2.3 | 자동차 | 2.8 | 선박 | 2.5 |
| 10 | 가죽제품 | 2.4 | 철강제품 | 2.3 | 자동차 | 2.3 | 완구 | 2.3 | 자동차 | 2.4 |
| 합계 | | 64.3 | | 66.5 | | 68.1 | | 68.9 | | 69.1 |

한국은행 분석에 의하면, 지금까지 우리나라의 대 중국 수출에서 부품과 소재를 중심으로 한 중간재가 차지하는 비중이 연도별로 54.6~61.5%로 나타난 반면, 중국으로부터의 중간재 수입은 44.1~49.8%로 나타났다.[10] 또한 기술 수준별로 보면, 1990년대 후반에 대중국 수출이 저위 및 중저위 제품 비중이 절반을 차지하였으나, 2000년대 들어서는 중고위 이상의 기술 제품이 70%를 상회하고 있다.[11]

10. 전광명 · 노원종(2008) '한중 교역구조의 변화와 대응방안', 2008. 11 한국은행.

11. OECD의 기술수준별 분류기준 인용(국제무역표[SICT] Rev.3 기준)에 의하면, ① 고위 기술은 우주항공, 의약, 전자부품, 컴퓨터 및 사무기기, 정보통신 및 방송기기 등; ② 중고위 기술은 화학제품, 일반기계, 가정용 전기기기, 정밀기기, 자동차, 기타 수송장비 등; ③ 중저위 기술은 석유 및 석탄제품, 플라스틱 및 고무, 철강금속, 조립금속, 전기기계, 선박 등; ④ 저위 기술은 음식료품 및 담배, 섬유의류 및 가죽제품, 목제 및 종이제품, 인쇄출판, 가구 등으로 구분함.

이는 우리나라와 중국간의 교역 집중도에서 나타나듯 한중간의 무역이 과거 생산요소의 비교우위를 기반으로 한 산업간무역(inter-industruy trade)에서 동종 제품의 차별화를 바탕으로 한 산업내무역(intra-industry trade)으로 변화되고 있음을 알 수 있다. 그동안 우리나라는 중간재를 중국에 수출하고, 중국에서 이를 가공하여 완성품으로 만들어 그 일부를 국내로 반입하거나 제3국으로 수출하는 국제분업 형태를 띠어 왔다. 중국의 경쟁력이 높아지면서 중국으로 수출되는 중간재의 기술 수준이 점차 높아지고 있다. 한국은행의 분석 자료에 의하면, 우리나라의 중국에 대한 중고위 수준 이상의 중간재 수출비중이 1995년 50.1%, 2001년 55.4%, 2007년 77.3%로 높아지고 있다. 동 기간 동안 중국의 한국에 대한 수출도 22.7%, 45.6%, 50.1%로 높아지고 있다.

**② 투자의 교역유발효과**

우리나라와 중국의 교역에서 우리의 대중국 투자에 따른 교역유발효과가 적지 않다고 보는 것이 일반적이다.(<그림 7-2> 참조) 우리나라 전체 투자 가운데 통계자료 확보가 가능한 데이터를 통해 추출한 투자잔액 대비 수출과 수입의 유발효과를 보면, 2005년에 380.3%, 119.1%이던 것이 2007년에는 259.6%, 98.7%로 감소하기는 하였지만, 여전히 높은 수준에 있다.[12]

우리나라의 중국에 대한 직접투자는 2009년 3월말 현재로 19,500건, 269.2억 달러로 우리나라 전체 투자의 각각 44.6%, 22.5%로 공히 수위를 차지하고 있다. 투자의 교역유발효과를 분석하기 위해 중국에 투자한 기업들이 한국수출입은행에 제출한 결산서를 토대로 하였다. 중국 진출기업으로 2005~2007년에 걸쳐 결산서를 제출한 동일 기업 399개를 대상으로 교역유발효과가 시간의 경과에 따라 어떻게 변화되는 지 살펴보았다. <그림 7-3>에서 투자에 따른 수출유발효과가 2005년에 235.1%에서 2007년에 152.7%로 감소하였고, 수입유발효과도 같은 기간 72.8%에서 61.5%로 감소하였다. 동 기간 동안 수출유발효과가 82.4% 포인트

12. 해외투자의 교역유발효과는 해외투자로 인해 발생되는 수출과 수입을 누적 투자잔액으로 나누어 산출한 것임. 한국수출입은행이 우리나라 전체 투자 중 투자금액 100만 달러 이상으로 결산서를 제출한 기업에 대해 2005년, 2006년, 2007년에 각각 1,173건(투자잔액 207.7억 달러), 2,000건(304.8억 달러), 2,710건(429.7억 달러)을 대상으로 분석하였음.

**그림 7-2** : 우리나라 전체 해외투자의 수출입 유발효과

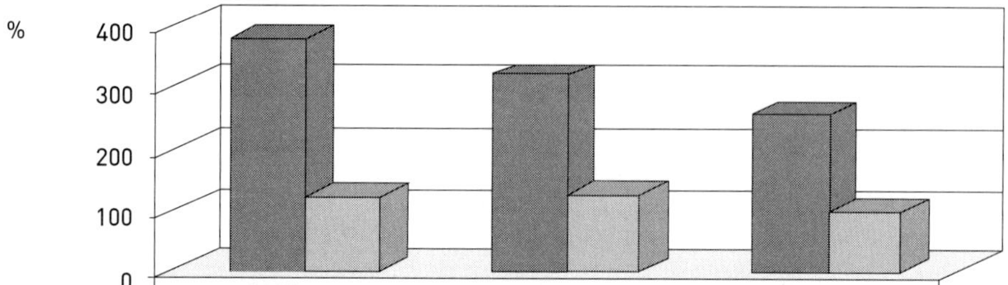


| | 2005 | 2006 | 2007 |
|---|---|---|---|
| 수출 | 380.3 | 321.8 | 250.6 |
| 수입 | 110.1 | 128.2 | 98.7 |

자료: 한국수출입은행 해외직접투자 경영분석 각년호(이하 동일)

**그림 7-3** : 중국 진출 동일기업의 교역유발효과

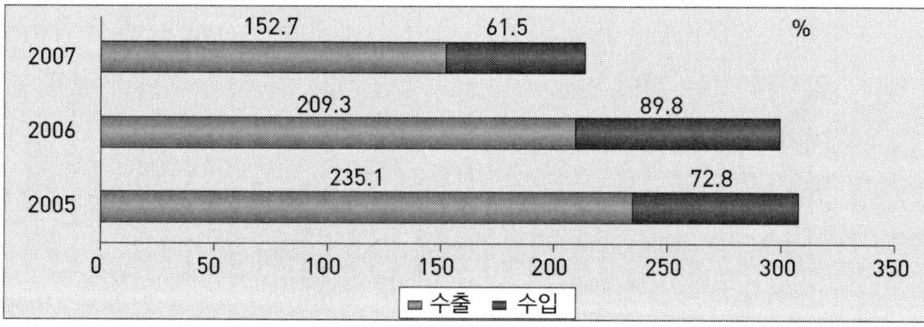


가 감소한 반면, 수입은 11.3% 포인트 감소하여 수출이 수입에 비해 훨씬 크게 나타났다. 이 같은 현상은 우리 기업들이 가격 경쟁력을 높이기 위해 완성품 기업을 따라 협력 업체들이 동반 진출함에 따라 원부자재 현지 조달 비율이 높아진 점도 있지만, 중국 기업의 경쟁력 향상에 따라 중국 기업들로부터 원부자재를 조달하는 비율이 상승한 측면도 있다.

이러한 점들이 일부 반영되어 같은 기간 우리나라의 대 중국 상품수지 흑자 규모가 233억 달러, 209억 달러, 190억 달러로 점차 감소하였다.

## 2) 중국의 수출확대 조치 영향

중국이 지금까지 수출확대를 위해 취한 조치는 에너지 다소비, 고오염 유발이나

노동집약적 제품과 관련됐다. 국제 원자재 가격 상승과 대규모 상품수지 확대로 인해 미국 등 선진국으로부터의 위안화 가치의 인위적인 저평가 논란과 맞물린 제품들이다. 다름 아닌 철강제품과 의류 · 방직제품 · 완구 등 노동집약적 제품에 취해졌던 제한들을 다시 완화하였다. 2008년 11월 수출이 큰 폭 감소한 이후 금년 5월까지 이들 제품이 중국 수출에서 차지하는 비중은 신발을 제외하고 모두 감소했다. 이렇게 보면, 수출확대 조치가 중국 수출확대에 거의 기여하지 못한 것으로 판단된다.

**표 7-9 : 수출확대 조치 이후 중국 수출 상위 10위 품목의 변화**

(단위: %)

| 2008. 11 | | 2009. 1 | | 3 | | 5 | |
|---|---|---|---|---|---|---|---|
| 품목 | 비중 | 품목 | 비중 | 품목 | 비중 | 품목 | 비중 |
| 전기전자 | 24.9 | 전기전자 | 20.1 | 전기전자 | 24.0 | 전기전자 | 25.0 |
| 기계류 | 19.5 | 기계류 | 18.8 | 기계류 | 20.9 | 기계류 | 18.9 |
| 편직물 | 4.8 | 의류 | 5.7 | 의류 | 3.7 | 편직물 | 4.2 |
| 철강 | 1.9 | 편직물 | 5.3 | 편직물 | 4.1 | 의류 | 3.7 |
| 의류 | 3.8 | 가구 | 4.0 | 철강제품 | 3.5 | 가구 | 3.4 |
| 철강제품 | 3.9 | 철강제품 | 3.9 | 가구 | 3.5 | 광학기기 | 3.3 |
| 광학기기 | 2.7 | 신발 | 3.2 | 광학기기 | 2.9 | 철강제품 | 2.9 |
| 가구 | 3.4 | 광학기기 | 2.7 | 신발 | 2.3 | 선박 | 2.6 |
| 자동차 | 2.3 | 자동차 | 2.5 | 선박 | 2.0 | 자동차 | 2.5 |
| 완구 | 2.4 | 선박 | 2.5 | 자동차 | 2.4 | 신발 | 2.3 |
| | 69.7 | | 68.6 | | 69.3 | | 68.8 |

중국의 수출확대 조치가 우리나라의 대 중국 수출에 미치는 영향은 한중 분업으로 인한 우리의 대 중국 수출확대 가능성 여부이다. 앞에서 살펴본 것처럼, 우리나라의 대 중국 수출 상위 10위 품목에 노동집약적 제품이 포함되지 않을 뿐더러 기술 수준으로 중고위 이상 중간재 수출이 77%인 점을 고려할 때, 중국의 수출확대 조치가 우리의 대 중국 수출에 미치는 영향이 크지 않을 것으로 판단된

다. 게다가 아직까지 선진국 시장이 회복단계에 접어들었다는 특별한 징후가 없다. 다시 말해 중국의 수출입 확대 조치가 한중 분업구조나 수출 집중도가 높은 우리의 주요 수출품목에 거의 해당되지 않는다는 점을 고려할 때, 우리나라의 대중국 수출에 미치는 영향은 미미할 것으로 판단된다. 다만, 중국의 수출 증치세의 환급비율 인상과 가공무역 품목의 확대는 원 · 부자재를 주로 수출해왔던 우리나라 중국 진출 일부 중소기업에 긍정적일 수 있다. 임금 상승 등과 어우러진 중국의 투자환경 악화로 인해 생존의 갈림길에 처해 있는 기업들에게 다소나마 유동성이 개선되는 효과가 있을 수 있기 때문이다.

주목해야 할 부분은 중국정부가 추진하는 내수부양, 다름 아닌 인프라 확충 등을 위해 4조 위안의 투입, 가전 · 자동차 구입하는 소비자에 대한 보조금 지급 등의 조치가 대 중국 수출에 미치는 영향이다. 2009년 상반기에 우리나라의 대중국 수출 상위 10위 품목과 우리나라 전체 수출 상위 10위 품목의 증감률을 비교(<표 7-10> 참조)해 보면, 우리나라 전체보다 중국에 대한 수출 감소가 적거나

**표 7-10 : 2009년 상반기 우리나라 전체와 대중국 수출 상위 품목 증감률**

(단위: 억 달러)

| 순위 | 대 중국 | | | 전체 | |
|---|---|---|---|---|---|
| | 품목 | 금액 | 증감(%) | 금액 | 증감(%) |
| 1 | 전기전자 | 102.5 | -22.5 | 395.4 | -22.9 |
| 2 | 광학기기 | 59.9 | -5.3 | 123.2 | -14.1 |
| 3 | 기계류 | 42.2 | -22.7 | 170.3 | -28.8 |
| 4 | 유기화학품 | 35.5 | -27.9 | 57.4 | -32.2 |
| 5 | 플라스틱 | 33.1 | -7.1 | 83.1 | -20.4 |
| 6 | 광물성연료 | 21.2 | -57.4 | 98.2 | -47.4 |
| 7 | 철강 | 17.5 | -2.0 | 69.8 | -32.3 |
| 8 | 자동차 | 13.2 | -22.7 | 151.3 | -42.6 |
| 9 | 동 | 6.3 | -40.8 | 11.9 | -47.7 |
| 10 | 철강제품 | 5.5 | 43.7 | 46.1 | 15.2 |
| 전체 | 374.6 | | -22.5 | 1,656.7 | -22.6 |

**표 7-11** : 2009년 상반기 우리나라의 대중국 수출 상위 품목 증감률

(단위: 억 달러)

| | 품 목[주] | 금액 | 증감(%) |
|---|---|---|---|
| 전기전자 (HS85) | 휴대폰 및 유무선 통신기기 | 27.8 | −1.6 |
| | 축전지 | 7.4 | 8.3 |
| | 인쇄회로 | 4.3 | −19.3 |
| | 반도체 디바이스 및 발광다이오드 | 4.0 | 6.7 |
| 광학기기 (HS90) | 액정디바이스(LCD), 레이저 기기 | 50.6 | −5.0 |
| | 렌즈 및 편광재료 판 | 6.2 | 2.0 |
| 기계류 (HS84) | 피스톤식 엔진 | 6.6 | 33.4 |
| | 기타 기계류 | 4.3 | −18.3 |
| 유기화학품 (HS29) | 비환식알코올 및 그 유도체 | 2.2 | −16.3 |
| 플라스틱 (HS39) | 에틸렌 중합체 | 8.1 | 0.4 |
| | 프로필렌 및 기타 올레핀 중합체 | 6.6 | −6.5 |
| | 폴리아세탈수지 · 폴리에테르 · 에폭시수지 등 | 4.1 | 2.5 |
| 철강 (HS72) | 냉연강판 | 4.2 | −16.4 |
| | 열연강판 | 3.7 | 78.5 |
| | 기타 합금강의 평판압연제품 | 2.1 | 6.6 |
| 철강제품 (HS73) | 철 구조물 | 1.4 | 107.3 |
| 자동차 (HS87) | 차량용 부속품 | 10.1 | −13.9 |
| 소계 | | 153.7 | |
| 전체 | | 374.6 | −22.5 |

주: HS 코드 4단위 기준.

오히려 증가하는 품목으로는 광학기기, 플라스틱, 철강, 철강제품 등이 있다. <표 7-11>에서 구체적으로 보면, 광학기기의 경우 LCD · 렌즈 및 편광재료 판, 플라스틱의 에틸렌 · 프로필렌 중합체 · 폴리에테르 및 에폭시 수지, 철강의 열연강판, 철강제품의 철 구조물, 기계류의 피스톤 엔진 등이 여기에 해당된다. 이들 제

품이 중국의 인프라 확충이나 가전 및 자동차 등의 내수부양과 관련된 품목들이라고 할 수 있다. 이렇게 볼 때, 우리나라의 대 중국 수출에 미치는 영향이 중국의 수출 확대 조치보다 내수부양이 훨씬 클 것으로 판단해 볼 수 있다.

## 결론 및 평가 06

앞에서 살펴본 것처럼 수출확대 조치가 실제 중국의 수출 증대로 연결되지 않은 것 같다. 선진국의 경기회복이 뒷받침되지 않기 때문이다. 그럼에도 불구하고 중국이 수출확대 조치를 취하는 것은 한계 상황에 처해 있는 노동집약적 산업 종사 기업에게 생존 가능성을 열어줌으로써 더 이상의 인력 감축을 억제시키고 실업 증대로 인한 사회적 불안 우려를 해소하기 위한 것으로 해석된다.

이번 중국의 수출확대 조치를 통해서 우리의 경쟁력을 확대시킬 계기로 활용할 수 있을 것 같다. 먼저 앞에서 살펴본 것처럼 중국의 경기부양이나 내수 진작 조치가 우리 기업에게 기회로 작용되고 있는 만큼 이를 통해 LCD, 플라스틱, 철강제품과 자동차 등의 수출확대에 적극적으로 활용할 필요가 있다. 다음으로 한 · 중 간의 분업구조의 지속적인 유지를 위한 R&D와 기술 확보 노력이 기업은 물론 정부에서도 적극 나서는 것이 바람직해 보인다. 더욱이 한 · 중 수출 상위 10위 품목에 2005년까지만 해도 전기전자, 기계류, 광학기기, 철강제품 등 4개만이 경쟁관계였으나, 최근 들어 우리의 주력 수출품목인 자동차와 선박마저도 포함되어 경쟁 품목이 총 6개로 확대됐다는 점이 우려스럽기 때문이다.

반면, 중국의 수출확대 조치가 오히려 무역마찰을 초래할 가능성이 있다. 수출확대 조치로 산업 구조조정 지연을 야기함은 물론 과잉 생산능력과 수출관세 폐지 및 수출 증치세 환급비율 인상 등으로 보다 싼 값에 수출이 가능해질 수 있기 때문이다. 무역 마찰 가능성이 높은 제품으로 철강 등을 들 수 있다. 경기회복을 위한 인프라 확충으로 철강 수요 증가가 기대되는 미국과 EU 등에서 수입 억제 조치 가능성이 높다.

위안화 결제통화 시도 등은 비록 아직 초기단계이기는 하지만 위안화 결제를 통해 수출입 기업의 환 리스크와 수수료 부담 감소 등을 가져올 수 있다는 긍정적 측면에서 의의가 있다. 더 나아가 미국 경기 침체로 인한 달러화 가치 변동성 확대 우려를 기회로 중국의 국제적인 위상을 제고하려는 의도도 있는 것 같다. 그러나 위안화의 결제통화 영향은 크지 않을 것으로 보인다. 무역결제에 위안화를 홍콩, ASEAN 국가 등과 시험적으로 사용하고 더 나아가 중국과 통화스왑을 체결한 국가들과 할 수 있겠지만, 곧 바로 세계적으로 확대 시행하기에는 어려움이 많다. 중국이 자본계정에 대한 통제가 여전히 심한 반면, 위안화가 국제적으로 통용되는 교환 가능통화(hard currency)가 아니기 때문이다.

주목할 부분은 중국의 보호무역주의 정책이다. 중국의 경제력이 커질수록 자국 산업과 기업을 보호하기 위한 보호무역주의 정책이 심화되는 것 같다. 외형적인 경제력은 커졌지만, 실제 경쟁력을 가늠하는 척도라고 할 수 있는 국제 경쟁력을 갖춘 기업 즉, 다국적기업이 거의 없는 실정이다. 더욱이 규모면에서 세계 500대 기업에 포함된 기업들도 대부분 중국정부의 보호무역주의 정책에 힘입어 자국 시장을 기반으로 성장하고 있기 때문이다.[13] 이 때문에 중국정부는 경제력에 걸 맞는 세계적인 경쟁력을 갖춘 다국적기업을 육성하기 위해 앞으로도 보호무역주의 정책을 활용할 것으로 예상해 볼 수 있다. 이러한 중국의 보호무역주의 정책을 우회하여 인프라 등 기간산업과 관련된 분야로 중국에 진출하고자 할 경우, 진입 시에 기업 형태를 단독보다는 합작법인으로 하고, 지분도 중국 기업이 과반 이상을 차지하도록 하는 게 바람직할 것 같다. 그렇게 될 경우 비록 합작법인이지만 중국 기업으로 인식되어 입찰 참여 등에 따른 불이익을 줄일 수 있기 때문이다.

한편, 중국이 시범적으로 추진하고 있는 무역거래의 위안화 결제통화 추진과 관련하여 우리 정부도 이와 관련하여 적극적으로 검토해 볼만하다. 다름 아닌 중

13. 매년 매출액 기준으로 선정되는 Fortune 500에서 2009년의 세계 500대 기업 중 중국의 34개 기업이 선정되었는데, 중국 기업으로 에너지와 금융 분야 각 6개, 철강 5개, 통신 3개, 자동차 2개와 기타 13개 등임.

국이 우리나라의 최대의 교역국이자 투자 상대국이라는 점에서 양국 간의 교역에서 원화와 위안화를 동시에 결제통화로 지정하고 기업들이 자율적으로 통화를 지정하도록 하는 경우 원화의 국제화 뿐만 아니라, 달러화 중심의 결제통화로부터 발생할 수 있는 피해를 최소화 하는데 기여할 수 있다.

## 참고문헌


고일훈(2009), "Buy China 지침의 배경과 영향", KOTRA

전광명 · 노원종(2008), "한중 교역구조의 변화와 대응방안", 한국은행

한국수출입은행, "해외직접투자 경영분석 2005, 2006, 2007회계연도"

The New York Times (2009), "China builds high wall to guard energy industry," July 14.

The Wall Street Journal (2009), "China' s Coke decision threathens to chill investment", March 19.

The Wall Street Journal (2009), "China denies protectionism in Coca-Cola ruling", March 21.

www.kita.net(한국무역협회)

www.koreaexim.go.kr(한국수출입은행)

www.mofcom.gov.cn(商務部)

www.pbc.gov.cn(中國人民銀行)

www.safe.gov.cn(國家外匯管理局)

www.sdpc.gov.cn(國家發展和改革委員會)

08

# 녹색보호주의 대두 및 대응방안

조정란 정석물류통상연구원 연구교수

## 서론 01

국제무역 확대는 글로벌 금융위기와 경기침체를 극복해나가는데 필요한 가장 중요한 요소 중의 하나이다. 전세계적 무역규모는 세계 전체의 산출물의 성장 속도보다 빠르게 성장했으며, GATT · WTO 다자무역체제는 무역성장을 촉진시키는데 크게 기여해 왔다. 국제무역은 국가간 성장과 번영을 가져다주게 되는데, 매일 매일 수억달러의 상품들과 서비스들이 전 세계에서 팔리고 구매됨으로써 생산, 유통, 국제무역 과정에서 많은 일자리를 창출하게 된다. OECD의 분석에 따르면, 10%의 무역 증가는 소득수준 4%를 증가시킨다. 글로벌 금융위기이후 많은 국가들에서 무역규모가 20-50% 감소한 것만으로도 상당수준의 경제악화가 발생함을 예상해 볼 수 있다.

이러한 상황에 직면한 세계 주요국들은 2009년 들어 다양한 경기부양책을 도입했고, 국가에 따라 차이가 있으나 GDP 2~16%에 해당하는 경기부양자금을 지출하였다. 경기침체로 인한 실업증가, 소득감소는 국민들의 불만을 고조시켰고 많은 국가의 정치권에서는 보호무역주의 도입을 추구하는 사례가 많았다. 1920년대 말 세계대공황의 경험을 알고 있는 국제사회는 작금의 보호무역주의가 보복을 초래하게 될 것이므로 결과적으로, 자국의 희생도 클 것이고, 경기악화 및 실업증가와 더불어 국제무역규모가 더 줄어들게 될 것을 우려하여 20여개 주요국(G20)를 중심으로 경기부양정책 공조 및 보호주의 배격에 나서게 되었다. 즉, 무역량 증가가 경기회복으로 이어지는 선순환 피드백(positive feedback loop) 구조를 구축하기로 한 것이다.

과거 대공황에 비해 다행인 것은 현행 WTO 규정이 최소한 양허수준 이상으로 관세를 올리지 못하도록 억제하고 있다는 점이다.[1] 하지만, 여전히 보호무역주의는 고개를 들고 기회를 엿보고 있다. 오늘날 보호무역주의가 과거 대공황시대와 다른 점은 WTO 규범으로도 통제할 수 없는 '애매한 보호주의'를 도입하고 있다는 것이다. 특히 미국, EU 등 선진국이 녹색산업 육성에 엄청난 재원을 투입하면서, 녹색산업과 관련된 새로운 보호무역주의를 도입하고 있다. 보호무역주의를 배격하면서도 다른 국가보다 앞선 환경관련 기술우위를 바탕으로 새로운 형태의 근린궁핍화정책을 모색하고 있어 우리나라는 물론이고 국제사회의 대응이 필요한 상황이다.[2]

## 주요국의 녹색산업 성장정책 02

녹색산업의 이해를 위해 한국, 미국, 중국의 녹색성장정책을 소개할 필요가 있다.

1. 개도국의 경우, 양허세율이 실행세율보다 높아 실행관세를 올릴 수 있는 여지는 있으나, 이 경우에도 다른 국가의 반발을 고려하지 않을 수 없을 것임. 하지만, 인도와 같이, 일부 국가는 실행세율을 올린 사례도 있음.
2. 근린궁핍화정책(beggar-thy-neighbour)은 국내시장 및 국내고용을 보호하기 위하여 다른 국가에 피해를 주면서 자국경제를 우선시하는 자국중심적인 무역정책을 의미함.

중국과 한국은 각각 2010년 및 2013년까지 300억, 380억달러를 투입할 계획이며, 미국은 2019년까지 무려 1,100억달러를 녹색산업에 투입하기로 확정했다. 미국과 한국은 각각 2050년과 2020년 총에너지 중 재생에너지 비율을 20%로 올린다는 목표를 수립하였다. 이 부분은 독자들에게 녹색보호주의(Green Protectionism)의 대상이 되는 녹색성장정책의 범위와 예산규모를 예시적으로 보여주기 위한 것으로 이 분야를 이해하고 있는 독자는 바로 제3절의 녹색보호주의를 읽어도 무방하다.

**표 8-1 :** 국가별 녹색성장 정책 목표 비교

| | 투자자금 | 온실가스 감축 목표 | 재생에너지 비중 | 단위GDP 에너지 소모 |
|---|---|---|---|---|
| 한국 | (~'13년)380억 달러 | - | (~'30년) 11%<br>(~'50년) 20% | (~'30년) 현재 대비 46% |
| 미국 | (~'19년)1,123억 달러 | (~'50년) 1990년 대비 80% | (~'20년) 20% | - |
| 중국 | (~'10년)300억 달러 | (~'20년) 2005년 대비 50% | (~'10년) 10%<br>(~'20년) 15% | (~'10년) 2005년 대비 20%감소<br>(~'20년) 4~60% 감소 |

자료: 썬자(2009)

## 1) 한국

우리 정부는 2008년 8월 15일 「녹색성장」 발전전략을 국가적 발전어젠다로 설정하였다. 「녹색(Green)」과 「뉴딜(New Deal)」을 함께 추진함으로써 잠재적 성장동력뿐만 아니라 일자리 창출 등 구체적 성과를 얻을 수 있는 정책으로 발전시키기로 했다. 저탄소 · 친환경 · 자원절약 등 녹색성장전략에 고용창출 정책을 융합하여 「녹색뉴딜사업」을 구성하였다.

녹색뉴딜의 포괄범위는 녹색경제로의 이행을 촉진하고 성장과 일자리를 창출할 수 있는 사업을 선정하였으며, 주요 사업은 아래와 같다.

① 에너지 절약, 자원재활용 및 청정에너지 개발 등 자원절감형 경제 구축 사업

② 녹색 교통망 구축, 맑은 물 공급 등 편리하고 쾌적한 생활환경 및 삶의 질을 높이기 위한 사업

③ 탄소 저감, 수자원 확보 등 지구 장래와 차세대 안전을 위한 선제적 · 예방적 사업

④ 산업 · 정보 인프라 구축, 기술개발 등 미래대비와 에너지 효율을 높이기 위해 필수적인 사업

<그림 8-1>에서 보듯이, 녹색뉴딜사업은 「한국형 '뉴딜'」과 「신성장동력」사업 중 녹색 연관성과 성장 · 일자리 창출 효과가 큰 사업 및 다른 「녹색」사업 중 일자리 창출 효과가 큰 사업을 중심으로 구성되어 있다.

핵심 사업으로는 '4대강 살리기', 재해위험지구 정비, 클린코리아, 수변구역 녹색화 등의 사업을 위해 2009~2012년간 총 18조원 규모의 재원을 투입하기로 하였다. 철도 등 저탄소 녹색교통에 대한 투자도 확대하기로 했는데, 경부 · 호남 고속철도 조기 개통, 환승시설, 간선급행버스체계 및 전국 자전거도로 네트워크 구축, 대도시권 간선급행버스체계(BRT: Bus Rapid Transit) 구축을 위해 총 11조원을 투입하기로 했다.

녹색국가 정보인프라 구축사업은 개별적인 유사 정보 DB 시스템을 국가 GIS

**그림 8-1** ⋮ 우리 정부의 녹색뉴딜과 관련 사업의 개요

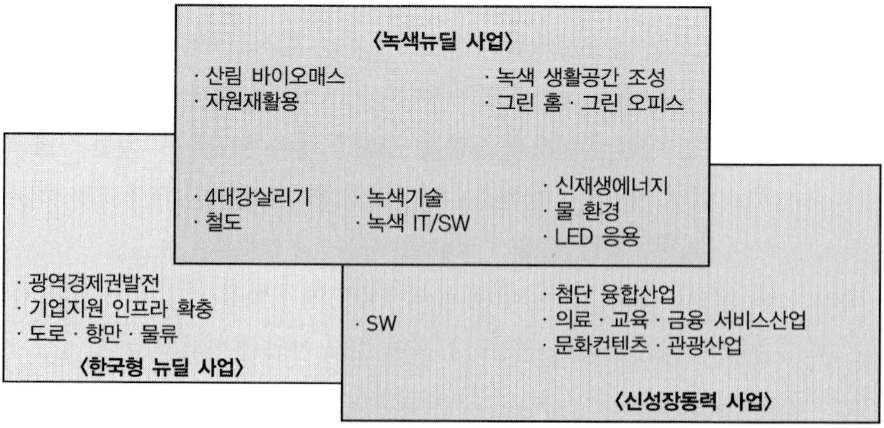


자료: 기획재정부(2009b)

구축사업과 연계시켜 지리정보와 공간정보를 일체화시키는 것으로, 국가 건물에너지통합관리시스템 구축, 전자문서 이용 활성화, 도로기반지하시설물 전산화 사업이 추진된다.

그린홈 · 그린빌딩에 대한 금융 · 세제 지원 추진 및 에너지 효율을 높이기 위한 설계기준을 강화시키고, 신 · 재생에너지 설비 등에 대해 우수조달물품 지정시 우대 및 적격심사시 가점을 부여하기로 했다.[3] 신규 물품 취득시 에너지 절감제품 사용 의무화를 추진하며, 친환경 하천정비와 연관사업의 효율적 추진을 위한 관련 법령(하천법)의 정비와 국가기본계획을 마련하기로 했다.

녹색뉴딜 9개 핵심사업 및 27개 연계사업 전체 36개 사업 추진을 위해 2009년부터 3년간 총 50조원 규모의 재원을 투입하며, 96만개의 일자리를 창출한다는 계획이다. 경제위기 적극대응, 지역균형발전 등 정책적 추진이 필요한 사업은 예비타당성조사를 면제하고, 조사 수행기간을 단축(평균 6개월 → 4개월 이내)하여 사업 준비기간을 실질적으로 1년 단축시키기로 했다.

**표 8-2 : 핵심사업 9개의 재정소요**

| 사업명 | | 재정소요(억원) | | |
|---|---|---|---|---|
| | | 기반영('09) | 추가소요(~ '12) | 계 |
| 핵심사업 | 합계 | 43,626 | 456,866 | 500,492 |
| | 4대강 살리기 등 | 4,881 | 139,895 | 144,776 |
| | 녹색 교통망 확충 | 18,349 | 78,187 | 96,536 |
| | 국가공간정보 통합체계 구축 | 250 | 3,467 | 3,717 |
| | 우수유출시설, 중소댐 | 1,845 | 7,577 | 9,422 |
| | 그린카 및 청정에너지보급 | 3,209 | 17,318 | 20,527 |
| | 폐기물자원 재활용 | 506 | 8,794 | 9,300 |
| | 녹색 숲 가꾸기 | 3,131 | 21,043 | 24,174 |
| | 그린홈, 그린스쿨 사업 | – | 80,500 | 80,500 |
| | eco river 조성 등 | 52 | 4,786 | 4,838 |

자료: 기획재정부(2009b)

3. 신 · 재생에너지 설비 인증제품, 대기전력저감 우수제품, 에너지효율 1등급제품

**그림 8-2** : 우리 정부의 녹색뉴딜 목표, 주력분야 및 추진전략

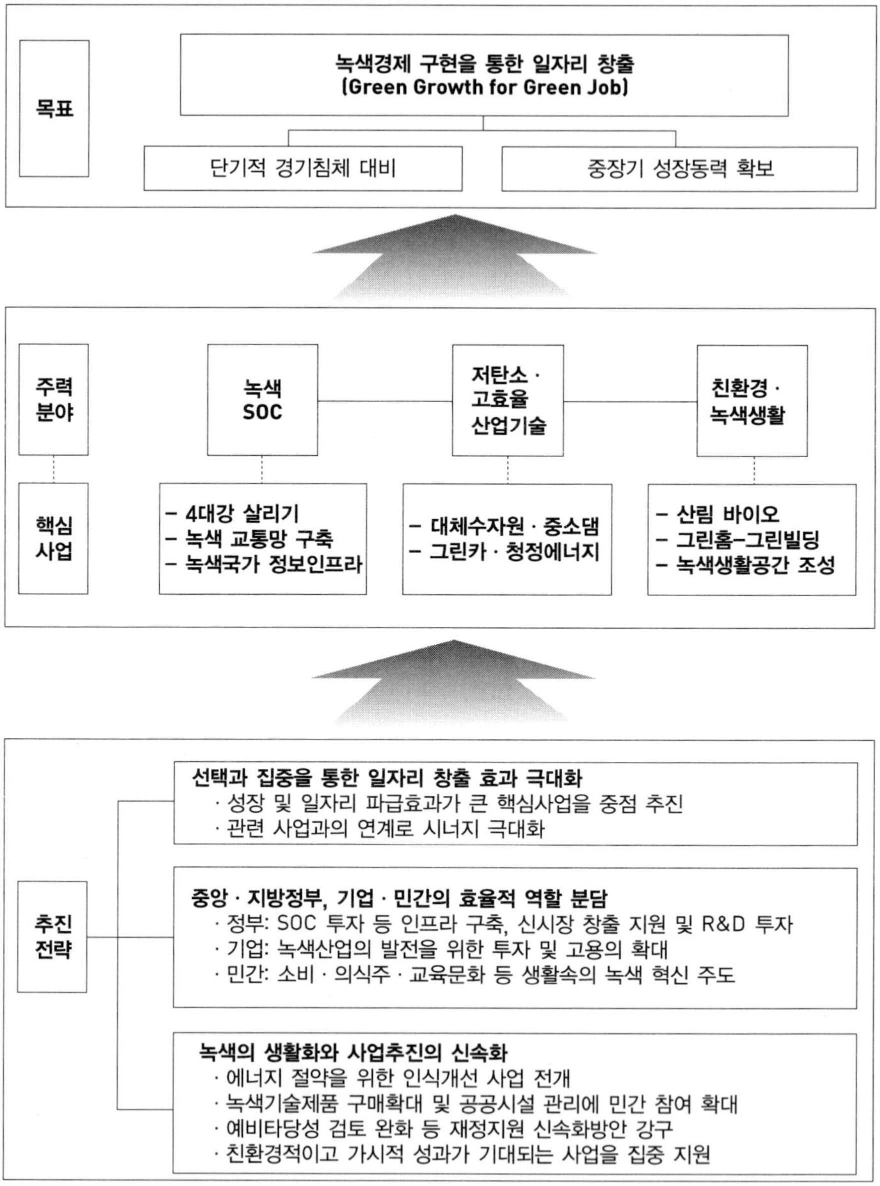


자료: 기획재정부(2009b)

## 2) 미국[4)]

부시행정부는 공화당의 자금줄인 석유산업의 입장을 살피며 새로운 에너지원 발굴에 소극적인 입장이었다. 미국의 석유메이저인 Exxon, Mobil 등이 행정부에게 교토의정서 거부를 로비했고, 2001년 부시대통령은 중국, 인도 등 주요 개도국이 참여하지 않으면, 교토의정서에 따른 온실가스감축이 미국경제에 악영향을 끼친다는 점을 들어 사실상 교토의정서를 거부하였다. 2002년부터 수소경제(Hydrogen Economy)를 대안으로 제시하면서 수소연료지원정책(Hydrogen Fuel Initiative, HFI), 수소자동차 (FreedomCar), 청정발전소(FutureGen) 등을 추진하였다.

이와 달리 오바마 행정부는 재생에너지산업 육성을 에너지정책의 최우선목표로 정하고 경기부양법 등에서 적극적 지원방침을 밝혔다. 미국의 재생에너지는 태양광, 태양열, 바이오, 풍력, 수력, 해양, 폐기물, 지열 등으로 구성되며, 우리나라의 신재생에너지와 달리 연료전지, 액화수소, 석탄가스화 등은 제외되었다.

또한 오바마 행정부는 국제사회에서 미국이 '에너지정책을 선도' 하는 역할을 수행한다는 입장을 수립했다. 인류에게 대재앙을 초래할 우려가 있는 기후변화에 적극 대처하기 위해 '기후변화와의 전쟁' 추진을 대선공약으로 내세운 바 있다. 즉, 온실가스 감축목표를 2050년까지 1990년 수준대비 80%로 설정하였고, 경매를 통한 탄소배출권 제도를 지지하였다. 온실가스 총량거래제의 전면 실시, 전기자동차 생산 및 세제지원, 자동차 기업평균연비(CAFE) 제고 등을 추진하였다. 차세대 기후변화 대응을 위해 세계에서 가장 많은 온실가스 최대배출국인 중국을 비롯 인도, 유럽, 러시아가 국제에너지포럼(Global Energy Forum)에 참여할 것을 요구하고 있다.

기후변화문제에 대해서는 능동적으로 대처해 나가며 온실가스 총량거래제(Cap and Trade)를 추진함으로써, 이를 새로운 성장 동력으로 활용한다는 계획이다. 2050년경 글로벌 저탄소 에너지시장 규모가 연간 5,000억 달러에 달할 것으로 보고, 이 분야에서의 미국 경쟁력을 키운다는 계획이다.

4. 주요국의 녹색산업 육성정책에 대해서는 지식경제부(2009) 자료를 활용하여 작성함.

에너지의 대외의존도 축소도 추진하고 있다. 미국은 자원대국임에도 불구하고, 원유의 58%를 수입에 의존하고 있어 항상 고유가나 위기상황에 취약성이 노출되어 왔다. 미국은 원유 및 가스 생산이 감소했고, 중동석유 의존도가 심화되면서 에너지 수급상의 문제점이 노출되어 왔는데 이를 바로 잡아 나간다는 입장이다. 미국의 인구는 세계인구의 4.6%이지만 석유 등 전세계 에너지의 25%를 소비하는 에너지 다소비 구조를 개선시켜 나가기로 했다. 이와 관련하여 오바마 행정부는 2030년까지 원유소비량을 최소 35% 또는 하루 1천만 배럴 감소시키는 것을 최우선 목표로 설정하였다.

2008년 대선때 재생에너지산업에 향후 10년간 1,500억달러를 투자하여 500만개의 일자리를 창출하겠다는 공약을 발표한 바 있다. 공화당 매케인 후보와의 차별성 차원에서 의욕적인 숫자를 제시했으나, 집권 후 이를 하향 조정하였다. 최근 목표는 향후 3년간 청정에너지 투자를 통해 46만개 일자리 창출, 또는 향후 2년간 35만개 일자리 창출 또는 유지 등으로 축소시켰다. 경기부양법(ARRA)을 통해 에너지 관련산업에 총 589억달러를 집중투자할 계획을 수립하였다.

**표 8-3** : 미 경기부양법('09.2.17)상의 에너지산업 지원계획

| 계 | 재생에너지 | 전기자동차 | 에너지효율 향상 | 기술개발 |
|---|---|---|---|---|
| 589억달러 | 209억달러 | 51억달러 | 247억달러 | 82억달러 |

오바마 행정부의 기후변화 정책은 에너지정책과 맞물려 있고, '일자리 창출'을 단기적인 목표로 삼고 있다. 미국발 글로벌 금융위기로 실업율이 9%를 넘어서면서 오바마 행정부는 새로운 에너지산업 육성을 통해 일자리 창출과 위기극복 노력을 경주하고 있다. 새로운 에너지 개발 및 에너지 효율성 향상에 투자하여, 지역경제를 회복시키고, 일자리를 창출한다는 것이다. 미국내 지역경제 회복과 일자리 창출 효과를 높이기 위해 미국은 에너지 및 환경관련 프로그램에 투입되는 물품이나 인력을 미국산 혹은 미국인으로 한정시킬 의도를 내비쳤다. 즉, 바이 아메리칸(Buy American)과 같은 보호무역주의 정책이 에너지 정책에도 적용되는 것이고, 이로 인한 보호무역주의가 새로이 대두되고 있다.

### 3) 중국[5)]

미국을 비롯한 주요 선진국들은 경제위기 극복의 일환으로 '그린 뉴딜' 정책을 내놓고, 녹색시장 선점과 기술 주도권 확보를 위해 전력투구에 나서고 있다. 이와중에 개발도상국인 중국도 '녹색화' 를 본격화하고 있다. 중국은 어찌 보면 '녹색' 과 거리가 멀어 보일 수도 있지만, 산업화 단계가 낮아 에너지 소모량이 많은 중공업의 전체 산업 생산 비중이 2000년의 60%에서 지난해 71%로 꾸준히 상승하고 있는 상황을 개선시키는데 녹색정책의 목적이 있다. 즉, 중국의 녹색성장정책은 환경오염과 자원부족을 겪고 있는 중국에게 '질적 성장' 으로의 패러다임 전환을 의미한다.

중국 정부가 경제부양을 위해 내놓은 4조 위안 재정투자에서 생태건설 및 환경보호에 대한 투자가 총 2,100억 위안으로 전체의 5.25%를 차지하고 있지만 구조조정 및 기술혁신 등 관련 투자와 합치면 3,800억 위안에 이른다. 송전망 구축 등 관련 인프라 건설, 지진 복구작업 중 환경보수 공사 등 간접적인 투자가 합산될 경우 재정투자 자금의 38%에 달할 것으로 추정된다. 2008년 하반기부터 현재까지 2,300억 위안 신규재정 투자 가운데 생태건설 및 환경보호 등 프로젝트에 투입한 자금이 230억 위안으로 10%에 달했다고 보도됐다. 위기 이후 신재생에너지 육성이 더욱 높은 정책적 우선 순위를 받게 된다. 최근에 발표한 '신에너지 진흥계획' 에서 중국은 2020년까지 3조 위안 이상을 투입해 풍력, 태양에너지 등 발전용량을 각각 기존 목표치보다 5배와 11배 가량 높아진 1.5억 kw와 2,000만 kw로 재설정해 강력한 의지를 나타내기도 했다.

최근 발표된 '2009년 중국의 지속가능발전 전략 보고서' 에서 '중국특색의 저탄소의 길' 이 4가지 내용으로 요약됐다. ▷에너지 소비효율성 제고, ▷ 국내외 자원여건이 상대적 양호한 현 시기에 속도를 올려 중공업화 목표 달성, ▷ 중점 녹색산업의 경쟁력 제고, ▷국제기후 협상에 적극 참여하여 중국의 공업화를 성공적으로 이룰 수 있도록 보다 유리한 여건확보 등이 주요 내용이다. 국무원의 2009년 입

5. 중국의 녹색성장정책은 썬쟈(2009)를 활용하여 작성함. 중국의 녹색성장에 대한 자세한 자료는 썬쟈(2009)를 참조.

법계획에는 환경과 에너지관련 법안만 십여 개에 달한다. 중국의 투자예정 자금규모를 비롯해 각종 목표치를 살펴보면 다른 선진국에 비해 전혀 뒤지지 않는다.

**표 8-4** : 국무원의 2009년 환경보호 관련 주요 입법 계획

| | |
|---|---|
| 에너지 | '에너지법(초안)' |
| | 석탄법(수정) |
| | 광산(鑛産) 자원법(수정) |
| 자원 | 절수(節水) 조례 |
| | 습지보호 조례 |
| | 대기오염법 (수정) |
| | 오존층 소모 물질 관리 조례 |
| 오염 | 오염 배출 허가 조례 |
| | 도시 배수 및 오수처리 조례 |
| | 폐차회수 관리방법 |
| | 환경감독 관리조례 |

자료: 썬쟈(2009)

특히 나날이 악화되고 있는 환경오염은 역설적으로 중국에 녹색성장의 기본대상이 되고 있다. 에너지중 석탄의존도가 70%로 지배적이며, 석탄을 사용하는 화력발전이 전체 발전용량의 78%를 차지하고 있다. 자원이 부족한 상황에서 중국의 낮은 에너지효율성은 세계 최저수준이다. 2006년 중국 GDP가 세계의 5.5%를 차지했지만, GDP 창출을 위해 소비한 석탄, 철강과 시멘트의 양은 각각 전세계 소비량의 15%, 30%와 54%에 달했다. 백만 달러의 GDP를 창출할 때마다 중국이 소비하는 에너지의 양은 미국의 3배로 추산됐다.

오바마 미 행정부의 정책변화로 그 동안 지지부진했던 교토의정서는 다시 탄력을 받을 것으로 보여, 중국은 기후변화 대응을 더 이상 미룰 수 없는 과제로 인식하고 있다. 한편 미래산업의 주도권을 확보하고 국가이미지 제고의 필요성도 한층 높아지고 있다. 최근 중국정부가 2010년 전후 중국의 풍력발전 용량을 2천만 kw로 끌어올려 세계 최대의 풍력발전 국가로 부상한다는 청사진을 밝혀 그

**표 8-5 : 중국 녹색성장 관련 주요 정책**

| 발표시기 | 구분 |
|---|---|
| '05.10 | CDM사업 운영 관리방법 |
| '05.11 | 재생에너지 산업발전 지도목록 |
| '06.1 | 재생에너지법 |
| '06.1 | 에너지산업 구조조정 지도목록 |
| '07.6 | 재생에너지 중장기 발전 규획 |
| '07.6 | 기후변화에 대한 국가대응 방안 |
| '07.10 | 원자력 발전 중장기 발전계획 |
| '07.12 | 자원법 |
| '08.2 | 전자폐기물 환경오염 방지 관리방법 |
| '08.3 | 재생에너지 11차 5개년 규획 |
| '08.4 | 에너지 절약법 |
| '08.10 | 중국의 기후변화 대응을 위한 정책과 행동 |
| '09.1 | 순환경제법 |

자료: 썬재(2009)

의욕을 드러냈다.

2006년에 발표한 11차 5개년 계획에서 효율성 증대에 의한 성장으로의 패러다임 전환이 제기되었고, 자원절약형 및 친환경적 성장전략을 통한 조화로운 사회건설을 발전방향으로 설정했다. 이와 함께 2010년 GDP 창출 단위당 에너지 소비량은 2005년보다 20% 줄이고 환경오염 물질 배출량은 10% 감축한다는 구체적인 수치를 제시하면서 실행의지를 강하게 표방했다.

최근 제기된 '녹색경제건설' 은 사실상 지속성장이란 큰 국가전략의 일환으로 추진되는 환경보호, 탄소저감, 에너지효율성 제고 등 세부실천 작업으로 볼 수 있다. 중국의 녹색정책은 정부가 절대적인 역할을 행사하고, 국유기업이 시장의 주도권을 잡고 있다. 예컨대 원자력발전 산업의 경우 정부로부터 허가를 받은 3개 국영기업만 사업을 수행할 수 있고, 오폐수 처리 기업 전체 자산의 63%와 매출의 57%를 국유기업이 차지하고 있다. 또한 기술력이 낮지만 비용절감 및 자력

개발의 차원에서 국산화율 제고에 매진하고 있어 녹색산업 보호주의의 경향도 강하게 나타나고 있다. 올해 대규모 풍력터빈 공급업체를 선정한 중국 정부 공개 입찰 25건을 중국기업만 낙찰 받은 것이 대표적인 사례라 할 수 있다.

## 주요국의 녹색보호주의 현황[6)] 03

### 1) 개요

금융위기 극복과정에서 녹색성장전략이 많은 국가에서 채택되었고, 기후변화 및 환경 문제에 대한 관심이 높아진 시대적 상황과 맞물려 녹색성장정책은 정치적으로나 경제적 의미가 커지게 되었다. 이미 오바마 미 행정부가 녹색산업육성에 대대적인 지원안을 확정이행하고 있고, 우리 정부도 녹색성장을 추진하고 있다. 한편, 녹색보호주의(Green Protectionism)가 대두되면서 새로운 형태로 보호무역 방안이 될 가능성이 커지고 있다. 아직까지 일반화된 정의는 없으나, 통상 온실가스 감축 등 기후변화 대응 및 환경정책 수행을 표면적인 목적으로 내세우면서, 실질적으로는 외국기업의 자국시장 접근을 제한하고 자국 기업의 환경 관련 분야의 경쟁력 확보를 도모하는 조치를 의미한다. 최근 런던 소재 경제정책연구센터(CEPR)의 Simon J. Evenett는 녹색보호주의를 "환경정책을 교묘히 이용하여 외국기업(현지법인 포함)의 상업적 이익 획득을 방해하는 것"으로 정의하고 있다.

협의의 녹색보호주의는 기후변화 대응 및 환경정책을 표면적 목적으로 한 관세 · 비관세 교역장벽을 신설하는 것을 의미하는데, 최근 일부 선진국들이 추진 중인 탄소관세(Carbon Tariff)가 대표적인 사례로 볼 수 있다. 광의의 녹색보호주의는 자국 환경 관련 산업 발전을 도모하기 위한 외국기업 차별조치 또는 자국 산업에

6. 녹색보호주의에 대해서는 기획재정부(2009) 자료를 활용하여 작성함.

대한 세제 · 재정지원 조치를 포함한다. 환경기술 후발국 및 개도국의 자국 설비 제품 등 의무사용조치 및 자국 환경 관련 산업 지원조치가 대표적인 사례이다.

## 2) 녹색보호주의의 등장 배경

경기침체로 인한 고용악화를 방지하기 위해 녹색보호주의를 선택한 것으로 보이며, 기후변화 대응 및 환경보호라는 이름하에 도입하는 조치이므로 국제적 비난을 피해나갈 수 있다는 점이 고려되었을 수 있다. 즉, 우회적 보호주의 조치로 활용되고 있으며, 녹색보호주의는 환경보호라는 명분이 있기 때문에 다른 형태의 보호주의에 비해 WTO 제재 가능성이 낮은 것으로 보인다. 참고로 WTO 규정에 따르면, 회원국들이 자국의 환경보호를 위하여 환경정책 수단을 자유롭게 선택할 수 있도록 허용하되, 자국 상품과 수입품 혹은 무역상대국들에 차별적 적용은 금지하고 있다.

또한 개도국의 Post-Kyoto 기후변화체제 참여 유도를 위한 압박 수단으로 선진국들이 녹색보호주의를 전략적으로 사용할 수 있다. 美 · EU 등은 中 · 인도 등 온실가스 의무감축에 미온적인 개도국들을 압박하기 위한 수단으로서 탄소관세 부과 등 보호주의적 조치 도입을 논의하고 있다. 선진국의 논리는 온실가스 감축에 비협조적이고 환경 규제가 상대적으로 약한 개도국에 대한 탄소관세 부과는 기업의 공정경쟁 환경 조성을 위해 정당하다는 점을 강조하고 있다. 반면, 개도국들은 지구 온난화에 대한 역사적 책임이 큰 선진국들이 탄소관세 도입을 구상하는 것은 온실가스 감축을 구실로 보호주의 장벽을 구축하겠다는 발상인 것으로 보고 있다.

환경기술이 취약한 개도국의 경우, 자국 환경 산업 보호 · 육성을 위해 녹색보호주의를 도입하고 있다. 개도국들은 중장기적으로 기후변화 대응이 피할 수 없는 대세임을 인식하면서, 온실가스 감축, 신재생에너지, 에너지효율 향상 등 분야가 신성장동력이 될 수 있다는 가능성에 주목하고 있다. 이에 따라 환경기술 및 산업 후발국들은 자국 녹색 환경산업을 조기에 육성하기 위해, 대내적으로는 정부차원의 세제 및 재정 지원을 강화하고, 대외적으로는 환경산업에 자국산 의무비율 규정을 도입하는 등 외국기업에 차별적인 조치를 도입하고 있다.

**표 8-6 : Post-Kyoto 기후변화체제 논의**

◈ 국제사회는 '09년말까지 교토 의정서(Kyoto Protocol)*를 대체할 기후변화 대응체제 마련을 위해 협상을 진행 중

* '97년 일본 교토에서 채택된 온실가스 감축목표에 관한 의정서: 총 38개국이 '08~'12년간 '90년 수준보다 평균 5.2% 온실가스 배출량 감축의무 이행(우리나라는 개도국으로 분류되어 감축의무 없음)

- Two Track으로 논의
  - Annex I 국가(교토의정서상 의무감축 38개국)의 2013년 이후 의무부담 논의와
  - 미국과 개도국이 참여하는 전지구적 감축논의 별도 진행
- '09년말 시한으로 5개 분야에 대한 협상 진행
  - ①장기협력행동을 위한 공동비전, ②온실가스 감축, ③기후변화 적응, ④친환경기술 개발 및 이전, ⑤재정지원 및 투자

자료: 〈표 8-5〉와 동일

### 3) 주요국의 녹색보호주의 현황

#### ① 미국

오바마 행정부는 부시행정부와 달리 기후변화협상에 적극 참여하고 온실가스 감축의 필요성을 강조하고 있다. 오바마 대통령은 G8 정상회의(09.7월)에서 에너지/기후 관련 주요국포럼(MEF) 의장직을 수행하며, G8의 1990년 또는 2005년 기준 온실가스 80% 감축 합의를 주도하였고, 스티븐 추 미에너지 장관은 2009년 3월 공정경쟁을 위해 온실가스를 규제하지 않는 국가에 대한 탄소관세 부과 필요성을 언급하였다. 2009년 6월 미 하원은 중장기적으로 자국에 상응하는 온실가스 배출 감축조치를 취하지 않는 국가에 대해 탄소관세를 부과할 수 있는 규정을 포함한 포괄적 기후변화법안을 의결하였다.

#### ② EU

EU는 기후변화 대응 및 환경정책에 있어 선도적 입장을 유지하고 있으며, 2005년부터 EU 배출권 거래제(EU-ETS)를 실시 중에 있다. EU-ETS는 EU 27개국이 교토의정서 준수를 위해 역내에서 실시하고 있는 총량제한 배출권 할당방식(Cap and Trade)의 온실가스 배출권 거래제도이다. 2020년까지 온실가스를 20% 감축하고 재생에너지 비율을 20% 이상으로 확대한다는 자발적 목표를 설

**표 8-7 : 미 기후변화법안의 주요내용**

◈ 탄소관세 부과
- 2020년 시점부터 온실가스 감축조치를 취하지 않는 국가로부터의 수입물품에 탄소관세 부과*
  * 다만, 의회 승인을 전제로 탄소관세 부과를 유예할 수 있도록 함

◈ 온실가스 감축
- 배출총량 제한과 배출권거래제(Cap & Trade) 도입
- '20년까지 17%, '50년까지 83% 감축 목표 설정('05년 배출량 기준)

◈ 에너지효율 향상
- '20년까지 전기회사는 생산전력의 12%이상을 재생에너지로 생산
- 신규건물의 에너지 효율을 '12년까지 30%, '06년까지 50%이상 강화

◈ 재정 지원
- 신규 석탄발전소에 엄격한 기준부과 대신 CO2 포집기술 개발에 연 10억불 지원
- 에너지비용 상승으로부터 소비자 보호차원에서 저소득 가구에 크레딧 제공

자료: 기획재정부(2009b)

정하여 추진 중에 있으며, EU 기업이 환경규제가 상대적으로 약한 제3국으로 이전하는 소위 "탄소 누출"을 우려하며 개도국에 대한 탄소관세 부과를 고려하고 있다. 프랑스 사르코지 대통령은 2009년 6월 환경규제 수준이 낮은 국가의 제품

**표 8-8 : EU 기후-에너지 법령 패키지의 주요 내용**

◈ 재생에너지 사용 촉진
- 운송 관련 재생에너지 사용 비율목표를 '20년까지 10%이상 추진
- 각국은 '10년까지 목표를 설정하고 18개월내 자국 법령에 반영

◈ EU 탄소배출권 거래 시스템(EU-ETS) 개선
- o EU-ETS는 에너지 과다소비 산업*을 주요 적용대상으로 함
  * 발전, 제련, 제철, 시멘트, 정유, 세라믹, 벽돌, 펄프, 종이 등
- '13년부터 에너지 과다소비 산업의 배출권은 경매로 제공

◈ 회원국 경제상황에 따른 의무 분담
- 1인당 GDP 수준이 낮고 향후 고성장이 기대되는 국가는 온실가스 배출 20% 증가 가능, 1인당 GDP 수준이 높은 국가들은 온실가스 20% 감축

◈ 청정자동차 관련 규칙
- '12년 이후 km당 이산화탄소 배출량을 120g으로 제한

자료: 기획재정부(2009b)

에 탄소관세를 부과하는 것이 유럽 경기회복에 도움이 될 것이라고 주장한 바 있다. 2009년 4월 EU 이사회는 기후변화 대응 및 재생에너지 사용 촉진을 위한 기후-에너지 법령 패키지를 마련한 바 있다.

### ③ 중국

중국은 온실가스의 의무적 감축이 아닌 자발적 감축을 주장하면서 탄소관세는 온실가스 규제를 이용한 보호주의적 발상이라는 입장에서 미 · EU의 탄소관세 논의에 반대하고 있다. 중국 상무부는 2009년 6월 탄소관세 부과는 선진국이 환경과 에너지 보호를 구실로 보호주의 조치를 시행하는 것으로 개도국의 무역보복을 초래할 것임을 경고하기도 했다.

반면, 국영기업의 풍력 및 태양열 발전 프로젝트에서 자국산 설비 의무비율을 설정하여 외국산 설비를 차별하고 있다. 풍력터빈의 70%, 태양열 발전설비의 80%를 자국산으로 제한하고 있다. EU는 중국의 이러한 조치가 외국기업에 차별적인 보호주의라고 비판하고 있으나, 중국은 WTO 가입시 국영기업 관련 협정문에 서명하지 않아 법적 제재방법이 없는 상황이다.

## 04 결론 및 대응방향

세계무역을 관할하는 WTO도 녹색보호주의를 차단할 규정을 구비하고 있지 않아 현재로서는 G20 정상회의, WTO 모니터링 등을 활용하여 보호무역주의 배격을 위한 공동전선을 형성하여 보호주의 확산 저지를 위한 국제적 분위기를 조성하고, 보호주의를 도입한 국가에 대해서는 양자간 각종 고위급 회의, 양자 공동위, 실무협의회 등을 활용하여 우리 기업들이 불이익을 받지 않도록 통상외교를 전개해야 할 것이다. 또한 우리 상품에 대한 외국의 무역구제조치에 법적 및 외교적 대응을 강화해야 하며, 외국의 보호무역조치에 기민하게 대응하기 위한 민 · 관 협력 네트워크를 조밀하게 운영할 필요가 있다. 재외 공관의 통상 · 투자진흥 종합지원반을 활용하고, KOTRA 해외무역관 등 유관기관, 기업, 정부간 협력관계를 강화시켜야 한다.

향후 녹색보호주의 논쟁이 고조될 가능성이 많다. Post Kyoto 기후변화협상 시한은 2009년말로 임박하였으나, 선진국과 개도국간 입장이 대립되어 양측간 힘겨루기 양상이 지속될 전망이다. 선진국들은 탄소관세 부과 등을 통해 개도국들에 대한 압박의 강도를 점차 높여나갈 가능성이 크다. Post Kyoto 기후변화협상 및 WTO 논의에 적극 참여하여 녹색보호주의 동향을 면밀히 모니터링하면서 국내 대응체제 구축을 추진해 나가야 할 것이다.

녹색보호주의 등 다양한 형태의 보호주의 배격을 위한 국제적 노력을 주도해 나가야 한다. 그간 우리나라는 G-20 무역 투자장벽 동결조치(stand-still) 선언 등을 제안하면서 모든 형태의 보호무역 조치에 대한 반대 입장을 천명해 왔으며, 2009년 9월 G-20 정상회의 등 국제사회에서 보호무역주의 관련 논의가 지속될 전망이다. 2010년 우리나라의 G-20 의장국 수임을 계기로 향후 국제사회의 보호무역주의 배격 논의를 주도해야 할 것이다.

이를 위해서는 보호주의 배격에 우리나라가 솔선수범해야 할 것이다. WTO 보호주의 2차 모니터링 보고서에 원유에 대한 관세환급 등 우리나라의 조치도 몇 가지 포함되어 있다. 2009년 6월말 회원국에게 회람된 WTO 모니터링 3차 보고서 작성과 관련하여, WTO 사무국은 우리나라에 대해 ① 외국인 노동자 허가수 감축, ② 주류 라벨링 및 보고 의무화, ③ 외채 지급보증, ④ 자동차 개별소비세 감면, ⑤ 자동차 산업 R&D 지원, ⑥ 신종 인플루엔자(A(H1N1))관련 생돼지 수입 중단 등이 보호무역주의와의 연관성에 대해 문의한 바 있다. 우리나라를 포함한 WTO 전 회원국이 새로 도입한 보호무역주의를 보고하기로 했으나, 우리 정부는 대표적인 보호주의조치 사례인 수입쇠고기 검역 관련 규정 개정에 대해서는 WTO에 보고조차 하지 않았다. 2009년 4월 캐나다는 검역규정 개정이 다자무역규범을 위배하는 것으로 WTO에 제소한 상황이다.[7] 우리나라와 마찬가지로 다른 국가들도 보호주의조치를 성실하게 WTO에 보고하지 않을 것으로 보여, 실

7. 이에 대해서는 정인교, 조정란(2009b) 참조.

제 적용되는 신규 보호무역주의는 일반의 예상보다 훨씬 많을 수 있다.

보호무역주의 동결조치(Standstill) 합의에 대한 정부내 실무부서의 인식 제고와 보호무역주의의 위험성에 대한 국내 여론이 확산되어 국내의 보호무역주의 도입을 경계해야 한다. 동결조치 합의는 실행관세 인상 등 WTO 규범을 위반하지 않더라도 새로운 무역 투자 제한 설치를 금지토록 한 것으로, 동결조치 합의의 성실한 이행은 해외 수출시장 유지와 우리의 대외 신인도 제고에 필수적인 것으로 평가된다. 각국이 현 실행관세를 WTO 양허 관세율 상한까지 올릴 경우, 즉 전세계 평균 관세율이 현재의 2배로 상승할 경우 세계 교역량은 8%, 후생 수준은 3천5백억달러 감소할 것으로 세계식량정책연구소(IFPRI)는 분석하고 있다.[8]

미국과 EU 등 선진국과의 FTA 조속 발효 및 향후 환경분야 기술장벽 신설을 염두에 둔 FTA 협상을 추진해 나가야 할 것이다. EU 등 선진국들의 첨단 환경기술 수준을 배경으로 한 높은 수준의 환경기술표준은 관련기술 후발주자인 개도국들에게 비관세 장벽으로 작용할 가능성이 높다. 미국, EU 등 선진국과의 FTA를 조속히 발효시켜 녹색보호주의 등 보호무역주의에 선제적으로 대응할 필요가 있다. 선진국과의 FTA는 새로운 보호주의조치 도입을 방지하는 원칙을 규정하고 있어 새로운 형태의 보호무역주의 차단에 실질적인 장치가 될 수 있다. 향후 추진될 FTA 협상에서는 보호무역주의 동결조치 원칙의 포함을 기본으로 해야 하며, 환경 등 분야를 포괄한 협상을 추진하고, 향후 협상 상대국의 환경분야 기술장벽 신설을 염두에 두고 협상을 추진해야 할 것이다.

보호무역주의 확산 저지를 위한 또 다른 근본적 해결책으로 DDA 협상 타결이 될 수 있다. 2009년 1월에 취임한 오바마 미 행정부가 취임 6개월이 되도록 아무런 대책을 내놓지 못했고, 2009년 말에는 WTO 집행부의 교체까지 예정되어 있어 타결에 어려움이 큰 것으로 알려져 있다. 하지만, 현재 DDA 협상은 농업 및 비농산물 시장접근 세부원칙(modalities)의 일부 잔여 쟁점을 제외하고 상당 수준의 실무적 의견이 수렴된 상태이므로 미국과 EU 등 선진국의 관심 여부에 따라 협상이 전격적으로 타결될 가능성이 있다. 2010년 상반기에는 DDA 협상 재개를

8. IFPRI는 미 워싱턴에 소재하고 있으며, 64개국의 농업정책기관이 참여하는 국제농업자문기관임.

위해 미국의 참여를 유도할 수 있는 방안에 대한 논의가 있을 것으로 예상되므로, 새로운 협상환경에 대비한 협상 전략을 수립하고 대처해 나가야 할 것이다.

국내 녹색 산업의 국제 경쟁력 제고를 위한 노력을 지속해 나가야 한다. 대외적으로 높은 수준의 환경분야 기술표준을 극복하기 위해서는 국내 관련 분야 기술수준을 제고하는 것이 근본적인 대책이 될 것이다. 특히, 최근 선진국과 개도국 모두 녹색산업 발전에 집중하면서 동 분야의 전세계 수요가 지속적으로 확대될 전망이므로, 녹색산업 및 기술에 대한 R&D 확대, 탄소거래시장의 조기 개설, 환경규제의 선진화 등을 지속적으로 추진해 나가야 한다.

## 참고문헌


기획재정부(2009a), "Green Protectionism (녹색 보호주의) 동향 및 시사점." 대외경제국. 7월.

기획재정부(2009b), "일자리 창출을 위한 「녹색 New Deal 사업」추진방안." 1월 6일. 국무회의 보고자료

썬쟈(沈佳)(2009), "중국판 '녹색성장'의 남다른 의미." LG경제연구원 Weekly 포커스. 8월 12일.

정인교, 조정란(2009a), "최근 보호무역주의 추세와 대응방안". 자유기업원 CFE Report: No. 92. 6월. 서울: 자유기업원

정인교, 조정란(2009b), "가축법 개정의 무역통상규범적 평가" 무역학회지 34권 3호. 서울: 한국무역학회.

지식경제부(2009), "녹색성장 해외정책 연구." 7월. 과천: 지식경제부

KOTRA(2009), "최근 각국 수입규제 사례." 기획예산팀. 3월. 서울: 대한무역투자공사

Baldwin, Richard and Simon Evenett(2009), The *Collapse of Global Trade, Murky Protectionism, and the Crisis*, e-book: A VoxEU.org

PART

4

# 보호무역주의와 한국경제

# 신 보호무역주의

# 09 신보호무역주의의 영향과 대응방안

정대철 경남발전연구원 연구위원

## 서론 01

우리 경제는 세계적 금융위기가 실물경제로 이전하면서 총체적 위기상황에 직면해 있다. 최근의 경제위기는 자국민 우선 고용주의 · 수출세 환급 · 공적자금 투입 · 자국 기업에 대출 유도 등 세계무역기구(WTO)의 제재범주에서 벗어나 '우회적인' 보호주의로 나타나고 있다.

지난해 9월 리먼브러더스 파산 이후 우리의 주력업종인 디젤엔진부품 전기 및 기계부품 · 섬유 등에 대해 중국 · 터키 · 우크라이나 등에서 상계관세 조사나 세이프가드(긴급수입제한조치) 조치를 이미 단행했으며, 기타 국가들도 유사한 조치를 적용하게 되면 우리 경제에 심각한 상황이 전개될 수 있음이 예고된다.

이에 이명박 대통령은 4월 2일 G20 제2차 런던 정상회의에서 올해 보호무역주의 저지를 위한 '동결조치' 원칙[1)]을 선언했다. 이 선언은 무역의존도(2007년 기

1. stand-still 원칙은 향후 12개월 내 새로운 무역장벽을 세우지 않는 동결조치를 말함.

준)가 75%인 우리 경제가 전 세계적 보호무역이라는 태풍을 맞이한 현실적 우려와 맥을 같이 하지만, 현재로서는 선언적 수준에 불과하다.

종전의 보호무역주의는 상대적으로 후진국 및 개발도상국이 선진국의 경쟁우위에 대항하여 자국산업을 보호하고자 하는 대외경제정책의 기조였다.[2] 반면에, 신보호무역주의는 선진국들이 수입상대국의 상품이 자국시장을 잠식하여 자국산업을 해칠 것을 우려하여 나타난 경향을 말하는데,[3] 대공황 당시엔 관세를 급격히 인상시켜 자국시장 침투를 막는 극히 직접적인 조치가 주류를 이루었다.

그러던 것이 최근의 경제위기에서는 자국민 우선 고용주의 · 수출세 환급 · 공적자금 투입 · 자국 기업에 대출 유도 등 세계무역기구(WTO)의 제재범주에서 벗어난 '우회적인' 방법을 동원한 새로운 보호주의로 나타나고 있다. 특히 이미 발동한 국가들의 상계관세 조사나 세이프가드(긴급수입제한조치)와 같은 조치에 해당된 품목은 우리의 주력 수출품목과 거의 일치하고, 우리의 2대 수출국인 미국의 경기부양안과 같은 조치는 이미 예고된 것과 같이 한국 수출의 적신호로 나타날 것이다.

이와 같이 최근 자국산업을 보호하기 위해 나타나고 있는 세계적인 보호무역주의 흐름은 향후 수출중심인 우리 경제의 경우 매우 위협적인 요인으로 등장함으로서, 이에 대한 근본적인 대비와 철저한 대응책 마련이 필요하다고 본다.

따라서 본 연구는 먼저 우리 경제가 현재 처해 있는 현황을 파악하기 위해 주요 경제동향을 살펴보고, 최근에 문제로 대두되고 있는 신보호무역주의의 재등장의 배경과 향후 추세를 파악하고자 한다. 다음으로 개방경제에 대한 논리를 파악하는데 있어 지난날의 무역과 성장의 인과성에 대한 정책적 함의를 살펴보고 및 신보호무역주의의 우리 경제에의 영향을 검토하고자 한다. 마지막으로 이를

2. 보호무역주의(protectionism)는 무역수지 개선이나 국내산업 보호를 목적으로 수입을 제한하는 경향을 말함. 방법으로는 관세인상 · 수입할당제 · 수입과징금제 · 수입담보금제 등이 있음. 수입제한은 개발도상국이 국내산업을 육성하는 경우 국제적으로도 어느 정도 인정되고 있음.

3. 신보호무역주의란 미국의 만성적 국제수지 적자와 빈번한 국제통화 위기 · 브레튼우즈 체제 붕괴 · 오일 쇼크 등으로 많은 국가들이 무역과 외화에 대한 규제 조치를 강화하는 경향을 말함. 특히 1988년 미국 상원 본회의를 통과시킨 종합무역법안은 이런 결과임. 주로 선진국에 의해 자행되는 보호주의란 점에서 후진국이 행하는 전통적인 보호무역과는 차별됨.

바탕으로 기존에 검토되고 추진된 정책들에 대해 새롭게 모색될 수 있는 경제정책의 방안을 제기하는데 목적을 두고 있다.

## 최근 주요 경제동향과 신보호무역주의 재등장 02

### 1) 최근의 주요 경제동향

최근의 주요 경제동향은 통계청 및 무역협회 자료를 통해 살펴보기로 하자. 광공업 생산지수 증가율은 2006년과 2007년 월별로 볼 때 0~19%를 사이에서 등락을 보이다가 2008년 1월부터 점차 하락하여 10월에 이르러 마이너스를 기록하면서 2009년 1월 마이너스 17%로 최저를 보이고, 3월 현재 마이너스 10.6%를 기록하면서 전월(마이너스 10%)과 유사한 수준을 보였다.

서비스 생산 증가율의 경우 2006년과 2007년에는 3%에서 8%사이에서 등락을 보이다가 2007년 12월부터 하락하기 시작하여 3월 현재 전월(0.1%)보다 소폭 하락한 마이너스 0.6%의 증가율을 보였다. 경기종합지수는 동행지수(2005년 = 100기준)에 있어 2008년 1월부터(102) 하락하기 시작하여 2월에 최저(92)를 보였고 2009년 3월 현재 92.5로 나타났다.

대부분 소비관련 실물지표들이 부진한 모습을 보여주는 가운데, 민간소비 증가율은 2007년 9월부터 하락하기 시작하여 3월 현재 마이너스 5%로 내려간 최악의 상태를 보여주었고, 소비재 출하지수 증가율은 2007년 12월(5%)부터 계속 하락하다가 2009년 1월 마이너스 10.5%로 최저치를 보이다 3월 현재 9%를 보였다.

투자관련 지수들은 설비투자 부진이 지속되는 가운데 4대강 정비사업과 연계된 건설투자는 토목부문의 증가에 힘입어 다소 완화되는 모습을 보여주고 있다. 설비투자지수 증가율은 2008년부터 2009년 1사분기까지 2008년 3사분기를 제외한 모든 분기에서 마이너스 증가율을 보여주면서 계속 하락하여 3월 현재 마이너스 23.7%로 전월(마이너스 19.5%)에 비해 감소세가 약간 확대되었음을 보였다. 건설투자지수의 증가율은 2007년 1사분기(13%)부터 점차 하강세를 보이다가 2009년 1사분기 마이너스 14.7%로 최저를 기록했다.

최근 수출입 동향을 살펴보면, 2008년에 한국의 수출액보다 수입액이 더 많았으며, 무역수지가 132억 달러의 적자를 보였고, 수출입액 모두 2008년 11월 이후에는 두 자릿수 감소세를 지속하고 있다(<표 9-1> 참조).

2008년 한국의 주요 국가별 수출입 추이를 살펴보면, 수출은 중국 · 미국 · 일본 · 홍콩 등의 순으로 나타났고, 무역수지는 2007년 흑자에서 2008년 132억 달러의 적자를 기록하였다(<표 9-2> 참조).

**표 9-1** : 한국의 수출입 추이

(단위:백만달러, %)

| 구분 | 수출액 | 증가율 | 수입액 | 증가율 | 무역수지 |
|---|---|---|---|---|---|
| 2008년 | 422,007 | 13.6 | 435,275 | 22.0 | −13,267 |
| 1월 | 32,275 | 14.9 | 36,318 | 31.8 | −4,043 |
| 2월 | 31,178 | 18.9 | 32,624 | 28.4 | −1,446 |
| 3월 | 35,992 | 18.4 | 37,111 | 26.7 | −1,119 |
| 4월 | 37,850 | 26.4 | 38,260 | 29.3 | −410 |
| 5월 | 39,383 | 26.9 | 38,704 | 29.6 | 679 |
| 6월 | 37,259 | 16.4 | 37,828 | 32.7 | −569 |
| 7월 | 40,961 | 35.6 | 42,952 | 47.0 | −1,991 |
| 8월 | 36,611 | 18.1 | 40,420 | 36.4 | −3,810 |
| 9월 | 37,428 | 27.6 | 39,528 | 45.4 | −2,100 |
| 10월 | 37,111 | 7.8 | 36,099 | 10.3 | 1,012 |
| 11월 | 28,842 | −19.5 | 28,854 | −15.0 | −12 |
| 12월 | 27,118 | −17.9 | 26,576 | −21.6 | 542 |
| 2009년 | 46,694 | −26.4 | 47,395 | −31.3 | −701 |
| 1월 | 21,236 | −34.2 | 24,866 | −31.5 | −3,630 |
| 2월 | 25,458 | −18.3 | 22,529 | −30.9 | 2,929 |

주)증가율은 전년 또는 전년 동월 비교임.
자료)한국무역협회(www.kita.net).

**표 9-2 : 최근 한국의 주요 수출대상국에 대한 수출입 추이**

(단위: 백만달러, %)

| 구분 | 2007년 | | | 2008년 | | | 2009년 1월 | | |
|---|---|---|---|---|---|---|---|---|---|
| | 수 출 | 수 입 | 무역수지 | 수 출 | 수 입 | 무역수지 | 수 출 | 수 입 | 무역수지 |
| 총계 | 371,489 | 356,846 | 14,643 | 422,007 | 435,275 | −13,268 | 46,694 | 47,395 | −701 |
| 중국 | 81,985 | 63,028 | 18,957 | 91,389 | 76,930 | 14,459 | 10,042 | 7,649 | 2,393 |
| 미국 | 45,766 | 37,219 | 8,547 | 46,377 | 38,365 | 8,012 | 5,383 | 3,725 | 1,658 |
| 일본 | 26,370 | 56,250 | −29,880 | 28,252 | 60,956 | −32,704 | 3,082 | 6,726 | −3,644 |
| 홍콩 | 18,654 | 2,142 | 16,512 | 19,772 | 2,223 | 17,549 | 2,642 | 223 | 2,419 |
| 싱가포르 | 11,949 | 6,860 | 5,089 | 16,293 | 8,362 | 7,931 | 1,779 | 1,235 | 544 |
| 대만 | 13,027 | 9,967 | 3,060 | 11,462 | 10,643 | 819 | 919 | 1,111 | −192 |
| 독일 | 11,543 | 13,534 | −1,991 | 10,523 | 14,769 | −4,246 | 1,302 | 1,606 | −304 |
| 러시아연방 | 8,088 | 6,977 | 1,111 | 9,748 | 8,340 | 1,408 | 727 | 672 | 55 |
| 멕시코 | 7,482 | 1,013 | 6,469 | 9,090 | 1,049 | 8,041 | 998 | 88 | 910 |
| 인디아(인도) | 6,600 | 4,624 | 1,976 | 8,977 | 6,581 | 2,396 | 960 | 359 | 601 |

자료)한국무역협회(www.kita.net).

## 2) 최근 신보호무역주의의 재등장[4]

한국경제는 세계적 금융위기가 실물경제로 이전하면서 총체적 위기상황에 직면해 있다. 이런 상황하에서 2008년 9월 리먼브러더스 파산 이후 최근까지 우리나라가 직면한 규제조치는 13건이나 된다. 중국이 한국산 석유화학 제품에 대해 반덤핑조사를 착수한 것이나, 미국이 한국산 디젤엔진부품에 대한 상계관세 조사를 개시하였으며, 우크라이나와 터키는 한국산 섬유 · 전기부품 · 기계 등에 대해 세이프가드(긴급수입제한조치)를 발동한 것이 주요 규제 조치이다.

4. 본 단락은 매일경제(2009. 3. 6), 디지털타임스(2009. 2. 26), 문화일보 포럼(2009. 3. 12), 동아일보(2009. 3. 15), 연합뉴스(2009. 4. 2) 등을 바탕으로 본 논의의 목적에 맞게 재구성한 것임.

2009년 1월 28일 미국의회를 통과한 '바이 아메리칸(Buy American)' 조항은 미국 내 공공사업에 대해 미국산 철강제품만을 사용하도록 규정했다. 이에 대해 유럽연합(EU)과 캐나다 등 미국의 주요 교역국들은 당초 경기부양법안의 재원을 이용한 공적 사업에 미국산 철강과 제품만을 사용한다는 '바이 아메리카' 조항이 전 세계적 경기 침체 상황에서 보호주의로 돌아서지 않겠다는 미국의 원칙에 위배되는 것이라며 강하게 항의하였다.

이런 와중에 이명박 대통령은 2009년 4월 2일 G20 제2차 런던 정상회의에서 보호무역주의 저지를 위한 '동결조치' 원칙을 강조하였는데, 이는 무역의존도(2007년 기준)가 75%로 개방경제체제인 한국이 전 세계적으로 일고 있는 보호무역 파고에 태풍경보를 맞이한 현실에서의 우려와 맥을 같이 한 것이다.

종전의 보호무역주의는 상대적으로 후진국 및 개발도상국이 선진국의 경쟁우위에 대항하여 자국산업을 보호하고자 하는 대외경제정책의 기조였다. 이후 나타난 신보호무역주의는 선진국들이 수입상대국 상품이 자국시장을 잠식하여 자국산업을 해칠 것을 우려하여 나타난 보호무역정책의 경향을 말하는데, 대공황 당시에 관세를 급격히 인상시켜 자국시장 침투를 막는 직접적인 보호무역 조치가 그 주류였다.

그러던 것이 최근의 경제위기에서는 자국민 우선 고용주의 · 수출세 환급 · 공적자금 투입 · 자국 기업에 대출 유도 등 세계무역기구(WTO)의 제재범주에서 벗어난 방법을 동원한 새로운 보호주의로 나타나고 있다.

### 3) G20 정상회담 이후 보호무역 방지와 새로운 조류

#### ① G20 정상회의에 따른 선언적인 보호무역주의 방지[5]

엄청난 경기침체로 세계의 경제전망이 매우 어두운 가운데, 각국은 자국의 산업을 보호하기 위한 보호무역의 유혹을 떨쳐버리기에는 각국이 처한 정치적 사정이 이를 용인하기 어려울 것으로 보인다. 이에 따른 보호무역주의의 재등장은 전

5. 이 단락은 문화일보 사설(2009. 3. 11)과 삼성경제연구소의 Issue Paper 'G20 정상회의의 협상타결과 시사점'(2009. 4. 6)의 내용을 본 논의에 맞게 재구성함

세계의 무역을 위축시킬 수밖에 없고, 특히 무역 의존도가 80%에 근접한 한국경제에는 치명적일 수밖에 없다.

최근 미국 · 중국 · 일본 · EU 등 각국이 자국산업에 대해 막대한 규모의 보조금을 지급하는가 하면, 외국기업에 대한 반덤핑 조사를 강화하는 식으로 무역장벽을 높여가고 있다. 얼마 전 방한한 파스칼 라미 세계무역기구(WTO) 사무총장도 최근 보호무역의 경향에 대해 경고했지만 자국 이기주의는 갈수록 더해지고 있으며, 이를 대표하는 예가 미국 경기부양법안의 '바이 아메리칸' 조항이었다.

이번 2차 G20 정상회의는 무역장벽을 새롭게 도입하는 국가의 명단을 공개하는 정책(name and shame)을 시행하기로 합의하였다. 그 내용은 1차 G20 정상회의에서 보호주의정책 시행을 동결하기로 선언했으나, 1차 회의 이후 G20 국가들 중 17개 국가가 47개 보호무역조치를 취하하고 2009년 2월 미국 의회가 자국산 철강제품의 사용을 의무화하는 '바이 아메리칸' 조항을 통과시키는 등 각국의 보호주의조치로 인해 보호무역 기조가 확산된 것에 있다.

그러나 2차 G20 정상회담에서 보호무역의 반대에 대한 합의에도 불구하고 세계 각국의 입장에 따라 보호무역의 유혹을 뿌리치기 어렵게 될 것으로 전망되고 있다. 특히, 미국 보호주의 기조에 대한 각국의 비난에 대응하여 오바마 미 대통령이 언급한 "무역전쟁을 야기할 수 있는 보호주의적 용어는 부양안에 포함돼서는 안된다"라는 말을 되씹어 볼 필요가 있다. 이는 미국의 경제위기로 보호무역을 할 수밖에 없다는 것을 외교적 수사어로 표현한 것에 불과하고 신자유주의의 퇴조와 함께 보호무역주의로 돌아선다는 것을 예고한 것으로 볼 수 있다.

**② G20 이후 세계경제의 새로운 조류와 한국의 위기**

삼성경제연구소(2009. 4. 6)는 제2차 G20 정상회의 결과에 따른 세계경제전망에서 새로운 조류를 살피고 있는데, 첫째, 경제패권을 둘러싸고 경쟁이 본격화된다는 것인데, 이는 IMF 지분율 조정 등 국제기구 지배구조 개혁작업이 본격화됨으로서 기득권을 가진 선진국과 중국 등 신흥국 간의 대결양상이 본격화되고, '위기 후' 글로벌 경제패권이 기존의 미국과 유럽 중심에서 미국 · 유럽 · 아시아 중심의 삼극 체제로의 변화를 예상하고 있다. 둘째, 금융규제시대의 도래로, G20 회의에서 지나친 규제완화와 신자유주의 정책에 대한 비판이 현실화되는 차원에서 금융규제를 강화하는 조치들이 도입되면서 금융기관에 대한 감독 및 규제강화로 인해 영미계 금융산업의 위축은 불가피할 것으로 보고 있다. 셋째, 재정지출에 대한 국제공조 합의실패로 세계경제는 지역별로 회복속도가 달라질 것이다. 이는 유동성 공급과 재정지출 확대에 적극적인 국가가 상대적으로 신속하게 경제회복에 성공하며, 미국과 중국에 비해 유럽은 상대적으로 더디게 진행될 것으로 보는 것이다.

이러한 삼성경제연구소의 관점을 그대로 받아들인다면, 선진 각국 및 지역권은 종래의 보호무역에 대한 논란을 회피하면서 자국경제를 보호할 가능성이 높아 국제무역의 자유로운 관행을 해칠 환경이 조성된다고 볼 수 있다. 이는 미국 등이 우회적인 보호조치 및 규제강화를 활용할 때 한국과 같은 대외무역을 통해 경제를 지탱하는 국가들에 대해서는 많은 어려움이 예고된다고 할 수 있다. 특히, 이러한 세계의 무역장벽 강화는 한국이 수출입국으로 40여 년간 자리매김을 해오면서 일자리와 소득 증대를 확대하는 등으로 국가경제를 버티어 온 근간을 해칠 수 있다는 점이 제기되므로, 이에 대한 자구책 마련이 요구된다 하겠다.

## 03 무역과 성장의 인과성 및 신보호무역주의의 한국산업에의 영향

### 1) 무역과 성장의 인과성에 관한 경험적 연구

#### ① 경험적 연구에 대한 설명의 필요성

최근 보호주의의 급신장은 미국발 금융위기로 인해 세계경제가 위축됨으로서 세계무역의 확대와 가치를 같이 한 신자유주의는 상대적 퇴조경향을 보이고 있다.[6] 그간 보호무역주의는 신자유주의에 대해 경제적 약자들을 보호하지 못하고 약육강식의 굴레에 얽매이게 했다고 비난하고 있다. 그러나 보호무역주의는 국제교역을 축소시켜 세계경제의 성장기회를 차단하면서 경기침체를 지속시킴에 따라 무역으로 성장한 한국경제에 치명적이라는 것과, 보호무역주의의 우려와 편견을 해소해야 할 필요성이 제기된다.

오래전 무역과 성장에 대한 논의는 주로 수출과 성장에 대한 상관관계를 놓고 막연한 논란만을 거듭하다가 50년 전 부터 과학적인 검증방법인 계량경제학 방법론을 통해서 그 사실관계를 확인해온 과정에서 인과관계(인과성) 검증의 명확성이 부각되었다.[7]

수출과 성장에 대한 인과성에 대해서는 경제학자들에 2000년 이전에 정립되었다고 볼 수 있다. 그런 연구과정에서 수출과 수입, 수입과 성장, 수 · 출입과 제조업, 그리고 이들과 관련한 자본과 노동 · 기술, 자원의 효율적 배분관계의 동태적 분석 등에 관한 정책적 함의도 거론되었다. 극히 최근에 이르러 인과성 연구는 그 실효성을 인정받아 경제정책연구 뿐만 아니라 많은 타 분야의 연구에도 활용되고 있는 보편적인 방법론으로 자리매김하고 있다.

### ② 수출과 성장

본 단락에서는 경제성장과 무역에 대한 인과성 검정과정에서 경제변수들의 경제내 역할경로를 파악하면서 시사하는 것을 최근 50년간 학자들이 거론한 주요 내용을 중심으로 수출주도형 성장가설부터 간략히 설명하기로 한다.

---

6. 신자유주의란 19세기 자유방임적인 자유주의의 결함을 인정하여 국가에 의한 사회정책 등의 필요를 인정하면서도 이상주의적 개인주의 하에 자본주의 자유기업의 전통을 지키고 사회주의에 대항하려는 사상을 말한다고 함. 저자는 쉽게 자유주의의 약점을 보완한 기조로 받아들임.

7. 인과성 검증(causality test)은 처음에는 원인과 결과에 대한 철학적 의문에서 수학적 사고로 전환되었고, 이것이 최근에 와서야 통계학적 방법론으로 정착한 검증방법을 경제정책연구에서 주로 활용해 왔음. A와 B라는 두 변수가 있다고 할 때, 이 두 변수의 막연한 상관관계를 파악하는 것을 넘어, A가 B에 원인을 제공하는가, B가 A에 원인을 제공하는가, A와 B간에 서로 원인을 제공하는가, 아니면 A와 B는 상호간 아무런 원인이 되지 못하는가라는 4가지 방향성에 대해 각각 밝히는 분석임. 만일 수출과 성장에 대한 인과성 검증을 한 결과가 수출은 성장에 원인을 제공하지 못하는 것으로 나온다면, 수출은 경제성장에 아무런 구실을 하지 못하는 것으로 경제정책으로 추진해서는 안된다는 결론을 시사하는 것임.

수출주도형 성장가설은 경제성장을 설명하는데 있어 수출을 가장 중요한 요인으로 가정하고 있다. Beckerman(1956)은 수출에 의한 성장은 경제성장에 바람직한 효과를 가진다고 지적하면서 자원배분과 생산의 효율성이 수출신장에 의해 개선되는 것으로 파악하였다.

Helpman과 Krugman(1985)은 수출증가와 경제성장이 상호 상승작용을 일으키는 피이드백 효과로서 나타난다고 주장했다. 그는 수출증가가 보다 많은 효과적인 자원배분을 통해서 경제성장을 촉진하는 것을 강조했지만, 이런 결과는 수출촉진과 경제성장의 상호간에 영향을 미치는 과정에서 설명되었다.

Chow(1987)의 연구업적은 앞의 논의에서 더 나아가 수출증가와 산업발전 사이에 인과성 검증을 최초로 설정하였는데, 이전의 다른 학자들에 의해 추진된 연구들은 모두 막연히 그런 관계가 존재한다고 가정해 왔다. 그의 연구결과에서 멕시코의 경우 수출은 성장에만 영향을 미치는 일방통행의 인과성으로 나타났고, 홍콩 · 이스라엘 · 한국 · 싱가포르, 그리고 타이완에 있어서는 수출과 성장 간 쌍방통행의 인과성을 보이면서 산업발전의 과정에 큰 영향을 미친다는 점을 밝혔다.

그 후 Berg와 Schmidt(1994)는 라틴아메리카 국가들에 대해 인과성 검증결과를 통해 수출성장과 경제성장 사이에 正의 장기적 관계를 밝히면서, 17개 검토대상국 중에서 12개국에 있어 수출증가율은 경제성장률에 이바지한다는 결과를 도출하였다. 특히, 무역효과가 생산에 미치는 영향으로 경로상의 효율성 · 생산성 · 기술변화, 그리고 이들의 장기적인 현상에 주목하면서 지속적인 성장을 위해 수출에 대해 총력을 기울일 것을 권하고 있다.

**③ 최근 한국의 무역과 성장에 대한 실증분석의 내용**

한국에 대해서도 국내의 많은 학자들이 수출과 성장에 대한 인과성에 대해 의욕적인 연구를 해 왔다. 특히 1990년대 붐을 이루었는데, 초기연구에서는 수출이 성장에만 영향을 미치는 연구결과가 주를 이루다가, 검증기간이 확대됨에 따라 수출과 성장 간 상호 견인하는 피이드백 효과가 설득력을 얻었다.

1990년대 후반기 연구인 김세영 · 정대철(1998, 1999)의 논문에서 한국경제는 성장(GNP)이 수출에, 수출이 성장에 영향을, 성장이 수입에, 수입이 성장에,

수출이 수입에, 그리고 수입이 수출에 영향을 미치는 3변수 간 피이드백 모형이 구성됨을 제기했다. 그 분석기간인 1958년부터 1997년까지 3변수 간 방향성에 있어 한국의 수출은 경제성장에 대한 인과성이 통계적으로 가장 유의미하게 나타나, 지난 40여년간 수출정책은 바람직한 경제성장정책으로 역할을 한 것으로 재확인되었다. 아울러 수출증가는 수출원자재 수입을 촉진시키면서 경제내 많은 수입확대를 이루기도 하지만 국가내 산업의 비교우위를 확보하여 수출잠재력을 상승시키는 효과를 가져왔다고 추정했다.

이상호(2006)의 경우 한국의 수출생산성 수준을 살펴본 결과, 2003년 현재 67개 비교대상국들 중 14위를 기록하여 상대적으로 높은 수출생산성을 보이는 것을 밝혔다. 그러나 그는 한국의 수출생산성 증가율이 점차 둔화되고 있어 한국의 수출구조를 전환할 필요성을 제기하였으며, 이에 대해 새로운 고부가가치의 수출상품을 개발하도록 투자유인을 개발하여 확대하고, 수출생산성이 높은 품목군에 속한 기업들에 대해서 기술력 확보와 신규 사업으로 진출을 확대해야 한다는 주장은 의미가 있다고 본다.

김애영(2007)의 경우 '한국의 수출주도형 성장가설에 대한 실증분석' 연구에서 수출이 성장에 인과적 관계가 있다는 것을 확인한 것은 물론, 단기와 장기에 있어 수출증가는 제조업의 생산증가를 견인하고, 더 나아가 자본스톡 · 교역조건 · 해외생산충격 등이 통계적으로 유의미하게 영향을 미치는 것을 확인하여 중요한 정책적 시사점을 제시하고 있다. 그가 확인한 내용을 보면, 수출주도형 성장전략은 유효하며 투자가 수출증가를 유발하며, 단기에는 환율정책이나 무역정책으로 인한 교역조건의 변화는 수출변화에 영향을 주는 것으로 나타나지 않으며, 투자활성화를 통한 수출증대는 성장의 원동력이 되고 있다고 한다.

### 2) 신보호무역주의가 한국 수출산업에 미치는 영향

#### ① 신보호무역주의의 동향

앞에서의 논의는 전 세계적인 금융위기 하에서 실물경제로 전이됨에 따라 경기침체로 나타나면서 자국의 경제를 보호하기 위해 보호무역주의 기조가 형성되었고, 이런 기조가 확산되면서 전 세계의 교역량이 축소됨에 따라 또다시 세계경제가 침체상황을 겪게 될 가능성을 높이고 있다.

런던 G20 정상회담의 선언에 의거하면, 과거 대공황처럼 대폭적인 관세 인상 등 전면적인 무역분쟁으로 비화되지는 않겠지만, 각국이 경기부양을 구실로 자국 기업을 차별적으로 지원하거나 환경 및 기술규제와 연계하여 비관세 장벽을 구축하는 등 우회적 방식의 신보호무역주의가 강화될 것으로 예상되고 있다.

게다가 앞에서 거론한 바와 같이 WTO 규정에 크게 위배하지 않으면서 자국민 우선 고용주의 · 수출세 환급 · 공적자금 투입 · 자국 기업에 대출 유도 등에 의할 경우도 종래의 보호무역 효과와 거의 같은 효과를 발휘할 것으로 볼 수 있다

무역협회(2009)의 자료에 의하면, 세계 경기의 동반침체 속에서 그나마 성장의 축이 될 것으로 여겨졌던 한국의 최대 수출시장 중국도 수입규제 등 보호무역주의를 강화하는 조짐을 드러내고 있으며, 이미 지난해부터 반덤핑 제소가 뚜렷하게 늘기 시작하였다. 한국무역협회 베이징 상하이지부의 분석자료에 따르면, 막대한 무역흑자로 선진국의 위안화 절상 압력이 강화되면서 지난 2~3년간 감소 추세를 보이던 중국의 수입규제는 2008년 8건으로 증가하였다. 중국의 반덤핑 수입규제는 2006년 5건, 2007년에는 단 1건에 불과했으나, 선진국이 중국산 장난감과 식품 등 중국산 제품에 대한 규제를 강화하자 이와 맥을 같이 해 2008년 9~12월 사이에만 4건의 수입규제를 입안하는 등 규제를 강화하고 있다고 한다.

지난해 반덤핑으로 제소된 나라 가운데 한국이 미국 · 대만 · 유럽연합(EU)과 함께 두 건씩이었으며 일본은 1건이었다. 무역협회에 의하면, 2009년에도 중국의 수입규제가 강화될 것으로 예상되며 특히, 석유화학 제품에 규제가 집중될 가능성이 높다고 분석하고 있다. 2009년은 중국을 포함해 미국 · EU 등 각국의 수입규제가 증가할 것이고 특히, 중국의 수입규제 가능성이 높은 품목에 대해 모니터링을 강화하고 중국과 원활한 대화채널을 구축해 규제를 사전에 방지할 것에 두고 있다.

**② 신보호무역주의가 한국의 경제에 미치는 영향**

수출을 중심으로 성장한 한국은 얼마 전의 세계경기 악화와 최근 보호무역주의의 확대로 인해 해외수요가 크게 감소하게 되고, 이로 인해 한국의 수출시장이

축소됨으로서 수출량이 크게 감소할 것으로 전망된다.

이는 1차적으로 수출을 기반으로 한 제조업 생산을 감소시키고 2차적으로는 제조상품의 생산감소로 물동량이 감소함으로써 물류서비스 기능이 약화되어 내수기반이 허물어 질 가능성을 높인다. 이에 따라 국민소득은 감소하게 되고, 그러한 여파로 정부의 재정적 보조에 의해 지탱해오던 농어업 등 1차 산업 부문은 더 큰 어려움을 겪게 될 것으로 보이며, 이는 곧 한국경제의 큰 부담으로 작용할 가능성이 있음을 의미하는 것으로 볼 수 있다.

삼성경제연구소(2009)에 의하면, 최근의 신보호무역주의 확산기조는 최근 둔화세를 보이는 한국 수출에 더욱 부정적으로 나타날 것이 우려되고 있는데, 특히 對중국 석유화학 · 기계류 수출이 가장 큰 영향을 줄 나타날 것이 우려되고 있다, 향후 한국의 주력 수출시장으로 보호주의 압력이 높아질 것으로 예상되는 高위험群 국가는 BRIs · EU · 중국 등으로 파악되고 있다. 한국수출 중 高위험群 국가로의 수출비중은 2008년 현재 41.3%로 보호주의 압력이 거세짐에 따라 한국수출의 둔화 폭이 확대될 것으로 보고 있다. 또한 삼성경제연구소는 세계 수입규제 건수가 1% 증가할 때마다 한국수출은 약 0.2%가 감소한다고 밝히면서, 수입규제 이외 수출에 영향을 미치는 세계경제 상황과 유가상승률을 통제변수로 보고 있다.

또한 삼성경제연구소는 한국 수출산업에 부정적 영향이 크게 예상되는 업종 분야는 수출 비중이 높고 보호주의 압력이 큰 부문으로 對미국의 철강관련 제품, 對BRIs 및 미국의 자동차 수출 등을 들 고 있다. 향후 전개될 우회적 보호주의조치 등에 주목해야 할 분야로서 수출 비중은 높지만 현재의 보호주의 압력이 상대적으로 작은 부문은 삼성 및 노키아 휴대폰과 같은 對미국 무선통신, 對EU에 대해서는 한국의 수출물량이 가장 많은 조선산업 등을 들고, 보호장벽을 극복해 수출을 확대해야 할 분야는 수출 비중이 낮고 보호주의 압력이 큰 부문으로 對EU의 섬유 수출 등을 들고 있다.

삼성경제연구소의 결과와는 별도의 논리로는 앞에서 언급된 중국 · 터키 · 우크라이나 등에서 상계관세 조사나 세이프가드(긴급수입제한조치) 조치, 미국의 경기부양안 등에 있어서의 보호무역주의 효과는 한국이 수출하는 제품에 대한 가격상승효과와 같은 효과를 가져다주어 수출상대국에 대한 한국 수출상품의 가격경쟁력 하락요인으로 수출격감을 야기시킬 수 있다. 최근에 이르러 수출다변화의 노력으로 한국지역 10대 수출국 비중의 집중도가 완화되고 있으나 차질을 빚어 짐은 물론 한국의 무역특화도가 낮아질 수 있다.

이러한 여파에 따라 한국의 GRDP 대비 무역비중은 급격히 줄어들 것이 예상되면서, 한국경제의 근간을 해칠 중요한 요인으로 등장할 가능성도 제기된다.

**③ 주요 수출상대국 국내정책이 한국의 수출산업에 미치는 영향**

홍석빈(2009)은 우리나라 주요 수출대상국인 미국, EU(독일/프랑스/영국), 일본 등 선진국 그룹과 브릭스(BRICs), 베트남, 남아공, 멕시코, 칠레 등 주요 신흥경제권 국가 등 총 14개 국가를 대상으로 경기부양책의 주요 내용과 이들 부양책 속에서 우리 수출기업들이 해당국에서 경기부양책과 관련된 사업 참여 가능성이 있을지에 대해 살펴봤다.

분석 결과 미국, EU, 일본 등 선진국들의 경기부양책들은 우리 기업의 해당국 정책연관 사업분야 참여에 큰 도움을 주지 못하는 내용들로 구성되어 있다는 결과를 보였다. 그 이유에 대해서는 이들 국가의 부양책이 주로 자국 내 특정산업에 대한 금융지원 형태이거나 자국의 소비진작을 위한 직간접적인 세제 혜택 중심이어서 우리 기업들의 참여 가능성 자체가 원천적으로 낮고, 또 이러한 지원책의 수혜업종과 기업들이 한국 기업들의 제품과 경쟁관계에 있음으로 해서 이해가 상충되기 때문으로 파악했다. 또한 이에 비해 신흥경제권 국가들의 경우 브라질, 인도, 베트남 등에서 상대적으로 기회가 많을 것으로 보고, 특히 이들 국가들은 제조업 기반 육성과 사회인프라 구축 등 기간산업 정비를 통한 경기부양 효과를 노리고 있어 우리 기업들의 연관 사업 참여 가능성이 높을 것으로 파악했다.

## 한국 경제정책의 방향 모색 04

### 1) 기본전제: 한국 전역의 자유무역지대화

#### ① 자유무역지대화 조성

앞의 현황에서 연장할 때, 위기에 처한 우리나라 수출산업은 올해 각국 보호무역주의 통상정책의 변화를 예의주시하면서 현재의 상황을 오히려 글로벌 통상역량 강화의 계기로 삼을 필요가 있다. 수출국 정부 정책과 경쟁업체 동향을 면밀히 모니터링하면서 선진국 시장 수출 감소를 보완할 수 있도록 상대적으로 안정성장이 예상되는 신흥경제권 시장 발굴에 주력해야 한다. 또 각국 경기부양 과정에서 오는 인프라 사업기회에 적극 참여하면서 그 속에서 신 생산기지 발굴과 물류 · 유통 기반을 함께 강화하는 방안이 모색되어져야 할 것이다.

보다 근본적으로 세계경제에 있어 기업은 자본과 노동, 그리고 토지라는 생산요소의 가격이나 경영 및 노동관행 등에 있어 자유도가 높으면서 가장 기업하기 유리한 곳으로 이동하려는 경향을 가지고 있다. 이러한 요건을 구비하기 위하여 지유무역지역이라는 제도가 생겨났으며, 이를 상당기간 한국도 활용해 왔다. 자유무역지역이라는 제도는 이의 경제적 파급효과에 대한 고찰에서도 나타났듯이 생산증가효과 · 고용창출효과 · 판매유통 및 무역진흥효과 · 외화가득효과 · 기술이전 효과 · 재정확대효과 · 역외가공 증대효과 등으로 많은 국가경제의 효율적 운영에 많은 기여를 해왔다.

그러나 이제 세계 각국 간 FTA가 체결되면서 자유무역체제로 진행하고 있는 시점에서는 폐쇄적 구역을 설정하여 국가적 재원이 끊임없이 요구되는 경제자유구역 등의 제도는 재고해야 할 필요가 있다. 두바이, 홍콩, 싱가포르, 그리고 중국의 경제특구와 같이 우리나라 전체를 기업하기 좋은 국가로 만들어가야 한다. 신보호무역주의가 재등장할 시점에는 더욱 국가재원을 낭비하는 통상제도를 과감히 철폐하고 한국을 자유무역지대로 조성할 당위성이 있다고 본다. 특히 자유무역지대로서 두바이 사례의 경우 기업활동에 대한 제약조건이 거의 없는 점을 적극 활용할 필요가 있다.

한국 전체가 자유무역지대가 된다는 것은 수입비용을 낮추어 소비를 증대시켜 국민후생을 증대시킬 뿐만 아니라, 생산요소가격을 낮추어 수출상품의 경쟁력을 향상시키고, 외국인투자기업유치는 물론 국내기업에 대한 역차별을 해소할 수 있다. 더 나아가 기업활동에 있어 관세 · 법인세 · 등록세 · 취득세를 없애고, 소득세와 재산세 중심의 조세체계를 개편하여 생산성 향상을 도모할 수 있다. 이를 통해 소득세와 재산세에 대해 조세수익을 더욱 증가시켜 우리나라의 국부를 증대시키는 효과를 가져다 줄 수 있도록 하는 방안이 되기도 한다.

이 계획의 추진은 장기적으로 단계별로 추진할 것이 아니라 안방에서도 세계와 거래하는 자유무역의 효율성이 투영되도록 단번에 추진되어야 할 것으로 본다(not step by step, but one take-up).

**② 무역정책의 효율화를 위한 산업과 통상의 부처기능 통합운영**

미국 등 선진국의 경기침체가 새로운 형태의 신보호무역주의를 재등장시키게 됨으로서, 한국과 같은 수출무역국은 수출이 감소하여 현재의 경기침체 상황에서 더욱 경제위기로 부상될 것이 우려된다.

앞의 검증된 연구에서 수출과 제조업을 상호간 견인하고 또한, 성장 · 수출 · 수입 3변수 모두 각각에 대해 쌍방통행의 인과성은 경제성장을 위한 효율적인 방안으로 산업 및 통상정책이 동일한 관점에서 취급되어야 하는 정책으로 부각된다. 또한, 끊임없이 해외수요에 맞춰 수출을 해야만 하는 현재 한국경제의 한계를 직시하여 내수정책보다 오히려 新수출정책을 개발하여 냉엄한 세계시장에 도전할 지난날의 슬기가 재창조되어야 할 것이다.

그리고 FTA 문제는 곧 산업정책과 직결되기 때문에 FTA 협상을 진행하기 전 산업정책수립을 선행하지 못한 점이 아쉬움으로 남는다. 이는 정책에 있어 산업과 통상이 부처가 분리됨으로서 무역정책으로서 실효성을 반감시키는 결과를 낳았다고 볼 수 있겠다. 따라서 효율화된 무역정책을 수행하기 위해서는 정부부처의 운영에 있어 분리된 산업과 통상의 부처기능을 통합해야 할 필요가 있다. 즉,

현재 정부조직 편재인 지식경제부의 산업정책 부문(산업경제실 · 성장동력실 · 무역투자실)과 외교통상부의 통상교섭본부(다자통상국 · 지역통상국 · 국제경제국 · FTA정책국 · FTA교섭국)를 통합하여(가칭)산업통상부 또는 무역경제부로 하여 무역정책의 효율화를 도모할 필요가 있다고 본다.

## 2) 한국 경제정책의 새로운 방향모색

### ① '기업살리기'에 우선 정책설정

지금도 한국경제는 인구와 자원 등이 적어 큰 성장을 기대할 수 있는 기초적인 내수기반 시장을 갖추지 못하였기 때문에 해외수요를 끊임없이 탐색하면서 내수기업을 성장동력인 수출기업으로 전환시켜 나갈 과제를 안고 있다.

그런데 최근 정부는 내수확대를 통해 성장과 일자리 창출을 도모하는 과제를 부여하여 올해부터 2012년까지 4년간 14조 천억원의 예산을 투입하여 4대강 정비사업을 추진하고 있다.

오랜 기간 응급환자 수준인 중소기업의 활성화를 위한 실효성 있는 대책을 수립해야 한다. 더욱이 금융위기에 따른 향후 신보호무역주의는 '우회적 방법'으로 진행될 것으로 예상되고, 현재 경제위기하의 기업은 장기간 자금조달에 애로를 크게 겪게 되면서 성장동력 자체인 기업의 경제활동이 제약받거나 도산하는 경우도 흔히 볼 수 있다.

특히 현재의 경제위기에서는 유동성 공급과 재정지출 확대에 적극적인 국가가 상대적으로 신속하게 경제회복에 빨라진다는 예를 상기할 필요가 있다. 이에 대해 앞서 언급된 최근의 미국 · 중국 · 일본 · EU 등 전 세계가 자국의 산업보호와 기업살리기에 막대한 규모의 예산을 빠른 시일에 투입하고자 하고 있다. 이를 고려할 때, 정부의 예산제약상 효율적인 운영은 성장동력의 기반인 기업(특히 수출기업)에 두는 것이라 할 수 있다.

### ② 기업에 대한 자금조달 원활화 및 저금리 정책의 지속

먼저 기업에 대한 자금조달 방안의 일환으로 시도 · 시 · 군 금고를 기업 육성과 연계할 필요가 있다. 지방은행들은 지방자치시대 초기부터 지방자치단체 공공예금의 유치, 복원업무 취급 등을 통해 예금원의 확충에 노력함은 물론 시도 광역화에 따른 편입군의 금고유치에 경쟁하고 있다. 그러나 지역업체에게 있어 여전히 은행의 문턱은 높다. 이에 대해 시도 · 시 · 군 금고를 지역수출업체에 대한 활용방안을 모색할 필요가 있다. 즉, 금융기관에 대한 시도 · 시 · 군금고의 선정 시 지역업체와의 관계를 엄격히 평가 · 적용 · 선정하여 지역수출중소기업에 대한 낮은 이자율 적용 등 대출관계 원활화를 도모하도록 할 필요가 있다고 본다.

그리고 정부는 저금리 정책을 지속적으로 이행할 것을 주문할 필요가 있다고 본다. 경기침체기일수록 이자율이 상승하는 경향이 있는데, 기업에 있어 이자율 상승은 경영의 부담요인으로 작용하여 생산성 저하를 가져올 뿐만 아니라 수출산업에 있어서도 국제경쟁력을 약화시키는 주요인으로 부각된다. 이를 위해 최소한 현재의 경기위기상황을 벗어날 때까지 저금리 정책은 지속되어야 할 것으로 본다. 또한 저금리정책을 시행함에 있어 금융모니터링을 강화하여 어려운 시기에 자금의 이동이 투기적인 부문에 이전되는 것을 차단하여 산업자본으로서의 활용도를 제고하는 방안마련이 요구된다 하겠다.

**③ 중소기업 현황 및 전망 보고서 매년 발간**

한국의 경우, 대일본 무역적자가 심화되고 있다. 그 요인에 있어 기계산업의 경우부품 · 소재가 다양하게 소요되고 기계의 품질과 성능이 수요산업 제품의 경쟁력을 좌우한다.[8] 업계에서 추정하고 있는 기계부품의 국산화율은 불과 30%정도에 불과하며 그나마도 중요한 핵심기계나 부품들은 대부분 수입에 의존하고 일반화 · 실용화된 기술들만이 국산화되고 있는 실정이다.

국내의 기계 산업의 기술수준은 일본에 비해 경쟁력이 낮다. 이미 개발되거나 생산된 제품을 조립 · 가공하는 기술의 경우 일본의 80~90% 수준으로 선진국에 비해 크게 떨어지지 않는다. 하지만 설계, 유 · 공압 기술과 같은 고단위 기술의 경우 불과 30~40% 수준에 그치는 등 기술력이 떨어져 제품의 고부가가치화는 요원한 실정이다.

8. 본 내용은 정대철, '한 · 일 기계산업 교류촉진 방안', 해협권연구 제5권, 한일해협권 연구기관협의회, 2005. 8. pp. 75-92에서 재구성하여 정리된 내용임.

이런 상황을 빨리 개선하기 위해서 시장접근을 위한 기술 및 상품개발을 위한 노력이 요구되고, 나름대로의 지표를 개발하고 객관화하여 세계시장 진출을 위한 자료를 마련하는 것이 필요하다. 이를 위해 철저하고도 구체적인 업종별 기술 · 상품 · 시장에 대한 현황 및 전망을 분석한 자료가 요구된다. 이는 시장분석에 따른 연구개발체제와 성공적인 산업화를 보장받을 수 있는 정보의 기반조성이 첫걸음이라 할 수 있다.

이 사항은 막대한 예산이 소요되며, 한국에 국한되는 것이 아니고 전국 자치단체의 지역제조업의 육성을 통한 국가경제활성화와 연계된다. 그렇기 때문에 중앙정부(지식경제부 및 과학기술부 등)는 정책용역연구로 출연하고 한국내 각종 기술연구소 및 기술경제연구소를 활용하여 중소기업 대상 업종별 · 상품별 · 기술별 · 시장별 등의 현황 및 전망을 산출하는 보고서를 매년 발간하여 기업에 제공하는 것이 필요하다고 본다.

**④ 수출시장을 겨냥한 산업 및 기업 중심의 경제정책 전환**

최근 경남발전연구원의 연구인 '한국중소제조업의 수출기업 실태와 활성화 과제(2009년 3월)' 에서 이번의 경제위기에서 지역의 수출기업이 내수기업보다 고용감소 효과가 훨씬 적게 나타나면서 지역경제의 성장성과 안정성 면에서 수출정책의 중요성이 크게 부각되었다.

이는 세계적 경기한파가 한국 내 경제위기로 닥쳤을 때, 내수기업과 수출기업 공히 경기 체감과 전망이 같은 수준으로 어둡게 나타나지만, 인원감축에 있어 수출기업이 내수기업에 비해 매우 적게 나타난 점은 한국경제 성장을 위한 새로운 정책방안으로 설정된다는 점을 시사한다고 볼 수 있다.

먼저, 한국경제가 한국의 견인구조에서 후행구조로 전환되고 있는 현실을 받아들이고, 산업구조를 단계적으로 조정하는 정책방식에서 탈피하여 수출을 통해서 단번에 선순환 지역경제구조로 재편되는 방식을 채택해야 할 것으로 본다.

이러한 지역경제정책은 지역경기활성화 방안과 연계하여 가치사슬의 몫이 적은 내수보다 해외수요(수출)에 초점을 두고 수출산업화를 한국경제의 최우선과제로 설정할 필요가 있다. 현재 정부가 추진하려는 녹색성장산업과 연관하여 산업구조 리엔지니어링(Re-engineering)과 고부가가치의 인재양성을 수출을 통해 동시에 달성할 필요가 있다. 더 나아가 향후 각국 간의 FTA 체결에 따른 시장 확대에 대비한 수출산업화는 경제성장을 위한 방안과 연계된다고 볼 수 있다.

**⑤ 비교우위 및 비교열위화 한국제품에 대한 국제경쟁력 강화**

한국 수출의 효자제품 부문인 선박 · 철도 · 항공기 · 특수산업용기계 · 자동차트레일러 등은 수출특화와 비교우위를 모두 보유하고 있는데, 이 제품군들은 소재 및 부품의 경쟁력 강화만이 세계시장에서 비교우위를 지속적으로 유지할 수 있다. 또한, 한국의 중소기업은 아직도 소재 및 부품개발을 위한 기반시설이 미약하거나 인력구조를 갖추고 있지 못한 상황이다. 이를 위해 현재 지역산업진흥계획 예산활용에 있어 시급성이 덜한 인프라구축사업과 개발의 효과가 다소 적은 기초연구 개발과제 중심으로 사업예산이 집행되던 것을 수출품 중심의 소재 및 부품개발 과제중심으로 예산을 전환하여 제품개발의 실효성과 한국 제조업의 수출 산업화에 효율성을 높이는 방안을 강구할 필요가 있다.

앞에서 언급한 중국 · 터키 · 우크라이나 등에서 상계관세 조사나 세이프가드(긴급수입제한조치) 조치를 한 디젤엔진부품 · 전기 및 기계부품 · 섬유 등은 한국에 있어서 비교열위화 진행제품으로 분류된다. 또한, 한국의 수출제품인 철강제품 · 원동기 · 설비 부문의 비교열위 제품과 일반산업용기계 · 전기기기 · 장치 · 기타 금속제품 부문의 비교열위화 제품이다. 이에 대해 이들 제품에 있어 원자재 및 중간재의 수입다변화를 통해 원가절감을 위한 노력이 요구된다. 그 외 공정개발 및 제품혁신 등을 통해 비교우위 역량을 제고하면서 고부가가치화를 위한 노력이 요구된다. 이를 위해 지역내 産 · 學 · 研 · 官의 실질적인 시장지향형 개발시스템을 구축하여 수출제품으로서의 내실있는 제품혁신과 연계되도록 할 필요가 있다고 본다.

**⑥ 수출업체 맞춤형 수출촉진 프로그램 개발**

정부는 신보호무역주의가 크게 부각되든 부각되지 않든, 통상적 접근에 있어 중국에 대해서는 새로운 중국수요에, 미국에 대해서는 새로운 미국수요에 맞도록 각국별 시장맞춤형의 새로운 통상전략을 지속적으로 강구할 필요가 있다. 또한 정부기관 산하의 수출관련 지원기관에 의존하기보다 수출업체의 수요를 발굴하여 보다 공격적인 지역통상정책을 추진할 필요가 있다. 이를 위해 해외 틈새시장 개척 및 중소기업 수출저변 확충을 위해 글로벌 전략품목을 개발하여 세계시장에 접근하는 세부적인 계획을 수립할 필요가 있다. 또한 신흥시장 개척은 물론, 해외 유망전시회에 지역중소기업을 파견하는 등 수출지원의 과시적 성과를 통해서 지역내 수출확대를 위한 분위기 조성이 필요하다고 본다.

그리고 경제위기로 인한 인원감축 요인도 많지만 업체가 필요로 하는 인력보강에 대한 요인도 크게 부각된다. 이에 정부는 각 업종별 특성에 부합하는 수출기업체의 인력수요를 기술 · 경영 · 수출 등에 대해 조사하여 지역차원의 수출업체 맞춤형 인력양성 프로그램을 마련할 필요가 있다.

또한 수출업체가 정상적인 수출업무를 수행하기 위해서 접근해야 하는 업무를 소규모 업체가 감당하기 어려우므로 한국수출입은행 · 한국수출보험공사 · 대한무역투자진흥공사 · 중소기업청 · 중소기업진흥공단 등 수출진흥기관의 효율성을 높여야 한다. 또한 정부는 광역경제권내 자치단체별로 지역 중소제조업 수출기업을 위한 정책개발을 위해 앞의 수출관련기관과 공동으로 통합패키지 프로그램을 개발할 필요가 있다.

**⑦ 수출지향형 기업중심의 R&D 지원정책으로 전환**

국가 및 지방 R&D 활동의 현실은 생산의 파생적인 효과를 노리는 인프라 구축과의 연계가 부족하고, 시장에 접근할 수 있는 본원적인 생산 활동 지원에 접근하지 못하는 실정이다. 그 이유는 9년 전부터 지금까지 시행하고 있는 지식경제부나 중소기업청 등 정부의 기술개발정책과제에 지역대학과 지역소재 정부출연연구소가 참여하여 생산 · 수출하는 경우까지는 매우 부진한 실정이다.

한국의 산업정책은 세계시장에 접근하는 기업에게 견인차 역할을 수행할 수 있도록 정책방향을 획기적으로 전환해야 할 것으로 판단된다. 참고로 수출기업이 필요한 기술개발 수요를 감안한 투자방법이 가장 효율성이 높다고 볼 수 있다.

수출산업화를 염두에 둘 때 산학연의 주종관계를 설정할 수 있는데, 세계시장에서 나타난 문제점을 알고 있는 기업이 主가 되고 대학 및 연구소는 從으로서 설정되어야 투자의 효율성이 높아질 것으로 본다. 따라서 수출기업의 기술수요에 대학과 연구소가 대응하도록 하는 R&D 지원체제가 확립되어야 효과적일 수 있다.

**⑧ 부품소재의 핵심기술에 집중개발**

정부 및 지방자치단체의 과학기술계획 및 산업정책은 기술개발만이 세계시장에서의 성공이라는 관념에 몰두되어 있다. 그러나 시장지향적 기술개발을 통한 산업화(Not Research But Development)로의 실행계획이 확립되어야 했다. 가까운 일본의 경우 1986년부터 1991년까지 기계 산업육성을 위해서 3조 달러를 투자하였고, 유연생산기술체제 완성을 위해서 6천억 달러를 투자하여 산업발전을 정부가 이끌었다.

그런데 한국의 지역특화산업 육성정책에서 한국의 지식집약형 기계산업 육성자금의 경우 5년간(2000~2004년) 4천억원도 되지 못했다. 게다가 지난 정부에서의 산업자원부는 모든 미래산업을 육성하기 위해서 각종 기반사업부터 기술개발, 그리고 산업화까지 모두 추진하려는 무모한 계획을 설정했다.

따라서 우리나라 제조업의 고도화 방향은 지역의 대학이나 연구소가 보유하고 있는 기술적 특성에 기인한 지역부존기술보다는 우리 산업의 특화도와 세계시장에 접근성이 높은 즉, 수출상품에 체화될 핵심기술 몇 가지를 집중적으로 개발하여 산업화해야 할 것으로 본다. 이 핵심기술은 한국 제품의 세계시장 진출과정에서 나타난 무역적자의 원인인 취약기술인 것이며, 이 핵심기술을 개발 · 산업화하는 것이 효율적일 것이다.

## 결론 05

세계적 금융위기가 실물경제로 이전하면서 총체적 위기상황에 처해 있다. 한국경제의 경우 앞에서 살펴보았듯이 주요 경제동향에서 광공업 생산, 투자, 소비,

그리고 수출 · 입에 이르기 하락한 추세를 살펴보았다. 특히 무역국가로 표방되는 지표에 있어, 2009년 10월 이후 우리 수출은 급격히 떨어지면서 수입도 크게 감소하여 무역의존도가 높은 우리 경제를 크게 위축시키고 있다. 이 시점에 신보호무역주의라는 망령의 재등장은 우리를 암울하게 한다.

2008년 9월 리먼브러더스 파산 이후 우리 상품에 대해 중국 · 미국 · 우크라이나 · 터키 등이 반덤핑조사 · 상계관세 조사 · 세이프가드를 발동한 것은 향후 지속적인 보호무역의 조치가 발생할 것이라는 것을 예고한 것으로 볼 수 있다. 이에 이명박 대통령이 G20 제2차 런던 정상회의에서 보호무역주의 저지를 위한 동결원칙을 강조하여 세계무대에서 주목을 끌게 한 것은 한국경제가 처한 입장을 대변한 것이다.

G20 정상회담에서 보호무역의 반대에 합의에도 불구하고 세계 각국의 입장에 따라 보호무역의 유혹을 뿌리치기 어렵게 될 것으로 전망된다. 특히, 미국 보호주의 기조에 각국의 비난에 대응하여 오바마 미대통령이 언급한 "무역전쟁을 야기할 수 있는 보호주의적 용어는 부양안에 포함돼서는 안된다"라는 말을 되씹어 볼 필요가 있다. 이는 미국의 경제위기로 보호무역을 할 수 밖에 없다는 것을 외교적 수사어로 표현 한 것에 불과하고 신자유주의의 퇴조와 함께 보호주의로 돌아선다는 이야기이다.

무역과 성장, 그리고 제조업의 인과성에 대한 세계학자들의 연구결과는 수출과 성장은 불가분의 관계이며, 수출은 제조업을 견인하고 수입도 증가시키며 인적 및 물적 자원을 효율적으로 배분한다는 것을 명확하게 보여주는 것이다. 이런 논의의 정점에는 한국이 서 있었다.

여기에 삼성경제연구원의 연구결과에서 세계 수입규제건수가 1% 증가할 때마다 한국 수출은 약 0.2%씩 감소한다는 것은 보호무역주의에 대해 철저히 대비해야 함을 의미한다.

이에 우리는 해외수요에 맞춰 수출을 끊임없이 해야만 하는 현재 한국경제구조의 한계를 직시하여 내수정책보다 오히려 해외수요에 기반을 두고 新수출정책을 개발하여 냉엄한 세계시장에 도전한 지난날의 슬기가 재창조되어야 할 것으로 본다.

따라서 신보호무역주의에 대비하고 우리 경제의 경쟁력을 향상시킬 수 있는 방안으로 경제정책의 방향을 새롭게 모색하는 것으로 출발해야 한다. 이를 위해 먼저 단기적으로 우리 국토 전체를 자유무역지대로 만들어 수출상품 비용절감, 정부예산 절약, 국내기업 역차별 해소, 조세개편 등을 통해 기업하기 좋은 국가로 거듭나야 한다고 본다. 또한 효율적인 무역정책수행을 위해서 지식경제부의 산업정책 부문과 외교통상부의 통상교섭본부간 조율기능 강화가 필요하다.

국가경제의 경쟁력을 제고하기 위한 방안으로서 먼저 국가재원을 (수출)기업살리기에 집중해야 하고 둘째, 마지막으로 수출기업의 가장 큰 애로사항인 자금조달을 원활하게 할 수 있도록 전국 시도 · 시 · 군 금고의 활용성을 높이고, 정부정책으로서 저금리 정책을 지속적으로 이행할 필요가 있다고 본다.

셋째, 세계시장 접근에 부합하는 구체적인 업종 · 기술 · 상품 · 시장별에 대한 현황 및 전망 보고서를 매년 발간하여 기업에의 활용도를 제고할 필요가 있다. 넷째, 현재 비교우위 제품 및 비교열위화가 진행되는 한국제품에 대한 국제경쟁력을 강화할 필요가 있다. 다섯째, 경기적 변화에 고용과 생산의 안정성이 있는 수출기업중심의 정책으로 전환하여 경기활성화 정책과 연계시켜야 하고, 여섯째, 전국의 광역권 차원에서 중소제조업 지향의 공격적 수출촉진 프로그램을 지속적으로 개발하여 수출활성화를 도모하고, 일곱째, 광역권차원의 각 지자체와 지역수출지원기관과 공동의 지원정책 통합 패키지를 모색하여 지역수출기업을 지원하도록 해야 하며, 마지막으로 우리 산업의 교역상 적자원인인 부품 · 소재의 핵심기술에 집중 개발할 필요가 있다.

## 참고문헌

강용수 · 정대철(2003), 자유무역지역 제도비교를 통한 마산항 발전방안, 항만경제학회지 제19집 제1호, 한국항만경제학회.

김병유(2009), "해외바이어들이 바라본 우리 수출경쟁력 현황", 동향분석, 국제무역연구원.

김세영 · 정대철(1998), "수출과 성장의 인과성 분석-한국의 경우 재조명-", 동북아경제연구 제9권 제2집, 한국동북아경제학회.

김세영 · 정대철(1999), "북한의 주요 경제변수간 인과성 분석: 남한과의 비교연구", 동북아경제연구, 한국동북아경제학회.

김세영 · 정대철(2003), 한국의 지식 · 기술 · 정보 중심국가 지향과 그 전략, 무역학회지 제 28권 제3호, 한국무역학회.

김세영 · 정대철(2006), "동북아 경제협력과 한국의 기술정보중심 국가건설", 아시아 연구기금.

김애영(2007), "우리나라 수출주도형 성장가설에 대한 실증분석", 국제통상연구 제12권 제1호, 국제통상학회.

이상호(2006), "우리나라 수출고도화 수준의 평가", 산업경제분석, 산업연구원.

정대철(2000), "지역경제활성화를 위한 마산자유무역지역의 역할증대 방안", 마산자유무역지역 출범기념 세미나 주제발표 논문.

정대철(2003), "수출산업의 경쟁우위 변화와 지방산업 육성에 관한 연구", 산업경제연구 제16권 제5호, 한국산업경제학회.

정대철(2007), "한미 FTA가 지역경제에 미치는 영향연구" 산업연구원.

정대철 외 2인(2008), "최근의 금융위기에 따른 한국제조업의 실태와 전망", 이슈분석 2008-30, 한국발전연구원.

정대철(2009), "한국 중소제조업의 수출기업 실태와 활성화 과제", 이슈분석 2009-5, 한국발전연구원.

장재철(2009), "글로벌 경제위기와 한국의 수출-수출급감의 세가지 원인 분석, Issue Paper, 삼성경제연구소.

정무섭외 2인(2009), "제2차 G20 정상회의의 협상타결과 시사점", Issue Paper, 삼성경제연구소.

정철외 2인(2009), "런던 G-20 정상회의 결과와 향후 과제", 오늘의 세계경제, 대외경제정책연구원.

정호성외 5인(2009), "보호주의 충격의 산업별 영향과 대응", CEO Information 제 694 호, 삼성경제연구소.

홍석빈(2009), 2009년 보호무역주의의 특징 및 영향에 관한 연구", 2009년도 춘계학술발표대회 발표논문집.

Beckerman, W. (1965), "Demand, Exports and Growth", in W. Beckerman et al., *The British in 1975*, The National of Economic and Social Research, pp. 44-72.

Helpman, E. and P. Krugman (1985), *Market Structure and Foreign Trade*, Cambridge: MIT Press.

Hendrik van den Berg and Jumes R. Schmidt (1994), "Foreign trade and economic growth: time series evidence from Latin America", *The Journal of International Trade & Economic Development*, pp. 249-268.

Peter C.Y. Chow (1987), "Causality between export growth and industrial development", Journal of Development Economics, 26, pp. 55-63.

국제무역연구원 홈페이지(http://iit.kita.net/).

뉴시스 홈페이지(http://www.newsis.com).

동아일보 홈페이지(http://www.donga.com).

디지털타임스 홈페이지(http://www.dt.co.kr).

매일경제 홈페이지(http://www.mk.co.kr).

대외경제정책연구원 홈페이지(http://www.kiep.go.kr).

대한무역투자진흥공사 홈페이지(http://www.kotra.or.kr).

문화일보 홈페이지(http://www.munhwa.com).

삼성경제연구원 홈페이지(http://www.seri.org).

연합뉴스 홈페이지(http://www.yonhapnews.co.).

외교통상부 홈페이지(http://www.mofat.go.kr).

지식경제부 홈페이지(http://www.mke.go.kr).

중소기업연구원 홈페이지(http://www.kosbi.re.kr).

중소기업중앙회 홈페이지(http://www.kbiz.or.kr).

중소기업진흥공단 홈페이지(http://www.sbc.or.kr).

한국무역협회 홈페이지(http://www.kita.net).

# 10

# 국내 통상제도의 선진화와 보호무역 회귀 성향 극복

송원근 한국경제연구원 연구위원

## 서론 01

글로벌 금융위기 이후 대두되고 있는 보호무역주의가 대외의존도가 높은 우리 경제에 부정적인 영향을 미칠 것으로 우려하는 목소리가 높다. 글로벌 금융위기로 인한 국제적 수요의 급감과 그에 따른 교역의 감소가 우리 경제에 타격을 주고 있다는 것은 부정할 수 없다. 또한 이와 같은 상황에서 보호무역주의의 확산은 글로벌 경제의 회복세를 저해할 뿐만 아니라 오히려 경제위기를 더욱 심화시킬 가능성이 있다. 그러나 아직까지 보호무역주의가 전 세계적으로 확산되고 있다는 추세적 증거는 발견하기 어렵다.

물론 대공황 시기와 같이 보호무역주의의 확산에 따른 글로벌 경제의 블록화 및 교역 급감과 그로 인한 위기의 심화라는 악순환의 가능성이 상존한다. 그러나 제2차 세계대전 이후 글로벌 무역자유화의 확대를 위한 장기간의 노력이 세계무역기구(WTO)의 설립이라는 결실을 맺었듯이 자유무역의 이익에 대한 공감대에 따른 무역자유화의 진전은 여러 가지 장애요인에도 불구하고 앞으로도 지속될 것으로 예상된다. 따라서 장기적으로 볼 때 글로벌 경제의 회복과 더불어 무역자유화의 확대에 따른 경제통합이 가속화될 가능성이 더 높다고 할 수 있다. 물론 이와 같은 예측은 글로벌 차원에서 보호무역주의 확산의 성공적 차단이 전제되어야 한다.

그렇다면 근본적인 문제는 글로벌 경제통합의 진전과 더불어 우리나라도 개방친화적인 선진 통상국가로 도약하기 위한 제도적 틀을 갖추는 것이다. 우리나라는 대외지향적인 수출주도공업화를 통해 급속한 경제성장을 이루었고 세계화의 진전에 가장 많은 혜택을 입은 국가로 평가받고 있다. 그러나 우리 경제가 시장개방을 통해 대외적으로 개방적인 체제로 전환된 것은 1980년대 이후이다. 이후 UR 협상, FTA 추진 등을 통해 개방의 폭을 확대해 나가고 있다.

개방의 확대는 경쟁력이 취약한 부문에 대한 조정 및 지원의 문제, 그리고 반개방 정서의 확산이라는 문제를 야기하였다. 반개방 정서의 확산은 기본적으로 이념적인 문제에 기인하지만 현상적으로는 무역자유화의 추진과 같은 통상정책의 결정과정에 대한 문제 제기로 비춰지는 경향이 있다. 물론 통상정책을 결정하는 통상거버넌스는 지속적인 개방의 추진을 가능하게 해주는 제도적 틀이라는 점에서 매우 중요하다. 통상정책의 결정은 효율적으로 이루어져야 함은 물론, 다양한 이해당사자를 포함한 국민의 지지를 획득하는 과정을 거쳐 이루어져야 한다. 그러나 통상정책의 결정과정이 반개방 논리 및 정서를 확산시키는 수단으로 이용되는 경우 지속적인 개방의 추진에 장애요인이 될 가능성이 높다. 이는 글로벌 경제통합의 진전에 따라 전 세계적인 무역자유화가 진행되는 상황에서 반개방 정서의 확산에 따라 우리나라의 통상정책이 이러한 세계적인 흐름에 역행할 수 있음을 말해준다. 따라서 현재 진행되고 있는 통상절차의 제도 혹은 통상거버넌스에 대한 논의에서 나타나고 있는 반개방 혹은 보호주의적 경향을 파악하는 것은 개방친화적인 선진통상국가 실현에 적합한 제도적인 틀을 마련하는데 있어서 반드시 거쳐야 할 사안이다.

본고에서는 먼저 우리나라 통상정책 결정체계의 현황과 통상절차법안을 비롯해 현행 체계에 대한 대안으로 제시되고 있는 논의들에 대해 개방친화성이라는 관점에서 살펴본다. 또한 이러한 분석을 통해 개방친화적인 선진통상국가 실현에 적합한 통상정책 결정체계를 제시하고자 한다. 본고는 또한 통상거버넌스의 중요한 한 축이라고 할 수 있는 무역조정지원제도의 정치경제적 배경 및 효과에 대해 미국의 경험을 통해 살펴보고 우리나라 무역조정지원 관련 법률 및 제도에 대해 평가하고자 한다.

## 02 우리나라 통상정책 결정 절차에 대한 평가

### 1) 통상정책의 목표와 통상절차

통상정책은 넓은 의미에서 국가간 통상문제와 대외협상의 전략수립 및 계획추진을 포함한 포괄적 정책을 말한다. 즉 대내외적 여건 하에서 국가간 통상관계의 이해 조정을 통해 국가의 경제적 이익을 극대화하기 위한 정책이 규범적으로 정의된 통상정책이라고 할 수 있다. 우리나라와 같이 대외의존도가 높은 소규모 개방경제체제에서 통상정책의 목표는 안정적인 시장 확보를 위한 시장접근의 개선과 자유무역을 통한 국가경제의 발전이 되어야 한다. 따라서 국가의 경제적 이익에 가장 부합하는 통상정책은 자유무역의 추진, 즉 개방친화적인 통상정책이라고 할 수 있다. 무역자유화는 일반적으로 양자간 또는 다자간의 관계 속에서 추진되므로 양자간 혹은 다자간 통상협정 및 조약의 체결이 통상정책의 중심이 된다. 따라서 무역자유화의 추진을 통한 국가의 경제적 이익 극대화라는 목표 하에 교역상대국과의 통상관계 조정, 그리고 국내 이해관계자들의 이해 조정을 수반하는 것이 통상정책이라고 할 수 있다.

통상협정 및 조약의 계획 수립에서부터 체결 및 비준까지의 전 과정을 통상절차라고 할 수 있다. 통상절차를 규정하는 제도적 장치들의 역할은 다음과 같은 두 가지 기준으로 평가할 수 있다. 첫 번째 기준은 교역상대국과의 통상관계 조정, 즉 통상협정의 효율적인 체결에 통상절차를 규정하는 제도적 장치들이 얼마나 기여하는가 하는 점이다. 두 번째 기준은 통상절차를 규정하는 제도적 장치들이 통상협정의 체결 과정에서 국내 이해관계자들의 이해 조정을 얼마나 효과적으로 수행하는가 하는 점이다.

첫 번째 기준은 통상정책의 대외협상에 있어서의 효율성에 관한 것이다. 만일 통상협정의 체결을 위한 정책수립 및 추진환경이 미비하거나 정부 부처간 조정 기능이 취약하여 통상절차가 복잡하고 불투명하다면 효율적인 대외협상이 이루어지기 어렵다. 효율적인 대외협상에 적합한 통상절차 관련 제도적 장치는 무역자유화의 추진을 통한 경제적 이익 극대화라는 통상정책의 목표와도 부합한다. 두 번째 기준은 통상정책의 수립 및 집행에 있어서 효과적인 대내협상에 관한 것이다. 이 기준을 통상정책의 민주성이라는 관점에서 통상정책의 수립 혹은 통상협정의 체결에 있어서 다양한 산업 및 이익집단의 의견 수렴을 통한 합의 도출의 필요성으로 이해할 수 있다. 그러나 두 번째 기준과 통상정책의 민주성과는 미세한 차이점이 존재한다. 물론 모두 통상정책에 있어서 대내협상의 중요성을 강조하고 있다는 점은 동일하다. 통상정책의 민주성은 통상절차에 있어서 정부와 이익집단 간의 합의 도출에 중점을 둔다. 그러나 본고에서 제시하고 있는 통상절차의 제도적 장치에 대한 평가기준은 통상정책 목표에 부합한다는 전제 하에 효과적인 대내협상의 필요성을 강조한다. 따라서 통상절차를 규정하는 제도에 대한 평가기준에 있어서 전제조건은 이와 같은 기준이 통상정책의 목표와 부합해야 한다는 점이다.

통상절차와 관련된 문제점이 거론되기 시작한 것은 우리나라가 자유무역협정(FTA)을 본격적으로 추진하면서 부터이다. 우리나라는 FTA의 확산에 따른 무역자유화의 진전이라는 국제무역질서의 변화에 대응하기 위해 1998년 자유무역협정의 추진을 결정하고 첫 대상국으로 칠레를 선정하였다. 이후 통상정책은 다자무역체계에의 의존에서 벗어나 거대경제권을 중심으로 세계 주요국과의 자유무역협정을 동시다발적으로 추진하는 방향으로 전개되었다. 그러나 FTA 추진과 더불어 국내에서의 극심한 반대로 인해 적지 않은 사회적 비용을 치르게 되었고, 개방으로 인한 이와 같은 사회적 비용의 발생은 대내협상의 부재에 기인한다는 의견이 정계와 언론계를 비롯한 사회 각계에서 다수를 이루고 있다. 이와 같은 의견의 합리성은 차치하더라도 FTA 추진에 대응한 국내의 반대로 인해 막대한 규모의 사회적 비용이 발생했던 것이 사실이다.

예를 들면 우리나라의 첫 번째 자유무역협정인 한 · 칠레 FTA는 농업부문에 대한 보상 문제로 인해 국회비준 과정에서 극심한 진통을 겪었다. 또한 2007년 체결된 한 · 미 FTA 협상 과정에서도 국내에서 벌어진 극심한 반대운동으로 인해 상당한 정치 · 사회적 혼란이 있었다. 한 · 칠레, 한 · 미 FTA 체결에 있어서 이와 같은 사회적 비용이 발생한 것은 두 경우 모두 추진 과정에서 국민적 합의를 위한 노력이 부족했던 것이 사실이고 따라서 대내협상의 부재라는 통상절차의 문제점이 나타난 것이라고 볼 수 있다. 그러나 대내협상의 부재라는 결과를 가져온 통상절차의 제도적 문제점이 무엇인가는 좀 더 심층적으로 분석해 볼 필요가 있다. 이에 대해서는 다음 절에서 상세히 살펴보도록 한다.

통상절차를 규정하는 제도에 대해 첫 번째 기준으로 평가해보자. 기존의 통상절차를 통상정책의 효율성이라는 기준으로 평가하기 위해서는 먼저 통상정책을 수립하고 집행하는 주체에 대한 파악이 우선되어야 한다. 우리나라 헌법은 대통령의 조약 체결 · 비준권을 규정하고 있다.

"大統領은 條約을 체결 · 批准하고, 外交使節을 信任 · 접수 또는 派遣하며, 宣戰布告와 講和를 한다." (헌법 제73조)

헌법 제73조는 조약의 체결 · 비준이 대통령의 고유권한임을 명시하고 있다. 이는 자유무역협정 등 통상정책의 수립 및 추진의 주체가 행정부임을 의미한다. 따라서 첫 번째 기준에 의한 평가는 기존의 통상절차가 행정부 내의 협의 및 조정 과정을 효율적인 통상정책의 수립 및 집행을 위해 합리적으로 규정하고 있는가에 근거해야 한다. 기존의 통상절차는 다음과 같은 제도적 기반을 통해 행해지고 있다. 첫째, 행정부의 통상 기능 및 조직은 외교통상부내의 통상교섭본부로 일원화되어 있다.[1] 즉, 통상정책의 수행에 있어서 통상교섭본부가 중심이 된 부처

1. 정부는 1998년 2월 외무부, 재경부, 통상산업부 등 3개 부처에 분산되어 있던 통상기능을 외교통상부로 일원화하였음.

간 이견 조정 체제를 통해 통상현안을 처리하고 있다. 둘째, 부처간 이견조정이 어려운 민감한 통상현안에 대한 조정기능을 보완하기 위해 대외경제장관회의와 통상교섭본부장 주재 차관급 실무조정회의가 설치되어 있다. 이와 같은 제도적 기반에 대해서는 통상조직과 기능의 일원화를 통해 FTA 등 무역자유화의 확대를 위한 협상 기반을 구축하여 효율적인 통상정책의 수행에 기여하고 있다고 평가할 수 있다. 또한 이와 같이 통상정책의 효율성을 높이는데 기여하는 제도적 기반은 무역자유화의 추진을 통한 경제적 이익의 극대화, 개방친화적인 선진통상국가 실현이라는 통상정책의 목표에 부합한다.

그러나 통상 기능 및 조직을 통상교섭본부로 일원화하여 통상정책의 목표에 부합하는 효율적인 부처간 조정체계를 갖추고 있다고 하더라도 그동안의 통상협상 과정에서는 예민한 통상 현안에 대한 부처간 의견대립으로 인해 협상이 지연되는 결과도 나타났다. 예를 들면 우리나라가 최초로 추진한 한 · 칠레 FTA의 경우 대상국 선정에서부터 부처간 의견 대립이 있었고, 특히 농산물 개방의 문제로 외교통상부와 농림부의 입장이 첨예하게 대립되어 타협점을 찾지 못해 협상이 상당 기간 중단되기도 하였다. 국회와 민간 이해당사자가 아닌 정부 부처간에도 이와 같은 의견 대립이 발생하여 통상협상이 중단되는 사태에까지 이른 것은 통상현안의 부처간 조정기능을 갖춘 기관 및 제도의 존재에도 불구하고 절차의 제도화 부재에 기인한 것으로 볼 수 있다. 정부가 한 · 칠레 FTA 발효 직후인 2004년 6월 대통령훈령으로 "자유무역협정체결절차규정"을 제정한 것은 한 · 칠레 FTA 추진과정에서 국회 및 민간 이해관계자들의 의견 수렴 미비에 따른 문제점뿐만 아니라 정부 부처간 불협화음에 따른 진통으로 인해 절차규정의 필요성이 절실히 나타났기 때문이다.

"자유무역협정체결절차규정"은 본문에서 밝히고 있는 바와 같이 자유무역협정을 효율적으로 추진하고 그 과정에서 국민의 이해와 참여를 제고함을 목적으로 한다. 물론 모든 통상협정 및 조약이 아닌 자유무역협정 체결의 절차에만 적용되는 규정이라는 한계를 가지고 있지만 WTO 중심의 다자간무역협정 체계를 제외한 통상협정은 자유무역협정(FTA)이 국제적인 추세라는 점에서 자유무역협정 체결의 절차규정을 제정한 것은 나름대로 의미가 있다. 구체적으로 살펴보면 먼저 자유무역협정 관련 정책의 방향 및 추진 전략, 특정 국가와의 FTA 체결의 타당성, FTA 협상안, 보완대책 등을 심의하기 위해 자유무역협정추진위원회의 설치를 규정하고 있다. 추진위원회는 통상교섭본부장을 위원장으로 하고 기획재정부, 외교통상부, 농림수산식품부, 지식경제부, 국무총리실 등의 차관보 또는 실장급 공무원을 위원으로 하여 구성된다. 또한 추진위원회의 심의를 효율적으로 지원하기 위해 실무추진회의를 두도록 규정하고 있다. 실무추진회의의 의장은 외교통상부 자유무역협정교섭대표가 되고 위원은 관계 부처의 국장급 공무원이 되도록 규정하고 있다. 이와 같은 "자유무역협정체결절차규정"에 의해 설치된 추진위원회 및 실무추진회의를 통해 자유무역협정의 추진전략부터 FTA 대상 국가의 선정, 협상안, 그리고 FTA 국내보완대책에 이르기까지 관련 부처간의 협의가 심도 있게 이루어질 수 있으므로 한 · 칠레 FTA 추진과정에서 나타났던 부처간 첨예한 의견 대립의 가능성은 상당 부분 제한된다. 한 · 칠레 FTA 이후 추진된 싱가포르, EFTA, ASEAN, 미국, EU, 캐나다, 멕시코, 인도 등과의 FTA 협상이 부처간 특별한 갈등 없이 진행된 점이 절차규정에 따른 조정 효과를 보여주고 있다고 할 수 있다.

"자유무역협정체결절차규정"은 통상교섭본부에서 담당하고 있는 통상협정의 추진에 있어서 부처간 조정 기능을 보완하고 심화시켰다고 평가할 수 있다. 자유무역협정의 정책 및 협상 실무는 통상교섭본부의 FTA 추진단에서 총괄한다. "자유무역협정체결절차규정"은 통상교섭본부 FTA 추진단에서 총괄하는 FTA 추진절차를 관계 부처 국장급에서 협의할 수 있게 실무추진회의를 설치하도록 하였고, 차관보급의 추진위원회의 심의를 거쳐, 대외경제장관회의에서 최종적으로 의결하도록 하였다. 즉, 자유무역협정의 계획수립 및 협상, 그리고 체결까지의 과정은 일원화된 조직인 통상교섭본부의 주도 하에 진행되더라도 절차규정에 의해 추진절차 상에서 단계적으로 부처간 협의를 거치도록 함으로써 부처간 조정 기능을 심화시켜 FTA 추진의 효율성을 높이는 효과를 가져왔다고 할 수 있다.

우리나라의 통상절차를 규정하는 제도적 장치는 앞에서 제시한 첫 번째 기준으로 보면 효율적인 대외협상의 제도적 기반을 갖추고 있다고 평가할 수 있다. 또한 이는 통상정책의 목표와도 부합한다고 할 수 있다. 앞에서 제시한 두 번째 기준은 통상정책의 수립 및 집행에 있어서 효과적인 대내협상을 위한 제도적 기반이다. 그러나 언급했듯이 현재까지의 결과만을 놓고 보면 효과적인 대내협상을 위한 제도적 기반을 갖추고 있다고 보기는 어렵다. 특히 한 · 칠레, 한 · 미 FTA 체결과정에서 나타난 대내협상의 가장 큰 문제점은 행정부와 국회간의 불협화음이라고 할 수 있다.

일반적으로 통상협정의 체결을 위한 대내협상의 대상은 국민 전체라고 할 수 있지만 국민 전체와 더불어 국민을 대표하는 국회와 민간의 전문가집단 및 이해관계자도 중요한 대내협상의 대상이라고 할 수 있다. 통상협상 과정에서 행정부와 국회의 협조관계를 명확하게 하는 것은 국민의 지지를 얻기 위한 대내협상에 긍정적으로 작용할 것이다. 또한 전문가 및 이해관계자의 의견을 제도적으로 수렴하는 방안을 만드는 것도 개방에 대한 지지를 획득하는 대내협상의 과정에서 매우 중요하다. 또한 국민의 지지를 획득하는데 있어서 협상 관련 정보 및 자료의 공개를 통해 투명성을 확보하는 것도 필요하다.

먼저 통상협상 과정에서의 국회의 역할과 관련된 제도적 장치에 대해서 살펴보면 "자유무역협정체결절차규정"에서는 협상이 진행되면서부터 국회에 대한 보고의무를 부여하고 있다. 절차규정 제21조제1항에서 자유무역협정추진위원회 위원장은 협상의 중요 진행상황을 국회에 보고하여야 한다고 규정하고 있고 제23조에서는 협상 타결시 위원장의 국회에 대한 협상결과 보고의무가 있음을 규정하고 있다. 또한 제25조에서는 국회에 자유무역협정안에 대한 비준동의를 요청해야 함을 규정하고 있다. 행정부의 통상협정의 추진 및 체결권한은 헌법에 의해 부여된 것이다. 따라서 국회의 통상협정 추진과정에서의 역할은 제한되어 있고 절차규정에서의 국회보고의무는 이 같은 제한적 역할을 충분히 반영하고 있다고 볼 수 있다. 즉, 조약의 체결 · 비준에 있어서 헌법이 국회에 부여한 권한에 부합하는 규정이라고 할 수 있다. 그러나 이와 같은 절차규정만으로 행정부와 국회와의 관계에 있어서 효과적인 대내협상에 충분한 제도적 장치를 구비하고 있는가 여부는 검토해보아야 할 문제이다.

대통령 훈령으로 자유무역협정에 국한해 행정부와 국회의 역할 및 협조관계를 규정한 것에서 한 걸음 더 나아가 전반적인 통상절차 과정에서의 법률적 규정이 효과적인 대내협상을 위해 필요하다는 주장이 가능하다. 이는 대내협상의 법적 장치로 통상절차법 제정이 필요하다는 의견과 일맥상통한다. 통상절차법의 제정과 관련하여 행정부와 국회의 관계뿐만 아니라 이익집단의 다양한 의견수렴을 통해 국익전체에 기여하는 협상을 진행하기 위한 시스템 구축이라는 의미에서 통상절차법 제정의 필요성이 제기되고 있다. 국회의 역할 확립 및 다양한 이익집단의 의견 수렴 등 효과적인 대내협상에 기여한다면 통상절차법의 제정도 의미를 지닐 수 있을 것이다. 그러나 통상절차법이 통상정책의 목표와 부합하지 않고 오히려 보호주의적인 성격으로 무역자유화의 걸림돌이 된다면 선진적이고 개방친화적인 통상거버넌스의 확립과는 무관하며 바람직한 방향이라고 보기 어렵다. 다음 절에서는 18대 국회에서 발의된 통상절차법안이 통상정책의 목표와 부합하는가, 즉 보호주의적 성향이 존재하는가를 살펴보고, 또한 효과적인 대내협상에 기여할 수 있는가 여부도 분석해본다.

### 2) 통상절차법안의 보호주의적 성향

한 · 칠레 FTA 체결 이후 통상거버넌스의 확립을 위해 "자유무역협정체결절차규정"의 제정, 무역조정지원제도 등의 제도적 기반이 마련되었다. 그럼에도 불구하고 한 · 미 FTA의 협상과 체결과정에서 대내협상이 결여되어 있다는 비판과 함께 17대 국회에서부터 통상절차법안이 발의되기 시작했고 현 18대 국회에서도 4개의 통상절차법안이 발의되었다.[2] 본 논문에서는 18대 국회에서 발의된 통상절차법안에 대한 전반적인 평가보다는 통상정책의 목표와의 부합성에 초점을 맞춰 보호주의 성향에 대해 평가하고자 한다.

통상절차법의 필요성을 발의된 법안들의 의견을 통해 살펴보면 다음과 같다. 첫째, 통상조약의 체결은 국민생활에 막대한 영향을 끼칠 것으로 예상되나 이해당사자 등 국민의 의사를 반영할 수 있는 제도적 장치가 미흡하다는 것이다. 둘

2. 민주당 김종률의원 등 18인이 발의한 "통상조약의 체결절차 등에 관한 법률안", 민주노동당 이정희의원 등 12인이 발의한 "통상협정의 체결절차에 관한 법률안", 민주당 송영길의원 등 24인이 발의한 "통상협상절차에 관한 법률안", 그리고 민주당 천정배의원 등 14인이 발의한 "통상협정의 체결 · 비준 절차 등에 관한 법률"이 18대 국회에서 발의된 4개의 통상절차법안임.

째, 정부의 통상조약 체결 및 비준에 대해 국회가 견제, 보완 기능을 적절히 하지 못하고 있다는 것이다. 통상절차법은 이와 같은 문제점을 제도적으로 해결하여 국민의 합의를 바탕으로 사회 · 경제적 피해를 최소화하면서 민주적 통제 아래 통상협상을 진행시켜 통상조약체결이 실질적으로 국민경제발전에 기여하도록 한다는 것이다. 따라서 발의된 통상절차법안들은 법 제정의 필요성을 통상조약의 체결에 있어서 국회와 국민의 의견 수렴 및 반영 기능, 즉 대내협상의 기능에서 찾고 있다고 할 수 있다. 물론 이와 같은 대내협상을 위한 제도적 장치는 무역자유화의 확대를 위한 통상정책에 있어서도 그 필요성이 인정된다. 그러나 문제는 통상절차법이 과연 통상정책의 목적을 훼손하지 않으면서 대내협상의 제도적 장치로서의 기능을 하는데 적절할 것이냐 하는 것이다.

18대 국회에서 발의된 통상절차법안에서 직간접적으로 언급하고 있는 통상정책의 목표는 국민경제의 균형 발전이다. 즉, 통상조약 및 협정은 국가 · 산업 · 지역간 균형발전에 기여해야 한다는 것이다. 이런 맥락에서 법안에서 고려하고 있는 통상절차법의 역할은 협정의 체결에 따른 개방의 확대로 나타날 수 있는 불균형을 방지하는데 있다고 해석할 수 있다. 또한 대체적으로 통상절차법의 목적을 국민경제의 균형 있는 발전 및 국민통합에의 기여라고 규정함으로써 통상조약의 결과 나타날 수 있는 부문간 · 지역간 불균형 및 불균등 발전을 협상과정에서 차단하고자 하는 의지를 강하게 드러내고 있다. 구체적으로 살펴보면 김종률안(김종률의원 대표발의법안)의 경우 통상정책의 목표를 다음과 같이 적시하고 있다.

- 국가간 균형발전 및 경제 분야에서의 국제협력강화
- 국내 산업발전과 중소기업의 육성을 위한 대외환경의 구축
- 양질의 고용 창출과 생활수준의 균등한 향상을 통한 사회 · 경제적 발전
- 국내 지역경제의 균형 발전
- 외국인 직접투자의 촉진 및 외국 단기자본의 적절한 통제를 통한 국내경제의 안정

김종률안에서 통상조약정책의 목표로 제시한 중소기업의 육성, 생활수준의

균등한 향상 그리고 국내 지역경제의 균형 발전은 산업정책 및 사회정책의 목표가 될 수 있을지 모르나 통상정책의 목표로는 적합하지 않다. 통상정책의 목표는 무역자유화의 추진을 통한 국가경제의 발전이 합리적이라고 할 수 있다. 무역자유화는 해외시장 접근 개선을 통해 시장 확보에 기여하고 또한 개방을 통한 경쟁의 심화로 경제 전체의 효율성을 증대시켜 궁극적으로 생산성을 향상시키고 지속적인 경제성장을 촉진시킨다. 따라서 부문간, 지역간 기계적인 균형 발전을 목표로 할 경우 무역자유화의 경제적 효과는 반감될 수밖에 없다. 이와 같이 합리성이 결여된 통상정책의 목표 설정은 통상절차법안의 성격에 영향을 미치게 된다.

이정희안(이정희의원 대표발의법안)의 경우도 통상절차법의 목적을 제1조에서 다음과 같이 규정하고 있다.

"이 법은 통상조약과 관련된 정부의 정책의 기본목표와 원칙을 명시하고, 통상조약의 체결절차 등에 관한 사항을 규정하여 통상조약 정책에 국민의 참여를 증진하며, 통상조약에 관하여 헌법 제60조제1항의 국회 동의권을 실질적으로 보장함으로써, 국제협력체제가 공공성을 바탕으로 공정하게 이루어지도록 하여 국가간 · 국내 산업 및 지역간 균형발전을 도모하고 인류공동번영 및 국가경제발전에 실질적으로 이바지하도록 한다."

이정희안의 경우는 통상절차법안의 목적이 현실적이지 못하고 법안의 목적을 통해 나타난 통상정책의 목표도 비합리적이다. 김종률안의 통상조약정책의 목표에 대한 해석에서도 언급했듯이 '산업 및 지역간 균형발전의 도모' 는 통상정책의 목표로 적합하다고 하기 어렵다. 김종률안과 마찬가지로 이정희안에서도 '국가간 균형발전의 도모' 를 법안 및 통상정책의 목표로 설정하고 있다. 통상조약 또는 협정을 체결함에 있어서 교역 및 통상을 통한 교역당사국간의 상호이익을 목표로 하는 것은 합당하다. 또한 협상에 있어서 국가간 이익의 균형을 도모하는 것이 합리적인 협상의 목표가 될 수 있다. 그러나 국가간 균형발전을 도모한다는 것은 그 의미도 모호할 뿐만 아니라 국가별 경제발전 수준이 차별적임에도 기계적인 균형발전을 도모한다는 의미에서 통상정책의 목표로 적합하지 않다.

이정희안은 여기에 더해 '국제협력체제가 공공성을 바탕으로 공정하게 이루어지도록 하여 인류공동번영에 이바지하도록 함' 을 목적으로 하고 있다. 이와 같은 내용은 현재의 국제무역질서가 공공성을 훼손하여 공정한 무역이 이루어지지 않고 있다는 것을 암묵적으로 가정하고 있는 것으로 보인다. 현재 진행되고 있는 국제무역질서에 대한 이와 같은 해석은 과도하게 이념적인 해석이라고 볼 수 있다. 그러나 이와 같은 해석의 옳고 그름은 차치하더라도 그런 해석에 근거한 목표의 비현실성을 지적하지 않을 수 없다.

**표 10-1 : 통상절차법안의 목표**

| 구분 | 김종률안 | 이정희안 | 송영길안 | 천정배안 |
|---|---|---|---|---|
| 목표 | •국민경제의 균형발전 및 국민통합에 기여 | •국가간, 국내산업간, 지역간 균형발전<br>•인류공동번영 및 국가경제발전에 이바지 | •통상협상의 절차적 투명성 및 정당성 제고<br>•국민경제의 균형 발전 및 국민 통합에 기여 | •국민경제의 균형발전 및 국민권익증진에 이바지 |
| 하위 목표 | •통상협상과정에서 국민의 이해 및 참여 증진 | •통상조약 정책에 국민참여 증진<br>•헌법상 국회의 동의권 실질적 보장 | •통상협상과정에서 국민의 이해와 참여 증진 | •국민의 의사반영<br>•통상협정 체결 · 비준의 정당성과 예측가능성 증진 |
| 수단 | •정부의 통상정책 및 통상협상절차 규정 | •통상정책의 기본원칙 및 목표 명시<br>•통상조약 체결절차 규정 | •정부의 통상정책 및 통상협상절차 규정 | •통상협정의 체결 · 비준절차 규정 |

이와 같이 두 법안에서 나타난 통상정책의 목표와 그에 기초한 통상절차법의 목적은 무역자유화의 추진을 통한 지속적 경제성장과 경제적 이익의 극대화라는 선진 통상국가 실현을 위한 통상정책의 목표와 배치된다. 선진 통상국가 실현을 위해 추구해야 할 통상정책의 목표와 상충되는 통상절차법안은 보호주의적인 법안이 될 가능성이 높고 결과적으로 통상정책의 효율성을 반감시키게 될 것으로 예상할 수 있다. 김종률 의원 발의안과 이정희 의원 발의안 모두 국가 · 산업 · 지

역 간 균형발전의 도모라는 목표에 부응할 수 있도록 통상정책 및 통상절차법의 역할을 제한하고 있다. 예를 들어 김종률안과 이정희안에서 공통적으로 나타나는 과도한 범위의 국회 보고 의무 및 정보 공개 의무도 두 법안의 비합리적인 목적 설정과 무관하지 않다.

송영길안(송영길의원 대표발의법안)과 천정배안(천정배의원 대표발의법안)의 경우는 앞의 두 법안에 비해 통상정책 및 통상절차법의 목적을 자세하게 규정하고 있지 않다. 그러나 김종률안 · 이정희안과 마찬가지로 국민경제의 균형발전을 법안의 목적으로 제시하고 있다. 따라서 이 두 법안의 경우도 부문간 · 지역간 기계적인 균형발전을 저해할 가능성이 있는 통상협정이나 조약을 차단하기 위한 수단으로 통상절차법이 기능할 가능성이 높다.

<표 10-2>에 나타난 바와 같이 통상절차법안들은 통상협정의 기본계획에서부터 협상개시 전, 협상 과정, 그리고 협상 후까지 국회의 역할 및 권한에 대해 규정하고 있다. 이와 같은 규정들 가운데 헌법에서 규정한 조약 체결 · 비준에 대한 국회의 동의권을 과도하게 해석해 대통령의 조약체결권을 침해하는 경우가 있다[3]. 그러나 법안의 위헌성 여부에 대한 판단을 유보하더라도 보호주의적인 성향으로 인해 통상정책의 효율성을 반감시킬 수 있는 규정들이 존재한다. 대표적으로 이정희안과 천정배안에서 규정하고 있는 국회의 재협상 요청권한을 들 수 있다.

---

3. 헌법 제60조제1항에서 조약의 체결 · 비준에 대한 국회의 동의권을 다음과 같이 규정하고 있음.
"國會는 相互援助 또는 安全保障에 관한 條約, 중요한 國際組織에 관한 條約, 友好通商航海條約, 主權의 制約에 관한 條約, 講和條約, 國家나 國民에게 중대한 財政的 부담을 지우는 條約 또는 立法事項에 관한 條約의 체결 · 批准 에 대한 同意權을 가진다." (헌법 제60조제1항)
헌법 제60조제1항에서 규정하고 있는 국회의 조약 체결 · 비준 동의권은 대통령이 조약에 대하여 최종적으로 비준하기 전에 국회가 민주적 통제를 위해 동의권을 행사하도록 한 제도임. 이러한 제도는 정부의 조약 체결 또는 비준에 대한 국회의 동의권으로 해석되어야 하며, 행정부에 대하여 국회가 작위적으로 의무를 부과할 수 있도록 하려는 것은 아님. 발의된 법안에서와 같이 협상 추진 이전부터 정부에 보고의무를 부과하는 것은 국회동의권의 법적 의미를 과도하게 확대하는 것임. 물론 헌법에서 규정한 국회의 조약체결 동의권의 범위를 체결을 위한 검토 및 협상이 개시되는 시점부터라고 하면 정부에 대해 국회 보고의무를 부과하는 것이 불가능하다고 이야기할 수 없음. 그러나 국회의 조약체결 동의권은 헌법 제73조에서 규정한 대통령의 조약체결에 관한 전속적 권한을 침해하는 권한이 아니므로 체결을 위한 협상이 타결된 시점 등으로 범위를 좁혀 해석하는 것이 타당함. 따라서 협상 추진 이전부터 정부에 과도한 범위의 보고의무를 부과하고 있는 법안은 국회동의권을 확대 해석하여 대통령의 조약체결권을 침해하고 있다고 평가할 수 있음.

**표 10-2 : 통상절차법안의 국회 보고의무 규정**

| 구분 | 김종률안 | 이정희안 | 송영길안 | 천정배안 |
|---|---|---|---|---|
| 기본계획의 수립 | • 기본계획 및 실천계획 수립 · 소관위원회 보고 | • 3년 단위 기본계획 및 연도별 실천계획 수립 · 국회보고 | – | • 매년 통상협정 체결계획 수립 및 국회 보고 |
| 협상개시 전 절차 | • 특정 조약 추진 계획 (산업영향 평가, 국내 대책 등 포함) 수립 및 소관위원회 보고<br>• 국회의 계획변경 요청권<br>• 조약문안 마련 | • 특정 조약 추진에 대해 통상위원회 심의의결 후 국회 보고<br>• 국회에 통상협상단 일부추천권, 참관요청권 부여<br>• 산업영향평가, 국내대책 및 조약문안 마련 | • 특정 조약 추진 전 주요목표, 추진일정 상임위 보고<br>• 경제적 타당성 검토 | • 교섭 전 관계 중앙행정기관의 장과 협의<br>• 협정체결계획 추진의 국회보고<br>• 협정체결예고 의무화<br>• 공청회 개최 의무화 |
| 협상 절차 | • 주요 진행상황을 소관위에 보고 | • 정기적 대국회 보고 및 일반에 정보공개 | • 주요 진행상황을 특별위원회에 보고 | • 협상 진행상황 대국회 보고 |
| 협상 후 절차 | • 정식서명후 비준 전 국회 동의 요청<br>• 기본계획 등과 부합여부, 산업영향평가, 고용영향평가 등 보고 | • 가서명후 정식 서명 전 국회 동의 요청 및 재협상 요구<br>• 기본계획 등과 부합여부, 산업영향 평가, 고용영향평가 등 보고<br>• 매년 통상조약정책평가 국회 보고 | • 정식서명후 비준 전 국회 동의 요청 | • 가서명 후 정식 서명 전 국회 동의 요청 및 국회의 재협상 요구권<br>• 체결 후 국회의 재협상 요구권 |

이정희안의 경우 가서명된 통상조약안의 체결동의안 국회 제출의무를 규정하고 있고 정부가 제출한 통상조약안이 법안에서 정한 기준을 만족시키지 못할 경우 상대국과의 재협상을 요청할 수 있도록 규정하고 있다. 법안 제32조에서는

정부대표가 협상 상대국 대표에게 이 법의 규정을 비롯해 국내 조약체결 및 발효 절차 등을 알려주어야 하고 그에 따른 조건을 부여하여 조약문에 가서명할 수 있도록 규정하고 있다. 이에 근거하여 제34조제1항은 가서명된 조약안의 체결 동의안을 국회에 제출하도록 의무를 부과하고 있다. 또한 법안 제35조에서는 가서명된 통상조약안이 다음 중 하나에 해당할 경우 국회가 정부에 상대국 등과 재협상할 것을 요청할 수 있도록 규정하고 있다.

- 제1조의 통상조약정책의 목적 또는 제20조의 기본계획에 부합하지 아니하는 경우
- 제23조제4항에 따라 국회가 부과한 조건에 부합하지 아니하는 경우
- 제23조제1항에 따른 보고와 중대한 차이가 있는 경우
- 각 산업 또는 고용에 미치는 영향이 과도하거나 조약의 이행을 위한 소요비용이 과다할 것으로 예상되는 경우
- 협상안의 이행을 위한 국내법의 제정 또는 개정이 이해당사자 등의 경제적 이익을 과도하게 제한하는 것으로 판단되는 경우
- 헌법 위반인 경우

위와 같이 이정희안에서 규정한 재협상 요청의 근거는 지극히 자의적이다. 특히 자의적이고 비현실적이며 반개방적인 통상조약정책의 목적에 부합하지 않는다는 이유로, 또한 각 산업에 미치는 영향이 과도하다는 이유 등으로 국회가 재협상을 요청할 수 있도록 규정한 것은 자유화 수준이 높은 통상협정이 발효되는 것을 근본적으로 차단하겠다는 의도로 법안이 만들어졌다고 해석할 수밖에 없다.

천정배안의 경우는 이정희안과 마찬가지로 법안 제17조에서 통상협상 타결 시 정부는 협정문에 가서명하고 협상을 종료하도록 하였으며 제19조에서 가서명한 협정문이 헌법 제60조제1항에 해당하는 협정인 경우 동의안을 국회에 제출하도록 규정하였다. 또한 법안 제19조제6항에서는 정부가 제출한 협정안에 대해 재협상하는 것이 국익에 도움이 된다고 인정하는 경우 국회가 재협상을 요구할 수 있도록 규정하였다. 이 경우 또한 국회의 재협상 요구권의 근거가 지극히 자의적이다. 이 규정은 국회에 조약 체결 · 비준 동의권 이외에 통상협정의 체결을 근본적으로 차단할 수 있는 권한을 부여한 것으로 볼 수 있다.

두 법안은 지극히 자의적인 통상정책의 목적에 부합하지 않는다는 이유로 상대국과의 재협상을 요구할 수 있도록 허용하고 있어 법안이 시행되는 경우 개방 친화적인 통상정책의 추진을 어렵게 만들고 통상정책의 효율성을 반감시킬 우려가 있다. 국회는 헌법에 의해 통상조약에 대해 비준동의권을 행사할 수 있다. 여기에 더해 재협상 요청권한까지 부여하는 것은 위헌 여부에 대한 법률적 판단과 무관하게 우리나라의 협상력을 제한하여 효율적인 대외협상을 어렵게 만드는 조치이다. 즉, 국회의 재협상 요청권한이 존재하는 것을 인지한 상대국은 한국과 통상조약의 협상과 체결에 소극적인 자세를 보일 가능성이 높다. 이와 같은 문제점은 개별 국가들과의 자유무역협정뿐만 아니라 다자간 무역협상에서 더욱 심각하게 나타날 수 있다. 위의 규정들은 결과적으로 한국을 보호무역주의적인 국가로 인식시켜 국제사회에서의 신뢰도에 부정적으로 작용하게 될 것이다.

이와 같은 규정들은 효과적인 대내협상의 기능이라는 측면에서도 긍정적으로 보기 어렵다. 정부의 통상협정 관련 국회보고 의무의 범위에 관한 규정들도 통상절차법의 대내협상 기능의 측면에서 논란이 될 수 있는 부분이라고 할 수 있다. 협상타결 이후 협상결과에 대한 국회보고를 의무화하는 것은 헌법상 국회의 조약체결 동의권에도 부합하고 국회의 통상정책 결정과정에의 참여라는 측면에서도 합당한 규정이라고 할 수 있다. 그러나 협상 이전 그리고 협상 중에 국회보고 의무를 과도하게 규정하는 것은 헌법에 보장된 국회의 체결동의권의 범위를 벗어날 뿐만 아니라 행정부의 권한을 침해하는 것이고 협상에서의 전략적 유연성을 감소시켜 효율적인 통상정책의 수행을 어렵게 만들 가능성이 높다. 따라서 통상정책의 결정 과정에서 국회의 역할을 제고시키기 위해서는 조약추진계획 단계부터 협상 타결까지의 과정에서 정부의 국회에 대한 보고를 의무화하기보다는 정부와 국회의 협조 관행을 확립하는 것이 바람직한 방향이라고 할 수 있다. 특히 통상정책의 수행에 대한 민주성의 보장, 즉 국회와의 협조의 제도적 보장은 「국회법」, 「국회에서의 증언 및 감정에 관한 법률」, 「공공기관의 정보공개에 관한 법률」 등 기존의 제도를 통해 충분히 가능하다.

더욱 중요한 것은 국회가 정부의 통상정책에 대해 실질적으로 평가하고 조언을 할 수 있는 정책전문성과 이를 위한 자체적인 지원시스템을 갖추는 일이다.

국회에서 통상은 외교통상통일위원회의 소관이다. 그러나 그간의 FTA 체결과정에서의 경험은 통상문제는 외교통상부만의 문제가 아니라 기획재정부, 지식경제부, 농림수산식품부 등 여러 부처에 동시에 해당하는 문제이므로 외교통상통일위원회에서 단독으로 다루기에는 어렵다는 사실을 잘 알려주고 있다. 한 · 미 FTA의 경우도 관련 상임위를 포함 30번에 가까운 청문회를 했음에도 불구하고 한 · 미 FTA에 관한 국회 차원의 심도 있는 논의가 이루어지지 못했다고 평가받는 것은 이를 종합적으로 다룰 수 있는 상임위가 존재하지 않았다는 데에도 상당 부분 기인한다고 볼 수 있다. 따라서 통상 문제를 다룰 특별위원회를 상설화하는 것을 고려할 필요가 있다.

국회가 통상정책에 관한 전문성을 갖추어야 할 필요성은 그 동안의 FTA 체결 및 비준 과정에서의 경험을 보아도 충분히 알 수 있다. 현재 국회 자체적으로 통상정책에 관한 전문성을 담보해줄 지원시스템이 갖추어져 있다고 보기 어렵다. 국회의원들의 정책전문성을 보완해 줄 수 있는 국회 자체의 조직으로 국회예산정책처와 국회입법조사처가 있다. 그러나 이들 기관들은 통상정책을 전문적으로 담당할 조직을 갖추고 있지 못하다.[4] 따라서 국회는 정부가 추진하는 통상정책에 대한 평가와 조언을 할 수 있는 정책전문성의 인프라를 지니고 있지 못하다. 국회가 통상정책의 결정 과정에서 국민 각계각층의 의견을 반영하고 역할을 제고시키기 위해서는 정책전문성을 갖출 수 있는 조직과 지원시스템의 정립이 시급하다고 하겠다.

통상협상 관련 정보 및 자료 공개의무의 범위가 기존 법률에서 허용하고 있는 범위를 초과하거나 협상전략의 탄력적 운용을 제한하는 경직적인 형태로 제도화되어서는 안 된다. 통상협상 과정에서 협상 관련 정보 공개 및 자료 열람이 원활하게 이루어지는 것은 국민에게 올바른 정보를 제공하여 합리적으로 설득하는 대내협상의 성공에 필수적인 요건이다. 그러나 과도한 정보 공개 의무를 부과하여 협상전략에 대한 보안에 문제가 발생하여 협상력을 저하시키는 경우가 발

4. 국회예산정책처의 경우 경제분석실의 업무 분야의 하나인 '경제정책의 연구 · 분석'에서 통상정책을 다룰 수 있으나 정책전문성을 갖추기에는 조직과 인력이 부재한 상황이라고 볼 수 있음. 국회입법조사처의 경우는 외교안보팀에서 국제법을 담당하고 있으나 역시 통상정책의 전문성을 갖춘 조직과는 거리가 있다고 할 수 있음.

생해서는 안 된다. 따라서 원활한 대내협상과 더불어 통상정책의 효율성을 반감시키지 않기 위해서는 앞서 언급한 바와 같이 「공공기관의 정보공개에 관한 법률」에 규정한 범위 내에서 신속하고 투명하게 통상협상 정보를 공개하도록 하는 정보 공개 원칙을 확립 · 유지해야 할 것이다.

이해관계자의 의견을 제도적으로 수렴하는 방안은 이익집단의 대표가 정책 결정 과정에 직접 참여하는 것보다는 자문위원회 등을 통해 간접적으로 의견을 반영하는 것이 바람직하다. 통상위원회의 신설을 통해 이익단체의 대표가 통상위원회의 위원으로 통상정책의 결정에 직접적으로 참여하는 것은 바람직하지 못하다. 이익단체의 대표가 통상정책의 결정 과정에 직접적으로 참여하게 되면 정책의 방향이 국가 전체의 이익보다는 정치적 영향력이 큰 이익단체의 이해관계에 따라 좌우될 가능성이 있기 때문이다. 따라서 김종률안에서와 같이 민간자문위원회에 이익단체의 대표와 전문가가 참여하여 다양한 이해관계를 간접적으로 반영하는 것이 합리적인 방안이라고 볼 수 있다. 그러나 민간자문위원회는 행정부에 대한 자문을 담당하게 되므로 자문위원의 2분의 1을 국회에서 위촉하도록 한 것은 부적절하다고 판단된다. 다만 현재와 같은 단발적, 비공식적 조직이 아닌 통상정책 전반에 관한 자문을 담당할 상설화된 민간자문위원회는 원활한 대내협상의 수행이라는 측면에서 필요하다고 하겠다.

결론적으로 현재 발의된 통상절차법안은 원활한 대내협상을 통한 개방친화적 통상정책의 성공적 추진에 기여할 것으로 보기 어렵다. 오히려 기존의 포퓰리즘적 반개방 정서에 이익집단의 이해관계 관철을 위한 과도한 보호 및 보상 요구에 발목 잡혀 통상정책의 효율성이 크게 훼손되는 결과를 초래할 가능성이 높다고 평가할 수 있다. 통상정책의 추진에 있어서 성공적인 대내협상의 열쇠는 합리적이고 종합적인 무역조정지원 제도의 구축 여부에 있다. 그러나 지금까지 무역조정지원 제도는 새로운 통상협정의 체결이 있을 때마다 피해산업 및 계층의 반발을 무마하기 위해 피해산업 보완대책의 일환으로 행해진 사후적 보상의 형태였다고 볼 수 있다. 이와 같은 성격의 무역조정지원 제도는 대내협상의 역할을 하지 못할 뿐만 아니라 원활한 구조조정을 제약하는 역할을 해 개방 확대에 따른 효율성 제고를 어렵게 만들 가능성이 있다.

# 무역조정지원 제도의 보호무역주의 성향 분석 03

## 1) 미국의 무역조정지원 제도에 대한 평가

무역조정지원(Trade Adjustment Assistance, TAA)은 무역자유화에 따른 피해산업에 대한 보완대책의 일환으로 관련 근로자 및 기업에 제공되는 구제조치를 말한다. 미국의 무역조정지원 제도는 다자간 무역협상인 케네디라운드에 따른 관세인하 등 무역자유화 조치로 인한 근로자들의 피해를 보상해주고 기업들의 구조조정을 촉진시키려는 목적으로 「1962년 무역확대법(Trade Expansion Act of 1962)」이 제정되면서 도입되었다. 「1974년 무역법(The Trade Act of 1974)」에서는 무역조정지원의 범위를 이전의 제한된 범위에서 확대시킨 반면, 레이건 행정부가 들어선 1980년대 초반에는 혜택의 범위를 감소시키는 방향으로 법률이 개정되었다. 이후 1993년에는 북미자유무역협정(NAFTA)의 의회 통과를 용이하게 하기 위해 기존의 무역조정지원 프로그램이 아닌 별도의 NAFTA에만 해당하는 프로그램 NAFTA-TAA를 제정하는 등 지원의 범위를 넓혀갔다. TAA는 1998년 9월 30일에 종료하기로 되어 있었으나, 유효기간이 지속적으로 연장되었고, 오히려 지원의 대상 및 규모를 「2002년 무역조정지원개혁법(Trade Adjustment Assistance Reform Act of 2002)」의 제정을 통해 대폭 확대시켰다.[5] 2009년 오바마 행정부가 들어서면서 TAA의 지원 대상 및 규모는 「2009년 무역 및 세계화 조정지원법(Trade and Globalization Adjustment Assistance Act of 2009)」의 제정으로 더욱 확대되었다.[6] 이 법은 경제위기 극복을 위한 부양책의 일환으로 제정

5. 법에서는 무역조정지원을 통해 지원을 받는 잠재적 대상자의 수를 2배로 늘려놓았고, 프로그램의 연간 총비용도 3배로 늘렸음. 더욱 중요한 점은 이전의 프로그램이 근로자에 대한 직업훈련과 현금보조만을 규정하고 있는 반면, 새로운 프로그램은 임금보험(wage insurance)과 의료보조(health credits)까지 포함하고 있다는 점임. (Baicker and Rehavi, 2004)

6. 무역조정지원을 받는 근로자의 조건을 완화하였고 무역조정지원 자격을 얻은 근로자에 대한 각종 현금지원의 기간과 금액을 모두 증대시켰음. http://www.doleta.gov/tradeact 참조.

되었다. 이는 글로벌 금융위기에 따른 급격한 경기침체가 보호주의적인 정책을 포함한 경기부양책과 더불어 무역조정지원을 더욱 확대시키는 계기가 되고 있음을 보여주고 있다.

미국의 무역조정지원은 기업과 지역을 대상으로 한 지원도 포함하고 있으나 무역자유화로 인해 실직된 근로자들에 대한 피해의 보상에 초점을 맞추고 있는 점이 특징이다. 따라서 미국의 무역조정지원 제도에 대해 평가하기 위해서는 근로자들에 대한 지원이 실제로 마찰적 실업의 비용을 줄이고 다른 성장 산업으로의 전직을 용이하게 하여 효율적인 자원배분에 기여하고 있는가를 분석한 후 판단해야 한다. 그러나 전반적으로 미국의 무역조정지원은 무역자유화에 대한 정치적 반대의 극복에는 효과적인 것으로 평가받고 있는 반면[7] 무역자유화에 따른 실직근로자의 전직을 용이하게 하여 효율적인 자원배분에 기여하고 있는가 여부에 대해서는 논란의 여지가 있다.

구체적으로 살펴보면 무역자유화로 인한 관세 하락이 큰 산업일수록, 즉 기존의 관세보호가 높았던 사양산업일수록 근로자들이 무역조정지원 프로그램의 수혜를 받는 확률이 높다는 것이 관련 연구의 결과이다.[8] 이는 무역조정지원 프로그램이 근로자들의 정치적 반대를 약화시켜 무역자유화를 용이하게 하는데 기여하고 있음을 보여주는 것으로 평가할 수 있다. 또한 무역조정지원의 목적의 하나인 형평성도 만족시키고 있음을 보여주는 증거이다.

그러나 미국의 무역조정지원 프로그램이 근로자 및 기업의 행태에 미친 효과를 살펴보면 무역조정지원이 무역자유화에 따른 원활한 구조조정에 기여하는가에 대해서는 회의적이다. 먼저 근로자들에 대한 무역조정지원의 혜택은 평균적으로 실직한 근로자들의 실업기간을 늘려주는 효과를 보여주고 있다.[9] 또한 실업기간이 늘어날수록 적절한 일자리를 찾게 해준다는 증거도 찾아보기 어렵다. 다만

7. Brander and Spencer(1994)는 무역조정지원이 보호의 정치적 매력을 약화시키는 메커니즘으로서의 역할을 할 수 있음을 지적하였고, Baicker and Rehavi(2004)도 무역조정지원은 구조조정보다는 자유무역협정과 같은 무역자유화를 위한 정치적 방편으로서의 역할이 더 컸다고 평가하고 있음.

8. Magee(2001) 참조.

9. Baicker and Rehavi(2004) 참조.

무역조정지원 프로그램에 의해 직업훈련을 받는 실직자들이 다른 실직자들에 비해 평균적으로 고용되는 경우가 더 많다는 점이 특징이다.[10] 이는 무역조정지원 프로그램에 의해 직업훈련을 받은 근로자들의 재취업이 다른 경우에 비해 상대적으로 용이하다는 것을 의미한다. 이와 같은 결과들을 종합해볼 때 미국의 무역조정지원 프로그램이 특히 근로자들의 원활한 부문간 이전이라는 관점에서 무역자유화에 따른 자원의 효율적 재배분에 기여하고 있다는 결론을 내리기는 어렵다.

미국의 무역조정지원 제도와 관련된 또 다른 문제점은 무역자유화의 확대, 즉 새로운 무역협정의 체결 혹은 행정부의 무역촉진권한(TPA) 연장 등을 위해 TAA의 지원 범위 및 규모가 확대되었다는 점이다. 예를 들면 1990년대 TAA의 확대는 NAFTA 체결을 위한 목적이 컸고, 2002년 TAA 대상 및 규모의 대폭적인 확대는 행정부의 무역촉진권한을 연장하기 위한 목적이 크게 작용했다. TAA를 통해 기대할 수 있는 것이 정치적 효과에 국한된다면, 이와 같은 현상은 점차적으로 무역자유화의 정치적 비용이 커지고 있음을 의미한다. 무역자유화의 정치적 비용의 증대는 결과적으로 사양산업을 대표하는 노조 등 이익집단의 정치적 영향력이 증대하였음을 보여주고 있다고 할 수 있다. 이는 무역조정지원이라는 제도가 노조와 같은 이익집단의 정치적 영향력을 행사하는 기제로 작용하여 오히려 보호주의적인 정치적 압력을 강화하고 무역자유화의 걸림돌이 될 가능성도 배제할 수 없음을 말해준다.

### 2) 우리나라 무역조정지원 제도에 나타난 보호무역주의 성향

우리나라의 무역조정지원 제도는 무역자유화에 따른 농어업 부문의 피해에 대한 지원 및 보상을 위해 한 · 칠레 FTA 비준과정에서 「자유무역협정 체결에 따른 농어업인 등의 지원에 관한 특별법」(FTA농어업특별법)이 그리고 제조업 및 서비스업 부문에 대한 지원 및 보상을 위해 한 · 일 FTA 및 한 · 미 FTA 협상 과정에

10. Marcal(2001)은 무역조정지원 프로그램에 의해 직업훈련을 받은 근로자들이 직업훈련을 받지 않은 프로그램 수혜자나 일반 실업 보험 수급자에 비해 평균적으로 재취업이 용이하다는 것을 실증분석을 통해 보였음.

서 「자유무역협정 체결에 따른 무역조정 지원에 관한 법률」(무역조정지원법)이 제정되어 시행되고 있다. 「FTA농어업특별법」의 제정은 한 · 칠레 FTA의 비준이 진통을 겪는 과정에서 탄생한 제도이다. 따라서 지원이 단순한 피해보상을 넘어 경쟁력 제고를 위한 산업정책의 성격을 지니고 있다. 예를 들면, 무역자유화로 인한 피해를 보상하고 구조조정을 촉진하기 위한 소득보전직불금과 폐업지원금 이외에도 농어업 경쟁력 제고를 위해 규모 확대, 생산기반시설 정비, 유통시설 설치 운영 등에 보조 또는 융자로 특별 지원할 수 있도록 규정하고 있다. 또한 지원 대상에 생산자단체 및 농수산물가공업까지 포함하고 있는 등 법에서 규정하고 있는 지원의 범위도 포괄적이다.

「무역조정지원법」은 2006년 4월 제정되었는데, 애초에는 제조업 및 관련 부수 서비스업을 지원 대상으로 하였다. 그러나 한 · 미 FTA 체결 과정에서 국내 피해산업에 대한 보완대책의 일환으로 무역조정지원 대상이 서비스업 전반으로 확대되었다. 이와 같은 변화에 대해서는 제조업분야에 무역조정지원제도가 도입된다면 서비스분야에도 도입되는 것이 원칙적으로 타당하고 형평성에도 부합한다는 의견이 있다.[11] 이런 의견에 원칙적으로 반론을 제기하기는 어렵다. 그러나 새로운 FTA의 체결이 있을 때마다 지원대책이 추가되는 방식으로 무역조정지원제도가 변화하는 모습을 보이는 것은 무역조정지원이 효과적인 대내협상의 수단이 되지 못하고 사후 보상의 수단으로 기능할 가능성이 있음을 의미한다. 무역조정지원제도가 이제 시행되기 시작했고 아직까지 경제에 미치는 영향이 큰 FTA가 발효되지 않은 상황에서 무역조정지원 기업이나 근로자의 예를 통해 이 제도를 평가하는 것은 불가능하다. 그러나 제도의 정립과정을 볼 때 지금까지는 무역자유화의 확대에 대한 정치적 반대를 완화시키는 기능을 하기 보다는 사후 보상의 수단으로 기능하고 있다고 평가할 수 있다.

위의 <표 10-3>에 나타난 내용으로 볼 때, 우리나라의 무역조정지원은 주로 기업에 대한 지원에 초점을 맞추고 있으며 기업에 대한 지원내용이 구조조정을 위한 경영 컨설팅 지원을 훨씬 뛰어넘어 단기 경영안정 및 경쟁력 확보를 위한

11. 최병일(2007)

**표 10-3** : 무역조정지원법의 주요 내용

| | 기업 | 근로자 |
|---|---|---|
| 무역조정기업 및 근로자 지정요건 | 1. 기업이 심각한 피해(6개월 이상의 기간으로서 대통령령이 정하는 기간 동안 해당 기업 전체 매출액 또는 생산량이 100분의 25 이상 감소하여야 한다)를 입었거나 입을 것이 확실할 것<br>2. 기업이 생산하는 상품 및 서비스와 같은 종류의 상품 및 서비스의 수입이나 그와 직접적으로 경쟁하는 상품 및 서비스의 수입(FTA 상대국으로부터의 수입에 한한다)의 증가가 피해의 주된 원인일 것.<br>3. 해당 기업이 수립한 무역조정을 위한 계획이 기업의 경쟁력 확보에 적합한 것일 것. | 1. 실직하거나 실직할 가능성이 높은 경우 또는 근로시간이 1주간의 근로시간의 100분의 70 미만이 되는 기간이 2개월 이상 계속되는 경우이거나 그럴 가능성이 높은 경우.<br>2. 무역조정기업, 무역조정기업에 납품을 하는 기업, 자유무역협정의 체결에 따른 수입상품의 증가로 인하여 해당 수입상품과 같은 종류이거나 직접적으로 경쟁하는 상품의 제조시설을 해외로 이전한 기업 중 어느 하나에 해당되는 기업의 소속 근로자인 경우. |
| 지원의 내용 | 1. 무역조정에 필요한 자금 · 인력 · 기술 · 판로 및 입지에 관한 정보 제공<br>2. 단기 경영 안정 및 경쟁력 확보를 위한 융자지원: ①생산시설의 가동 · 유지에 필요한 원 · 부자재 구입 자금, ②사업전환 등 무역조정계획 이행에 필요한 기술개발, 설비투자, 입지확보 및 인력훈련 등에 드는 자금<br>3. 사업전환 등 무역조정계획을 이행하는 데에 필요한 경영 · 회계 · 법률 · 기술 및 생산 등의 상담에 관한 지원<br>4. 기업구조조정조합 및 기업구조개선 사모투자전문회사의 무역조정기업에 대해 출자금의 100분의 50 이내에서 대통령령이 정하는 비율의 자금 출자 가능 | 1. 무역조정지원 근로자에게 전직이나 재취업에 필요한 산업동향 · 인력수요 · 직업교육 · 창업 등에 관한 정보를 제공하고 필요한 상담을 받을 수 있도록 함.<br>2. 「고용보험법」등 각종 지원시책을 활용하여 무역조정지원근로자가 신속하게 전직 · 재취업을 하도록 지원, 전직 · 재취업 관련 사업을 시행하는 자에게 필요한 비용을 지원 |

자금 지원 제공 등 산업정책적 성격을 지니고 있음을 알 수 있다. 이와 같은 특징은 미국의 무역조정지원이 근로자의 전직 및 재취업을 위한 지원에 초점을 맞추고 기업에 대한 지원은 경영 · 기술 컨설팅 제공에 국한하고 있는 점과 대조적이

다. <표 10-3>에서 보는 바와 같이 무역조정지원 기업에 대해 단기 경영 안정 및 경쟁력 확보를 위해 자금 지원을 하고 출자 지원을 하는 것은 무역자유화 효과의 극대화를 위한 원활한 구조조정에도 장애가 되어 그 효과를 감소시키는 결과를 초래할 것이다. 또한 이와 같은 규정은 특정 산업 혹은 기업에 대해 보조금을 지급하는 결과를 초래함으로써 무역조정지원 제도의 보호주의적 성향을 강화시키는 규정이라고 할 수 있다.

WTO「보조금 및 상계조치에 관한 협정」에서는 정부 또는 공공기관의 재정적인 기여가 있는 경우 보조금이 있는 것으로 간주되고, 보조금이 특정 기업이나 산업에 대해 특정적인 경우 이와 같은 보조금은 원칙적으로 허용되지 않는다. 「무역조정지원법」 제3조에서는 정부가 무역조정에 필요한 지원을 하는 경우 WTO 협정이 허용하는 범위에서 해야 한다고 규정하고 있다. 그러나 이러한 전제조건에도 불구하고 무역조정지원 기업에 대한 자금지원은 특정성을 지닌 지원으로 WTO 협정과의 합치 문제가 제도를 운영함에 있어서 발생할 가능성이 있다. 또한 WTO 규정 합치의 문제가 아니더라도 이와 같은 지원은 보호주의적 성향을 강하게 지니고 있는 규정으로 무역자유화에 대응한 원활한 구조조정과도 거리가 멀다고 할 수 있다. 따라서 우리나라의 무역조정지원 제도는 무역자유화를 위한 정치적 기능에 있어서도 효과적일 것이라는 예상이 어렵고 또한 더욱 큰 문제점은 산업정책적인, 즉 보호주의적인 성격을 지니고 있어서 무역자유화의 효과를 오히려 반감시킬 가능성이 있다는 점이라고 할 수 있다.

## 결론: 통상제도 선진화를 위한 제언 04

개방친화적인 선진통상국가의 실현은 전 세계적인 무역자유화의 진전과 더불어 대외의존적인 소규모 개방경제체제인 우리나라가 지향해야 할 통상정책의 목표이다. 이와 같은 통상정책의 목표를 달성하기 위해서는 개방친화적이고 선진화된 통상거버넌스를 확립해야 한다. 통상거버넌스 확립의 필요성은 우리나라가 자유무역협정을 본격적으로 체결하기 시작하면서 제기되기 시작하였다. 그동안 무역조정지원 등 제도적 장치가 마련되었으며 통상절차법과 같은 전반적인 통상절차에 대한 법적 · 제도적 장치가 필요하다는 의견도 제기되었다. 그러나 이와 같은 제도적 장치에 반개방적인 보호주의 성향이 담겨 있다면 무역자유화에 걸림돌이 되어 개방친화적인 선진통상국가의 실현은 어려워질 것이다. 본 논문에서는 전반적인 통상거버넌스에 대한 평가보다는 이미 확립된 혹은 제기되고 있는 통상 관련 제도에 나타난 보호주의 성향을 찾아내고 평가하는데 초점을 두었다.

기존의 통상거버넌스는 앞서 분석한 바와 같이 효율적인 대외협상의 제도적 기반을 갖추고 있다고 평가할 수 있다. 반면, 효과적인 대내협상을 위한 제도적 기반을 갖추고 있다고 보기는 어렵다. 그러나 또한 대내협상을 위한 제도들이 보호주의 성향을 지니는 경우 개방친화적인 선진통상국가의 실현이라는 통상정책의 목표와 배치된다. 이와 같은 기준에 따른 분석에 근거해서 통상 관련 제도의 선진화를 위해 다음과 같은 몇 가지 제언을 하고자 한다. 첫째, 통상정책의 수립 및 집행에 있어서 효과적인 대내협상을 위한 제도적 기반은 현재 제기되고 있는 반개방적인 통상절차법의 제정보다는 국회가 정부의 통상정책에 대해 실질적으로 평가하고 조언을 할 수 있는 정책전문성과 이를 위한 자체적인 지원시스템을 갖추도록 해야 한다. 국회가 통상정책의 결정 과정에서 국민 각계각층의 의견을 반영하고 역할을 제고시키기 위해서는 정책전문성을 갖출 수 있는 조직과 지원시스템의 정립이 시급하다고 하겠다.

둘째, 통상협상 관련 정보 및 자료 공개의무의 범위가 기존 법률에서 허용하고 있는 범위를 초과하거나 협상전략의 탄력적 운용을 제한하는 경직적인 형태로 제도화되어서는 안 된다. 원활한 대내협상과 더불어 통상정책의 효율성을 반감시키지 않기 위해서는 「공공기관의 정보공개에 관한 법률」에 규정한 범위 내에서 신속하고 투명하게 통상협상 정보를 공개하도록 하는 정보 공개 원칙을 확립 · 유지해야 할 것이다.

셋째, 이해관계자의 의견을 제도적으로 수렴하는 방안은 이익집단의 대표가 정책결정 과정에 직접 참여하는 것보다는 자문위원회 등을 통해 간접적으로 의견을 반영하는 것이 바람직하다. 통상정책의 수립에 있어서 국민적 합의를 도출하는 대내협상은 매우 중요하다. 따라서 국회의 역할이 중요하고 각종 이익집단의 의견을 수렴하는 과정도 필요하다. 그러나 이익집단이 정책결정 과정에 과도하게 참여하는 것은 통상정책을 국민 전체의 이익이 아닌 특정 이익집단의 정치적 영향력에 종속시킬 우려가 있다. 또한 보호주의 성향을 지닌 이익집단 및 정치집단에 의해 통상정책이 좌지우지되는 상황도 배제할 수 없다. 따라서 제한된 범위 내에서 간접적으로 이익집단의 의견을 반영할 수 있는 제도적 장치가 필요하다고 하겠다.

마지막으로 역시 효과적인 대내협상과 관련하여 무역조정지원 제도에 대해서 근본적인 문제제기를 하고자 한다. 앞서 언급한 바와 같이 우리나라 무역조정지원은 무역자유화에 대한 사후보상적인 형태로 제도가 수립 · 발전되어 왔다. 따라서 이와 같은 행태가 지속된다면 무역조정지원이라는 제도가 과도한 사후보상을 보장해주는 기제가 되어 무역자유화의 효과를 반감시킬 가능성이 높다. 또한 무역조정지원의 내용을 보아도 무역자유화에 따른 마찰적 실업의 비용을 줄이고 다른 성장 산업으로의 전직을 용이하게 하는 데에 초점을 맞추고 있지 않고 피해기업에 대한 지원에 중점을 두고 있어 효율적인 자원배분에의 기여와는 기본적으로 거리가 멀다. 또한 기업에 대한 지원도 구조조정을 위한 지원을 훨씬 뛰어넘어 산업정책적 성격을 지니고 있어 보호주의적인 성향도 강하게 지니고 있다고 평가할 수 있다. 이와 같은 무역조정지원의 보호주의적 성향은 WTO 규정과의 합치 여부에 대한 문제를 발생시킬 소지가 있으며 무역자유화의 효과를 반감시킬 우려가 있다. 따라서 무역조정지원 제도는 정치적으로 효과적인 대내협상에 기여하는 동시에 보호주의적 성향을 최대한 배제하는 방향으로 개선되어야 한다. 구체적으로 무역조정지원은 근로자의 전직 및 재취업을 용이하게 하는 데에 제도의 중점을 두어야 한다. 무역자유화 피해 기업에 대한 지원은 경영 및 기술 컨설팅에 대한 지원으로 제한하여 무역자유화에 따른 구조조정을 원활히 하는 데에 기여하도록 해야 한다.

## 참고문헌

김홍률(2003), "미국의 무역조정지원(TAA)제도와 한국에 대한 시사점", 「세계경제」 pp.18-25.

송원근(2008), "통상절차법 발의안 평가", 「FTA 추진과 통상절차 세미나」 발표자료.

최병일(2007), "한 · 미 FTA 피해산업 보완대책에 대한 평가 및 과제", 「한 · 미 FTA 분야별 협상 결과 평가 및 우리 기업에 주는 시사점」, 한국경제연구원.

Baicker, K. and M. Marit Rehavi(2004), "Policy Watch Trade Adjustment Assistance." *Journal of Economic Perspectives*, 18(2), pp.239-255.

Brander, J.A. and B.J. Spencer(1994), "Trade Adjustment Assistance: Welfare and incentive effects of payments to displaced workers." *Journal of International Economics*, 36, pp.239-61.

Magee, C.(2001), "Administered protection for workers: an analysis of the trade adjustment assistance program." *Journal of International Economics*, 53, pp.105-125.

Marcal, L.E.(2001), "Does Trade Adjustment Assistance help Trade-displaced Workers?" *Contemporary Economic Policy*, 19(1), pp.59-72.

11

# DDA 조기 타결과 쌀의 관세화 전환

류병운 홍익대학교 법과대학 교수[1]

## 서론 01

2001년 카타르 도하에서 시작된 도하개발의제(Doha Development Agenda: DDA)는 GATT/WTO 체제를 통틀어 9번째 WTO 출범 후 첫 번째 다자적 포괄적 무역자유화 협상으로 무역장벽의 획기적 축소로 세계 경제 성장, 개발, 기회의 확대를 추구한다는 것으로 세계경제 발전에 초점이 맞추어져 있다. 즉 DDA협상은 시장개방을 통한 무역자유화와 더불어 개도국의 경제개발을 동시에 추구하며 협상의제들 즉 시장개방과 관련된 비농산물시장접근(Non Agricultural Market Access: NAMA), 농업, 서비스, 규범의 개선 문제인 무역원활화, 덤핑/반덤핑, 그리고 환경, 지식재산권, 개발도상국 발전문제를 포괄한 단일 패키지로 일괄 타결

1. 이 글은 "향후 한국의 WTO 협상전략: DDA 조기 타결과 쌀의 관세화 전환" 제목으로 향후 '통상법률' 에 게재될 예정임.

(single undertaking)하는 협상방식이다. 즉 모든 분야를 함께 엮어 이에 대해 동시에 협상을 개시 진행하여 동시에 협상을 종료하는 방식이다. 무역장벽의 획기적 축소라는 DDA협상의 목표는 협상이 중단 상태에서 세계적 경기침체를 겪고 있는 현재 시사 하는 바가 크다.[2)]

WTO하의 다자협상과는 별도로 한국은 2009년 세계 최대 경제권인 EU와 한-EU FTA타결과 비준을 기다리고 있는 세계 2위 경제권인 미국과의 한-미 FTA 등 양자적 FTA 추진에 있어서 매우 적극적인 자세를 취해왔다. 사실 지역무역협정(Regional Trade Agreement: RTA)으로 포괄할 수 있는 FTA협정들의 체결은 지역주의의 색을 벗고 GATT 제XXIV조의 통제 하에 다자구조인 WTO와 더불어 사실상 함께 국제무역자유화의 길을 가고 있다.[3)]

그럼에도 불구하고 RTA는 회원국들의 공통적이고 부분적인 지역 이기적인 요소가 다소 포함될 가능성도 여전히 남아 있고 또한 중첩적으로 FTA 협정을 체결하는 방식은 개별적 · 반복적 협상을 통해서 협정을 타결 발효시켜야 한다는 고비용적 구조와 각 협정들 간 내용의 차이에서 오는 비효율적 측면, 이른바 "스파게티볼(spaghetti bowl)" 현상을 낳게 된다.[4)]

이에 반하여 WTO의 다자라운드에서 무역장벽의 축소 협상을 통한 일거의 세계무역자유화조치는 매우 효율적인 방안이며 기존의 "스파게티볼" 효과도 상당부분 제거할 수 있는 장점이 있다. 즉 개별국가나 경제단위를 대상으로 한 FTA 협상에 쏟아 붓는 비용들을 결집 다자간 협상에 투입할 경우 더욱 큰 효율성 창출을 기대할 수 있는 것이다. 그러나 현재 중단 상태에 빠진 DDA협상의 예에서

---

2. 제2차 세계대전 이전 국제무역시스템 부재 하에서 경제불황의 여파에 따른 보호무역주의의 팽배 즉, 수입의 양적 규제, 고율의 관세, 자의적인 반덤핑 조치, 자국통화의 평가절하 등 무역(수입)규제를 상호 가중시키는 만국의 만국에 대한 보호무역적 투쟁에 빠져들고 있었음. 이는 1930년 미국의 Smoot-Hawley 관세법과 "이웃국가 궁핍화 정책(beggar thy neighbor)"이 보호무역주의의 팽배를 가속시켜 세계경제 침체의 골이 깊어지면서 독일 나치 집권과 일본의 군국주의 득세와 자본주의의 위기로 치닫게 되어 결국 제2차 세계대전을 초래하였다는 역사적 교훈을 잊어서는 안 될 것임(류병운 2009)
3. GATT 제XXIV조의 이상은 MFN 원칙을 너무 희석시키지 않고 지역 통합을 허용하는 것임.(상게서 pp. 194-7)
4. "스파게티볼(spaghetti bowl)" 현상이란 여러 나라와 동시에 FTA 협정을 체결하게 되면 각 협정에 따른 나라별 원산지 규정, 통관절차, 표준과 기술 장벽 등을 확인하는 데 시간과 인력이 더 들어가게 되어 관세의 철폐로 인한 거래비용 절감이라는 당초의 기대효과가 제대로 발생하지 않는 경향을 의미함.

보듯이 선진국과 개도국, 농산물 수출국과 수입국, 미국과 EU의 상반된 입장을 포함한 다양한 개별국가들의 이해관계를 조정해야 하는 협상의 어려움으로 그 타결이 쉽지 않다. DDA협상 중단사태가 장기화되면 될수록 미국과 EU는 개별 국가들과 FTA협상 등 RTA 확대 정책을 강화할 것이고 같은 맥락에서 한국도 FTA 체결을 통한 해외시장 확대를 모색해 왔다. 그러나 이러한 FTA는 이미 앞에서 살펴본 바와 같은 고비용 구조의 문제 외에도 다자적 무역 협정 만큼 선진국과 개도국 모두가 고루 혜택을 얻지도 못하며, 전반적인 세계무역자유화의 추진 방안으로서도 한계를 드러내는 것이다.[5]

특히 2008년말 미국발 금융 위기로 말미암은 전 세계 경기침체는 각국의 보호무역주의로의 회귀 정책으로 이어지면서 이에 대한 세계적 차원의 접근 필요성이 제기되고 있다. 이명박 대통령도 2009년 7월 G8 확대정상회의 무역 세션에서 "이 시점에서 가장 중요한 것은 DDA 협상타결"로 2009년 12월 개최될 WTO 각료회의가 DDA 협상 타결의 계기가 될 수 있도록 각국 정상 차원의 각별한 노력을 강조한 바 있다.

DDA협상과 별도로 우리나라의 쌀 관세화 문제도 시급히 매듭지어야 할 과제이다. 우리나라의 쌀은 "예외 없는 관세화"의 거의 유일한 예외 품목을 남아 있어 국내 쌀 시장 방어의 인상(印象)을 국제사회에 드리우고 있다. 우리 쌀은 UR 농업 협상에서 1995년부터 10년간 관세화 유예 조치를 인정받은 데 이어 2005년 주요 대한국 쌀 수출국과 타결한 쌀 협상에서 2005부터 2014년까지의 기간 동안 '최소시장접근(MMA)' 량을 기준 연도인 1988에서 1990년 소비량 대비 4%에서 8%로 늘리고,[6] 밥쌀용 시판을 허용하는 조건을 감수하면서 관세화 유예를 연장하고 여건변화에 따라 유예기간 중 관세화로 전환할 권한을 갖는 내용으로 GATT 제 II조에 따른 관세율 양허표를 개정하였다.[7] 그런데 2005년 이전 톤당 약 400달러 수준에 불과하던 국제 쌀값이 2007년 약 700달러까지 올랐으며 2008년 9월에는 역대

5. Global Issues(2009) 참조
6. 쌀 소비 감소로 현재 소비량 기준으로 약 6%에서 12%에 해당함.
7. 2005년 'GATT 1994 에 대한 마라케쉬 의정서에 부속된 대한민국 양허표 일부개정: at http://likms.assembly.go.kr/bill/jsp/BillDetail.jsp?bill_id=030865.

최고 수준인 약 1,200달러 선까지 도달하였다. 이러한 국제 쌀값의 급등으로 전면 수입쌀의 관세화를 시행하여도 매년 증가하는 MMA 증량분 이상의 추가수입의 가능성보다 수입물량이 줄어들 가능성이 발생하였다. 이것은 더 이상 쌀의 국내시장을 지키기 위해 관세화의 예외 품목 즉 관세화 유예를 지속할 필요성이 거의 없어졌다는 것을 의미한다. 사실 쌀을 관세화로 전환한다고 해도 2008년 7월의 DDA 잠정 타협안에 따를 경우 한국의 쌀은, 관세상한(tariff capping)이 설정될 선진국의 일반 농산물로 분류되기 보다는, 선진국의 민감품목(sensitive products) 내지 개도국의 특별품목(special products)으로 분류될 것이며, 잠정 '관세상당치' 를 통해 관세수준이 산정되는바 고율의 관세를 크게 감축하지 않아도 될 전망이다.

요컨대 현재 WTO를 통하여 한국이 추진해야 하는 협상 전략의 방향은 ① 세계 경제침체 상황에서의 각국의 보호주의로의 회귀에 대한 대책, ② 중단된 DDA 협상의 조기 재개와 타결, ③ 한국에 특정된 문제이자 WTO 다자 협상의 부수적 문제로서 쌀의 관세화 문제도 조속히 결정해야할 시점이라고 할 수 있다.

## DDA 협상경과와 주요 쟁점 02

### 1) DDA협상의 경과

현재 협상 중단 상태에 있는 DDA협상은 2001년 11월14일 카타르 도하에서 열린 제4차 세계무역기구(WTO) 각료회의(Ministerial Conference)에서 새로이 출범시킨 다자간 무역 협상으로(WTO 체제 출범 이후 최초의 대규모 다자간 무역협상) 공산품, 즉 비농산물시장접근(NAMA), 농업, 서비스, 무역원활화(trade facilitation), 덤핑/반덤핑, 환경, 지적재산권 협정 (TRIPS), 개발도상국 발전문제를 망라한 쟁점들에 대해 일괄타결 방식으로 2002년부터 3년간 새로운 협상 라운드를 진행, 2005년 1월1일까지 종료키로 합의한 바 있다.

특히 농산물, 서비스 분야에서의 무역자유화, 시장접근의 실질적 향상 반덤핑 협정, 보조금협정 등 기존 무역규범의 개정, 환경의 일부 사항에 대해서 새로운 규범의 제정, 개발도상국의 개발 및 특별 대우문제 등을 다루고 있다. 특히 2001년 회의에서 EU가 요구해 온 "다자간환경협정(MEA)의 WTO 협정과의 연계"를 의제로 수용하는 대신 선진국들이 섬유 등 일부 공산품 관세를 인하하는 등 개발도상국 지원방안을 마련하기로 하였고 AIDS · 말라리아 등 전염병이 창궐할 때 개도국이 선진국의 신약특허권 등 지적재산권의 강제실시(compulsory license)를 용이하게 하는 것 등 TRIPS협정 적용의 융통성에 합의한 바 있다. 또한 회원국들은 2003년 3월까지 관세 인하와 관련된 세부 원칙을 정해 2003년 맥시코 칸쿤(Cancún) 회의 때 국가별 시장 개방 양허안(이행계획서)을 확정 제출한 바 있다.

그러나 2003년 멕시코 칸쿤의 제5차 각료회의는 특히 싱가포르 쟁점들, 즉 정부조달에서의 투명성, 무역의 원활화, 무역과 투자, 무역과 경쟁에서 심각한 의견 차이가 나타났고 또한 개발도상국과 선진국간의 농업과 특별 및 차별적 대우 문제에서의 의견차이가 커 DDA에서 논의할 세부원칙의 기본골격에 대한 합의조차 도출하지 못하였다.[8]

2004년 스위스 제네바에서 속개된 회의에서는 'July Package' 라고 불리는 '기본 골격 합의' 를 타결하였고, EU는 정해진 특정 시한까지 농업 수출 보조금의 철폐를 수용하였다. 2004년 '기본 골격' 은 NAMA에서의 관세감축의 기본 골격과 부문별 무세화, 개도국 우대, 농업에서 관세감축의 기본 골격과 민감 및 특별품목의 예외 인정 등이 주요 내용이다. 특히 2001년 Doha각료선언 상의 농업 무역 자유화의 세 기둥, 즉 ①무역을 왜곡하는 국내 지원(보조금)의 실질적 삭감; ②모든 무역보조금의 궁극적 제거를 위한 철폐; ③시장접근의 실질적 향상을 각료회의에서 거론하였다

2005년 12월 홍콩의 제6차 각료회의는 다시 협상시한을 2006년 12월로 연장하였고 NAMA의 관세감축공식을 확정하였으며 대부분의 WTO 회원국들은 농업수출보조금의 철폐 시한을 2013년까지로 설정하는데 합의하였다.

8. Economist(2003) 참조

그러나 2006년 7월 NAMA 관세 감축, 농업 관세 감축, 농업 보조금 감축이라는 삼각쟁점에 대한 주요국간 합의 도출이 실패하자 DDA협상 중단이 선언되었다.

2007년 1월 다보스포럼을 통하여 DDA 협상재개가 선언되었으나 2008년 7월의 소규모 각료회의에서는 NAMA와 농업분야의 협상세부원칙(Modality) 합의 도출 실패와 비관세 장벽, 서비스, 무역구제에 관한 의견 차이로 협상이 막히고 말았다.[9] 가장 심각한 차이는 EU, 미국, 일본이 주도하는 선진국들과 인도, 브리질, 중국, 남아프리카 공화국이 주도하는 주요개발도상국들 사이에 존재하였는데 특히 미국과 인도는 가장 가난한 농부들을 보호하기 위해 고안된 개도국의 '특별긴급수입제한제도(Special Safeguard Mechanism: SSM),' 즉 수입의 급증이나 가격 폭락 시 개도국이 특정 농산품에 추가관세의 부과를 허용하는 제도에 대하여 선진국과 개도국 간 입장이 전혀 달랐다.[10]

2009년 11월 30일부터 열리기로 예정된 제7차 각료회의에서는 Modality를 포함 NAMA 및 농업 등 핵심의제에 대한 타결을 위한 주요국의 정치적 의지와 리더쉽이 요구되는 상황이다.[11]

DDA의 모든 협상에서 농업은 가장 중요하고 다툼이 많은 쟁점이다. 또한 NAMA를 비롯하여 의약품의 특허의 강제실시권과 특허의 보호, 개발도상국에 대한 특별 및 차별 대우, 현 무역의무들의 이행 문제가 다른 중요한 쟁점들이라고 할 수 있다.

### ① 농업

2001년 Doha의 첫 번째 제안은 시장접근의 실질적 향상, 모든 형태의 수출 보조금의 삭감과 궁극적 철폐, 국내 무역 왜곡 지원(보조금 등)의 실질적 삭감을 요구했었다. 국내지원삭감에 관하여 2004년 기본골격 합의는 "최종 양허된 감축대상 보조합계(AMS), 최소허용보조 …Blue Box 보조금으로 측정되는 모든 무역왜곡적 국내보조의 기준년도 총액은 구간별 감축방식(tiered approach)에 따라 감축

9. Fergusson(2008) 참조

10. 전게서 참조

11. 지식경제부(2009) 참조

될 것이다. 이 구간별 감축방식 하에서, 무역왜곡적 국내보조가 높은 회원국은 통일적 감축결과를 달성하기 위해 더 큰 폭으로 국내보조금 총액을 감축해 나갈 것이다. 국내보조금 총액 감축의 첫 번째로, 이행 1차 년도에 그리고 이행기간 내내, 최종 양허된 총AMS, 최소허용보조 및 Blue Box 보조금을 모두 합한 총액은 기준년도 보조금 총액의 80%를 초과하지 않을 것이다. [즉, 무역왜곡보조총액(OTDS){감축대상보조합계(AMS) + 최소허용보조(de-minimis) + 생산제한조건직접지불(Blue Box)}을 감축하되, 이행 첫해에 기준년도 무역왜곡보조 총액의 20% 이상을 감축(down payment)한다.]"라고 규정하고 있다.

2008년 7월 WTO 소규모 각료회의에서 농업의 Modality의 핵심이슈, 즉 농업 관세 및 보조금 감축 공식, 특별품목 및 민감품목, 관세상한 등 주요 부분에 있어서는 잠정타협안을 도출한 상태이다. 아직 타결되지 않은 쟁점으로는 개도국의 특별 긴급수입제한제도(SSM), 면화보조금, 저율관세할당물량(Tariff Rate Quotas: TRQ) 신설문제, 관세단순화 등을 들 수 있다.

**표 11-1** : 2008년 7월 WTO 소규모 각료회의 농업협상 잠정타협안(2008, 12, 6) 주요내용

<table>
<tr><th></th><th>선 진 국</th><th>개 도 국</th></tr>
<tr><td>관세<br>감축</td><td>•구간별 감축률: 이행기간 5년<br>•전체 평균 감축률: 최소 54%<br><br>구간경계 | 감축률(%)<br>75% 초과 | 70<br>50%~75% | 64<br>20%~50% | 57<br>20%이하 | 50</td><td>•구간별 감축률: 이행기간 10년(기존안 8년)<br>•전체 평균 감축률: 최대 36%<br><br>구간경계 | 감축률(%)<br>130% 초과 | 46.7<br>80%~130% | 42.7<br>30%~80% | 38.0<br>30%이하 | 33.3</td></tr>
<tr><td>관세<br>상한</td><td>•관세상한(100%) 적용<br>일반품목의 경우 관세 감축 후에도 관세가 100% 이상 되는 품목이 다수일 경우 전체 농산물 세번의 1%에 해당되는 품목에 대해서만 100% 이상의 관세유지가 가능<br>*단, 민감품폭 TRQ증량 0.5%확대 등 추가 보상</td><td>•관세상한(150%) 적용 예외 규정<br>–민감품목 및 특별품목<br>*단, 민감품목은 추가 보상 필요</td></tr>
</table>

(계속)

**표 11-1 : 2008년 7월 WTO 소규모 각료회의 농업협상 잠정타협안과(2008, 12, 6) 주요내용(계속)**

<table>
<tr><th></th><th>선 진 국</th><th>개 도 국</th></tr>
<tr><td rowspan="2">민감<br>품목</td><td>•관세상한에도 불구 100%이상 관세유지<br>•전체농산물 세번(稅番)의 4%<br>•TRQ증량: 국내 소비량의 4%</td><td>•관세상한에도 불구 150%이상 관세유지<br>•전체농산물 세번의 5.3%<br>•TRQ증량: 국내 소비량의 2.7%</td></tr>
<tr><td colspan="2">한국의 전체 농산물 세번 개수는 1,452개로, 민감품목 수는 선진국이 될 경우 58개, 개도국이 될 경우 약 77개</td></tr>
<tr><td>특별<br>품목</td><td></td><td>•특별품목개수는 전체 세번의 12%<br>•감축면제범위: 전체 세번의 5%<br>•평균감축률: 11%</td></tr>
<tr><td>특별수입<br>제한(SSG)</td><td>•SSG: 이행초 1%로 감축, 7년간 철폐</td><td>•SSG: 12년간 2.5%로 감축(예상)</td></tr>
<tr><td>개도국 특별긴<br>급수입제한<br>(SSM)</td><td></td><td>•SSM: UR양허관세 초과 제한적 인정<br>*2.5% 한정, 수입량이 140%이상 증가(최근 3개년 수입량의 120% 초과: 인도, 중국 수정안, 최근 3개년 수입량의 140% 초과: EU 수정안)시 발동, 초과 한도는 당해연도 양허관세의 15% 또는 15%p 중 높은 것으로 (양허관세의 33% 또는 8%p 중 높은 것: 인도, 중국 수정안, 양허관세의 50% 또는 12%p 중 높은 것: EU 수정안)설정</td></tr>
<tr><td>무역왜곡보조<br>총액<br>(OTDS),<br>감축대상<br>보조(AMS),<br>De minimis,<br>생산제한조<br>건직접지불<br>(Blue Box)</td><td>•보조금 감축률(%)(예상)
<table>
<tr><th>국가</th><th>OTDS</th><th>AMS</th><th>De minimis</th></tr>
<tr><td>EU</td><td>80</td><td>70</td><td rowspan="3">50</td></tr>
<tr><td>미국 · 일본</td><td>70</td><td>60</td></tr>
<tr><td>기타국가</td><td>55[12)]</td><td>45</td></tr>
</table>
•Blue Box한도: '95-'00년 평균 농업총생산액의 2.5%, 품목별 1995-2000평균 지급액 초과 금지</td><td>•보조금 감축률(%)
<table>
<tr><th>국가</th><th>OTDS</th><th>AMS</th><th>De minimis</th></tr>
<tr><td>개도국</td><td>36.7</td><td>30</td><td>33.3</td></tr>
</table>
•Blue Box한도: '95-'00년 or '95-'04년 평균 농업총생산액의 5%, 품목별 1995~2000평균 지급액 초과 금지</td></tr>
</table>

자료: 농림수산식품부(2008)

12. 농림수산식품부, DDA/FTA농업협상 동향, (2008. 9. 30), p. 5.

SSM에 대한 논란은 DDA 결과에 따라 관세를 감축하는 도중에 수입이 증가하여 추가관세를 부과할 경우에 그 결과(실행관세 + 추가관세)가 현재의 GATT 제 II조 하에 약속된 양허관세율, 즉 UR 양허관세를 초과할 수 있는지가 핵심쟁점인데 식량안보 등을 고려하여 용이하게 활용되어야 한다는 농산물 수입국의 입장과 정상적인 교역증가를 해하지 않도록 엄격한 요건 하에서 발동되어야 한다는 수출국 입장이 대립하고 있다. 다만 추가관세 부과를 가능하게 하는 이른바 발동기준(trigger)은 수입물량으로 기준수입물량(최근 3개년 평균 수입량)의 일정비율(120~140%)로 설정하는 것에 대해서는 잠정 합의가 이루어진 상태이다.

**② NAMA**

2008년 7월 WTO 소규모 각료회의는 NAMA의 Modality의 핵심이슈, 즉 비농산물 관세 감축 공식 및 계수와 개도국에 대한 특혜대우 등에 대하여 잠정 합의를 한 바 있다.[13] 선진국은 모든 관세가 8% 이하로 감축되도록 규정하는 반면, 개도국에 대해서는 관세상한선(20%, 22%, 또는 25%)을 적용하고 관세감축에 융통성을 부여하기로 잠정합의에 이르렀으나 반대하는 국가도 있어 최종합의안으로 확정되지 않고 있다. 또한 모든 NAMA 상품에 일률적으로 적용되는 관세감축 협상외에 특정산업의 관세를 철폐하려는 산업별 무세화협상(sectoral liberalization)에 대한 의무적 참여에 대한 이견도 향후 풀어야 할 숙제이다. 특정 산업의 무세화 협상이 타결되기 위해서는 동 산업의 세계 교역량 대부분(예컨대 90%)을 차지하는 회원국들이 합의하는, 즉 "critical mass"가 형성되어야 한다. 2008년 7월 WTO 소규모 각료회의에서는 '주요 국가'는 최소 2개 산업의 무세화협상에의 참여 의무화가 논의되었으나 중국 등의 반대로 합의에는 실패하였다. 향후 한국은 무세화협상에서 주요 국가에 포함될 것으로 판단된다.

**③ 지식재산권(TRIPS)**

지식재산권(TRIPS)에 대한 쟁점은 의약품 특허를 갖고 있는 선진국의 제약회사들과 개발도상국의 공중 보건상 이익의 균형이다. 2001년 '공공 보건과 TRIPS에

13. 지식경제부(2009) 참조

관한 Doha 각료회의 선언'이 공공 보건 목적상 TRIPS 협정 적용에서의 융통성을 선언하였고, 2003년 WTO 회원국들은 한시적으로 TRIPS상 회원국이 최빈국 등에 강제실시권을 통해 생산된 의약품의 수출을 허용하는데도 합의하였다.

**④ 특별 및 차별적 대우**

Doha 각료회의에서 WTO 회원국들은 개발도상국에 대한 특별 및 차별적 대우 제도를 보다 치밀하고 효과적으로 작동할 수 있도록 강화하기 위해 관련 규정을 재검토하기로 합의하였다.

⑤ 개발도상국들은 제한된 능력과 기술적 지원의 부족으로 UR을 통해 채택된 WTO 협정을 이행하는데 어려움에 직면했다고 주장하고 있다. 주된 이행 쟁점은 시장접근, 투자조치, 긴급수입제한, 원산지 규정, 보조금 및 상계조치이다.

### 2) DDA의 협상 타결의 장애요소

**① 현 WTO의 무역자유화의 문제점과 DDA**

현재 WTO를 중심으로 이루어지는 이른바 "[다국적] 기업 세계화 (corporate globalization)" 모델은 특히 개도국의 경제성장과 발전을 촉진시킬 것이라는 당초의 기대를 충족시키지 못했다고 수많은 노동자, 농민, 환경운동가 조직으로부터 비판받고 있다. 사실 모두에게 이익이 되는 국제무역자유화의 목적이 달성되지 않았고 이것이 현재 DDA 협상이 진전되지 않는 중요한 이유이다.

"기업 세계화" 모델에서 선진국들이 개도국들로 하여금 자신의 입장과 환경에 조화시켜 줄 것을 요구해 왔다. 예컨대 미국과 EU 국가들은 개도국들에게 높은 관세의 완화와 농업보조금을 포함한 각종 보조금의 삭감을 통한 시장개방을 요구해왔다. 결국 이 "기업 세계화" 모델은 무역자유화의 이익을 제약, 금융, 기타 다국적 기업에게만 가져다주었다는 것이다. DDA 협상에서 개발도상국들은 세계무역이 이미 불균형이 상태에 있는데 위장적 공정성의 전제하에 대응적 상호교섭은 그 불균형을 그대로 유지하는 것이라고 주장한다. 즉 무역불균형을 고려하여 개도국들은 DDA 협상에서 명목적인 자유무역(free trade)이 아닌 실질적으로 공정한 무역(fair trade)을 주장하는 것이다. 이와 같이 DDA 협상의 결렬,

중단의 배경에는 WTO 정책상의 결함에 기인한 측면이 있다.

그러나 DDA 협상이 타결되어 성공적으로 시행된다면 세계 경기를 강하게 부양시키는 효과를 가져와 현재의 개도국들을 포함한 전세계적 경제적 어려움을 극복하는 계기가 될 수 있다는 것도 사실이다. 여기서 향후 DDA 협상이 재개된다면 WTO 정책상의 "기업 세계화" 결함을 시정하는 방향, 즉 개도국의 '능력배양(capacity building)' 이 중시되어야 한다.

**② 선진국의 농업지원 정책 고수**

전후 선진국들은 다양한 형태의 농업지원 정책을 시행하여 왔다. 이러한 선진국들의 농업보조금의 철폐는 선진국의 개도국에 대한 잉여농산물 덤핑수출의 종료를 의미하는 반면, 선진국들의 농업부문에서 대량 실업을 의미한다. 잉여농산물 덤핑수출이 개도국의 농업분야에 대하여 상당한 피해를 주어 온 것이 사실이다. 그렇다면 미국과 EU가 개도국들에게 농산물 시장접근 및 개방을 요구하려면 그들의 국내 농업지원 정책 축소에 대한 확실한 이행 계획과 방안을 제시하는 것이 합당한 것으로 보인다. DDA 협상에서 개도국들은 EU의 농업보조금과 수입농산품에 대한 관세의 대폭 삭감을 주장해온 반면, 미국과 EU는 그 삭감 폭에 합의를 못하고 있다. 2005년 협상에서 아프리카 시장 개방의 대가로 미국은 농업보조금의 60%의 삭감을 주장한 반면, EU는 농업보조금 70% 삭감과 수입농산품에 대한 관세를 12%로 종전의 절반수준으로 낮추는 것을 제안한 바 있다.[14)]

그러나 많은 개도국들은 선진국들이 농업지원 정책 축소한다면 그 대가는 선진국들에게 자신들의 상품과 서비스시장을 개방해야 할 의무를 지는 것으로 우려하고 있다. 이런 이유로 개도국들은 향후 선진국의 농업지원정책 철폐의 폭과 시기에 관하여 통일되고 강력한 주장을 펴기 어려운 측면이 있다.

2003년의 Cancún 회의가 DDA에서 논의할 구체적 골격에 대한 합의조차 성취하지 못하고 끝난 이유 중의 하나는 EU가 개도국에 대한 다양한 서비스 시장을 요구했기 때문이다. 따라서 WTO의 관할 및 자유화 범위 확대 일정이 개도국들에게 먼저 제시될 필요가 있다.

---

**14.** Id.

DDA 협상은 "개발 라운드"임에도 실제 협상에서는 현재의 WTO 체제의 범위확대와 영향력 강화에 보다 주력한다는 비판에 직면해 있다. 세계은행(World Bank)은 DDA 협상이 타결되어 성공적으로 이행될 경우 2015년까지 전세계는 약 540억 달러의 혜택을 보게 되는데 이중 개도국의 몫은 16%에 불과하다며 일부 최빈국들은 협상타결로 말미암아 오히려 경제적 손해를 입을 것이라고 지적한 바 있다.[15] 이것이 개도국들이 DDA 협상 목적에 의문을 제기하면서 협상에 소극적인 이유이다.

선진국 그룹 특히 미국과 EU의 입장 차이 G-20그룹 중 국제무역자유화로부터 상당한 경제적 혜택을 향유하면서 또한 농산물 시장의 개방을 강력하게 주장하는 중국, 브라질, 인도 등의 국가들과 G-20그룹 중 한국 일본처럼 농산물 시장의 개방에 소극적인 국가들의 입장 차이, 그리고 최빈국의 이익을 주장하는 G-90 그룹에 속하는 국가들의 시장개방과 WTO 주도 세계화에 대한 거부감이 DDA 협상의 걸림돌이다. 다만 이와 같은 입장 차이는 그동안 많이 좁혀져 왔고 향후 최종 타결을 위한 절충적 조정이 가능한 경우가 많으며 또한 DDA 협상이 개도국의 경제발전도 목적으로 하고 있으므로 현재는 주요 국가들의 리더쉽과 정치적 결단으로 DDA 협상 타결이 가능하다고 판단된다.

### 3) DDA의 협상 전망과 한국경제에 대한 파급영향

2009년 1차 G20 정상회의는 현재와 같은 세계적 경제침체 상황으로 세계무역에서의 수요 감소와 보호주의적 경향에 따른 투자 위축문제를 지적한 바 있다. 더구나 세계적 경기침체 상황에서 DDA 협상 결렬에 따른 강력한 세계자유무역 규범의 도입 지연은 개별국가들이 국내 기업들을 지원하기 위한 보호주의적 조치들을 계속 사용할 수 있음을 의미한다. 다자적 협상의 타결을 통해 얻을 수 있었던 새로운 시장에 대한 접근이 불가능해진다면 수출보다 국내 시장에서 과당 경쟁이 벌어지게 되고 결국 기업들은 규모의 축소나 파산이 불가피해지면서 실업

15. World Bank(2006).

이 증가하여 경기회복을 어렵게 만든다.[16] 이러한 우려 때문에 DDA 협상은 보호주의에 맞서고 무역불균형의 한 해법이 될 수 있는 반면, 협상 결렬은 세계적 경기침체를 장기화시킬 것이다. 세계적 경기침체 상황에 직면하여 균형 잡히고 야심찬 DDA 타결이 긴요하며, DDA 타결은 세계경제에 연간 최소 1,500억 달러 이상의 경기 부양효과를 가져 수 있는 것으로 분석된다.

DDA 협상에서 개발도상국들의 시장개방의 확대, 공산품 관세 인하, 반덤핑 협정, 보조금 및 상계관세 협정에 대한 개정 등의 합의가 이루어진다면 한국의 경우 교역환경이 다소 개선될 여지가 있다. 특히 세계에서 3번째로 반덤핑 제소를 많이 당하고 있는 현실에서 미국이 반덤핑 발동의 투명성을 강화하는 데 합의하게 되면 수출에 대한 커다란 장벽을 제거할 수 있는 근거가 마련될 수 있다.

그러나 농산물의 경우 개방 압력이 더욱 높아질 것으로 예상된다. 경제협력개발기구(OECD)회원국이기도 한 한국이 WTO에서 선진국으로 분류된다면 농수산물 협상에서 그 동안 이어 왔던 개발도상국의 지위를 누리지 못할 것으로 보여 관세율을 크게 인하하고 농업 보조금도 삭감하지 않으면 안 될 것이다. 특히 DDA협상에서 농업분야의 관세감축은 고율관세일수록 더욱 많이 감축하는 방식으로 진행되어 오고 있다. 100% 이상 고(高)관세율이 적용되는 수입 농산품이 142개에 달하는 한국으로서는 매우 불리한 상황이다. 반면 선진국을 포함 모든 회원국이 농업 민감품목을 선택할 수 있고 개발도상국 특별품목을 도입하여 '보호 장치' 를 마련하기로 한 점은 한국에게 유리하게 작용할 것으로 판단된다. 앞에서 언급한 바와 같이, 한국의 전체 농산물 세번 개수는 1,452개로, 민감품목 수는 선진국이 될 경우 58개, 개도국이 될 경우 약 77개로 판단된다.[17] 다만 민감품목을 지정하더라도 낮은 관세로 의무적으로 수입하는 물량 즉, TRQ를 조절하는 방식으로 시장개방을 해야 한다.

각종 농업보조금을 없애거나 줄이기로 한 것도 한국에게 부담이 될 것이다. 사실 현재 상황에서도 한국의 농업보조금은 통상마찰의 가능성을 내포하고 있

16. Bhebe(2009) p.6 참조.

17. 농림수산식품부(2008) 참조.

다. 농업보조금을 WTO 회원국들이 서로 문제 삼지 않기로 한 '농업협정' 제13조, 이른 바 '평화조항(peace clause)' 이 2003말로 실효되었다. 이것은 농업부분의 개방이 확대되어 가는 상황에서 한국의 농업보조금도 당연히 WTO '보조금협정' 의 규율을 받는다는 것을 의미한다.

WTO 협정 이행 문제와 더불어 서비스 시장 역시 UR 협상에서 양허하지 않았던 교육 · 의료 · 법률 · 시청각 등 4개 분야와 통신시장을 실질적으로 개방하여야 할 것으로 예상된다.

## 우리나라의 쌀 관세화 이슈와 득실 03

### 1) 우루과이라운드 협상과 2005년 협상 결과

'예외없는 관세화' 를 주창하였던 우루과이라운드 협상에서 한국은 쌀에 대해 관세화 예외 조치를 인정받았다. 또한 한국은 개도국의 지위를 인정받음으로써 WTO가 출범한 1995년부터 10년간인 2004년까지 관세화가 유예되고[18] 대신 MMA 물량을 수입하는 의무를 부담하기로 하였다. 이행 첫해인 1995년에는 기준기간(1988~1990년)의 국내 쌀소비량의 1%(5만1,000톤)를 수입하고, 그 후 1999년까지는 매년 0.25%씩, 그리고 2000년부터 2004년까지는 연간 0.5%씩 의무수입량을 확대하여 유예 최종년도인 2004년에는 외국쌀을 20만 5,000톤(국내소비량의 4%) 수입하기로 하였다. 2004년 이후 관세화 여부는 재협상하여 결정하기로 하였다.

WTO출범 후 10년이 경과되어 2005년 주요 대한국 쌀 수출국과의 협상에서 타결된 내용으로는 2005부터 2014년까지의 기간 동안 MMA 물량을 기준 연도

18. 선진국으로 분류된 일본은 6년간 쌀에 대한 관세화가 유예되었음.

인 1988년에서 1990년까지 소비량 대비 4%에서 8%로 늘리면서 관세화 유예를 연장하거나 같은 기간 중 관세화로 전환할 수 있다는 것이다.[19] 관세화 유예를 계속 유지한다면 MMA 물량이 2005년 22만5,575톤에서 매년 균등하게 증량되어 2009년에는 약 30만7,000톤, 최대 2014년엔 40만8,700톤에 이를 상황이다.[20] MMA 물량에 대해서는 5%의 낮은 관세가 부과된다.[21] 한국이 쌀 관세화를 시행하면 쌀에 대해서는 '농업에 관한 협정' 에 따라 일반관세가 적용된다. 관세율은 '농업에 관한 협정' 에 규정된 지침에 따라 계산되는 '관세상당치' 를 기초로 설정된 2005년도 관세율이 DDA 협상의 결과가 발효할 때까지 적용되며 그 이후에는 DDA에서 타결된 관세율이 적용된다. 한국은 관세화 당시 MMA 물량 수준을 유지해야 하며 그 물량수준이 DDA 협상의 결과에 따라 결정된 물량수준과 다를 경우, 둘 중 더 높은 수준의 물량이 적용된다.

## 2) 관세화 유예와 관세화의 득실

현재 이러한 상황에서 쌀의 관세화 유예의 지속과 관세화의 선택을 놓고 논의가 벌어지고 있다. 쌀 공급과잉 상태인 우리 시장 상황에서 국내 농업을 그나마 보호한다는 점에 초점을 맞추면 관세화 유예와 관세화 중 어느 것이 쌀 수입물량을 더 줄일 수 있는가가 논의의 핵심라고 할 수 있다.

관세화 유예의 지속이나 관세화를 선택하는데 결정적인 변수들은 ① 쌀의 국제가격, ② 한국의 쌀에 대한 관세 장벽, 즉 관세율, ③ DDA의 농업협상 결과라고 할 수 있다. 관세화로 전환 시 MMA 물량은 당시 수준으로 유지된다는 점에서 더 늦게 전환할수록 더 많은 MMA 물량을 부담한다는 점도 고려해야 한다.

19. 2005년 'GATT 1994 에 대한 마라케쉬 의정서에 부속된 대한민국 양허표 일부 개정: at http://likms. assembly.go.kr/bill/jsp/BillDetail.jsp?bill_id = 030865. 좀 더 구체적으로 관세화 유예 기간 중에 DDA협상이나 국제 쌀 시장 여건을 고려 관세화로 전환할 수 있으며, 이 경우 쌀에 적용되는 관세는 DDA 농업협상의 결관에 따름. 또한 MMA 물량 중 밥쌀용 시판은 2005년 10%에서 시작하여 2010에는 30%까지 확대하도록 되어 있음.

20. 한국농촌경제연구원(2008) p.3.

21. 2005년 'GATT 1994 에 대한 마라케쉬 의정서에 부속된 대한민국 양허표 일부개정: at http://likms. assembly.go.kr/bill/jsp/BillDetail.jsp?bill_id=030865.

### ① 쌀의 국제가격

대략적으로 2007부터 2009년 초까지의 쌀의 국제가격은 관세화가 한국에 유리한 방향으로 급격히 인상되어 왔다. 아래(<표 11-2>)의 국제 쌀 가격 지수를 살펴 보면 2007년부터 국제 쌀값 상승세가 두드러지더니 2008년에는 큰 폭으로 폭등하였다. 2002년부터 2004년까지의 국제 쌀 가격을 기준으로 약 세 배 정도로 가격이 상승하였다. 2005년 이전 톤당 약 400달러 수준에 불과하던 국제 쌀값이 2007년에는 약 700달러까지 올랐으며 다시 2008년 9월에는 역대 최고 수준인 약 1200달러 선까지 도달한 것이다. 미국 캘리포이나산 (중단립종) 쌀 가격은 2003년부터 2006년 사이 톤당 약 500달러 정도였는데 2007-8년 유통연도에는 694달러로 상승하였고 2008년 7월 이후 1,061달러를 상회하였다.[22] 이는 바이오에너지 생산을 위한 곡물 수요와 일부 국가의 곡물 수출 규제에 기인한 것으로 판단된다. 여기에 2008년 말 2009년 초 미국 달러의 초강세(고환율)는 한국의 쌀 2005 관세화 유예조치의 약점을 더욱 부각시켰다.[23] 이러한 국제 쌀값의 급등으로 쌀 수입 관세화 유예 대신 관세화를 시행하여도 관세화 유예 시 점증하는 MMA 물량, 즉 의무적으로 수입해야 하는 물량보다 오히려 수입 물량이 줄어들 가능성이 발생하게 된다.

미국발 금융위기로 세계 경제가 위축되기 시작하였던 2008년 10월부터 2009년 초 국제 쌀 가격은 하향세를 보이고 있다. 현재의 국제 쌀 가격 하향세는 재배가 증가한 2008년 2모작 곡물이 출하된 점과 경기 침체에 따른 소비 위축의 결과로 판단된다. 이와 같은 이유에서 비롯된 국제 쌀 가격 약세는 <표 11-2> 하단에서 보는 바와 같이 FAO 총 쌀가격지수가 1월에서 6월 평균이 264 포인트로서 2008년 동 시기 수준보다 23 포인트 내려간 것으로 나타났다. 이러한 국제 쌀 가

22. 한국농촌경제연구원(2008) p.11.

23. 예컨대 국제 쌀 1톤당 가격을 최고 수준이던 1,200달러라고 할 때 그 가격에 관세를 340%부과한다면 쌀 1톤당 수입 국내 가격은 5,280달러가 되는데 여기에 미국 달러에 대한 원화의 환율은 1200이라고 하면 6,336,000원이 됨. 이 경우 수입쌀 80kg의 가격은 약 50만원에 이르러 국내가격의 2배를 초과함. 환율이 다소 하향 안정화되고 국제 쌀값이 다소 하향 안정화된다 하더라도 관세를 부과하기 전의 수입쌀과 국내산 쌀의 가격 차이는 별로 없다고 판단됨. 참고로 5%의 관세가 적용되는 2008년 MMA로 수입된 미국산 중립종의 국내 판매가격은 80kg당 22만 9천원으로 경기미보다 29%, 충정미나 전라미보다는 52% 높은 수준이었음. 한국농촌경제연구원(2008) p.7 참조.

격의 하향 안정세는 최근의 경기침체 양상과 각국의 상당량에 달하는 비축미를 고려한다면 적어도 2009년 하반까지 계속될 것으로 전망된다.

**표 11-2 :** 세계식량기구(FAO) 국제 쌀 가격 지수 [24]

| | | 모든 품종 | Indica종 | | Japonica종 | Aromatic 종 |
|---|---|---|---|---|---|---|
| | | | 고급 품질 | 저급 품질 | | |
| | | 2002~2004 = 100 [즉 2002~2004쌀 가격이 기준가격임] | | | | |
| 2004년 | | 118 | 120 | 120 | 117 | 110 |
| 2005년 | | 125 | 124 | 128 | 127 | 108 |
| 2006년 | | 137 | 135 | 129 | 153 | 117 |
| 2007년 | | 161 | 156 | 159 | 168 | 157 |
| 2008년 | | 295 | 296 | 289 | 315 | 251 |
| 2008년 | 6월 | 370 | 386 | 395 | 358 | 278 |
| | 7월 | 352 | 369 | 359 | 357 | 269 |
| | 8월 | 329 | 335 | 293 | 381 | 260 |
| | 9월 | 313 | 302 | 269 | 389 | 252 |
| | 10월 | 291 | 275 | 225 | 388 | 242 |
| | 11월 | 269 | 239 | 188 | 391 | 237 |
| | 12월 | 265 | 237 | 178 | 388 | 237 |
| 2009년 | 1월 | 270 | 240 | 192 | 389 | 239 |
| | 2월 | 270 | 240 | 200 | 388 | 218 |
| | 3월 | 269 | 238 | 201 | 388 | 214 |
| | 4월 | 271 | 232 | 204 | 394 | 218 |
| | 5월 | 251 | 224 | 195 | 341 | 236 |
| | 6월(2주) | 252 | 224 | 190 | 347 | 242 |
| 2008년 | 1월~6월 | 287 | 299 | 325 | 247 | 252 |
| 2009년 | 1월~6월 | 264 | 233 | 197 | 375 | 228 |

24. 이 FAO 국제 쌀가격 지수는 16가지 수출 가격에 근거했음. 고급과 저급을 나누는 품질은 동할미(broken kernels)의 비율인데 고급은 동할미 비율이 20%이하이고 그 이상은 저급임: FAO, Rice Market Monitor, (June 2009) at http://www.fao.org/es/ESC/en/15/70/highlight_71.html.

따라서 전면 관세화를 선택하느냐 아니면 관세화 유예를 계속 시행하느냐의 논란은 쉽게 결론이 날 것 같지 않다. 그러나 좀 더 장기적인 관점에서 볼 때 현재의 쌀 가격 하향 안정세는 세계적 경기침체의 영향에 따른 것으로 볼 수 있다. 따라서 한국이 곧 쌀 관세화 조치를 취한다고 해도 그 조치가 발효되는 시기에는 다시 쌀 가격이 상승국면으로 전환될 가능성이 있다.

또한 쌀 가격은 상이한 품종, 시장 요소에 따라 다른 모양세를 보이는데 Indica 품종은 시장에서 점점 설 자리를 잃어가고 있는가 하면, 우리 국민이 쌀밥용을 선호할 수 있는 Japonica 품종 등 향기 나는 쌀, 고급 품질의 쌀 가격은 계속 높게 형성되고 있다.

그리고 국내산 쌀의 잉여 생산량이 비축되어 감에 따라 재고문제가 발생하고 있다. 매년 767,000톤씩 미국, 태국 등으로부터 국영무역 방식인 MMA으로 수입된 쌀들은 재수출도 어려워 결국 동물사료로 쓸 수밖에 없는 일본의 경험을 고려해야 한다.[25] 일본도 한국과 같이 UR 협상에서 1995년부터 2000년까지 기준 연도 소비량의 4%에서 8%로 MMA 물량을 늘려 간다는 조건으로 6년간의 쌀관세화 유예를 얻어냈지만, 쌀재고 급증의 부담 때문에 1999년에 관세화로 조기 전환하였다. 농산물 SSG를 활용할 수 있다는 점과 외국 쌀에 대한 일본 국민의 선호도가 낮다는 점을 고려할 때 관세화 유예-MMA 증량 방식 보다 관세화가 자국 내 쌀 시장의 개방 폭을 줄일 수 있다고 판단한 것이다. 결과적으로 일본은 수입쌀을 조기 관세화한 2000년 이후의 MMA 물량을 관세화 유예 시의 8% 보다도 작은 7.2%로 낮추는데 성공했으며 외국쌀 수입의 급격한 증가 현상도 없었다. 그러나 현재 그와 같은 MMA 물량도 국내 잉여생산량의 누적 재고량과 함께 여전히 일본 정부의 숙제로 남아 있는 것이다.

이상과 같이 국제 쌀값이 상승하는 상황에서는 쌀의 관세화에 무게가 실리지만 세계시장가격의 변동에 따라 국내 쌀값이 요동칠 우려가 있고 DDA 농업협상이 타결되어 TRQ의 추가 설정, 관세감축, 관세상한이 설정되어 관세 장벽이 대폭 축소될 경우 국제 가격이 하락 시 수입이 급증할 위험성 또한 안고 있다.

25. The Times(2008) 참조

② **한국의 쌀 관세율**

먼저 DDA 협상 타결 이전에 한국이 쌀의 관세화로 전환하는 경우 우루과이라운드에서 양허한 한국의 쌀에 대한 '관세상당치'가 관세율의 기준이 된다. 농산물 '관세상당치'의 계산은 "...투명한 방법으로 실제 국내 · 외 가격차를 이용하여 이루어진다. 1986년부터 1988년의 기간에 해당하는 자료가 이용된다..."[26] 다만 한국은 농산물 '관세상당치'의 계산에서는 1988년부터 1990년의 가격을 기준으로 하기로 약속하였다. 따라서 쌀의 '관세상당치'란 1988년부터 1990년의 국내 쌀값과 외부 쌀값, 즉 수입 쌀값의 차이가 된다.[27] 즉 이를 공식으로 표시하면:

쌀의 관세상당치($TE$,%) = {(1988-1990년 국내시장의 쌀 가격 − 1988~1990년 수입 쌀 가격)/수입 쌀 가격} × 100

이 된다.

그런데 문제는 1988년부터 1990년의 기간 동안 한국이 쌀을 수입한 자료가 없어 외부가격 즉 수입 가격을 산정하기 어렵다는 것이다. 이 경우 협정문은 인접한 국가의 적절한 평균 수입 가격 등을 활용토록 하고 있다.[28] 향후 관세화로 전환할 경우 쌀의 '관세상당치'를 보다 크게 인정받도록 협상력을 발휘해야 하는 이유가 여기에 있다.

오래전에 쌀에 대하여 관세화 조치를 취한 '인접국'인 일본과 대만은 쌀에 대하여 매우 높은 관세를 부과하고 있다. 일본의 경우 수입 쌀 1 Kg에 341엔의 관세를 부과하고 있는데, 이를 토대로 '관세상당치'를 역산하면 약 600%에 이르며

26. 농업에 관한 협정, 부속서 5 [제4조제2항과 관련한 특별대우]에 대한 첨부물: 이 부속서 제6항과 제10항에 명시된 특정목적[관세화를 유예한 품목]을 위한 관세상당치 계산 지침, 1.

27. 농업에 관한 협정, 부속서 5 [제4조제2항과 관련한 특별대우]에 대한 첨부물: 이 부속서 제6항과 제10항에 명시된 특정목적[관세화를 유예한 품목]을 위한 관세상당치 계산 지침, 2: "외부가격은 일반적으로 수입국의 경우 실제 평균 운임 · 보험료 포함 단가가 된다..."

28. 농업에 관한 협정, 부속서 5[제4조제2항과 관련한 특별대우]에 대한 첨부물: 이 부속서 제6항과 제10항에 명시된 특정목적[관세화를 유예한 품목]을 위한 관세상당치 계산 지침, 2
"...단가가 이용 가능하지 않거나 부적절할 경우 외부가격은
a. 인접국의 적절한 평균 운임 · 보험료 포함 단가가 되거나..."

2003년 관세화로 전환한 대만의 경우 1 Kg당 45위안으로 이를 토대로 '관세상당치' 를 역산하면 562.5%에 해당한다.[29]

2009년 한국이 쌀을 관세화하는 경우 그 관세율을 정확히 산정하기는 어려우나 일단 일본과 대만의 경우의 '관세상당치' 를 참고할 때 감축전의 관세율을 대략 400% 정도로 가정할 수 있다. 그런데 우루과이라운드 협상에서 관세화를 유예한 품목을 관세화할 경우 동(同) 협상 최초 이행연도인 1995년에 관세화를 해서 매년 최소 감축률로 관세를 감축한 것으로 산정한 관세화 연도 해당 관세율로 관세화하도록 되어 있는 'shadow reduction' 이 적용된다.[30] 1995년부터 2004년까지 10년간 선진국은 농산물 관세를 15% 감축하도록 되어 있으나 개도국은 차등적으로 10%를 감축하도록 되어 있다. 따라서 농업 협상에서 개도국의 지위를 갖는 한국이 2009년 쌀의 관세화 조치를 취하는 경우의 관세율은 '농업에 관한 협정' 에 규정된 지침에 따라 계산되는 관세상당치를 기초로 설정된 2005년도 관세율이 DDA 협상의 결과가 발효할 때까지 적용되는데[31] 1995년부터 2005년까지 10년간의 'shadow reduction' 을 적용 관세상당치를 10% 감축하면 그 관세율은 약 360%가 될 것이다.

이 경우 국제 쌀가격과 미국 달러에 대한 원화 환율의 하향 안정화를 반영하여 1톤당 국제 가격을 2007년과 2008년 국제 쌀 가격의 대략적인 평균치인 800달

---

29. UR 협상에서 쌀에 대하여 6년간 관세화유예를 확보했던 일본은 국내 수급 사정을 고려하여 1999년 4월부터 관세화 전환하기 위해 실행 3개월 1998년 12월 21일 WTO 사무국이 통보 다음과 같은 내용을 통보하였음:
① 이행시기: 1999년 4월 1일
② 관세상당치(TE): 1999년 351엔/kg, 2000년 이후 341엔/kg
③ TRQ 수입량 및 배분: 76.7만톤(10만톤정도 동시매매입찰(SBS)로 수입)
④ TRQ 관리: 종전대로 국영무역 실시, 용도제한: 한국농촌경제연구원(KREI) 농정연구속보 Vol. 8(2004-3), p. 2
대만이 쌀 관세화를 위해 2002년 9월 WTO에 통보한 내용은 다음과 같다:
① 이행시기: 2003년 1월 1일
② 관세상당치: 45元/kg
③ TRQ 수입량 및 배분: 144,720톤(국영무역 65%, 민간무역 35%)
④ TRQ 관리: 원조용 · 사료용 사용금지, 적정시기에 매도: id. pp. 7-8.
30. 농업에 관한 협정, 부속서 5, para. 6, 10 참조.
31. 2005년 'GATT 1994 에 대한 마라케쉬 의정서에 부속된 대한민국 양허표 일부개정, 4.2.

러라고 하고, 미국 달러에 대한 원화의 환율도 대폭 낮추어 1,000이라고 가정하여 관세를 360% 부과한다면 쌀 1톤당 수입 국내 가격은 3,680달러, 3,680,000원이 된다.[32] 따라서 수입쌀의 80kg의 가격은 294,400원으로 거의 국내 쌀(충정 · 전라미) 가격의 2배에 해당한다.[33] 이 경우 관세 장벽이 실질적으로 작용되어 사실 상 외국 쌀은 MMA 물량을 제외하고는 국내시장에 접근하기 어려울 것이다.

쌀을 관세화로 전환하면 전환 이후 MMA 물량의 추가적 증량이 없어지고 지금과 같은 높은 수준에서 국제 쌀 가격이 형성되거나 상승할 경우 수입물량이 줄어들게 되어 국내 쌀 시장을 보호하는 효과가 발생하는 장점이 있다.

다만 한국이 수입쌀에 대하여 360% 내외의 고율 관세를 적용할 수 있는 경우는 5%의 낮은 관세가 부과되는 MMA 물량을 초과하는 수입량에 대해서만 가능하다. DDA 협상이 타결되면 MMA 물량과 TQR 물량에 대해서는 역시 낮은 관세를 부과하게 될 것이다.

### ③ DDA 농업협상 관련 사항

DDA 농업협상이 타결되는 경우 TRQ 증량여부, 관세율의 대폭적 삭감, 농산물에 대한 관세 상한의 설정여부 우리의 쌀 시장에 큰 영향을 미칠 것이다.

현재의 DDA 협상 현황과 한국을 입장을 고려볼 때, 쌀이 선진국 일반 농산품으로 분류되어 관세상한이 적용될 가능성은 낮다. 따라서 한국의 쌀이 선진국 민감품목으로 지정 되는 경우와 개도국의 특별품목으로 지정되는 경우로 나누어 볼 수 있다. 한국의 쌀이 선진국 민감품목으로 지정 되는 경우 5년간 관세를 감축해야 되고 TRQ도 4% 증량해야 한다.[34] 만약 개도국의 특별품목으로 분류되면 TRQ 증량과 관세 감축은 없게 된다.

이상과 같은 DDA 협상 전망 앞에서의 국제 쌀 가격과 관세율의 분석을 토대로 판단하면 ① 향후 1년 내에 DDA 협상의 타결 전망이 희박하여 2013년까지 그 협

32. 실제로 수입할 경우는 수입관련 제비용 국제시장가격에 10%이상 가산되지만 계산의 편의를 위해 수입비용은 제외하기로 함..

33. 한국농촌경제연구원(2008) p.7 참조.

34. TRQ는 2003-2005년을 기준연도로 하여 식량소비는 물론, 가공, 감모, 종자를 소비량에 포함함.

상결과가 적용되기 어려운 경우와[35] ② DDA 협상 결과 쌀이 개도국의 특별품목으로 분류되는 경우, 즉 관세의 감축과 TRQ 증량이 없게 되는 경우에는 쌀의 관세화가 한국에게 유리하다. ③ 그러나 DDA협상 결과 쌀이 선진국의 민간품목으로 되는 경우에는 관세의 23.3% 이상 감축과 TRQ이 4% 증량되는 점에서 단기적으로 관세화 유예가 더 유리할 가능성이 있다. 이와 같이 DDA 협상의 타결이 한국의 쌀 관세화조치와 상당한 관련성을 갖는다. 다만 ④ 관세화로 전환 시 MMA 물량은 당시 수준으로 유지된다는 점에서 더 늦게 전환할수록 더 많은 MMA 물량을 부담한다는 점, MMA 물량은 의무적으로 수입하여 하나, TRQ 물량은 그 할당량에 수입량이 미치지 못하더라도 추가 수입의 의무는 아니라는 점, 2005년 주요 대한 쌀 수출국과의 협상에서 언급된 바 없는 2014년 이후에는 관세화 유예조치가 지속되기 어렵다는 점에서 장기적인 관점에서는 관세화의 채택이 한국에게 유리하다고 할 수 있다.

그러나 관세화로 국내 쌀 시장이 국제 시장의 가격 변동에 보다 큰 영향을 받게 되면 특히 쌀의 국제 가격의 폭락이나 2002~2004년 수준의 가격으로 안정될 경우 수입이 증가할 위험성도 안고 있다. 다만 급격히 쌀 수입이 증가하는 경우에는 농산물 '특별수입제한(Special Safety Guard: SSG)' 과 DDA에서 논의 중인 개도국의 SSM을 활용하여 대처할 수 있을 것이다.[36]

## 결론 및 정책시사점 04

현재 한국이 WTO를 통하여 추진해야 하는 협상 전략의 방향은 ① 세계 경제침제

35. 다만 2009년 말 DDA 협상이 극적으로 타결된다 하여도 그에 대한 이행은 2011년이나 2012년에나 실현될 수 있을 것으로 예상됨.

36. 한국이 WTO에서 개도국의 지위를 유지하고 있는 한 SSM의 행사가 가능할 것임.

상황에서의 각국의 보호주의로의 회귀 방지를 위한 대책, ② 중단된 DDA협상의 조기 재개, 조기 타결과 이행, ③ 한국에 특정된 문제이자 WTO 다자 협상의 부수적 문제로서 쌀의 관세화 문제도 조속히 매듭지어야할 시점이라고 할 수 있다.

### 1) 향후 한국의 바람직한 DDA 협상 전략

향후 DDA 협상 전략은 한국의 FTA 추진과 WTO에 대한 불만을 반영하여 마련되어야 한다. 먼저 한국에 국한된 문제로서 한국 정부는 한-EU FTA 및 한-미 FTA의 타결 내용을 전제로 DDA 협상 전략을 수립해야 한다.

WTO는 많은 최빈국, 개도국에게는, 특히 세계적 경제 침체 상황에서, 실패한 기구로 간주되고 이러한 불만이 DDA 협상 부진의 이유이기도 하다. 따라서 경제 발전과 성장을 국제무역화의 이점을 통해 확보하는 세계적 시스템인 WTO 정책과 규범을 다양한 형태의 도전으로부터 수호해야 한다. 이를 위해 GATT/WTO의 최대 수혜국이라고 할 수 있는 한국이 WTO하의 자유무역의 이점과 국제무역을 통해서 산업화와 경제발전을 성취할 수 있다는 모델과 노하우를 GATT/WTO 체제 하에서 빈곤이 더욱 가속화된 저개발 국가들에게 전수하는 프로그램을 개발해야 한다.

현재 미국발 금융위기로 촉발된 세계경제위기의 해법을 모색하는 과정에서 브레튼우드 체제의 틀인 World Bank와 IMF는 물론 UNCTARD, G8, G20정상회 등을 통해 개도국에 대한 지원 패키지를 마련하여야 한다. 지원 패키지는 개발도상국 및 최빈 개도국을 위한 '무역을 위한 원조(Aid for Trade)' 로서 산업화와 상품의 수출능력 향상에 초점을 맞춘 '능력배양(capacity building)' 이어야 하며 단순히 선진국의 개도국시장 개척전략으로 이용 되어서는 않된다. 특히 WTO의 무역자유화가 수적으로 증가한 개발도상국들의 이익을 충분히 고려하지 않고 진행되어 왔다는 점에 대한 반성과 선진국의 개도국에 대한 개발협력이 미진했다는 점이 강조되어야 함은 물론이다. 최근 개발원조 규모를 급격하게 확대하는 한국이 리더십을 가지고 선진국들을 설득하여 개도국에 대한 지원확대를 도모해야 한다.

사실 2001년 이래 모든 분야에서의 협상시한(deadline)이 지켜지지 않았던 점도 문제이며 협상시한을 지키기 위한 절차적 방안과 협상시한의 넘긴 경우에 대한 규범적 조치의 마련 등의 제도 개선이 필요하다.

NAMA의 무세화협상에서 한국은 주요 국가에 포함될 것으로 판단되는 상황에서 보다 적극적 입장에서 충분한 상황에 대한 분석과 지금까지의 협상내용에 대한 재검토를 바탕으로 최종 협상 전략을 수립하고, 2개 이상의 산업별 협상 참여할 필요가 있다. 이와 같은 한국의 적극성은 DDA 협상 타결에 도움이 될 것이다. 특히 한국은 선진국과 개도국의 가교역할 즉 연결자와 중개자의 역할을 확대해가야 한다.

DDA 협상의 조속한 타결로 2008년부터 불어 닥친 세계경제침체 상황 하에서 예견되는 보호주의 확산을 세계적 차원에서 차단하는 중요한 계기를 마련하여야 한다.

### 2) 쌀 관세화 전환

쌀 관세화 유예 시 점증하는 MMA 물량을 고려할 때 국제 쌀값의 상승은 쌀 관세화를 채택하면 오히려 수입 물량이 줄어들 가능성이 커졌다.

향후 관세화로 전환할 경우 우선 쌀의 '관세상당치'를 보다 크게 인정받도록 협상력을 모아야 한다. 먼저 관세화를 취한 일본과 대만의 경우를 고려할 때 쌀 수입에 대해서 한국은 360%내외의 고율의 관세를 적용할 수 있어 관세 장벽을 통한 국내시장 보호효과가 상당하다고 할 수 있다. 다만 한국이 수입쌀에 대하여 고율의 관세를 적용할 수 있는 경우는 5%의 낮은 관세가 부과되는 MMA 물량을 초과하는 수입량에 대해서만 가능한, DDA 협상 타결 이전의 시나리오이다. DDA 협상의 타결되면 MMA 물량과 TQR 물량에 대해서는 역시 낮은 관세를 부과할 수밖에 없어 관세 장벽 효과는 상당히 희석될 수밖에 없다.

DDA 협상 전망, 국제 쌀 가격과 쌀의 관세율에 대한 분석을 바탕으로 판단할 때, DDA 협상 결과 한국 쌀이 선진국의 민간품목으로 되는 경우는 관세의 23.3% 이상 감축과 TRQ 수입물량이 4% 증량되는 점에서 단기적으로 관세화 유예가 더 유리할 가능성이 있어 이 대한 보다 구체적인 실증적 분석이 필요한 경우이다. 그러나 향후 1년 내에 DDA 협상의 타결 전망이 희박하여 2013년까지 그 협상결과가 적용되기 어렵거나, DDA 협상 결과 쌀이 개도국의 특별품목으로 분류되어 관세의 감축과 TRQ 증량의 증량이 없게 되는 경우에는 쌀의 관세화가 한국에게 유리하다. 또한 관세화로 전환 시 MMA 물량은 당시 수준으로 유지된다는 점에서 더 늦게 전환할수록 더 많은 MMA 물량을 부담한다는 점, MMA 물량은 의무적으로 수입하여 하나, TRQ 물량은 그 할당량에 수입량이 미치지 못하더라도 추가 수입의 의무는 아니라는 점, 2005년 주요 대한 쌀 수출국과의 협상에서 언급된 바 없는 2014년 이후에는 관세화 유예조치가 지속되기 어렵다는 것을 고려하면 장기적인 관점에서는 관세화의 채택이 한국에게 유리하다고 할 수 있다.

다만 국제 쌀 가격의 폭락의 경우 수입이 급증할 위험성을 있는데 이러한 급격한 수입증가에 대해서는 농산물 SSG와 DDA에서 논의 중인 개도국의 SSM로 대처할 수 있을 것이다.

마지막으로 한국의 쌀이 "예외 없는 관세화"의 예외 품목으로 국제사회에 보호주의적 인상(印象)을 드리우고 있는 점도 고려해야 한다.

## 참고문헌


농림수산식품부(2008), "DDA/FTA농업협상 동향"(9. 30), "DDA 농업협상 세부 원칙 4차 수정안 개요와 주요 내용"(12, 8)

류병운 2009, 국제통상법 (2009) pp. 7-8.

지식경제부(2009), "WTO DDA Sectoral 협상동향과 전망" 5월 21일.

한국농촌경제연구원(2008), "쌀 관세화 유예 3년의 평가와 향후 방향".

Bhebe, Babra Ontibile(2009), "The Doha Development Agenda (DDA): Difficulties being encountered in reaching a final agreement and the implications in global business", May.Bhagwati, Jagdish(1995), *US Trade Policy: The Infatuation with FTAs*, Discussion Paper Series 726. New York: Columbia University .

Economist(2003), "The Cancun challenge," September.

Fergusson, Ian F.(2008) "World Trade Organization Negotiations: The Doha Development Agenda" Congressional Research Service, http://www.nationalaglawcenter.org/assets/crs/RL32060.pdf.

Global Issues(2009), "Global Issues, Social, Political, Economic and Environmental Issues That Affect Us All", http://www.globalissues.org/article/768/global-financial-crisis.

The Times(2008), "Japan' s silos key to relieving rice shortage"(May 17), http://business.timesonline.co.uk/tol/business/industry_sectors/consumer_goods/article3948493.ece.

# 찾아보기

# 저자 소개

**정인교**

인하대학교 경제학부 교수 및 정석물류통상연구원(www.ejri.net) 원장으로 재직 중이다. 1996년 1월부터 2004년 2월까지 대외경제정책연구원(KIEP)에서 FTA 팀장 및 연구위원으로 우리나라의 FTA 정책 및 개방경제체제에 대한 연구를 주도한 바 있다. 정교수는 FTA 정책관련 위원회 위원, 관세심의위원회 위원, 한국국제통상학회 부회장(2010년 회장)으로 활동하고 있다.

**곽수종**

삼성경제연구소 수석연구원으로 재직 중이며, 연세대학교 경제학과를 졸업하고 미국 캔자스 대학에서 경제학박사를 취득했다. 현재 삼성경제연구소에서 미주경제에 관해 연구하고 있다. 주요 저서로는 『경제독법』, 『파생상품 선물시장을 이용한 헤징거래』 등 다수가 있다.

**송원근**

연세대학교 경제학과를 졸업하고 동대학과 미국 일리노이대에서 석사 및 박사학위를 취득하였으며, 현재 한국경제연구원 연구위원으로 재직하고 있다. 연구 분야는 국제무역 및 정치경제학이며 주요 저서로는 『한 · EU FTA 자동차 교역 영향 및 EU 자동차시장 분석』, 『통상정책 결정요인의 정치경제학적 분석』 등이 있다.

**홍석빈**

LG경제연구원 책임연구원으로 재직 중이며 서울대학교 외교학과와 경영대학원을 졸업하고 행정대학원에서 박사과정을 마쳤다. 세계무역기구(WTO) 다자통상체제, 통상법, 통상 규제정책 및 글로벌 거버넌스에 대해 연구 중이다. 관련 저술로는 『최근 보호무역주의의 특징과 영향』, 『위기 이후 국제통상이슈 변화』 등이 있다.

**최원목**

이화여자대학교 법학전문대학원 교수 및 통상법률센터 소장으로 재직 중이다. 외교통상부 외무관으로 근무한 바 있으며, 한국 국제경제법학회 부회장, The Journal of International Economic Law (Oxford) 편집위원으로 활동하고 있다. 조지타운로스쿨 통상법박사(S.J.D)로 미국 뉴욕주 변호사 자격을 보유하고 있다. WTO협상, FTA, 국제통상분쟁해결, 한국통상정책 등에 대한 연구를 진행하고 있다.

**정재화**

한국무역협회 국제무역연구원에서 통상연구실장으로 재직 중이며, 서울대학교 경영대학을 졸업하고 미국 오레곤주립대학에서 경제학석사를, 한남대학교에서 경영학박사를 취득했다. 주요국과의 FTA 공동연구 참여, 협상 자문, FTA 관련 정책연구 등을 비롯한 다자간, 지역간 통상이슈를 연구하고 있다.

**김주영**

한국수출입은행 해외경제연구소에서 중화권 지역 조사를 담당하며, 중국의 경제 및 우리 기업의 중국 투자와 관련한 연구 및 컨설팅 활동을 하고 있다. 『중국 투자환경과 투자사례』, 『중국 주요산업의 자국기업간 M&A 동향』, 『민간투자사업 방식을 활용한 중국 인프라시장 진출방안 연구』 등의 보고서를 작성했다.

**조정란**

일본 타쿠쇼꾸(拓殖)대학에서 상학박사를 취득하였고, 특혜원산지기준 등 FTA 정책연구를 다수 수행하였다. 현재 인하대 부속 정석물류통상연구원에서 연구교수로 재직 중이며, 한국국제통상학회 이사, 바른FTA본부 사무국장으로 활동하고 있다. 『우리나라 FTA 원산지규정(ROO) 연구 및 실증분석』, 『한 · 일 FTA 체결에 따른 고용정책 차원에서의 대응방안』 등을 집필했다.

**정대철**

경남발전연구원 연구위원으로 재직 중이며, 단국대학교 경영학 박사를 취득했다. 미국 유타대학교 경제학과 객원교수, 한국동북아경제학회 및 한국무역학회 이사를 역임한 바 있으며, 주요 논문으로는 『수출과 성장의 인과성 분석』, 『동북아 경제협력과 한국의 기술 · 정보 중심국가 건설』 등 다수가 있다.

**류병운**

고려대학교 법과대학을 졸업하고, Indiana University(Bloomington)에서 법학박사(S.J.D)를 취득하였고, 미국변호사(New York) 자격을 보유하고 있다. 현재 홍익대학교 법과대학 교수로 재직 중이다. FTA 원산지기준, 국제비니스계약 관련 논문 및 국제통상법 관련 저서를 다수 출판하였다. 대표적인 저서는 『국제통상법』, 『미국계약법』, 『국제법입문』 등을 들 수 있다.

저자 소개(Chapter 순)

# 신보호무역주의

NEW TRADE PROTECTIONISM

2009년 11월 23일 | 제1판 1쇄 인쇄
2009년 11월 28일 | 제1판 1쇄 발행

지 은 이 | 정인교 편저
발 행 인 | 김은중
발 행 처 | 서울경제경영출판사
북디자인 | 우일미디어

주 소 | 120-808 서울특별시 서대문구 대현동 67-5 대현빌딩 6층
전 화 | 02) 313-2682
팩 스 | 02) 313-8860

등 록 | 1998년 1월 22일 제5-63호

ISBN 978-89-88106-63-1 (93320) 정가 20,000원

※ 파본은 바꾸어 드립니다.